博士论文出版项目

应用型高校产教融合动力研究

Impetus Research on Industry-education Integration of Applied Colleges and Universities

陈 星 著

中国社会科学出版社

图书在版编目（CIP）数据

应用型高校产教融合动力研究／陈星著. —北京：中国社会科学出版社，2020.12
ISBN 978-7-5203-6575-8

Ⅰ.①应⋯ Ⅱ.①陈⋯ Ⅲ.①高等学校—产学合作—研究—中国 Ⅳ.①G649.21

中国版本图书馆 CIP 数据核字（2020）第 092822 号

出 版 人	赵剑英
责任编辑	张　林
特约编辑	周维富
责任校对	王　龙
责任印制	戴　宽
出　　版	中国社会科学出版社
社　　址	北京鼓楼西大街甲 158 号
邮　　编	100720
网　　址	http://www.csspw.cn
发 行 部	010-84083685
门 市 部	010-84029450
经　　销	新华书店及其他书店
印刷装订	北京君升印刷有限公司
版　　次	2020 年 12 月第 1 版
印　　次	2020 年 12 月第 1 次印刷
开　　本	710×1000　1/16
印　　张	26.25
字　　数	354 千字
定　　价	158.00 元

凡购买中国社会科学出版社图书，如有质量问题请与本社营销中心联系调换
电话：010-84083683
版权所有　侵权必究

出 版 说 明

　　为进一步加大对哲学社会科学领域青年人才扶持力度，促进优秀青年学者更快更好成长，国家社科基金设立博士论文出版项目，重点资助学术基础扎实、具有创新意识和发展潜力的青年学者。2019年经组织申报、专家评审、社会公示，评选出首批博士论文项目。按照"统一标识、统一封面、统一版式、统一标准"的总体要求，现予出版，以飨读者。

全国哲学社会科学工作办公室

2020年7月

摘　　要

　　2013年起，为缓解高等教育的结构性矛盾、高等学校发展的同质化倾向、大学生就业难等问题，促进高等教育适应和引领新常态下产业结构优化升级和经济社会发展，政府开始推动部分地方普通本科高校向应用型高校转变。《国务院关于加快发展现代职业教育的决定》《教育部、国家发展改革委、财政部关于引导部分地方普通本科高校向应用型转变的指导意见》《国务院办公厅关于深化产教融合的若干意见》等文件指出，要以产教融合——包括宏观层面的教育和产业协调发展、中观层面的校企合作和微观层面的学校职能与企业生产对接——为突破口，推动部分地方普通本科高校转型发展。

　　合作是人类永恒的主题和难题。人与人之间广泛存在的形式多样的合作，诸如劳动分工、专业化、市场交易、建立各类正式或非正式的组织、协调社会活动等，是任何人类文明得以产生并存续的基础。合作也是理解人类行为及其集体行动乃至整个社会的经济基础和上层建筑的重要线索。合作面临两大困境：合作的动力不足和合作的方法不好。从人性约束和资源约束来看，理念、利益、资源和制度共同制约着合作的动力。

　　从合作的角度看，应用型高校深化产教融合是一场涉及多方利益相关主体的跨系统复杂合作，其合作效果取决于外部主体（行业、企业和政府）和内部主体（学校管理人员、教师和学生）的产教融合动力。然而调研发现，应用型高校产教融合主体并不一定有足够的动力深化产教融合，导致许多应用型高校的产教融合举步维艰或华而不实。

运用访谈法、问卷调查法、文献法搜集资料并基于合作理论分析资料发现：应用型高校产教融合动力总体不足，理念的困惑、利益的不足与不相容，资源的匮乏和制度的低效共同制约了应用型高校产教融合动力。

出现上述结果的深层原因是：（1）应用型高校的产品无法满足行业企业需求，缩减了行业企业深化产教融合的需求和动力；（2）高等教育机会市场长期供不应求，削弱了应用型高校深化产教融合的危机和动力；（3）高等教育系统的"中心—边缘"结构，限制了应用型高校产教融合的资源和动力；（4）政府对高校办学自主权的控制，消减了应用型高校产教融合的权力和动力；（5）职责不清、监督乏力的委托代理关系，弱化了应用型高校产教融合的责任和动力。最为根本的原因是：以政府为主导的高等教育治理体制在市场经济大范围扩展的社会中根本无法有效调动应用型高校产教融合主体的合作动力。

增强应用型高校产教融合动力的对策为：其一，秉持开放多元的高等教育理念，明确应用型高校产教融合的内涵、尺度和手段；其二，弱化高等教育系统的"中心—边缘"结构，促进教育资源向应用型高校倾斜；其三，以下放专业设置权为突破口，扩大和落实应用型高校办学自主权；其四，为政府和应用型高校制定责任清单与问责机制，依法追究其产教融合责任；其五，以人事制度和评价制度改革为核心，多方面变革相关制度体系；其六，倡导教育情怀，"一分为三"地提升应用型高校产教融合动力。最为关键的解决思路是：建立以市场治理为中心的高等教育共治机制，推动高等教育有底线地市场化，利用市场机制激发产教融合主体的合作动力，并通过政府治理和自组织治理弥补市场失灵。

关键词：应用型高校；产教融合；动力；合作

Abstract

Since 2013, the government has began to promote a part of ordinary colleges and universities to do transformation and become applied so as to relieve structural contradiction of higher education, homogenization development of higher education institutions, pessimistic employment, and facilitate higher education to adapt to and guide upgrading of industrial structure and development of economy as well as society. Government documents underlined that education should take industry-education integration as a breakthrough point—including the coordinated development of education and industry at the macro level, school-enterprise cooperation at the middle level and the docking of school functions and enterprise production at the micro level to promote the transformation and development of some local ordinary colleges and universities.

Cooperation is the eternal theme and problem of mankind. Various forms of cooperation, such as division of labor, specialization, market transactions, the establishment of various formal and informal organizations, and the coordination of social activities, are the basis for the emergence and survival of human civilization. Cooperation is also an important clue to understand human behavior and its collective actions as well as the economic foundation and superstructure of the whole society. There are two major difficulties in cooperation: lack of motivation for cooperation andpoor methods for cooperation. In terms of human constraints and resource constraints, it is ideas, interests, resources and institutions that restrict the motivation of cooperation.

From a cooperativeperspective, industry-education integration of applied colleges and universities is a cross-system complex cooperation involving multiple interest subjects. The collaboration effects depend on industryl-education integration impetus of external subjects (industry, enterprise, government) and internal subjects (staffs, teachers and students) . However, we found that the subjects of industry-education integration in applied colleges and universities do not have enough impetus to deepen industry-education integration through research, which leads to struggling or false appearances in the process. ,

By means of interviews, questionnaires and documents, and based on the analysis of cooperation theory, it is applied colleges and universities's lack of impetus to deepen industry-education integration, confusion of ideas, the inadequacy and incompatibility of interests, lack of resources and the low efficiency of the system that restrict its integration process.

Thedeep causes for the consequences above lies in 5 aspects. 1. The products of applied colleges and universities cannot meet the needs of industrial enterprises, which reduce the needs and impetus of industry as well as enterprise in industry-education integration. 2. The demand exceeds supply in higher education opportunity market for a long-term, which weakens impetus of industry-education integration for applied colleges and universities. 3. The "center-edge" structure of higher education system restricts resources and impetus of industry-education integration for applied colleges and universities. 4. Government's control over the autonomy of running decreases authority and impetus of industry-education integration for applied colleges and universities. 5. The delegation-agent relationship with unclear responsibilities and weak supervision weakens the responsibility and impetus of industry-education integration for applied colleges and universities. The most fundamental reason is that the government-led higher education governance system cannot effectively mobilize the cooperative impetus of the industry-education integration subjects in the society with a wide expansion expansion of the market economy.

There are 6countermeasures to increase impetus of industry-education integration. 1. Upholding open and multiple idea of higher education, and clearing the connotation, scale and means of industry-education integration for applied colleges and universities. 2. Weakening "center-edge" structure of higher education system and promoting the educational resources' tendency to applied colleges and universities. 3. Taking the decetralization of major-setting as a breakthrough point to expand and implement the autonomy of applied colleges and universities. 4. Establishing responsibility list and accountability mechanism for government and applied colleges and universities to investigate the responsibility of industry-education integration. 5. Taking personnel system and evaluation system as key points to reform correlative system. 6. Proposing education sentiments to elevate impetus of industry-education integration for applied colleges and universities with " one dividing into three" means. The most critical solution is to establish a higher education mechanism centered on market governance, promote the marketization of higher education with a bottom line, use the market mechanism to stimulate the cooperative impetus of the industry-education integration subjects, and make up for the market failure through government governance and self-organization governance.

Key words: Applied colleges and universities; Industry-education integration; Impetus; Cooperation

目　　录

前　言 …………………………………………………………（1）

导　论 …………………………………………………………（1）
 一　问题提出 …………………………………………………（2）
 二　核心概念界定 ……………………………………………（13）
 三　文献综述 …………………………………………………（29）
 四　思路与框架 ………………………………………………（53）

第一章　理论基础：合作理论及分析框架 ……………………（56）
 一　合作的广泛性及其价值 …………………………………（57）
 二　合作的动因 ………………………………………………（61）
 三　合作的机制 ………………………………………………（70）
 四　合作的困境 ………………………………………………（82）
 五　合作困境的成因 …………………………………………（89）
 六　走出合作困境的策略 ……………………………………（110）
 七　合作的分析框架 …………………………………………（121）

第二章　研究设计与资料收集 …………………………………（123）
 一　研究假设及其操作化 ……………………………………（123）
 二　访谈的设计与实施 ………………………………………（133）
 三　调查问卷的设计与发放 …………………………………（136）

四　文献的收集与整理 …………………………………… (138)

第三章　应用型高校产教融合动力的理念分析 ………… (142)
　　一　地方普通本科高校转型发展的是是非非 …………… (142)
　　二　教育和产业的关系 …………………………………… (157)
　　三　大学与社会的关系 …………………………………… (168)
　　四　教育类型 ……………………………………………… (176)
　　五　教育目的 ……………………………………………… (184)
　　六　教育内容与方法 ……………………………………… (190)

第四章　应用型高校产教融合动力的利益分析 ………… (196)
　　一　政府的利益分析 ……………………………………… (196)
　　二　行业企业的利益分析 ………………………………… (204)
　　三　学校管理人员的利益分析 …………………………… (211)
　　四　教师的利益分析 ……………………………………… (217)
　　五　学生的利益分析 ……………………………………… (222)

第五章　应用型高校产教融合动力的资源分析 ………… (227)
　　一　经费分析 ……………………………………………… (227)
　　二　学科专业分析 ………………………………………… (232)
　　三　师资分析 ……………………………………………… (247)
　　四　场地设备分析 ………………………………………… (254)

第六章　应用型高校产教融合动力的制度分析 ………… (258)
　　一　人事制度分析 ………………………………………… (258)
　　二　薪酬制度分析 ………………………………………… (264)
　　三　教学制度分析 ………………………………………… (270)
　　四　科研制度分析 ………………………………………… (279)
　　五　治理结构分析 ………………………………………… (289)

  六 非正式制度分析 ……………………………………（299）

第七章 研究结论与对策建议 ……………………………（305）
  一 假设验证结果 ……………………………………（305）
  二 讨论与反思 ………………………………………（314）
  三 对策建议 …………………………………………（341）

结 语 ……………………………………………………（360）
  一 主要结论 …………………………………………（360）
  二 创新之处 …………………………………………（361）
  三 研究不足与展望 …………………………………（363）

参考文献 ……………………………………………………（365）

附 录 ………………………………………………………（370）

索 引 ………………………………………………………（389）

后 记 ………………………………………………………（393）

Content

Preface ·· (1)

Inrtoduction ·· (1)
   Section 1   Questions Raised ································ (2)
   Section 2   The Definition of Core Concepts ···················· (13)
   Section 3   Literature Review ································ (29)
   Section 4   Ideas and Framework ······························ (53)

Chapter 1   Theoretical Basis: Cooperation Theory and Its Analytical Framework ································ (56)
   Section 1   The Extensiveness and Value of Cooperation ········ (57)
   Section 2   The Motivation of Cooperation ···················· (61)
   Section 3   The Mechanism of Cooperation ···················· (70)
   Section 4   The Dilemma of Cooperation ······················ (82)
   Section 5   The Causes of The Cooperative Dilemma ············ (89)
   Section 6   Strategies for Getting Out of The Cooperative Dilemma ·· (110)
   Section 7   An Analytical Framework for Cooperation ·········· (121)

Chapter 2   Research Design and Data Collection ············ (123)
   Section 1   Research Hypothesis and Its Operationalization ······ (123)
   Section 2   The Design and Implementation of Interviews ······ (133)

Section 3	The Design and Distribution of Questionnaires	(136)
Section 4	The Collection and Collation of Literature	(138)

Chapter 3 The Concept Analysis of Impetus on Industry-education Integration of Applied Colleges and Universities ……………………………………………… (142)

Section 1	The Right and Wrong of The Transformation and Development of Local Ordinary Undergraduate Colleges and Universities	(142)
Section 2	The Relationship Between Education and Industry	(157)
Section 3	The Relationship Between University and Society	(168)
Section 4	The Types of Education	(176)
Section 5	The Purpose of Education	(184)
Section 6	The Content and Methods of Education	(190)

Chapter 4 The Benefit Analysis of Impetus on Industry-education Integration of Applied Colleges and Universities ……………………………………………… (196)

Section 1	The Benefit Analysis of Government	(196)
Section 2	The Benefit Analysis of Industries and Enterprises	(204)
Section 3	The Benefit Analysis of School Administrators	(211)
Section 4	The Benefit Analysis of Teachers	(217)
Section 5	The Benefit Analysis of Students	(222)

Chapter 5 The Resource Analysis of Impetus on Industry-education Integration of Applied Colleges and Universities ……………………………………………… (227)

Section 1	The Analysis of Funds	(227)

Section 2　The Analysis of Subjects and Majors ………………(232)
Section 3　The Analysis of Teachers ……………………………(247)
Section 4　The Analysis of Venues and Equipment ……………(254)

Chapter 6　The Institutional Analysis of Impetus on Industry-education Integration of Applied Colleges and Universities ……………………………………………(258)
Section 1　The Analysis of Personnel System …………………(258)
Section 2　The Analysis of Salary System ………………………(264)
Section 3　The Analysis of Teaching System ……………………(270)
Section 4　The Analysis of Scientific Research System …………(279)
Section 5　The Analysis of Governance Structure ………………(289)
Section 6　The Analysis of Informal System ……………………(299)

Chapter 7　Research Conclusion and Countermeasures ……(305)
Section 1　The Verification Results of The Hypothesis …………(305)
Section 2　Discussion and Reflection ……………………………(314)
Section 3　Countermeasures and Suggestions …………………(341)

Conclusion ……………………………………………………(360)
Section 1　Main Conclusions ……………………………………(360)
Section 2　The Innovation spot …………………………………(361)
Section 3　The Deficiency and Prospect of Research …………(363)

Reference ……………………………………………………(365)

Appendix ……………………………………………………(370)

Index …………………………………………………………(389)

Postscript ……………………………………………………(393)

前　言

本书由我的博士学位论文改编而成，里面夹杂了太多的困惑和无奈。

2014年3月，我参与了导师张学敏教授教育部哲学社会科学重大攻关项目"高校少数民族应用型人才培养模式综合改革研究"的申报，从中对应用型高校有了初步了解。在申报书完稿之际，时任教育部副部长鲁昕在中国发展高峰论坛表示：为适应职业教育需要、化解就业结构型矛盾，将约有几百所地方普通本科院校向应用型技术型高校转型，向职业教育转型，培养应用型技术技能型人才。一下子，地方院校转型被"炒"成高等教育的热点话题。

同年9月，项目成功立项，我有幸成为课题研究参与者。在研究过程中，我注意到一个奇怪的现象：转型是为了让部分地方普通本科院校更好地发展，但许多地方院校的领导和老师对转型并不理解，部分人甚至持质疑态度！

2015年下半年，我开始依托课题确定博士学位论文选题，决定立足教育与产业的关系研究地方院校转型发展问题。11月，教育部、国家发展改革委、财政部联合印发《关于引导地方普通本科高校向应用型转变的指导意见》，明确提出以产教融合、校企合作为突破口，推动部分地方本科高校向应用型高校转型发展，培养应用型技术技能型人才，服务地方经济社会发展。"忽如一夜春风来，千树万树梨花开。"借此"春风"，我迅速将问题锁定到应用型高校产教融合上。经开题专家点拨，选题最终定为"应用型高校产教融合动力研究"。

　　随后，我根据研究设计进行了大规模调研。出乎意料的是，应用型高校产教融合问题远比我预想的严重、复杂，有些问题甚至颠覆了我对教育的认识！

　　调研中的几个事例让我印象深刻。第一，尽管政府和地方院校出台了系列文件，确立了转型试点高校，安排了相关的会议和工作，网上到处是相关信息，但许多地方院校的领导和教师对应用型高校产教融合知之甚少，对产教融合的内涵和实践路径理解相当模糊。第二，关心和支持应用型高校深化产教融合的人太少了。许多政策文件和论文中认为应用型高校和企业具有产教融合需求并可以通过合作寻求共赢，这在很多地方根本不成立。第三，应用型高校产教融合改革面临多重困难。以教育体制为例，一方面，政府对高校管得过多、过死，学校的行政权力凌驾于学术权力之上，很多产教融合工作要等待上级指示，受行政力量制约；另一方面，在推动应用型高校产教融合过程中，政府调不动学校、学校管理者调不动教师的现象比比皆是。无论是公办还是民办的应用型高校，表面上学校的各项工作在围绕教育行政部门和学校领导转，实际上大家都有自己的"打算"，没有多少人在真正谋求学校的发展。这哪里是纽曼、洪堡、雅斯贝尔斯、赫钦斯、弗莱克斯纳、蔡元培、梅贻琦等先哲笔下的大学？第四，应用型高校产教融合的"表面工程"不少。参观地方院校的产教融合项目工程时，让人感觉成就斐然。深入了解之后才发现，有些东西花了很多钱，实际上起不了多大作用！

　　社会科学研究就是诊清病症，捉得病根，对症下药，治病救人。

　　为上述错综复杂的问题诊病开药，得找到一个好的分析工具。在诸多理论分析工具中，我认为合作理论最具解释力。应用型高校深化产教融合实际上是一场涉及应用型高校、产业组织、政府、社会组织等组织及其成员的多主体复杂合作行为，合作的关键在于激发各主体的合作动力并协调好主体间的合作关系，实现个体理性和集体理性的统一。应用型高校深化产教融合的种种困难均可简化为某种类型或程度的合作困境，这些困境的解决需要借助合作理论及其分析工具。

应用型高校深化产教融合的主要病症是什么？从合作的角度看，病症在于合作主体深化产教融合的动力不足。换言之，应用型高校产教融合不是做不好，而是在现有约束条件下，很多人不想做或不愿意合作。

动力不足的病因何在？从合作的角度看，理念的困惑、利益的冲突、资源的匮乏和制度的不完善共同造成了应用型高校产教融合动力不足。寻根究底，教育治理体制才是病根：以政府为主导的高等教育治理体制在市场经济大范围扩展的社会中根本无法有效调动产教融合主体的合作动力。事实上，我国高等教育发展面临难以逾越的治理陷阱：以政府为主导的高等教育治理体制是高等教育与经济社会发展不相适应的重要缘由，如果不变革现存的高等教育治理体制，那么改变这种不适应只能继续依靠政府，高等教育与经济社会的结构性矛盾很难有效化解。

对症如何用药？治标的药方为：厘清理念，明确产教融合的内涵、尺度和手段；协调利益，通过权责利关系的调整促进多方合作主体激励相容；增添资源，促进高等教育资源向应用型高校倾斜；变革制度，以人事制度和评价制度为核心创新制度体系。治本的药方为：建立以市场为中心的高等教育共治机制，推进高等教育有底线地市场化，主要依靠共同利益和市场竞争激发产教融合主体的合作动力，并通过政府治理和自组织治理弥补市场治理失灵。

治标之药好开，可以暂缓病痛，但可能积累更大的风险。治根之药好用，药引却千金难求。尽管从亚当·斯密以来，为市场正名的学者层出不穷，市场经济在世界范围内取得了巨大成功。但是，对市场的批判质疑之声从未停止过，市场在引导人类合作中也暴露出不少问题。经过改革开放四十多年的探索，市场已成为治理我国经济领域合作的主导力量。十八届三中全会通过的《中共中央关于全面深化改革若干重大问题的决定》明确指出,"使市场在资源配置中起决定性作用,更好地发挥政府作用"。但是,高等教育领域的市场治理却步履蹒跚,长期得不到人们认可。

反对市场治理高等教育通常有两大原因:一是不理解市场,将市场简单地理解为价格,将新古典经济学分析的市场失灵当作现实的市场失灵,将政府过度干预市场引发的问题或"野生"市场经济存在的问题归结为市场失灵,认为市场解决不好的教育问题可以通过政府解决,或者放大市场参与教育治理的局部问题,掩盖市场治理教育的成就;二是将市场参与教育治理妖魔化,认为市场和教育目的、教育公平、教育的公益性甚至人的道德是天然对立的,市场治理会伤害教育的发展,让教育成为市场的奴仆,甚至把市场和意识形态捆绑到一起,认为市场治理教育是某些国家、某种主义特有的东西。

市场确有缺陷,但绝对不是洪水猛兽。市场所代表的交易合作是人类社会最成功的合作治理机制,也是最能尊重人的权利和自由并调动人的积极性与创造力的合作方式。正如张维迎教授指出的,市场的基本逻辑是:"如果一个人想得到幸福,他首先必须使别人幸福。"应用型高校产教融合动力之所以不足,主要是因为当前的教育治理体制,让一部分人可以不通过为别人谋幸福便可得到自己本不该拥有的幸福,或者,是将自己的幸福建立在别人的痛苦之上。当然,市场在解决教育问题时也不可避免地存在失灵现象,需要我们努力矫正。

"人生最痛苦的莫过于梦醒了无路可走……"我所探寻到可以增强应用型高校产教融合动力的出路,是短时间内几乎不可能实现的高等教育治理市场化。这实在是一种让人不知所措的迷茫和无奈!

纵有百般困惑、千般无奈,我始终坚信,以市场为中心的高等教育共治机制是未来高等教育不可回避的发展趋势,市场经济的大范围扩展必将带来高等教育治理的市场化变革毋庸置疑,破解应用型高校深化产教融合的合作困境，还需形成更加全面深刻的认识。作为一名初出茅庐的研究者，只能一面用自己非常有限的力量，借助相关的理论和方法，继续深入研究；一面积极呼吁，静待花开，希望国家尽早探索实施高等教育治理的市场化改革。

陈　星
2019 年冬夜于博约堂

导　　论

　　拉近高等教育和产业的关系是全球高等教育改革的重要趋势。哈佛大学前校长德里克·博克（Derek Bok）指出，现代大学已经走出象牙塔，成为社会发展的"轴心机构"，越来越多地参与到社会的活动和事务之中，努力运用自己的资源对社会需求做出合理的反应。① 美国比较高等教育专家阿特巴赫（Philip G. Altbach）发现，"为社会当前的需求服务，特别是满足工业界的培训和科研要求的压力，对大学来说是一个关键性问题，这一问题对课程设置、科研的性质和范围以及大学与社会之间的传统关系都将产生影响"。② 近半个世纪以来，世界各国都在积极进行高等教育改造，努力加强高等教育的职业化和市场化倾向，强化高等教育和产业的互动合作，尽管高等教育与产业的联结从来都不乏反对者。近年来，我国政府开始以深化产教融合为突破口，推动部分地方本科高校向应用型高校转变，促进教育链、人才链与产业链、创新链有机衔接，全面提高教育质量、扩大就业创业、推进经济转型升级、培育经济发展新动能。然而，高等教育和产业发展之间存在着巨大的差异和鸿沟，促进政府、教育组织、产业组织和社会自组织的相互合作，实现高等教育和产业的协同发展，面临的挑战是巨大的。

---

　　① ［美］德里克·博克：《走出象牙塔：现代大学的社会责任》，徐小洲、陈军译，浙江教育出版社2001年版，第338—341页。

　　② ［美］阿特巴赫：《比较高等教育：知识、大学与发展》，人民教育出版社教育室译，人民教育出版社2000年版，第14页。

一　问题提出

（一）研究背景

1. 我国高等教育发展面临就业难、发展同质化、疏离经济社会发展等问题

改革开放以来，我国高等教育发展成就举世瞩目，为人民的美好幸福生活和中华民族的伟大复兴提供了巨大的人才与智力支持。2002年，我国高等教育毛入学率达到15%，开始步入高等教育大众化阶段。2008年，全国各类高等教育在学总规模达到2907万人，高等教育规模跃居世界第一。[①] 2014年，全国各类高等教育在学总规模达到3559万人，高等教育毛入学率达到37.5%。普通高等学校和成人高等学校增加到2824所。[②] 加快推进教育现代化、建设高等教育强国、办好人民满意的教育，需要大力推进教育理念、体系、制度、内容、方法、治理现代化，提升教育质量，优化教育结构，为全面建成小康社会和国家现代化提供有力支撑。高等教育类型和高等教育发展水平是紧密联系的。高等教育由精英教育向大众化教育发展的进程，也是高等教育类型由单一的学术型（也称学科型）向多元的学术型、应用型和职业型并存的演变过程。[③] 然而，在我国高等教育高速大众化过程中，高等教育的结构和类型却没能及时调整——普通本科院校基本实施的是学术型教育，这给我国高等教育发展乃至经济社会发展带来诸多困难和挑战。

[①] 朱永新主编：《中国教育改革大系·高等教育卷》，湖北教育出版社2016年版，第92—93页。

[②] 教育部：《2014年全国教育事业发展统计公报》，http://www.moe.edu.cn/srcsite/A03/s180/moe_633/201508/t20150811199589.html。

[③] 潘懋元主编：《应用型人才培养的理论和实践》，厦门大学出版社2011年版，第16—21页。

第一,高等教育劳动力市场供求失衡,大学生就业难与企业"用工荒"并存。一方面,我国大学生就业难就业质量不高问题突出。2015年,全国高校毕业生就业人数近750万,比2014年(约727万人)增加近23万人,大学生就业形势非常严峻。《2015年中国大学生就业报告》显示,2014届大学生毕业半年后的就业率为92.1%,有近60万人处于未就业状态,"受雇全职工作"的比例仅为79.2%,美术学、法学、生物工程等多个专业成为高失业风险型的"红牌"专业。2014届本科毕业生和高职高专毕业生的工作与专业相关度仅为69%和62%,毕业半年内离职率为23%和42%。① 另一方面,众多企业难以招到紧缺的应用技术型人才。2009年开始,珠江三角洲和长江三角洲地区相继出现"招工难"和"用工荒"现象。目前,"用工荒"已蔓延全国,像安徽这样的传统劳务输出地区也开始出现工人紧缺现象。② 高等教育劳动力市场的均衡是高等教育规模与结构是否适应经济社会发展需求的风向标。"就业难"与"用工荒"愈演愈烈充分反映出,我国现有的高等教育结构与经济社会发展对人才的需求结构之间出现了错位和失衡。

第二,高等教育发展盲目追求"高、大、全",高校发展同质化现象严重。现有的高等教育评价取向和高等教育资源配置都偏向办学水平较高的综合性研究型大学,在制度安排和现实利益(获取充足优质的经费、师资、生源等)的驱动下,多数高等院校趋向于成为综合性研究型大学。一些研究表明,由于高等教育分类标准模糊、高校定位不准和高校评价指标单一等原因,我国的高等学校在办学理念、管理体制、运作机制、学科结构、专科分布、课程体系甚至

---

① 麦可思研究院:《自主创业持续上升"重心下沉"趋势初显——2015年中国大学毕业生就业报告》,《光明日报》2015年7月17日第(05)版。
② 《当"用工荒"狭路"就业难"》,http://xm.ifeng.com/xiamenzhuanti/yong-gonghuang/。

校园文化等方面都相当雷同。① 高校同质化不仅造成高等教育资源浪费，使许多地方本科院校陷入生存危机，而且影响了高等教育服务经济社会发展的功能，加剧了大学生就业难问题。

第三，高等教育重"学"轻"术"，高等教育系统与其外部的经济社会系统间的鸿沟日益扩大。受国家主义控制和历史惯性的影响，我国高等教育的发展目标以培养学术型人才为主，高校的办学目标、人才培养模式和考评标准基本沿用了传统精英教育的思路。不可否认，学术型人才及其培养模式对人的发展、知识的生产、人们认识和改造世界意义重大。但是，学术型人才及其培养模式，主要培养以从事科学研究为主的研究型人才而非直接服务经济社会发展的技术技能型人才，强调（认识世界的）"学"的养成而非（改造世界的）"术"的训练。这一定程度上造成高等教育培养的人才种类与经济社会发展所需求的人才类型相脱节，高等教育日益疏离经济社会发展，既无法满足受教育者的多样化需求，也不利于发挥教育的经济社会价值。

2. 地方普通本科高校向应用型高校转型的改革实践与理论研究方兴未艾

一方面，部分地方普通本科高校向应用型高校转型的改革实践，从 2010 年被提上日程，于 2014 年上半年在全国掀起舆论高潮并开始大规模推进。

2010 年 7 月，国务院审议通过的《国家中长期教育改革和发展规划纲要（2010—2020 年）》提出，"建设现代职业教育体系"，"适应国家和区域经济社会发展需要，建立动态调整机制，不断优化高等教育结构"。

2013 年 6 月，在教育部推动下，中国应用技术大学（学院）联盟（简称 CAUAS）和地方高校转型发展研究中心在天津职业技术师

---

① 程娓娓、周元宽：《我国高校同质化相关研究综述》，《扬州大学学报》（高教研究版）2013 年第 1 期，第 14—17 页。

范大学成立。"联盟"和"中心"旨在促进中国应用型高校的建设与发展,为地方本科高校转型提供经验和借鉴,促进中国高等教育的分类管理,完善现代职业教育体系。到 2016 年 6 月,包括公立地方本科院校、民办地方本科院校、独立学院、职业教育园区在内的联盟会员已达 100 多个。

2014 年 3 月,教育部副部长鲁昕在中国发展高峰论坛发言表示,为适应职业教育需要,将有 600 多所地方普通本科高校实行转型,向应用技术型转型,向职业教育转型。

2014 年 6 月,《国务院关于加快发展现代职业教育的决定》提出,力争到 2020 年实现"高等职业教育规模占高等教育的一半以上","采取试点推动、示范引领等方式,引导一批普通本科高等学校向应用技术类型高等学校转型,重点举办本科职业教育"。教育部随即成立"高校转型联盟",截至 2014 年 5 月 10 日,有 150 多所地方本科院校报名参加教育部的转型改革。

2014 年 6 月,教育部等六部门印发的《现代职业教育体系建设规划（2014—2020 年）》明确指出,"引导一批本科高等学校转型发展。支持定位于服务行业和地方经济社会发展的本科高等学校实行综合改革,向应用技术类型高校转型发展。鼓励独立学院转设为独立设置的学校时定位为应用技术类型高校。各地采取计划、财政、评估等综合性调控政策引导地方本科高等学校转型发展。"

2015 年 3 月,《中共中央国务院关于深化体制机制改革加快实施创新驱动发展战略的若干意见》提出,"构建创新型人才培养模式","加快部分普通本科高等学校向应用技术型高等学校转型"。

截至 2015 年 10 月,全国绝大多数省、自治区、直辖市根据《国务院加快发展现代职业教育的决定》发布了各自的"实施意见"或"决定",为其省区的地方本科院校转型确定了基本的方向和思路。

2015 年 11 月,教育部、国家发展改革委、财政部印发《关于引导部分地方普通本科高校向应用型转变的指导意见》（以下简称《指导意见》）,确立了高校转型发展的重要意义、指导思想、基本思路、主要任务、配套政策和推进机制，加快了地方普通本科高校转型发展的步伐。

另一方面，地方普通本科高校向应用型高校转型的理论研究，从 2008 年开始显露，到 2014 年逐渐发展为教育领域的研究热点。

在 CNKI 中以"地方本科院校转型"为关键词进行检索发现，从 2000 年开始出现了少量相关论文，2008—2012 年间相关论文保持低速稳定增长。从 2013 年开始，有关转型的论文急剧上升：2013 年为 70 篇左右，2014 年为 250 篇左右，2015 年则高达 300 多篇。

2010 年以来，有关地方本科高校转型发展的研究报告、著作等成果开始大量涌现。相关报告主要有《地方本科院校转型发展实践与政策研究报告》和《欧洲应用技术大学国别研究报告》，主要相关著作见表导—1。

表导—1　　　　　　　地方本科院校转型主要相关著作

作者	著作名称	出版社	出版日期
钱国英等	《高等教育转型与应用型本科人才培养》	浙江大学出版社	2007.12
潘懋元	《中国高等教育大众化的结构和体系》	广东高等教育出版社	2009.09
樊彩萍	《新建本科院校办学定位的理论与实践》	安徽大学出版社	2010.09
周建松	《高等职业教育的逻辑》	浙江大学出版社	2011.02
赵宏强	《高等教育转型的取向与路径》	北京理工大学出版社	2011.07
王玉丰	《中国新建本科院校转型发展研究》	教育科学出版社	2011.12
顾永安等	《新建本科院校转型发展论》	中国社会科学出版社	2012.05
彭旭	《新建本科院校专业设置与调整研究》	光明日报出版社	2012.08
陈新民	《区域经济视野下的新建本科院校转型研究》	浙江大学出版社	2014.12
柳国梁	《服务型区域教育体系的地方高校转型研究》	高等教育出版社	2014.07
梅友松等	《地方高校转型发展研究》	光明日报出版社	2015.05

值得注意的是，目前国内一些人对地方本科高校向应用型高校转型持怀疑态度，认为"高等教育遭遇的就业难等问题是高等教育高速扩招的结果"[1]，"此次政府主导下的高校转型，没有充

---

[1] 刘道玉：《中国高教在转型中迷失方向》，http://www.chinareform.org.cn/society/Edu/Practice/201103/t20110302 61696.htm。

分尊重学校的自主办学权"①②,"也忽视了建立健全的市场竞争机制"③,而且,目前的转型"目标定位模糊"④,"没有抓住人才培养模式、师资等核心问题"⑤,面临诸多难题。

毋庸置疑,应对我国高等教育面临的"就业难""同质化""与经济社会发展脱节"等挑战,部分地方普通本科高校转型势在必行。实际上,转型实践已经开始在全国范围内推进。发达国家的高等教育发展经验显示,当一国的经济社会发展到一定水平,对人才尤其是高层次技能人才提出更高要求时,必须注重建设应用型高校。从20世纪60年代中期起,为满足国家经济社会发展中产业结构优化升级等需求,德国、瑞士、奥地利、荷兰、芬兰等欧洲国家陆续将职业性院校合并为应用型大学,形成与普通大学(或综合性大学)相互补充、共同发展的双元格局。时至今日,应用型高校已经占据了欧洲高等教育的很大份额(如图导—1所示),引领着职业教育的改革发展。⑥ 不仅如此,应用型高校既通过培养大批高层次技术技能人才,为欧洲国家的经济社会发展和创新提供了人才支持,为个人就业机会和就业质量提升作出了贡献,也通过开展应用研究,拉近了大学与产业的距离,为国家创新体系的建立尤其是中小型企业产品创新提供了有效的智力支持。

3. 产教融合对人才培养、高等教育发展和产业结构优化升级的

---

① 《专家质疑全国 600 所转型大学:难以培养出高素质职业技术人才》,http://news.e23.cn/content/2014-05-17/2014051700361.html。

② 《专家谈 600 所高校转高职:行政指令强制转型不妥》,http://news.sina.com.cn/c/2014-05-10/190330104692.shtml。

③ 《地方本科院校转型,别是政府一厢情愿》,http://edu.163.com/14/0331/09/9OLHU72400294JD8.html。

④ 《全国 600 所高校转型改革,本科转向职业教育技术型"类专科"太尴尬》,http://www.qianzhan.cm/news/detail/365/140517-8eb05554.html。

⑤ 《600 多所本科高校将转向职业教育,重心在人才培养模式的改变》,http://finance.huagu.com/rdsm/1405/250825.html。

⑥ 中国教育科学研究院课题组:《欧洲应用技术大学国别研究报告》,2013 年 12 月 10 日。

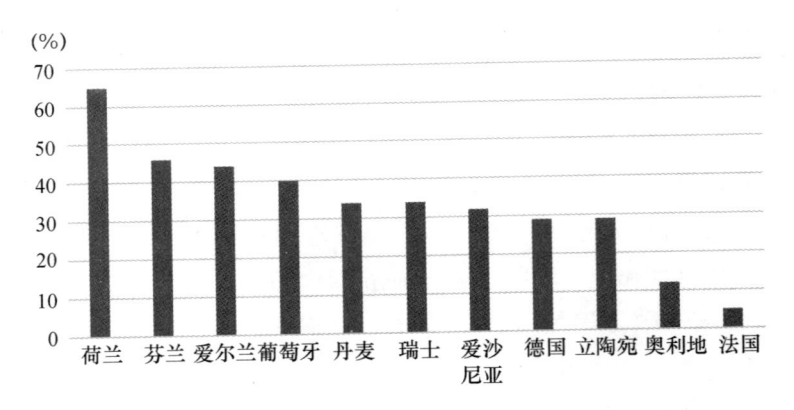

图导—1　欧洲部分国家应用型高校在校生占高等教育在校生的比例

意义凸显

产教融合是现代职业教育的基本办学理念和人才培养方法，有利于促进教育和产业的互动发展。《国务院关于加快发展现代职业教育的决定》和《现代职业教育体系建设规划（2014—2020年）》把"深化产教融合"作为发展现代职业教育的指导思想和基本原则，提出"加快现代职业教育体系建设，深化产教融合、校企合作，培养数以亿计的高素质劳动者和技术技能人才"。《指导意见》在高校转型的指导思想、基本思路和主要任务中指出，"深化产教融合，建立产教融合、协同育人的人才培养模式，推动应用型高校把办学思路真正转到产教融合、校企合作上来"。在上述国家政策推动下，产教融合对我国人才培养、高等教育发展和产业优化升级的意义逐渐凸显。

第一，产教融合成为应用型人才培养的重要途径。产教融合这一命题可溯源于"教育与生产劳动相结合"（简称"教劳结合"）的思想，是"教育必须与生产劳动相结合"的教育方针在具体时代和具体领域的延展和升华。"教劳结合"可以促进人的智力、体力、才能、道德、情感的全面发展，也可以促进经济社会的发展。正如马克思所言，"生产劳动同智育和体育相结合，不仅是提高社会生产的一种方法，而且是造就全面发展的人的唯一方法"。① 相比于"教劳结合",产教融合在时代背景和内涵上有了新的发展,这表现在"新常态"的产业升级转型、教育与产业协同发展、培养应用型人才、服务地区经济发展等方面。产教融合更强调拉近教育与产业的距离,提高教育发展与产业发展的适应性,加强人才培养与企业生产的融合度,培养理论联系实际并将科学知识转化为现实生产力的直接为产业发展服务的应用型人才。

第二,应用型高校深化产教融合有利于促进高校分层分类发展,拉近高等教育与经济社会发展的关系。产教融合是应用型高校区别于普通高校的标志,它关系着应用型高校的生命力及其发展,关系着高层次应用型人才的培养,关系着国家的经济社会发展。2014年4月,在河南驻马店举办的首届产教融合发展战略国际论坛中,178所高校以产教融合发展为主题,共同探讨了"部分地方普通本科高校转型发展"和"中国特色应用技术大学建设之路",联合发布了愿意积极探索和实践地方本科院校向应用型转变的《驻马店共识》,并充分肯定了产教融合在应用型高校建设中的核心地位。可以说,产教融合不仅是应用型人才培养的重要途径,也是应用研究的出发点和落脚点,更是应用型高校有效服务地方经济发展的保障。

第三,产教融合是促进我国产业结构优化升级的重要动力。产教融合,一方面可以实现科学研究和产业发展的"联手",有利于借助新的知识技术促进产业优化升级;另一方面可以培养适应和引领产业发展的人才,为产业转型发展提供现实条件。随着第三次工业革命的扩展和第四次工业革命的萌发,② 高等教育与产业的联系日益

---

① 《马克思恩格斯全集》(第23卷),中共中央马克思恩格斯列宁斯大林著作编译局译,人民出版社1972年版,第530页。
② 第四次产业革命也称"工业4.0"或"绿色革命",其主要特征是生产生活的数字化和智能化,生产方式由集中批量生产向网络异地协同生产转变,生产要素投入由自然要素向绿色要素转变。详情可参见胡鞍钢《中国赶上第四次工业革命发动期》,《北京日报》2013年2月25日;王喜文《2015年——第四次工业革命元年》,《中国计算机报》2015年2月2日。

紧密（这种紧密联系也给教育发展带来了一些风险），[①] 高校不得不重视寻求与企业、行业、产业在科学研究、人才培养和社会服务方面的密切合作。进入新常态以来，我国经济发展面临增速下滑、跨越"中等收入陷阱"、产业结构与经济发展方式亟待转变等挑战，高等教育发展面临"就业难就业质量不高""同质化""与经济社会发展脱节"等问题。在此情形下，如何协调高等教育与产业的关系，成为我国高等教育发展和经济社会发展的一项重大工程。近年来，国家积极倡导大力发展以物联网、大数据、云计算为代表的信息产业，培育节能环保、生物、新材料、新能源、高端装备制造业等新兴产业，寻求以科技含量高的产业优化升级引领经济转型发展。与此同时，还陆续出台了系列经济转型和产业升级的政策战略，包括"互联网＋""一带一路""京津冀协同发展""长江经济带""粤港澳大湾区""长三角一体化"等区域经济发展战略，以及《中国制造2025》《关于积极推进"互联网＋"行动的指导意见》和"十大产业振兴规划"等产业发展政策。在这样的国家发展框架下，产教融合在促进产业结构优化升级中的作用更加"如日中天"。

（二）研究问题

应用型高校深化产教融合，对我国的人才培养、高等教育发展和产业结构优化升级意义重大，有利于解决我国高等教育面临的就业难、发展同质化和疏离经济社会发展等问题。

然而，应用型高校深化产教融合的相关主体——包括内部主体（应用型高校内部的学校管理人员、教师和学生）和外部主体（应用型高校外部的政府、企业、行业等组织及其人员），却不一定有足够的动力深化产教融合，以致许多应用型高校的产教融合举步维艰或华而不实。

笔者的预调研（见第二章的访谈实施部分）和现有研究成果均

---

① ［美］罗杰·盖格：《大学与市场的悖论》，郭建如等译，北京大学出版社2013年版，第238—239页。

显示，一些应用型高校的产教融合面临政府缺位、企业参与意愿低、行业指导不够、应用型高校推进缓慢等问题，许多应用型高校的产教融合变成一种政府推动下的短期被动行为，① 出现了"剃头挑子一头热""拉郎配""应付造假"等顽疾。

具体表现为：(1) 许多应用型高校的学校管理者、教师，甚至部分学生及其家长，习惯于学术型教育和学术型人才的培养模式，不理解不支持应用型高校深化产教融合。(2) 在利益和评价体制驱动下，应用型高校盲目追求成为"高、大、全"的综合性大学，部分学校管理者和教师不愿意调整学科专业设置，导致应用型高校的学科专业设置趋同化明显，不适应地区产业发展。而且，应用型高校规模大、学科门类多、组织架构复杂、利益集团林立，无论是调整学科专业设置，还是推进校企协同育人，皆面临诸多困难。(3) 应用型高校多由专科学校、职业大学和独立学院合并、转制、升格而来，缺乏本科教育办学历史积淀，办学资源有限，办学基础薄弱，对企业吸引力不强，企业参与产教融合积极性不高。(4) 国家层面缺乏明确的顶层设计，政府在出面统筹校企合作、联合办学、制定区域人才发展规划等方面存在缺位，多数校企合作关系的建立与维系主要依靠个体的人脉和声誉，产教合作关系不够稳定。② (5) 一些地方行业组织名存实亡，相关行业主管部门对行业的统筹管理职能无法有效实施，无法充分发挥行业在产教融合中的指导作用。③

从合作的角度看，应用型高校深化产教融合实际上是一场涉及应用型高校、行业企业、政府等多方组织及其成员的跨系统复杂合作行为，这些合作主体深化产教融合的动力，直接从源头上决定着

---

① 贺耀敏、丁建石主编：《职业教育十大热点问题》，中国人民大学出版社 2015 年版，第 69 页。

② 曹丹：《从"校企合作"到"产教融合"——应用型本科高校推进产教深度融合的困惑与思考》，《天中学刊》2015 年第 1 期，第 133—138 页。

③ 李璐：《关注高职产教融合校企合作：融合之惑如何破解》，http://www.jyb.cn/zyjy/zyjyxw/201404/t20140418_578547.html。

应用型高校深化产教融合的效果。

动力是应用型高校深化产教融合的"龙头"和切入点。尽管应用型高校深化产教融合面临教育观念转变、教育经费投入、学科专业调整、师资队伍建设、人才培养模式改革、课程改革、融合模式改革等问题，但动力问题才是应用型高校深化产教融合必须解决的首要问题。只有产教融合主体有了足够的合作动力，应用型高校深化产教融合才会有"源头活水"，不至于沦为应付检查的"假动作"，后续的学科专业调整、课程改革、融合模式改革才能水到渠成。换言之，动力是产教融合的"龙头"，只有把产教融合内外部主体的"龙头"打开，让各类资源和活力充分释放出来，应用型高校深化产教融合才能铺得开、融得深、走得远。

综上所述，动力是应用型高校深化产教融合的源头，充足的动力是应用型高校深化产教融合进而促进人的发展、高等教育发展和经济社会发展的关键，然而，内外部主体却不一定有足够的动力深化产教融合，造成应用型高校产教融合举步维艰或者华而不实。

基于以上现实矛盾，本研究力求探明应用型高校产教融合各主体的动力状态，基于合作理论及其分析框架，运用实证研究方法，分析应用型高校产教融合动力不足的原因，并提出相应的对策建议。

（三）研究价值

1. 理论价值

第一，总结国内外有关合作的主要论述，构建人类合作行为的理论分析框架，有助于形成新的合作理论体系。

第二，从源头性的动力因素入手探讨产教融合问题，分析产教融合的内涵、动因、困难和实现机制，有助于深化人们对产教融合问题的认识，丰富教育与产业的关系、产教融合、校企合作、教劳结合、产学研一体化等理论。

第三，基于合作理论框架实证分析应用型高校产教融合动力的影响因素及其相互作用机制（重点分析合作关系及其治理机制），据此探讨和反思应用型高校产教融合动力不足的深层原因和解决策略，有助于构筑本土化的高等教育改革动力分析框架，拓展高等教育改革、现代学校制度建设和高等教育治理理论。

2. 应用价值

第一，厘清教育与产业的关系及其演变规律，探讨产教融合的意义和尺度，为国家制定高等教育发展政策、正确处理高等教育与产业的关系、协调高等教育发展与经济社会发展提供科学依据。

第二，调研并总结应用型高校产教融合面临的实际问题，为国家和应用型高校精准掌握产教融合的病症提供资料信息。

第三，分析应用型高校运行机制（尤其是高校内部各机构、群体之间以及高校与外部的政府、企业之间的合作机制）及应用型高校深化产教融合的实践逻辑、博弈关系与合作困境，为解释和解决应用型高校产教融合动力不足问题提供线索。

第四，提出增强应用型高校产教融合动力的对策建议，草拟《应用型高校深化产教融合实施意见》，为政府、应用型高校、行业企业深化产教融合提供理论支撑。

二　核心概念界定

1. 应用型高校

应用型高校，也称应用型大学或应用技术大学，是高等学校的一种类型。[①] 定义应用型高校有两种方式：一是从高校分类角度下定

---

① 不少人将应用型高校称为应用型大学或应用技术大学。其实，高等学校和大学有所区别，这在《中华人民共和国高等教育法》和《普通高等学校设置暂行条例》有明确表述。本研究认为大学是高等学校的一种类型，但考虑到使用习惯，在具体使用上作了区分：第一，将国内向应用型转变的地方普通本科高校称为应用型高校；第二，将国外以培养应用型技术型人才，服务地方经济发展的非研究型高校称为应用技术大学；第三，在探讨早期高等教育机构（如中世纪大学）、高等教育组织与社会的关系时，使用大学的概念。

义；二是直接下定义。

从高校分类角度下定义的代表是潘懋元和陈厚丰。潘懋元依据人才培养的类型，将高等学校分为三种类型：第一类是综合性研究型大学，以基础学科和应用学科（专业）为主，研究高深学问，培养拔尖创新的研究人才；第二类是专业性应用型的多科性或单科性的大学或学院，以各行各业有关的应用学科（专业）为主，学习研究专门知识，培养应用性高级专门人才，将高新科技转化为生产力（包括管理能力、服务能力）；第三类是职业性技能型高等院校（高职高专），以各行各业实用性职业技术专业为主，培养在生产、管理、服务第一线从事具体工作的技术人才。[①] 陈厚丰根据高等学校履行社会职能的情况及其产出比重，从纵向上将高等学校划分为研究型、教学研究型、教学型和应用型四类。研究型高校全面履行人才培养、科学研究和社会服务三大职能，以培养"拔尖创新人才"、授予博士和硕士学位为主；教学研究型高校主要履行人才培养和科学研究两项职能，侧重培养"高级专门人才"和少量"拔尖创新人才"，主要授予硕士学位和学士学位；教学型高校主要履行人才培养和教育教学研究职能，主要培养"高级专门人才"，授予学士学位和少量专业硕士学位；应用型高校主要履行应用型、技能型人才培养职能，授予专科文凭、职业资格证书和部分本科文凭。[②]

直接下定义的大致有四种观点：（1）《欧洲应用技术大学国别研究报告》将应用型大学（Universities of Applied Sciences）定义为，一种与普通大学并行、以专业教育为主导和面向工作生活的教育类型，肩负培养高层次技术应用型人才、开展应用科学研究与技术创

[①] 潘懋元：《21 世纪国家的核心竞争力——"教育—人才"的合理结构》，《中国高教研究》2005 年第 3 期，第 2—3 页。

[②] 陈厚丰：《中国高等学校分类与定位问题研究》，湖南大学出版社 2004 年版，第 207—208 页。

新、服务就业和区域发展及促进终身学习等多重使命。① （2）《地方本科院校转型发展实践与政策研究报告》指出，应用型高校是基于实体经济发展需求，服务国家技术技能创新积累，立足现代职业教育体系，直接融入区域产业发展，集职业技术教育、高等教育、继续教育于一体的新型大学类型。② （3）刘海峰、顾永安认为，应用型高校是以应用科技为特色，以服务地方（行业）为主旨，以产学研一体化、校企合作育人为人才培养模式的一类高校。③ （4）刘彦军将"应用型高校"定义为：一类为适应和满足我国新时期经济社会发展需要而产生，与其他普通本科高校并行和等值，以科学知识和技术成果的应用为导向进行办学，为社会培养高层次技术技能人才的高等学校。④

综上可见，应用型高校主要有三个特征：定位于应用型教育和应用型人才培养⑤；侧重科学知识和技术成果的应用研究；以促进就业创业和区域经济社会发展为导向。

因此，本研究把应用型高校定义为：不同于研究型大学和高职

---

① 中国教育科学研究院课题组：《欧洲应用技术大学国别研究报告》，2013年12月10日。

② 中国应用技术大学（学院）联盟、地方高校转型发展研究中心：《地方本科院校转型发展实践与政策研究报告》，2013年11月。

③ 刘海峰、顾永安：《我国应用技术大学战略改革与人才培养要素转型》，《职业技术教育》2014年第10期，第11—16页。

④ 刘彦军：《中国特色应用技术大学：内涵、外延、路径与展望》，《职业技术教育》2014年第31期，第20—25页。

⑤ 应用型人才是人才的一种类型。关于人才类型的划分主要有两种："两分法"——将人才分为学术型人才和应用型人才，其代表有郑晓梅、宋克惠、张德江等；"三分法"——将人才分为学术型人才、应用型人才和技术技能型人才，其代表有潘懋元、宋思运等。"三分法"对人才的划分相对细致，能较好地对应我国的教育层级和类型，故本研究秉持"三分法"，将应用型人才定义为：一种区别于学术型人才和低层次技术技能型人才，具备较高的理论基础（接受本科及以上教育），能将理论创造性地应用于社会实践，直接创造物质财富和社会价值的人才。实际上，应用和技术技能经常交织在一起，应用型人才也包括本科及以上层次的技术技能型人才，所以应用型人才也可称为应用型技术技能型人才。

高专院校，以培养本科及以上层次的应用型人才为目标，侧重应用研究，以服务地方经济社会发展为导向的实施应用型教育的高院校。

在操作上，本研究将应用型高校定义为明确向应用型高校转型发展的地方普通本科高校，包括中国应用技术大学（学院）联盟单位（见表导—2），各省确立的转型试点高校包括学校整体转型的试点高校和部分二级学院（系）、专业（群）转型的试点高校（见表导—3），以及没有成为联盟单位和转型试点的自主向应用型高校转型的地方普通本科院校。

表导—2　　　　中国应用技术大学（学院）联盟单位（90所）

A – G			
安徽科技学院	安徽新华学院	北京城市学院	滨州学院
长春工程学院	长江师范学院	常熟理工学院	常州工学院
常州科教城	重庆大学城市科技学院	重庆第二师范学院	重庆科技学院
重庆人文科技学院	重庆邮电大学移通学院	重庆三峡学院	大庆师范学院
德州学院	滇西应用技术大学	东莞理工学院	福建工程学院
福建江夏学院	福建师范大学协和学院	广东白云学院	广西科技大学鹿山学院
桂林航天工业学院	贵州工程应用技术大学		
H – N			
黄淮学院	哈尔滨华德学院	哈尔滨石油学院	韩山师范学院
河北科技大学	河北联合大学轻工学院	河西学院	贺州学院
黑龙江东方学院	黑龙江工程学院	黑龙江工业学院	黑龙江外国语学院
湖南文理学院	吉林工程技术师范学院	黄河科技学院	金陵科技学院
荆楚理工学院	闽南理工学院	南宁学院	宁波财经学院
O – T			
平顶山学院	莆田学院	普洱学院	黔南民族师范学院
钦州学院	青岛滨海学院	铜仁学院	曲靖师范学院
三江学院	三明学院	山东交通学院	山东英才学院
上海第二工业大学	上海电机学院	上海商学院	上海杉达学院

续表

O – T			
四川传媒学院	四川师范大学成都学院	天水师范学院	天津中德职业技术学院
天津职业技术师范大学			

U – Z			
潍坊科技学院	武汉东湖学院	武汉商学院	武汉生物工程学院
武夷学院	西安欧亚学院	西京学院	厦门理工学院
湘南学院	新乡学院	新乡医学院三全学院	信阳师范学院华锐学院
烟台大学文经学院	宜宾学院	营口理工学院	枣庄学院
云南工商学院	云南师范大学商学院	昭通学院	浙江科技学院
周口师范学院	郑州升达经贸管理学院	遵义师范学院	

资料来源：产教融合发展战略国际论坛官网，http://info.huanghuai.edu.cn/gb/zmdforum/ltchdw/。

表导—3　　部分省份转型试点高校名单

省份	转型发展试点高校
河南省 （15所）	整体转型试点有：黄淮学院、洛阳理工学院、许昌学院、黄河科技学院、安阳工学院、河南工程学院、南阳理工学院、南阳师范学院、周口师范学院、商丘师范学院、平顶山学院、河南牧业经济学院；专业转型试点有：安阳师范学院、郑州轻工业学院、信阳师范学院
重庆市 （6所）	重庆科技学院、重庆第二师范学院、重庆三峡学院、重庆人文科技学院、重庆大学城市科技学院、重庆邮电大学移通学院
甘肃省 （8所）	天水师范学院、兰州城市学院、河西学院、陇东学院、兰州工业学院、兰州文理学院、兰州交通大学博文学院、兰州理工大学技术工程学院
四川省 （16所）	整体转型试点有：西昌学院、四川传媒学院、西南交通大学希望学院、四川电影电视学院；二级学院（系）、专业（群）转型试点有：乐山师范学院、攀枝花学院、西华师范大学、成都中医药大学、内江师范学院、宜宾学院、成都工业学院、四川旅游学院、西南石油大学、成都师范学院、绵阳师范学院、成都信息工程大学银杏酒店管理学院

续表

省份	转型发展试点高校
吉林省 （26所）	整体转型试点有：吉林工程技术师范学院、长春光华学院、吉林工商学院、吉林农业科技学院、吉林动画学院、吉林建筑大学城建学院、长春建筑学院、长春科技学院、白城师范学院；二级学院（系）、专业（群）转型试点有：吉林建筑大学、吉林医药学院、吉林体育学院、北华大学、吉林师范大学、长春大学、长春工程学院、吉林化工学院、吉林艺术学院、吉林华桥外国语学院、长春大学旅游学院、通化师范学院、吉林农业大学、长春师范大学、东北师范大学人文学院、长春中医药大学、吉林师范大学博达学院
浙江省 （41所）	浙江师范大学、浙江中医药大学、浙江海洋学院、浙江科技学院、浙江传媒学院、嘉兴学院、浙江万里学院、浙江树人学院、温州大学、衢州学院、绍兴文理学院、湖州师范学院、台州学院、丽水学院、宁波工程学院、浙江警察学院、浙江越秀外国语学院、宁波大红鹰学院、浙江水利水电学院、浙江大学城市学院、浙江大学宁波理工学院、浙江工业大学之江学院、浙江师范大学行知学院、宁波大学科学技术学院、浙江理工大学科技与艺术学院、杭州电子科技大学信息工程学院、浙江工商大学杭州商学院、中国计量学院现代科技学院、浙江中医药大学滨江学院、浙江海洋学院东海科学技术学院、浙江农林大学暨阳学院、温州医科大学仁济学院、浙江财经大学东方学院、嘉兴学院南湖学院、杭州师范大学钱江学院、温州大学瓯江学院、温州大学城市学院、绍兴文理学院元培学院、湖州师范学院求真学院、同济大学浙江学院、上海财经大学浙江学院
湖北省 （23所）	整体转型试点有：湖北师范学院、湖北理工学院、黄冈师范学院、湖北医药学院、武汉生物工程学院、武汉商学院、荆楚理工学院、武汉东湖学院、武汉工程科技学院、华中师范大学武汉传媒学院、湖北大学知行学院、湖北科技学院、湖北汽车工业学院、武汉工商学院、文华学院、华中科技大学武昌分校、武汉理工大学华夏学院、华中农业大学楚天学院；二级学院（系）、专业（群）转型试点有：湖北工业大学商贸学院、武汉大学珞珈学院、武昌工学院、湖北文理学院、武汉轻工大学
福建省 （31所）	整体转型试点有福建工程学院、厦门理工学院、泉州师范学院、闽江学院、莆田学院、三明学院、龙岩学院、武夷学院、福建江夏学院、福建师范大学福清分校、闽南理工学院、福州外语外贸学院、泉州信息工程学院、阳光学院、福州理工学院、福州大学至诚学院、福建农林大学金山学院、集美大学诚毅学院；二级学院（系）、专业（群）转型试点有：福州大学、福建师范大学、福建农林大学、福建医科大学、集美大学、闽南师范大学、宁德师范学院、仰恩大学、厦门工学院、厦门华厦学院、福建师范大学协和学院、福建农林大学东方学院、福建师范大学闽南科技学院

续表

省份	转型发展试点高校
江西省（10所）	景德镇陶瓷学院、南昌航空大学、新余学院、宜春学院、萍乡学院、江西服装学院、南昌工学院、江西应用科技学院、华东交通大学理工学院、江西中医药大学科技学院
河北省（10所）	北华航天工业学院、河北科技师范学院、石家庄学院、保定学院、河北民族师范学院、河北大学工商学院、河北科技大学理工学院、河北传媒学院、燕京理工学院、河北外国语学院
广西壮族自治区（19所）	整体转型试点有：南宁学院、钦州学院、百色学院、广西科技大学鹿山学院；二级学院（系）、专业（群）转型试点有：玉林师范学院、河池学院、广西财经学院、贺州学院、梧州学院、广西民族师范学院、桂林航天工业学院、广西外国语学院、广西大学行健文理学院、广西师范大学漓江学院、广西民族大学相思湖学院、桂林电子科技大学信息科技学院、桂林理工大学博文管理学院、广西中医药大学赛恩斯新医药学院、广西师范学院师园学院
上海市（16所）	专业（群）转型试点有：上海第二工业大学、上海电机学院、上海电力学院、上海工程技术大学、上海建桥学院、上海金融学院、上海杉达学院、上海理工大学、上海中医药大学、上海立信会计学院、上海商学院、上海师范大学天华学院、上海师范大学、上海应用技术学院、上海视觉艺术学院、上海体育学院
贵州省（5所）	贵州工程应用技术学院、黔南民族师范学院、铜仁学院、遵义师范学院、六盘水师范学院
云南省（6所）	楚雄师范学院、云南师范大学商学院、昆明理工大学津桥学院、昆明学院、普洱学院、云南工商学院
山西省（6所）	太原工业学院、山西传媒学院、山西工程技术学院、山西能源学院、山西应用科技学院、山西大学商务学院
广东省（14所）	广东金融学院、广东石油化工学院、广东财经大学、惠州学院、岭南师范学院、广东技术师范学院、肇庆学院、五邑大学、吉林大学珠海学院、北京师范大学珠海分校、电子科技大学中山学院、北京理工大学珠海学院、中山大学南方学院、广东白云学院
湖南省（2所）	湖南学院、湖南文理学院
海南省（3所）	海南热带海洋学院、三亚学院、海口经济学院

续表

省份	转型发展试点高校
辽宁省（22所）	整体转型试点有：辽宁对外经贸学院、沈阳大学、辽宁科技学院、沈阳工程学院、辽东学院、沈阳工学院、大连财经学院、沈阳城市学院、大连东软信息学院、营口理工学院；二级学院（系）、专业（群）转型试点有：辽宁大学、沈阳工业大学、沈阳航空航天大学、辽宁科技大学、辽宁工程技术大学、辽宁石油化工大学、沈阳化工大学、辽宁工业大学、大连海洋大学、沈阳师范大学、渤海大学、沈阳城市建设学院

资料来源：各省区教育厅、直辖市教委官网。

2. 产教融合

国内对产教融合的理解主要有两种：一种认为，产教融合就是校企合作。如孔宝根认为，产教融合指育人过程中生产与教学的融合，包括两个方面：一是教育教学过程与生产工作过程的融合，是育人方式上的融合；二是教育教学内容与生产技术技能的融合，是育人内容上的融合。[①] 从 CNKI 的检索结果看，2010 年之前关于产教融合的研究多把产教结合和校企合作作为近义概念，如刘春生等的研究便是此类[②]。一种认为，"产教融合"有两层意义：一是宏观层面产业与教育的互动融合；二是微观层面生产活动与教育教学活动的对接融合。持这种观点的人有周劲松等[③]。

国家文件对产教融合的解释比较强调宏观层面教育发展与产业升级的衔接。例如，《国务院关于加快发展现代职业教育的决定》对"产教融合"的要求为，"同步规划职业教育与经济社会发展，协调推进人力资源开发与技术进步，推动教育教学改革与产业转型升级

[①] 孔宝根：《企业科技指导员制度：深化职业教育产教融合的新路径》，《教育发展研究》2015 年第 3 期，第 59—64 页。

[②] 刘春生、柴彦辉：《德国与日本企业参与职业教育态度的变迁及对我国产教结合的启示》，《比较教育研究》2005 年第 7 期，第 73—78 页。

[③] 周劲松、温宇：《区域职业教育产教结合的政策需求与机制创新》，《职业技术教育》2010 年第 10 期，第 45—48 页。

衔接配套"。《现代职业教育体系建设规划（2014—2020 年）》将产教融合解释为，"专业设置与产业需求、课程内容与职业标准、教学过程与生产过程对接，实现职业教育与技术进步和生产方式变革以及社会公共服务相适应，促进经济提质增效升级"。

此外，许多研究者指出，产教融合不同于产教结合或产教合作："融合"是指几种不同的事物合成一体[①]，比"结合""合作"立意更高，更强调"产"和"教"彼此之间的联系、互动、和谐。[②]

国内学者对产教融合的定义不一。罗汝珍认为，"产教融合"是一种产、学、研"三位一体"的融合模式，不仅具备教育和企业的多种功能，还具备随时应变产业结构调整和参与市场竞争的能力，是在学校、企业、行业以及社会相关部门的不同程度参与下形成的一种新的社会组织形式，肩负着推动高等职业教育改革和社会经济发展的重任。[③] 杨善江认为，笼统来讲，产教融合是产业系统与教育系统相互融合形成的有机整体。具体来讲，产教融合是教育部门（主要是院校）与产业部门（行业、企业）在社会范围内，充分依托各自优势，以互信和合约为基础，以服务经济转型和满足需求为出发点，以协同育人为核心，以合作共赢为动力，以校企合作为主线，以项目合作、技术转移以及共同开发为载体，以文化共融为支撑的产业、教育内部及之间各要素的优化组合和高度融合，各参与主体相互配合的一种经济教育活动方式。[④]

有学者根据《国务院关于加快发展现代职业教育的决定》提出产教融合的基本要求是实现五个对接：专业设置与产业需求对接、

[①] 曹丹：《从"校企合作"到"产教融合"——应用型本科高校推进产教深度融合的困惑与思考》，《天中学刊》2015 年第 1 期，第 133—138 页。

[②] 杨善江：《产教融合：产业深度转型下现代职业教育发展的必由之路》，《教育与职业》2014 年第 33 期，第 8—10 页。

[③] 罗汝珍：《市场经济背景下高等职业教育产教融合机制研究》，《教育与职业》2014 年第 21 期，第 8—11 页。

[④] 杨善江：《产教融合：产业深度转型下现代职业教育发展的必由之路》，《教育与职业》2014 年第 33 期，第 8—10 页。

课程内容与职业标准对接、教学过程与生产过程对接、毕业证书与职业资格证书对接、职业教育与终身学习对接。①

综上，本研究认为，产教融合不同于校企合作。产教融合涉及教育与产业的关系协调，比校企合作范畴更广，要求更高。产教融合与产教结合、产教合作只是"字眼"上的区别，实际要做的事情是相同的。产学研一体化是产教融合的重要路径，主要通过大学、产业和科研机构的合作拉近教育和产业的关系。

产教融合指教育系统及其组织和产业系统及其组织为实现共同发展最终融合在一起甚至融为一体的过程及状态。"融合"是分层次、分阶段、多形式的"融合"，不能简单地将"融合"限定为融为一体，协调、协同、合作、对接、联合都是"融合"在特定情境下的表征。产教融合包括三个层面（见图导—2）：（1）宏观层面的教育和产业协调发展：教育与产业在规模、速度、结构和质量方面的动态协调、协同发展。（2）中观层面的校企合作：低水平的校企合作指学校和企业相互独立并简单地参与对方的生产活动，表现为企业为学校提供实习实训场所、学校承担企业的研发项目等；中等水平的校企合作指学校和企业的有机联合，表现为引企入教、工学结合、校企互聘、订单培养等；高水平的校企合作指学校和企业融为一体，表现为企业举办为其直接提供人才、技术和服务的学校，或者学校举办为其提供办学经费、师资、教育内容、实训实践基地、学生就业岗位等资源的企业。（3）微观层面的学校职能与企业生产对接：主要包括学科专业与产业类型、课程内容与职业标准、教学过程与生产过程、研究结果与技术开发、社会服务与企业发展的"五大对接"。

在操作方面，本研究认为应用型高校深化产教融合有五大基本要求：根据地方产业发展需求调整学科专业设置，侧重应用研究，

---

① 高飞、姚志刚：《产教融合的动力与互动机制研究》，《淮南职业技术学院学报》2014年第6期，第41—45页。

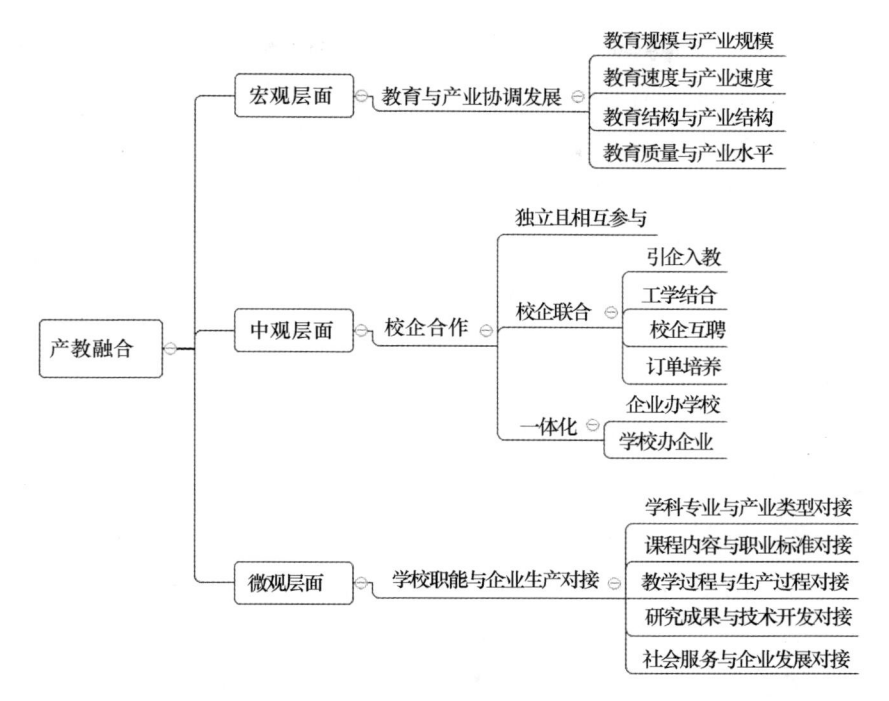

```
                                      ┌─ 教育规模与产业规模
                         ┌─ 教育与产业协调发展 ─┤ 教育速度与产业速度
              ┌─ 宏观层面 ─┤                  │ 教育结构与产业结构
              │                             └─ 教育质量与产业水平
              │
              │                    ┌─ 独立且相互参与
              │                    │           ┌─ 引企入教
              │                    │           │ 工学结合
产教融合 ─────┼─ 中观层面 ─ 校企合作 ─┼─ 校企联合 ─┤ 校企互聘
              │                    │           └─ 订单培养
              │                    │           ┌─ 企业办学校
              │                    └─ 一体化 ──┤ 学校办企业
              │
              │                                ┌─ 学科专业与产业类型对接
              │                                │ 课程内容与职业标准对接
              └─ 微观层面 ─ 学校职能与企业生产对接 ─┤ 教学过程与生产过程对接
                                               │ 研究成果与技术开发对接
                                               └─ 社会服务与企业发展对接
```

图导—2　产教融合的层级内涵

加强实践教学，校企深入合作，建设"双师双能型"教师队伍。

3. 动力

动力（power or motive power），一是指使机械作功的各种作用力，如水力、风力、电力、畜力等；二是比喻推动工作、事业等前进和发展的力量，比如学习的动力，革命的动力等。[①] 简言之，动力主要指推动事物发展的力量。

由于研究对象和研究方法的不同，各学科对动力的理解有所区别。物理学认为力是物体间的相互作用，根据力的效果，可以将力分为拉力、张力、压力、支持力、动力、阻力、向心力等，动力主要指驱动物体运动的力。心理学上的动力主要指人类行为的（心理）动机。动机是直接推动个体从事某种活动的内部原因，是引起和维

---

① 莫衡等主编：《当代汉语词典》，上海辞书出版社 2001 年版，第 651 页。

持个体行为并将此行为导向某一目标的过程。引起动机必须有内在条件和外在条件。前者就是"需要",即因个体对某种东西的缺乏而引起的内部紧张状态和不舒服感。动机就是在需要的基础上产生的,离开需要的动机并不存在。后者是个体之外的各种刺激诱因,它可分为正诱因和负诱因。哲学主要从事物运动变化的核心推动力量研究动力。如关于人类社会发展动力的研究,形成了神学动力观、知识动力观、地理环境驱动论、利益驱动论、"决定精神"动力观、英雄动力观、马克思主义动力论等代表性观点。[①] 经济学研究人们的行为选择及其后果,所以经济学通常将动力看作促使(推动)个人或集体作出某种选择或行为的动因。

本研究基于经济学将动力界定为,促使个体(包括个人和群体)选择某种行为的力量,即动力是人的行为动因。经济学同社会学等学科一样,主要研究人类行为及其形成的各种社会现象和问题。但是,经济学基于的是个人主义方法论,[②] 强调应该从个体(包括个人及其所组成的群体——如公司、社团、学校等)的行为出发解释社会现象,从现实的组织和人的实际出发来研究人类行为。换言之,社会现象和问题是个体选择相互作用的结果,只有个体才能作出决策、采取行动,群体或组织的行为最终也是部分掌握权力的个体决策的博弈结果。个体的决策决定了个体的行为,而可供决策的要素及其组合所形成的推动力量就是行为的动因。所以,动力可以看作一系列促使个体选择某种行为的因素及其组合所形成的推动力。

从经济学角度看,个体主要基于预期的收益和成本进行理性选

---

① 吕静:《社会主义发展动力的哲学思考》,中国社会科学院研究生院博士学位论文,2002年,第8—28页。

② 个人主义方法论认为解释社会整体必须立足于个体,一切经济现象和行为都可从个人的经济行为出发来理解。个人主义方法论假设:只有个人才有目标和利益,强调个人存在的意义和利益特征;主张通过个人之间的安排来解决问题,个人会以符合自己目标的方式行事;社会体制随着个人行为的变化而变化。参见汪浩瀚《经济学方法论的个人主义与整体主义之争》,《经济科学》2002年第2期,第88—94页。

择，如果某项行为的预期收益大于预期成本，个体有采取该行为的动力。某项行为的预期净收益越大，人们采取此项行为的动力越充足。利益是影响个体行为的基础，知识、信息、资源、制度等多方面因素会通过影响个体的预期利益，影响个体行为的动力及其结果。

4. 合作

"合作"通常被解释为人们共同实现某个目标或完成某项任务。《当代汉语词典》将"合作"解释为，为了共同的目的一起工作或共同完成某项任务。《中国百科大辞典》将合作视为社会的互动形式之一，认为合作是人际间为达到共同目标，相互配合、协作的联合行动，可使双方获得有利的结果。在英文里，表示合作的单词主要有"cooperate""collaborate""consociate"，其名词分别为"cooperation""collaboration""consociation"。"cooperate"有两层意思：一是"to work together with somebody else in order to achieve something"；二是"to be helpful by doing what somebody asks you to do"。"collaborate"比较倾向于贬义的合作如通敌、共谋等，也特指著书或进行研究时的合作。"consociate"主要指结合、联盟。

"cooperation"经常被一些学者翻译成"协作"。那么，合作与协作有区别吗？从词义上看，协作通常比合作要求更高，是有计划、有配合、有效率的合作。《当代汉语词典》将协作定义为"若干人或若干单位互相配合做某事"。《中国百科大辞典》将协作解释为：许多人在同一生产过程中或在不同的但互相联系的生产过程中，有计划地一起协同劳动。和协作更为接近的单词应是"coordination"，其意为"organizing the activities of two or more groups so that they work together efficiently and know what the others are doing"。张维迎指出，从人与人互动的角度看，社会最基本的问题有两个：一个是协调（coordination）问题；一个是合作（cooperation）问题。协调的关键是如何形成一致预期，解决协调问题需要通过知识和沟通去预测他人的行为并制定相应的规则。交通博弈中的靠左行驶或靠右行驶就是典型的协调问题。合作的关键是如何提供有效激励。由于个人理性和集体理性之间存在冲突，如果我们希望经由个人理性选择来实现集体理性，获取合作红利，那么就需要对个人的行为进行激励诱导。在现实的生活中，协调问题和合作问题交织在一起，相互影响，相互作用，大量的问题实际上是协调问题和合作问题的结合。① 本研究认为，合作实际上包含协调或协作，因为协调也存在个人理性与集体理性的冲突，其最终目的也是合作（共同实现某个目标）。

合作有时作为竞争的对立面出现，因为竞争通常意味着击败对手；有时和竞争并列出现，因为在社会博弈中，我们有时需要尽力击败对手，有时需要和对手一起合作。② 合作与竞争之间存在怎样的关系？《远距离开放教育词典》在解释合作时指出，合作与竞争相对而存在，竞争的结果导致合作，合作中又包含着竞争。合作和竞争是群体发展的重要形式。从进化论的角度看，一切生命（包括基因和有机体）的最终目的都是持续进化以适应不断变化的环境进而保存并繁衍自己，合作只是生命进化的手段。汪丁丁认为，人类首先是以个体为单位进行活动的，维系人类个体之间联系的主要有两种形态：竞争关系和合作关系。竞争关系的核心概念是事物之间非此即彼的"替代性"，合作关系的核心概念是事物之间相辅相成的"互补性"。③ 替代性意味着个性的发展，进而导致竞争，竞争导致专业化，专业化导致今天气象万千的个性化世界。互补性意味着群体的发展，进而导致合作，合作导致社会化，社会化导致今天气象

---

① 张维迎：《博弈与社会》，北京大学出版社 2013 年版，第 2—8 页。
② ［美］内勒巴夫、布兰登勃格：《合作竞争》，王煜全、王煜昆译，安徽人民出版社 2000 年版，第 5 页。
③ 汪丁丁认为，合作的本质是互补性。越是那些强烈互补的元素，越可能构成或多或少具有稳定性的系统，又称为"秩序"。最典型的互补品，就是正常人的左脚和右脚，以及这两只脚相配合的两只鞋。鞋不合脚的时候，就有行走的困难。参见［美］马丁·诺瓦克、罗杰·海菲尔德《超级合作者》，龙志勇、魏薇译，浙江人民出版社 2013 年版，序言部分。

万千的共生化世界。① 本研究认为，在小范围的社会博弈中，竞争可能作为合作的对立面出现。但在大范围的人类社会中，竞争往往作为合作的手段出现。当然，不得不承认，人类合作的最终目的是竞争，让个体或群体在资源稀缺的环境下得以保存、延续和发展。

合作也经常和分工并列出现。根据亚当·斯密（Adam Smith）的洞见：人类的生存发展需要同他人进行合作，否则个人就需要亲自生产其所需的各类产品（服务）。人类最主要的合作方式是以劳动分工为基础的市场交换。分工有利于实现专业化，提高劳动技能、节约不同工作的转化时间、简化劳动，提高劳动生产力，改善人类的生活。② 据此来看，分工实际上是合作的手段。在生活中，人们经常用分工合作来强调某一系统或组织内部的以分工为基础的合作。那么，有没有哪种合作内部不存在分工？本研究认为，从社会大系统的视角看，分工是人类社会最主要的合作方式，分工必然伴随着合作，尽管很多合作之间并没有明显的出于个人主观目的的分工，尽管很多分工没有实现较好的合作。

综上，本研究认为，合作是为了实现共同目标而采取的行为。合作对应的是背叛（包括背离共同目标或背叛合作契约）。合作和竞争、分工经常交织在一起，分工是最为主要的合作方式，合作的最终目的在于竞争。

5. 应用型高校产教融合动力

应用型高校产教融合动力是应用型高校、企业、行业、政府等多方组织及其人员深化产教融合的动力的合力。多方主体是否有足够的动力深化产教融合，直接决定着应用型高校产教融合的现实动力，进而决定着应用型高校产教融合的最终效果。

需要指出的是，本研究的重心不是从理论上探讨宏观层面的教

---

① 汪丁丁、罗卫东、叶航：《人类合作秩序的起源与演化》，《社会科学战线》2005年第4期，第39—47页。

② ［英］亚当·斯密：《国富论》，张兴、田要武、龚双红编译，北京出版社2007年版，第1—4页。

育系统和产业系统融合的客观动力或核心推动力问题,而是着眼于从微观现实的个体入手,调查应用型高校产教融合各主体的产教融合动力状况,分析应用型高校产教融合动力不足的原因,据此提出增强应用型高校产教融合动力的对策建议。

为进一步厘清关系,本研究以应用型高校为参照,把应用型高校产教融合动力分为内部动力和外部动力(见图导—3)。内部动力主要指应用型高校内部的产教融合主体(学校管理人员、教师、学生)深化产教融合的动力,① 外部动力主要指应用型高校外部的产教融合主体(政府、行业、企业等组织及其人员)深化产教融合的动力。

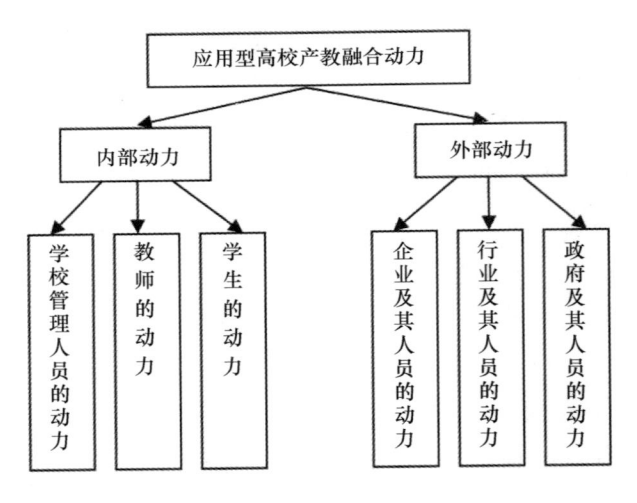

图导—3　应用型高校产教融合动力结构

---

① 高校中存在大量"双肩挑"的管理干部,造成高校内部的学校管理人员和教师在操作概念上出现了交叉。本研究将二级学院处级及以上(含副处)"双肩挑"教师和党群部门、行政部门、学术机构的管理人员均列为学校管理人员,将二级学院处级以下的"双肩挑"的教师视作普通教师,因为后者的管理权力和职能有限,日常工作更偏重于教育教学。

三 文献综述

(一) 国内研究

1. 有关产教融合的研究

产教融合问题主要探讨教育和产业的关系问题,它从属于教育与经济社会发展的关系这一问题域,既是教育基本理论的重要内容——教育与经济的相互影响及其调试,也是教育经济学研究的重点领域——教育对产业发展的价值及其发挥。产教融合的思想源远流长,它和教育与生产劳动相结合、校企合作、产学研一体化、工学结合、教育的内外部关系、教育的实用性等问题均有关联,其下游问题有"现代学徒制""官产结合""校企协同育人""专业结构与产业结构协同发展"等,其上游问题有教育的目的(传递知识还是训练技能)、教育的功能(促进人的发展还是经济社会的发展)、教育与经济的关系(教育先行还是协同发展)、教育的属性(教育是否属于产业)、教育的经济价值(教育能否促进产业发展)、教育产业化或市场化等。

2005年1月—2015年10月,关于产教融合的文献共有350多篇。对其中150篇重要文献的分析结果显示:第一,从年分布看(见图导—4),关于产教融合的研究成果从2013年开始增多,2014年和2015年增长迅猛;第二,从文献来源分布看(见图导—5),研究成果多发表于非核心期刊,只有10篇左右发表于CSSCI来源期刊(2014—2015),整体研究质量有待提高;第三,从H指数(一篇文章被引次数)分析看(见图导—6),只有7篇文献被引用次数大于等于5次,研究成果的总体影响力较弱。

国内关于产教融合的研究主要集中于产教融合的内涵、意义、特征、内容、动力、模式、思想演化、存在问题、推进方法与策略等问题。

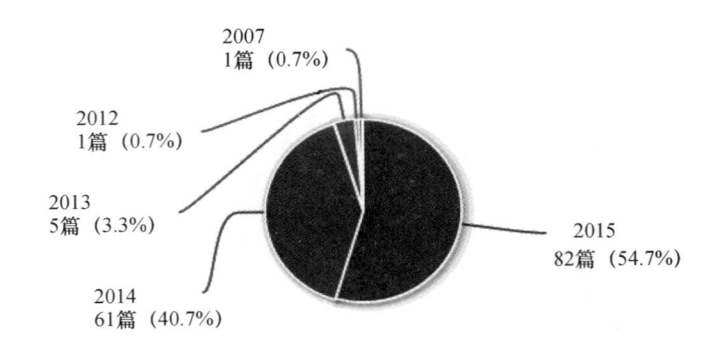

30　应用型高校产教融合动力研究

图导—4　产教融合研究文献年分布

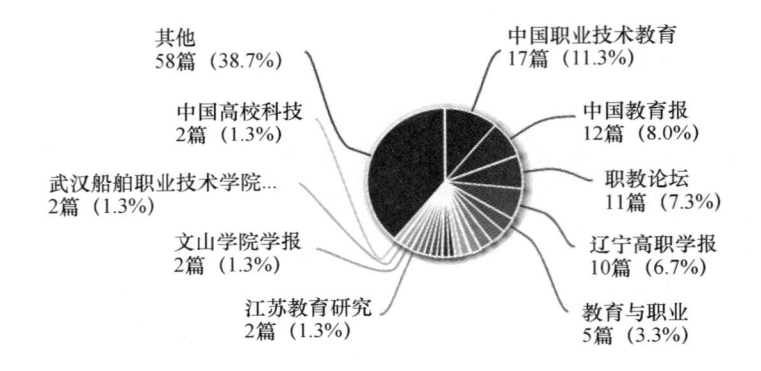

- 2007　1篇（0.7%）
- 2012　1篇（0.7%）
- 2013　5篇（3.3%）
- 2014　61篇（40.7%）
- 2015　82篇（54.7%）

图导—5　产教融合研究文献来源分布

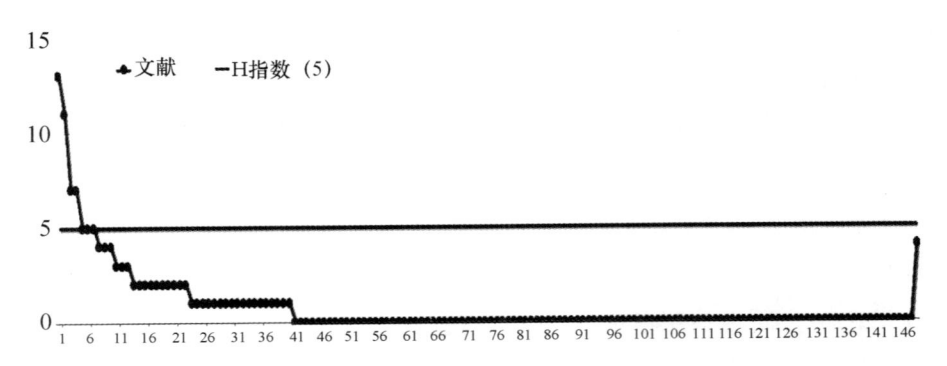

- 其他　58篇（38.7%）
- 中国高校科技　2篇（1.3%）
- 武汉船舶职业技术学院…　2篇（1.3%）
- 文山学院学报　2篇（1.3%）
- 江苏教育研究　2篇（1.3%）
- 中国职业技术教育　17篇（11.3%）
- 中国教育报　12篇（8.0%）
- 职教论坛　11篇（7.3%）
- 辽宁高职学报　10篇（6.7%）
- 教育与职业　5篇（3.3%）

图导—6　产教融合研究文献 H 指数分析

目前还没有形成产教融合内涵的基本共识。周劲松和温宇[①]、杨善江[②]认为,"产教"有两层含义:第一层指产业(行业企业)与教育(主要是学校教育),涉及职业教育的办学思想和体制构建问题;第二层指"生产与教学",侧重职业教育的教学模式和方法问题。杨善江(2014)将产教融合定义为产业系统与教育系统相互融合而形成的有机整体,是教育部门与产业部门在社会范围内,充分依托各自的资源和优势,以互信和合约为基础,以服务经济转型和满足需求为出发点,以协同育人为核心,以合作共赢为动力,以校企合作为主线,以项目合作、技术转移以及共同开发为载体,以文化共融为支撑的产业、教育内部及之间各要素的优化组合和高度融合,各参与主体相互配合的一种经济教育活动方式。秦斌指出,产教深度融合的基本内涵是产教一体、校企互动,实现职业院校教育教学过程与行业企业生产过程的深度对接,融教育教学、生产劳动、素质陶冶、技能提升、科技研发、经营管理和社会服务于一体。[③] 曹丹认为,产教融合是行业企业和院校为了各自的发展双向发力、双向整合的过程。[④] 陈友年等指出,产教融合是职业教育与产业深度合作,是职业院校为提高其人才培养质量而与行业企业开展的深度合作。[⑤]

产教融合的意义在于促进教育和经济互动发展。王丹中等指出,产教融合有利于高职院校动态设置和调整专业,有利于满足区域行业企业人力资源开发需求,有利于激发学生的学习兴趣并真正做到

[①] 周劲松、温宇:《区域职业教育产教结合的政策需求与机制创新》,《职业技术教育》2010 年第 10 期,第 45—48 页。

[②] 杨善江:《产教融合:产业深度转型下现代职业教育发展的必由之路》,《教育与职业》2014 年第 33 期,第 8—10 页。

[③] 秦斌:《产教深度融合是现代职业教育发展的重要方向》,《广西日报》2014 年 8 月 5 日第 11 版。

[④] 曹丹:《从"校企合作"到"产教融合"——应用型本科高校推进产教深度融合的困惑与思考》,《天中学刊》2015 年第 1 期,第 133—138 页。

[⑤] 陈年友、周常青、吴祝平:《产教融合的内涵与实现途径》,《中国高校科技》2014 年第 8 期,第 40—42 页。

学做合一，有利于"双师型"教师的培养。① 贺耀敏等指出，产教融合是一种多赢的合作，政府推进产教融合可以促进职业教育和经济的发展，职业院校推进产教融合能实现学校与经济社会发展的良性互动，企业推进产教融合可以实现可持续发展。②

产教融合具有跨界性、互利性、合作性和复杂性等特征。杨善江指出，产教融合具有"双主体"性（双主体指产业和院校）、跨界性（教育、产业、政府和社会的联合）、互利性、动态性、知识性（实现知识的流动与增值）、层次性（包括宏观的国家和地区关于产教融合的方略设计、中观的教育部门与产业部门的相互适应和配合、微观的教育教学过程和企业生产过程的衔接和统一）六个基本特征。③ 罗汝珍认为，高职教育的产教融合具有多功能复合型、需求导向、多主体管理以及产业化等特点。④

就产教融合的内容和要求来看，研究者大都同意"五个对接"的观点。秦斌提出产教融合的基本要求是实现"五个对接"：专业设置与产业需求对接，课程内容与职业标准对接，教学过程与生产过程对接，毕业证书与职业资格证书对接，职业教育与终身学习对接。⑤ 王丹中等指出，专业设置与产业需求、课程内容与职业标准、教学过程与生产过程的对接，是产教融合的基本要求。⑥ 贺耀敏等指出，产教融合的内容包括专业与产业对接，学校与企业对接，课程

---

① 王丹中、赵佩华：《产教融合视阈下高职院校协同育人机制探索》，《中国高等教育》2014年第21期，第47—49页。

② 贺耀敏、丁建石主编：《职业教育十大热点问题》，中国人民大学出版社2015年版，第57页。

③ 杨善江：《产教融合：产业深度转型下现代职业教育发展的必由之路》，《教育与职业》2014年第33期，第8—10页。

④ 罗汝珍：《市场经济背景下高等职业教育产教融合机制研究》，《教育与职业》2014年第21期，第8—11页。

⑤ 秦斌：《产教深度融合是现代职业教育发展的重要方向》，《广西日报》2014年8月5日第11版。

⑥ 王丹中、赵佩华：《产教融合视阈下高职院校协同育人机制探索》，《中国高等教育》2014年第21期，第47—49页。

内容与职业标准对接，教学过程与生产过程对接。① 贺星岳等认为，产教融合包括职业教育与经济社会发展、专业设置与产业需求、课程内容与职业标准、教学过程与生产过程、产业岗位职业环境与教学情境的融合。②

产教融合存在多种模式。柳友荣等提出，应用型本科院校产教融合包括产教融合研发、产教融合共建、项目牵引、人才培养与交流四种模式。③ 贺耀敏等指出，我国职业教育在产教融合实践探索中，逐渐形成了校企合作、引企入校、厂中校、集团办学、校办企业、企业办学六种模式。④ 贺星岳等认为，国外产教融合的典型模式有德国的"双元制"模式、美国的"合作教育"模式、日本的"产学合作"模式和澳大利亚的"TAFE"模式。国内产教融合的模式有"项目"模式、"订单式"模式、"顶岗实习"模式和"引企入校"模式。此外，"学园城一体化"模式、大学科技园区模式、职教集团模式、校企合作发展联盟、职业院校委托管理、校中厂和厂中校模式，都属于产教融合与校企一体化的模式形态。⑤

产教融合的思想源远流长。杨善江指出，我国"产教融合"思想大致经历了七个阶段：清末的兴办教育和兴办实业结合、实业生产与教学活动结合；民国初期的"教学做合一"；解放前期的劳动与教育相结合；新中国成立至"文革"前期的半工（农）半读职业技术学校和各类业余学校；改革开放初期的"产教结合"；20世纪90

---

① 贺耀敏、丁建石主编：《职业教育十大热点问题》，中国人民大学出版社2015年版，第57页。
② 贺星岳等：《现代高职的产教融合范式》，浙江大学出版社2015年版，第47页。
③ 柳友荣、项桂娥、王剑程：《应用型本科院校产教融合模式及其影响因素研究》，《中国高教研究》2015年第5期，第64—68页。
④ 贺耀敏、丁建石主编：《职业教育十大热点问题》，中国人民大学出版社2015年版，第60—63页。
⑤ 贺星岳等：《现代高职的产教融合范式》，浙江大学出版社2015年版，第9—17页。

年代中后期的"工学结合、校企合作";2010年以来的"产教融合、校企合作"。① 贺星岳等指出,"威斯康星思想"、建构主义和实用主义教育是产教融合的理论基础。②

产教融合的动力主要来自共同的利益、内在的变革和外部经济社会发展的驱动。高飞等指出,本质上说,产教间的关联性、社会与经济的和谐发展和对效益最大化的追求是产教融合的内在动力。实践来看,产教融合的动力主要是:技术创新与改革;企业追求核心竞争力和竞争合作压力;学校培养技术技能人才和提升社会服务能力;区域经济发展。③ 贺星岳等指出产教融合的动力是利益驱动、优势互补、政策推进和发展需求等因素综合作用,激励院校、行业企业、科研机构在政府的影响下和市场的需求下产生合作意愿。其中,企业参与产教融合最直接的动力是市场需求驱动,科研机构参与产教融合的动力包括经济利益、科研活动价值、学术水平和社会地位,行业协会的动力主要是推动本行业良性发展,政府和院校的动力是最大限度地提供人才公共产品服务。④ 贺耀敏等指出,产教融合的运行机制包括动力机制、互动机制和激励补偿机制(如图导—7所示)。⑤ 周劲松等建议从引导机制和约束机制建立动力机制。引导机制包括建立课题项目和资助机制,约束机制包括完善供给制度、知识产权转让和就业准入约束。⑥

---

① 杨善江:《产教融合:产业深度转型下现代职业教育发展的必由之路》,《教育与职业》2014年第33期,第8—10页。
② 贺星岳等:《现代高职的产教融合范式》,浙江大学出版社2015年版,第6—7页。
③ 高飞、姚志刚:《产教融合的动力与互动机制研究》,《淮南职业技术学院学报》2014年第6期,第41—45页。
④ 贺星岳等:《现代高职的产教融合范式》,浙江大学出版社2015年版,第78—79页。
⑤ 贺耀敏、丁建石主编:《职业教育十大热点问题》,中国人民大学出版社2015年版,第64—67页。
⑥ 周劲松、温宇:《区域职业教育产教结合的政策需求与机制创新》,《职业技术教育》2010年第10期,第45—48页。

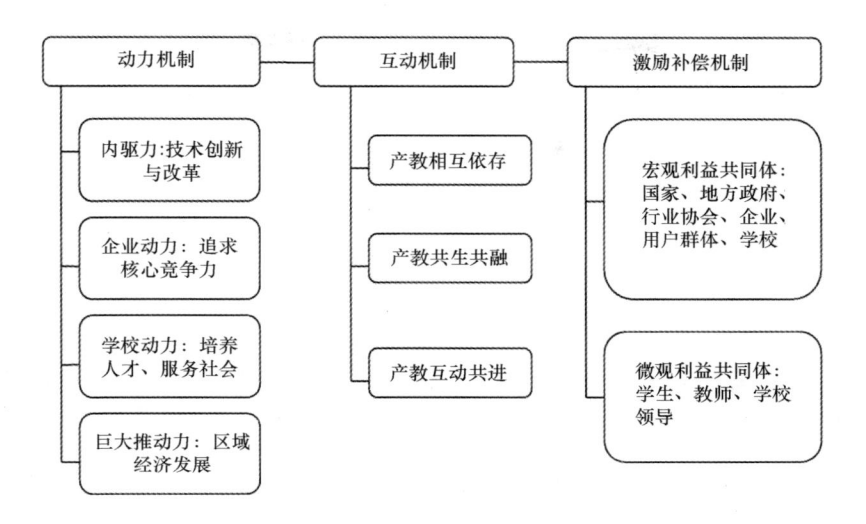

```
动力机制          互动机制          激励补偿机制

内驱力:技术创新    产教相互依存      宏观利益共同体:
与改革                              国家、地方政府、
                                    行业协会、企业、
企业动力:追求     产教共生共融       用户群体、学校
核心竞争力

学校动力:培养     产教互动共进      微观利益共同体:
人才、服务社会                      学生、教师、学校
                                    领导
巨大推动力:区域
经济发展
```

图导—7　产教融合的运行机制

产教融合存在政府缺位、经费短缺、合作模式单一、合作不深入、企业参与动力不足、双师型队伍建设滞后、质量保障体系和评估体系不健全等问题。周劲松等指出,产教融合面临的问题包括:企业积极性有限,产教融合的层次和深度不够;资源整合困难,产教融合模式单一;政策支持体系不健全,产教融合动力不够;市场发育不良,产教融合壁垒重重。[①] 曹丹指出,我国应用型本科高校产教融合存在的问题有:合作不稳定,融合渠道不贯通;合作模式单一,合作内容不深入;合作对象的选择存在误区;校企合作的经费难以保障;双师型师资队伍建设滞后;质量保障体系和评估体系缺位等问题。[②] 和震认为,产教融合存在政府与市场的边界模糊、行业指导能力缺失、企业作为育人主体的作用和责任缺失、职业院校校企合作育人和研发的制度尚未到位、学生实习活动性质错位等

---

① 周劲松、温宇:《区域职业教育产教结合的政策需求与机制创新》,《职业技术教育》2010年第10期,第45—48页。

② 曹丹:《从"校企合作"到"产教融合"——应用型本科高校推进产教深度融合的困惑与思考》,《天中学刊》2015年第1期,第133—138页。

问题。① 贺耀敏等指出，产教融合既面临缺乏政府约束机制、经费保障机制、质量保障和评估体系等管理机制问题，也面临合作模式单一、合作内容不深入、双师型师资队伍建设滞后、实践过程中"企业冷"、院校对企业吸引力不够等实践问题。②

产教融合问题需要从政府、院校、行业企业、办学模式、合作方式、平台建设、法律、体制机制创新等方面解决。秦斌认为，促进产教融合，一方面要通过服务区域产业、改革办学模式、优化运行环境、搭建研究平台等措施创新和拓宽融合路径；一方面要创建和完善集团化办学、沟通协调机制、激励补偿机制、质量评价机制等相关机制。③ 陈年友等认为产教融合的实现途径有二：一是实现土地、劳动力、技术等生产要素的整合；二是校企之间通过契约合作形成战略联盟。④ 王丹中等指出，推进产教融合的策略有：发挥政府的调控和协调作用，形成关系形态多元的产教联合体；创新和完善产教融合管理机制，保障产教融合顺利进行；依托科技园、产业园等园区，推进人才培养与社会服务同步转型；建立多元化的产教融合模式，实现人才培养集约化集团式。⑤ 和震提出，要从建立现代职业教育治理体系的高度，开展职业教育产教融合、校企合作制度的顶层设计；国家应该同时从教育领域和经济领域实施产教融合、校企合作制度创新；坚持校企合作分类建设，探索差异化校企合作政策；政府与市场各尽其能促进产教

---

① 和震：《建立现代职业教育治理体系 推动产教融合制度创新》，《中国职业技术教育》2014年第21期，第138—142页。
② 贺耀敏、丁建石主编：《职业教育十大热点问题》，中国人民大学出版社2015年版，第68—73页。
③ 秦斌：《产教深度融合是现代职业教育发展的重要方向》，《广西日报》2014年8月5日第11版。
④ 陈年友、周常青、吴祝平：《产教融合的内涵与实现途径》，《中国高校科技》2014年第8期，第40—42页。
⑤ 王丹中、赵佩华：《产教融合视阈下高职院校协同育人机制探索》，《中国高等教育》2014年第21期，第47—49页。

融合。[1] 曹丹认为应用型高校开展产教融合，要走出产教融合的认识误区，健全产教融合的体制机制，创新合作模式，深化合作内容，借鉴国外经验。[2]

机制创新在推进产教融合中作用尤为重要。周劲松等建议建立完善产教融合的社会协调机制、动力机制和保障机制，推进产教融合互利共赢。[3] 罗汝珍认为，构建产教融合机制，须以技术为切入点，组建产、学、研技术平台，遵循企业化的管理机制、产业化的运营机制、价值主导的评价机制、市场导向的进退机制和行业协会负责的人才流动机制。[4] 杨运鑫等提出，产教深度融合需创建和完善相关的统筹督导机制、法规保障机制、激励补偿机制、多元配置机制、协调联动机制和质量评价机制。[5] 黄远飞通过考察广州技工院校的产教融合经验提出，推动产教融合，必须发挥政府主导作用，建立健全"校企合作""产校联动"机制；扩大职业院校及其下属系（部）的办学自主权，鼓励其创新治理结构与发展机制；完善产教融合方面的法律规制。[6] 孔宝根提出，可以建立企业科技指导员制度，让教师入企担任企业科技指导员，帮助小微企业实现经济转型升级，同时开展学生生产性实习方式，实现产教融合。[7] 王辉研究发现，校

---

[1] 和震：《建立现代职业教育治理体系 推动产教融合制度创新》，《中国职业技术教育》2014年第21期，第138—142页。

[2] 曹丹：《从"校企合作"到"产教融合"——应用型本科高校推进产教深度融合的困惑与思考》，《天中学刊》2015年第1期，第133—138页。

[3] 周劲松、温宇：《区域职业教育产教结合的政策需求与机制创新》，《职业技术教育》2010年第10期，第45—48页。

[4] 罗汝珍：《市场经济背景下高等职业教育产教融合机制研究》，《教育与职业》2014年第21期，第8—11页。

[5] 杨运鑫、罗频频、陈鹏：《职业教育产教深度融合机制创新研究》，《职业技术教育》2014年第4期，第39—43页。

[6] 黄远飞：《产教融合办学模式的制度创新与启示——基于广州技工院校现代产业系的考察》，《湖南农业大学学报》（社会科学版）2015年第2期，第90—96页。

[7] 孔宝根：《企业科技指导员制度：深化职业教育产教融合的新路径》，《教育发展研究》2015年第3期，第59—64页。

企协作"项目群"有力地推进了美国社区学院系统"应用技术强化"进程,为其产教融合发展奠定了根基,这对我国颇具借鉴意义。①

2. 关于地方本科院校向应用型高校转变的研究

应用型高校建设的研究发轫于我国高等学校分层分类问题研究。1993 年的《中国教育改革和发展纲要》提出,"制订高等学校分类标准和相应的政策措施,使各种类型的学校合理分工,在各自的层次上办出特色"。随后,马陆亭、武书连等就高等学校的分层分类问题做了探索。② 2004 年开始,陈厚丰③、潘懋元④、马陆亭⑤等在研究高等学校分层分类问题的基础上提出,高等教育会逐步由学术型向应用型发展,应逐渐引导一批高等学校培养应用型人才。2006 年之后,伴随高校扩招出现的大学生就业问题开始凸显,其中经合并、调整、共建、合作等措施升格而来的一批地方本科院校最为突出。为此,许多研究者建议将新建本科院校发展定位于应用型本科。⑥ 2013 年教育部发布部分地方本科高校向应用型转变的政策后,国内掀起了应用型高校建设的热潮,研究者们围绕地方本科院校转型的原因、理念、问题和路径做了大量研究。

从原因看,地方本科院校转型主要是适应高等教育的发展规律、满足经济社会的发展需求、突破地方本科院校的发展困境、政府强力推动和地方本科院校实践探索的结果。刘振天指出,社会需求的

---

① 王辉:《校企协作助推产教融合:美国社区学院校企协作"项目群"的兴起》,《高等教育研究》2015 年第 3 期,第 102—109 页。

② 马陆亭:《我国高等学校分类的结构设计》,《北京大学教育评论》2005 年第 2 期,第 101—107 页。

③ 陈厚丰:《中国高等学校分类与定位问题研究》,湖南大学出版社 2004 年版,第 207—208 页。

④ 潘懋元:《21 世纪国家的核心竞争力——"教育—人才"的合理结构》,《中国高教研究》2005 年第 3 期,第 2—3 页。

⑤ 马陆亭:《我国高等学校分类的结构设计》,《北京大学教育评论》2005 年第 2 期,第 101—107 页。

⑥ 贺玉兰、唐安国:《新建本科院校办学定位与发展战略研讨会综述》,《唐山学院学报》2007 年第 1 期,第 104—106 页。

日益多样化，将使单一的办学模式不复存在。高等教育分层分类发展是高等教育大众化的必然走向。① 陈斌分析了大学的演进逻辑，认为世界各国大学的发展都逐渐致力于满足社会发展的实践需求，培养应用技能型人才。② 陈锋基于实现我国高等教育的大众化和教育体系的现代化，认为引导一批本科高校向应用技术型高校转型是必然趋势。③ 刘在洲指出，高等教育的"横向扩大"（高中升学率扩大）和"纵向延伸"（学生学习年限和学习行为的延长），以及终身教育的需求，是倒逼一批地方本科院校向应用型高校转型发展的主要原因。④《地方本科院校转型发展实践与政策研究报告》认为，地方本科院校的发展困境和高等教育服务经济发展的巨大困难（表现为大学生就业难和行业企业用工荒并存），是地方本科院校转型发展的主要原因。姚荣指出，传统本科高校的办学模式脱节于经济社会的发展需求，制约了高等教育与经济的良性互动，是地方本科高校向应用型高校转变的根本动因。美国社区学院的转型逻辑是以制度性利益与市场机制驱动的自主变革，我国本科高校的转型逻辑则受到行政管控制度逻辑的支配。⑤ 张应强也认为，地方普通本科高校转型发展是教育行政部门关于高等教育改革的一项政策。⑥ 陈新民则指出，新一轮的转型既有我国经济社会转型的驱使，也是地方普通本科高

---

① 刘振天：《地方本科院校转型发展与高等教育认识论及方法论诉求》，《中国高教研究》2014 年第 6 期，第 11—17 页。

② 陈斌：《建设应用型高校的逻辑与困境》，《中国高教研究》2014 年第 8 期，第 84—87 页。

③ 陈锋：《关于部分普通本科高校转型发展的若干问题思考》，《中国高等教育》2014 年第 12 期，第 16—20 页。

④ 刘在洲：《地方本科院校转型发展的背景与思路》，《中国高等教育》2014 年第 20 期，第 50—53 页。

⑤ 姚荣：《行政管控与自主变革：我国本科高校转型的制度逻辑》，《中国高教研究》2014 年第 11 期，第 29—34 页。

⑥ 张应强：《从政府与大学的关系看地方本科高校转型发展》，《江苏高教》2014 年第 6 期，第 6—10 页。

校自身变革的内在使然。[1]

关于地方本科院校转型的理念认识差异显著。潘懋元等提出，根据我国地方本科院校的办学历史、办学规模、办学类型、办学布局、办学条件等方面的差异，大多数地方本科院校应定位于应用型，面向地方服务，培养应用型专门人才。[2] 侯长林等对应用型大学作了区分，认为应用技术大学、服务型大学、技术型大学、创业型大学、教学型大学及教学服务型大学等都属于应用型大学的范畴，新建本科院校转型发展要根据多方情况选择发展类型。[3] 胡天佑指出，知识生产模式的变革（从知识生产模式Ⅰ到知识生产模式Ⅱ）和《国际教育标准分类法》是建设应用型大学的知识与理论逻辑。[4] 刘振天认为地方本科院校转型发展问题在根本上关涉到高等教育的认识论和方法论问题，而高等教育的本质、本科教育的实质以及高校与市场和政府的关系都在不断变化，厘清这些方法论问题，是地方本科院校成功转型的基础。[5] 刘刚认为，普通本科院校向职业院校转型必须把技术和人文相融合，树立技术人文教育理念，方可避免"工具人"培养和"技术主义"倾向，培养全面自由发展的技术技能型人才。[6] 张应强指出，我国高等职业教育"以就业为导向"的教育理念，可能会使学校远离人的发展，所以转型千万不能忽视高等职业

---

[1] 陈新民：《地方本科高校转型：分歧与共识》，《教育发展研究》2015年第7期，第18—22页。

[2] 潘懋元、车如山：《做强地方本科院校——地方本科院校的定位与特征研究》，《中国高教研究》2009年第12期，第15—18页。

[3] 侯长林、罗静、叶丹：《应用型大学视域下新建本科院校办学定位选择》，《教育研究》2015年第4期，第61—69页。

[4] 胡天佑：《建设"应用型大学"的逻辑与问题》，《中国高教研究》2013年第5期，第26—31页。

[5] 刘振天：《地方本科院校转型发展与高等教育认识论及方法论诉求》，《中国高教研究》2014年第6期，第11—17页。

[6] 刘刚：《部分普通本科院校向职业院校转型之思》，《高等教育研究》2015年第4期，第61—66页。

教育的"教育性"。①

地方本科院校向应用型转变面临观念认识、办学理念、办学定位、学科专业、培养模式、师资建设、教学方式、课程体系、科学研究、管理方式、政府干预、校企合作、资源配置等多方面挑战。首先，转型最大的障碍是观念问题。鲁武霞指出，转型最大的困难莫过于"观念的桎梏"，这种桎梏主要表现为"重学轻术"、"重普教轻职教"和"升大"情结。② 马陆亭指出，部分本科院校转型可能面临来自发展理念、高校现实和现代职业教育体系架构认识的挑战。③ 陈斌指出，由于大学认同获得主体（政府、社会和大学同行）间的多样性和政府资源配置标准的多样性，地方本科院校在发展中"心理问题"突出，容易出现自我认同危机。④ 曾书琴指出，当前地方本科院校发展过程中存在盲目升格、重视向更高层次院校发展，重视知识教育、忽略学生实践技能的培养，本科生就业形势严峻、所学难以致用等问题。⑤ 陈解放则指出，大学内在逻辑的保守与社会观念文化的落后是我国地方本科院校转型发展的两大阻力。⑥

其次，地方本科院校的内部问题给其转型制造了大量困难。曲殿彬等指出，地方本科院校转型发展面临办学理念、办学定位、专业建设、培养体系、师资建设、教学模式、科学研究、管

---

① 张应强：《地方本科高校转型发展：可能效应与主要问题》，《大学教育科学》2014年第6期，第29—34页。

② 鲁武霞：《高职专科与应用型本科衔接的观念桎梏及其突破》，《高等教育研究》2012年第8期，第59—64页。

③ 马陆亭：《应用型高校建设的若干思考》，《中国高等教育》2014年第10期，第10—14页。

④ 陈斌：《建设应用型高校的逻辑与困境》，《中国高教研究》2014年第8期，第84—87页。

⑤ 曾书琴：《产业转型升级背景下广东地方本科院校的发展定位与实施路径》，《高教探索》2015年第5期，第39—44页。

⑥ 陈解放：《论地方本科院校转型发展——大学内在逻辑与观念文化视角》，《中国高教研究》2014年第11期，第35—37页。

理方式、资源配置等一系列问题。① 张应强认为，地方本科院校转型发展须解决好现有教师队伍向"双师型"教师队伍转型、教学体系由知识教学体系向实训教学体系转型，以及如何更好实现校企深度合作等问题。②

再次，政府的不恰当干预和政策失灵会影响转型进程。姚荣指出，以行政管控的制度逻辑驱动本科高校转型发展将产生一些非预期后果：可能导致高校无序转型，可能引发区域高等教育结构趋同与紊乱，让高校的长远应变能力和内生发展能力逐渐丧失。③ 夏明忠指出，地方本科院校转型也面临政府资源配置和政策偏差等障碍。④

最后，地方本科院校转型可能出现一些危险倾向。赵哲等认为当下的高校转型发展可能存在"急功近利""投机主义"和"脱离实际"三大倾向。⑤ 刘振天指出，转型发展需要克服"传统主义"（拒绝转型）、"迷信主义"（把转型视为解决高等教育问题的唯一出路）和"实用主义"（把本科教育等同于职业技术训练）三种倾向。⑥ 袁礼指出，地方本科院校转型可能面临几种危险：应用型高校沦为"职业培训机构"，高等教育中的"新马尔萨斯倾向"———一种在极端功利主义驱使下教育完全以就业为目的的倾向，以服务地方为由减少政府投入，转型沦为"表面

---

① 曲殿彬、赵玉石：《地方本科高校转型发展的问题与应对》，《中国高等教育》2014 年第 12 期，第 25—28 页。

② 张应强：《地方本科高校转型发展：可能效应与主要问题》，《大学教育科学》2014 年第 6 期，第 29—34 页。

③ 姚荣：《行政管控与自主变革：我国本科高校转型的制度逻辑》，《中国高教研究》2014 年第 11 期，第 29—34 页。

④ 夏明忠：《新建地方本科院校转型发展的动因、障碍和对策》，《高等农业教育》2014 年第 11 期，第 6—10 页。

⑤ 赵哲、董新伟、李漫红：《地方本科高校转型发展的三种倾向及其规避》，《教育发展研究》2015 年第 7 期，第 23—27、62 页。

⑥ 刘振天：《地方本科院校转型发展与高等教育认识论及方法论诉求》，《中国高教研究》2014 年第 6 期，第 11—17 页。

文章"。①

地方本科院校转型发展需要政府、学校、企业、行业的多方改革与合作。第一，政府要在政策安排、经费支持、教育管理体制变革、立法和分类管理等方面予以支持。曲殿彬等指出，地方本科院校转型必须发挥国家和省级政府的指导推进作用，发挥国家在调整高等教育结构中的宏观调控和规划指导作用。② 王维坤等认为，政府应做好顶层设计，明确建设标准；完善配套政策，明确各方责任；加大财政扶持，推行示范引领。③

第二，转型院校要实现办学理念、办学定位、学科专业调整、招生方式、人才培养、师资建设、校企合作、学科建设、应用研究的多方面变革。蔡袁强等提出，地方本科院校转型发展要牢固树立"服务地方、特色办学、引领社会、错位发展"的办学理念。④ 解德渤认为，地方本科院校转型发展关键要打破过去不合理的评价体系，转变科研观。⑤ 曾书琴指出，地方本科院校应当重塑向高职本科转型的发展定位，改革人才培养模式，实现从重知识教学向知识教学与实践教学并重的转变；加强师资队伍建设，培养和引进"双师型"教师；加强校企合作，培养适应产业发展需求的合格人才。⑥ 徐立清等主张推进以专业为载体的综合改革，突破学科思维定式，构建一

---

① 袁礼：《地方本科院校转型中的几大问题及其危险》，《西南交通大学学报》（社会科学版）2014 年第 5 期，第 7—12 页。

② 曲殿彬、赵玉石：《地方本科高校转型发展的问题与应对》，《中国高等教育》2014 年第 12 期，第 25—28 页。

③ 王维坤、温涛：《应用型高校：新建本科院校转型发展的现状、动因与路径》，《现代教育管理》2014 年第 7 期，第 80—83 页。

④ 蔡袁强、戴海东、翁之秋：《地方本科院校办学面临的困惑与对策——以温州大学为研究对象》，《高等工程教育研究》2010 年第 1 期，第 96—101 页。

⑤ 解德渤：《科研观转变：应用型高校发展的关键》，《高校教育管理》2014 年第 6 期，第 25—27 页。

⑥ 曾书琴：《产业转型升级背景下广东地方本科院校的发展定位与实施路径》，《高教探索》2015 年第 5 期，第 39—44 页。

体化教学模式。① 余国江提出，地方本科院校转型的难点在于改变学科本位的课程体系，建立以能力本位为主的模块化课程体系。② 刘海峰等指出，综合改革科研的观念、导向、制度、管理、投入和评价，才能为应用型高校的教学和育人提供支撑。③ 刘在洲建议积极开展应用性的研究，建立从供给端转向需求端的价值导向和评价标准。④

第三，制度变革是转型发展的关键。陈锋认为，转型发展的关键是制度创新和机制改革，要按照"管办评分离"思路，加快高等教育管理制度改革。⑤ 张兄武等指出，地方普通本科高校转型发展，要及时创新包括招生制度在内的高等教育管理体制机制和政策制度。⑥ 杜驰认为，欧陆国家应用型高校的成功有其特殊的文化背景、社会结构、公共政策制度安排与路径选择，我国在借鉴欧陆国家应用型高校的办学模式过程中，要厘清高等教育理念，在改进经费拨付制度、完善就业保障制度、统一劳动力市场体系、开放社会阶层结构与职业结构等方面协同推进。⑦

第四，地方院校转型须积极发挥行业企业的力量。张应强等认为，推进地方普通本科高校转型发展，需全面分析教育主管部门、地方政府、高校、行业企业等利益相关者的博弈动机，探讨转型的

---

① 徐立清、钱国英、马建荣：《地方本科院校转型发展中的专业综合改革探索与实践》，《中国高教研究》2014年第12期，第53—57页。

② 余国江：《课程模块化：地方本科院校课程转型的路径探索》，《中国高教研究》2014年第11期，第99—102页。

③ 刘海峰、白玉、刘彦军：《我国应用型高校建设与科研工作的转型》，《中国高教研究》2015年第7期，第69—74页。

④ 刘在洲：《地方本科院校转型发展的背景与思路》，《中国高等教育》2014年第20期，第50—53页。

⑤ 陈锋：《关于部分普通本科高校转型发展的若干问题思考》，《中国高等教育》2014年第12期，第16—20页。

⑥ 张兄武、许庆豫：《关于地方本科院校转型发展的思考》，《中国高教研究》2014年第10期，第93—97页。

⑦ 杜驰：《地方本科院校转型发展的制度安排与路径选择》，《职业技术教育》2015年第4期，第13—18页。

合理性与可行性，明确转型的主导力量，采取理念指导、制度保障、分类管理、评估引导等保障措施。[1] 王者鹤从高等教育治理现代化的视角提出，新建地方本科院校转型发展需充分调动学校、政府、社会的积极性，形成共同承担与协同共治的格局。[2]

（二）国外研究

1. 关于产教融合的研究

国外关于产教融合的研究主要集中于产教融合的内涵和特征、影响因素、存在问题和对策建议等方面，且对产教融合的表述差异较大。

就产教融合的内涵和特征而言，Allan Klingstrom 提出产教融合是一种将教育活动与社会生产活动紧密联系的人才培养模式，它具有工学结合、双向参与和服务社会的特点。[3] Jon Whittle 和 John Hutchinson 认为教育发展与社会发展之间存在着教育与整个社会发展趋势相结合、职业学校与产业部门相依存、职业学校与学校自身发展相依赖等三个层面的关系，因此，产教融合的内涵应从教育与社会经济发展相协调、职业学校的办学体制和教学模式的"宏观—中观—微观"层次上进行把握。[4] Bernd Bruegge[5]、Griddle[6] 指出，

---

[1] 张应强、蒋华林：《关于地方本科高校转型发展若干问题的思考》，《现代大学教育》2014年第6期，第1—8页。

[2] 王者鹤：《新建地方本科院校转型发展的困境与对策研究——基于高等教育治理现代化的视角》，《中国高教研究》2015年第4期，第53—59页。

[3] Allan Klingstrom. *Cooperation between Higher Education and Industry*, Uppsal University, 1987: 47.

[4] Jon Whittle, John Hutchinson. "Mismatches between Industry Practice and Teaching of Model-Driven Software Development", *Models in Software Engineering*, 2012, 7167: 40–47.

[5] Bernd Bruegge. "Teaching an Industry-Oriented Software Engineering Course", *Software Engineering Education*, 1992, 640: 63–87.

[6] William D. Griddle. "Teaching Ret in the Financial and Investment Industry", *Journal of Rational-Emotiveand Cognitive-Behavior Therapy*, 1993, 11: 19–32.

产教结合会被市场经济影响,其主体呈现多元化的特征。

影响产教融合的因素存在较大差异。Santoro 和 Chakrabarti[1]、Y. Austin Chang[2] 研究发现,职业学校的自身条件是影响产教融合的主要因素。学校的专业设置、师资水平、院校的执行力会影响学校对产教融合信息的捕捉和理解,进而影响产教融合的实施动力。Siegel 和 Waldman[3]、Brodkey[4] 认为企业是影响产教融合的关键因素。企业的目的会影响企业与学校合作的意愿和积极性,一般以短期盈利为目的的企业的合作意愿不高,倘若学校与此类企业合作,很可能不利于学生的发展。Lindelof 和 Lofsten 指出,尽管产教融合建立在职业学校与企业发展的需求上,但仍需国家对之进行干预,方能保证产教融合模式的有效运行。[5] Knudsen 认为,产教融合受学校自身、企业和政府三方面因素的共同影响。[6]

在产教融合存在的问题和对策上,Terri Seddon 和 Stenphen Billett[7]、Kumiko Tsukamto[8] 等研究发现,一些企业由于不确定学生的专

---

[1] M. D. Santoro, A. K. Chakrabarti. "Frim Size and Technology Centrality in Industry—University Interactions", *Research Policy*, 2002, 31: 1163 - 1180.

[2] Y. Austin Chang. "Phase Diagram Calculations in Teaching, Research and Industry", *Metallurgical and Materials Transactions*, 2006, 37: 7 - 39.

[3] Donald S. Siegel, David A. Waldman. "Commercial Knowledge Transfers from Universities to Firms: Improving The Effectiveness of University—Industry Collaboration", *Journal of High Technology Management Research*, 2003, 14: 111 - 133.

[4] Amy C. Brodkey. "The Role of the Pharmaceutical Industry in Teaching Psychopharmacology: A Growing Problem", *Academic Psychiatry*, 2005, 29: 222 - 229.

[5] P. Lindelof, H. Lofsten. "Proximity as A Resource Base for Competitive Advantage: University—IndustryLinks for Technology Transfer", *The Jounal of Technology Transfer*, 2004, 29: 311 - 326.

[6] Harald Knudsen. *Higher Education in a Sustainable Society*, Springer International Publishing, 2015: 147 - 175.

[7] Terri Seddon, Stenphen Billett. *Forming Developing and Sustaining Social Partnership*, NCVER, 2005: 15.

[8] Kumiko Tsukamto. "The Interconnection between Australian International Education Industry and Its Skilled Migration Programs", *Education Across Borders*, 2009: 49 - 60.

业水平能否符合要求,参与产教融合的积极性不高。应调动企业行业参与学校培养应用型人才的积极性。建立各行业的专门指导委员会,对社会岗位进行预测,并参与学校的专业设置与教学模式等重大问题决策。Muhammad 和 Ansari[1]与 Tohn Fien 等[2]等研究发现,高职院校开设的课程与企业要求不符,导致学生在企业中需花大量时间进行磨合。高职院校与企业联合办学,有利于学校获取企业支持,根据企业要求调整专业设置和教学模式,提高人才培养质量。Joel Yager[3]、Cole[4]、Kari Laine[5]等提出,学校应该根据自身的优势专业,创办与专业相应的产业,并依托校办产业,为教师和学生提供实验基地与实习岗位。

2. 关于应用型高校的研究

由于各国高等教育体系不同,各国对应用型高校的称谓也存在差异。德国将大学分为三类:学术性综合型大学;应用型大学和专科大学;职业学院。德国在校大学生 60% 以上在应用型大学接受应用型技术教育。日本高校按照培养目标将大学分为三类:大学、短期大学和高等专科学校。短期大学和高等专科学校重在培养适应科学技术发展的技术人才。美国的高等教育系统没有专门的应用型高校,各级各类高等教育机构都有培养应用型人才的职能,社区学院和赠地学院主要以培养直接服务经济社会发展的应用型人才为主。在英国,多科技术学院比

---

[1] Muhammad Emad-ud-din, Shahid Javed Ansari. "*Innovations in E-learning, Instruction Technology, Assessment, and Engineering Education*", *Springer Netherlands*, 2007: 351-354.

[2] Tohn Fien, Rupert Maclean, Man-Gon Park. *Work, Learning and Sustainable Development: Opportunifies and Challenges*, Springer, 2009: 279-293.

[3] Joel Yager. "Adapting to Decreased Industry Support of CME: Lifelong Education in an 'Industry-Lite' World", *Academic Psychiatry*, 2011, 35: 101-105.

[4] David R. Cole. *Educational Life-Forms*, Sense Publishers, 2011: 109-121.

[5] Kari Laine. "Open Innovation Between Higher Education and Industry", *Journal of the Knowledge Economy*, 2015, 6: 589-610.

较贴近产业发展需求，属于主要实施科技教育和实用教育的应用型高校。联合国教科文组织发布的《国际教育标准分类》（1997年修订）给应用型大学所下的定义是，以行业、产业、岗位或岗位群所需要的技术、技能为逻辑体系，培养技术、技能性的人才。

目前，国外研究者对应用型高校的研究主要集中于办学理念、教育教学、质量评价、校企合作、科研、教师培训和管理方面。

就办学理念、教育教学和质量评价而言，Lain 以萨卡昆达应用科技大学为例研究了"学术创业"的芬兰观念。他认为在知识经济环境下，高等教育与工业之间需要更加深入、更具生产性的互动。高等教育领域知识的完全开发需要策略、激励、合适的系统以及迁移过程和主要工艺过程之间的强交互性。在很多情况下，知识创造通过基于信任、承诺和互惠互利的长期伙伴关系得以实现。[1] Taatila 和 Raij 通过分析实用主义哲学在芬兰应用科技大学的使用，提出应用科技大学的使命被社会科学的解释范式所影响。至少在应用型学科中，包括开发学习行动模式在内的相对务实的教学方法是有效的，实用主义应该被应用技术大学作为一种教育哲学基础。[2] Idialu 认为职业教育中的质量保证体系涉及职业教育活动的整个过程。职业教育应严格关注质量，因为高质量教育关系着学生的发展、就业前景和学术目标的实现，为此，有必要采取紧急措施来应对改革计划。[3] Idialu 强调，为确保职业技术教育在教学、考试和改进学习方面的高

---

[1] Lain, Kari. "A Finnish Concept for Academic Entrepreneurship: The Case of Satakunta University of Applied Sciences", *Industry and Higher Education*, 2008, 02: 19 – 28.

[2] Vesa Taatila, Katariina Raij. "Philosophical Review of Pragmatism as a Basis for Learning by Developing Pedagogy", *Educational Philosophy and Theory*, 2012, 10: 831 – 844.

[3] Ethel E. Idialu. "Ensuring Quality Assurance in Vocational Education", *Contemporary Issues in Education Research*. 2013: 431 – 438.

质量，必须确保学生有机会跟满足他们需要的教师学习，并持续贯穿整个职业生涯以及严格的专业标准，包括职前职后教育、监督、专业发展和职业教育目标认证等多方面。① Bockerman 等研究了芬兰引入多科技术教育体系对其劳动力市场的影响。结果发现，在把以前的职业学院转变为多科技术学院之后，毕业生的收入和就业水平在商业和管理领域有了显著提高。②

就校企合作和科研来看，Akomaning 等通过调查学生在加纳的酒店的实习情况发现，教育机构和酒店业之间的薄弱联系给实习生带来了许多困难，应该做好合作的准备、延长实习时间、调动行业和教师参与实习的积极性。③ Lepori 和 Kyvik 对欧洲八个国家的应用技术大学科研的发展及其对高等教育系统结构的影响进行比较分析发现，在应用技术大学试图成为跟综合性研究型大学更为类似的情况下，其研究的增强多被视为学术转移。然而，趋同只是一种可能，在芬兰和瑞士等国家中，应用技术大学的专业化研究集中在应用研究和区域合作两方面。这些机构的一个特定原理就是面向区域发展，经济利益的联盟以及应用技术大学合作的强烈意识是促进应用技术大学科研发展的关键因素。④ Alves 等研究发现，葡萄牙的高等教育机构尤其是多科技术机构被公认是区域发展的关键。由于近年来的经济衰退和预算约束，高等教

---

① Idialu. "Quality Assurance in the Teaching and Examination of Vocational and Technical Education in Nigeria", *U. S. A. College Student Journal*, 2007, 41: 3 – 12.

② Petri, Bockerman, Ulla, Hamalainen, Roope, Uusitalo. "Labour Market Effects of the Polytechnic Education Reform: The Finnish Experience", *Economics of Education Review*, 2009, 12: 672 – 681.

③ Edward, Akomaning, Joke M., Voogt, Jules M. Pieters. "Internship in Vocational Education and Training: Stakeholders' Perceptions of Its Organisation", *Journal of Vocational Education and Training*, 2011: 575 – 592.

④ Benedetto, Lepori, Svein, Kyvik. "The Research Mission of Universities of Applied Sciences and the Future Configuration of Higher Education Systems in Europe", *Higher Education Policy*, 2010, 9: 295 – 316.

育机构在社区和经济发展的贡献受到了质疑。因此,需要对处于不同社会经济特征的多科技术机构对经济的影响进行综合评价。①

就教师培训和管理来看,Adegoke 强调,没有培训出足够的有能力的教师,应用技术大学的学生发展便无从谈起。培养理论兼实践的教师,要在教师的职业技能习得、科学和专业化知识上进行适当整修。② Elly 认为,高等职业教育趋向能力本位教育,这将改变教师的工作行为。通过对荷兰职业教育的案例分析发现,教师实施新教育概念的方式和他们的经验的不确定性、困境和实践难题对教师的教学行为有显著影响。③ Kallioinen 发现拉瑞尔应用科技大学的教学知识正在经历巨大变化。通过对教师在 PD 计划的最后 2 年进行 SWOT 分析发现,拉瑞尔应用科技大学的新教育模式变革受到教师专业知识和教学的理论观点、同辈指导、教育领导能力、教学策略等因素影响。④ Vuori 探讨了芬兰应用技术大学的中层管理问题。他对管理人员的深度访问表明,中层管理人员的工作特点是一致追求理性,应该尽全力关注每一位员工的个性化,并推动他们之间的合作。而且,芬兰的应用技术大学在组织子系统之间以及管理者和教学人员之间在试图实现更加紧密的耦合。⑤

---

① João, Alves, Luísa, Carvalho, et al., "The Impact of Polytechnic Institutes on the Local Economy", *Tertiary Education and Management*. 2015, 04: 81 – 98.

② K. A. Adegoke. "Standard in teacher preparation in Nigeria: some highlights", *Journal of Education*, 2002, 04: 1 – 6.

③ De Bruijn, Elly. "Teaching in Innovative Vocational Education in the Netherlands", *Teachers and Teaching: Theory and Practice*, 2012, 6: 637 – 653.

④ Kallioinen, Outi. "Transformative Teaching and Learning by Developing", *Journal of Career and Technical*, 2011, 2: 8 – 27.

⑤ Vuori, Johanna. "Enacting the Common Script: Management Ideas at Finnish Universities of Applied Sciences", *Educational Management Administration & Leadership*, 2015, 7: 646 – 660.

(三) 研究评论

1. 较少关注应用型高校的产教融合问题

目前关于产教融合的研究主要集中于职业院校，对应用型高校产教融合问题关注不够。这部分是由于我国应用型高校建设的实践尚处于起步阶段，大家对应用型高校的关注主要停留在宏观的转型改革上，应用型高校的产教融合问题还没有引起广泛重视。目前只有不到 5 篇文献探讨了应用型高校的产教融合问题，且主要集中在产教融合的内涵、模式和策略上，对应用型高校产教融合困难及其解决思路的认识亟待深化。产教融合是应用型人才培养和产业结构优化升级的重要途径，促进高等教育和经济社会协同发展，需要更多有关应用型高校产教融合问题的高水平研究做理论支撑。

2. 对产教融合问题背后的原因分析重视不够

科学研究主要是探讨有关事物原理和原因的知识，[①] 社会科学必须探究事情真相并了解其原因[②]。现有关于产教融合的研究，多采用"内涵分析—问题总结—提出策略"的思路和范式，很少深入分析问题形成的深层原因。从科学研究的角度看，解决问题首先要分析问题，只有诊清病因，方能开出良方。脱离因果关系的拍脑袋决策，是不负责任的非科学研究。实际上，分析问题产生的原因和机理也是问题解决过程中最为重要和困难的环节。促进应用型高校深化产教融合，迫切需要以全面深入、有理有据的因果分析为基础，探索相应的推进路径和改革策略。

3. 对产教融合的动力及其机制认识粗略

现有研究探讨了产教融合的动力，以及企业、行业协会、科

---

① [古希腊] 亚里士多德：《形而上学》，吴寿彭译，商务印书馆 1959 年版，第 3 页。
② [美] 艾尔·巴比：《社会研究方法》（第 11 版），邱泽奇译，华夏出版社 2009 年版，第 12 页。

研机构、政府和高校参与产教融合的动力，并提出建立相应的引导机制和约束机制。但是，这些认识还较为粗略：第一，对"产教融合""动力""机制"等概念的理解和界定模糊不清；第二，对产教融合动力分析不深入，这主要表现为缺乏坚实的理论基础和分析框架，在分析过程中重视应然的产教融合动力而忽视了组织和个人的实然动力；第三，构建的产教融合动力机制实用性不强。由于对机制的把握不清，许多动力机制基本上等同于制度；由于缺乏深入分析，许多动力机制没有关注到事物之间的规律，基本上等同于解决策略，也没有形成有体系的动力系统。因此，有必要厘清产教融合动力的内涵，注重产教融合动力的个体分析，建立系统的产教融合动力机制，为增强产教融合动力提供坚实的理论支撑。

4. 较少采用实证研究

现有研究对产教融合的内涵、动力及其机制、模式、问题和对策做了理论层面的反思和总结，少数研究也结合案例介绍了一些职业院校产教融合的成功经验。总体来看，现有关于产教融合的研究主要停留在逻辑思辨层面，缺乏实证研究的支持和验证。实证研究是检验和发展理论的重要途径，"一个论点必须有逻辑和实证两方面的支持：必须言之成理，必须符合人们对世界的观察"。[①] 而且，由于个人认识的有限性，仅靠纯粹理论推理，很多时候不能解决产教融合的实际问题，还可能将应用型高校产教融合导上歧路。因此，有必要综合采用观察法、调查法、实验法、案例研究法等实证研究方法，加强对真实世界的应用型高校产教融合问题的实证研究，为应用型高校深化产教融合提供科学的理论指导。

---

① [美]艾尔·巴比：《社会研究方法》（第11版），邱泽奇译，华夏出版社2009年版，第6页。

四 思路与框架

（一）研究思路

本研究遵循理论检验型实证研究范式的基本思路：提出问题—理论基础—形成假设（主要观点）—研究设计—资料收集—资料分析—验证假设—解释假设（解释问题）—解决问题。第一，根据现实现象或问题并结合文献综述和预调研提出研究问题，明确研究的目标和价值；第二，选择合适的理论，建立理论分析框架；第三，基于理论框架分析问题，结合文献综述和预调研形成研究假设；第四，根据研究假设进行研究设计与实施，包括研究假设的操作化、选择收集和分析资料的方法以及研究设计实施；第五，运用多种方法综合分析研究资料，验证研究假设，得出初步结论（基于经验的结论）；第六，根据理论基础解释研究假设，形成最终结论，据此提出解决问题的对策建议。详见图导—8。

（二）内容框架

导论：研究问题及其价值。从高等教育改革与发展的热点问题中发现亟待解决的重大现实问题（应用型高校产教融合举步维艰或华而不实），结合预调研和文献综述提出研究问题：应用型高校产教融合动力研究。界定问题涉及的核心概念。通过文献综述，寻找研究的突破点。说明研究的思路和内容框架。

第一章：理论基础。总结国内外关于合作的相关研究，梳理合作的基本理论体系，构建合作的分析框架。

第二章：研究设计与资料收集。根据合作分析框架对应用型高校产教融合动力问题进行分析，结合预调研和文献综述，提出应用型高校产教融合动力不足及其原因的研究假设。将研究假设操作化，选取资料收集和分析方法，实施研究设计，收集研究资料。选取的

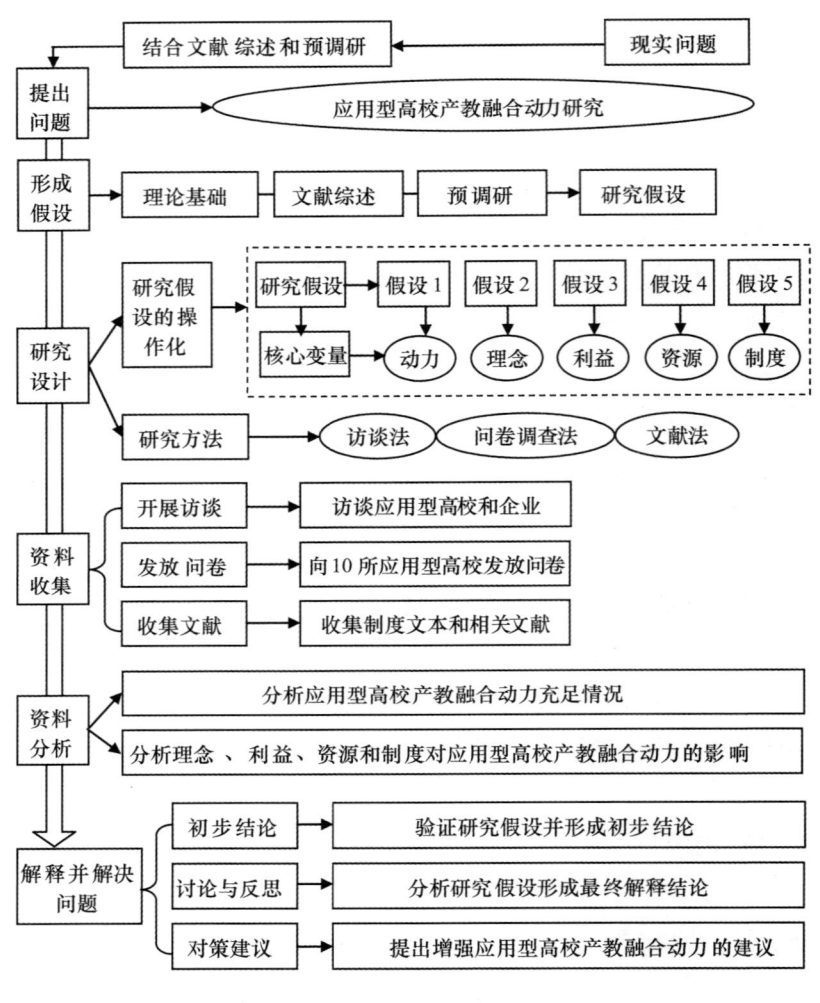

```
┌─────────────┐      ┌──────────────────┐      ┌──────────┐
│ 提出        │ ──→  │ 结合文献综述和预调研 │ ←──  │ 现实问题 │
│ 问题        │      └──────────────────┘      └──────────┘
│             │ ──→  ⬭ 应用型高校产教融合动力研究 ⬭
└─────────────┘
┌─────────────┐
│ 形成        │ ──→ ┌────────┐ ┌────────┐ ┌──────┐ ┌────────┐
│ 假设        │     │理论基础│→│文献综述│→│预调研│→│研究假设│
└─────────────┘     └────────┘ └────────┘ └──────┘ └────────┘

┌─────────────┐     ┌────────┐   研究假设→假设1 假设2 假设3 假设4 假设5
│ 研究        │ ──→ │研究假设│       ↓    ↓    ↓    ↓    ↓    ↓
│ 设计        │     │设的操作│   核心变量  动力 理念 利益 资源 制度
│             │     │化      │
│             │     └────────┘
│             │ ──→ ┌────────┐ → 访谈法  问卷调查法  文献法
│             │     │研究方法│
└─────────────┘     └────────┘

┌─────────────┐ ──→ ┌────────┐ → 访谈应用型高校和企业
│ 资料        │     │开展访谈│
│ 收集        │ ──→ ┌────────┐ → 向10所应用型高校发放问卷
│             │     │发放问卷│
│             │ ──→ ┌────────┐ → 收集制度文本和相关文献
│             │     │收集文献│
└─────────────┘     └────────┘

┌─────────────┐ ──→  分析应用型高校产教融合动力充足情况
│ 资料        │
│ 分析        │ ──→  分析理念、利益、资源和制度对应用型高校产教融合动力的影响
└─────────────┘

┌─────────────┐ ──→ ┌────────┐ → 验证研究假设并形成初步结论
│ 解释并解决  │     │初步结论│
│ 问题        │ ──→ ┌──────────┐ → 分析研究假设形成最终解释结论
│             │     │讨论与反思│
│             │ ──→ ┌────────┐ → 提出增强应用型高校产教融合动力的建议
│             │     │对策建议│
└─────────────┘     └────────┘
```

图导—8　研究思路

研究方法包括访谈法、问卷调查法和文献法。

第三章：通过理念分析，验证研究假设 2（教育理念对应用型高校产教融合动力影响显著）。从地方普通本科高校转型、教育和产业的关系、大学与社会的关系、教育类型、教育目的、教育内容与方法六个维度，分析教育理念的困惑及其对应用型高校产教融合动力的影响。

第四章：通过利益分析，验证研究假设3（利益获得对应用型高校产教融合动力影响显著）。调查应用型高校产教融合的外部主体（政府、行业、企业）和内部主体（应用型高校的学校管理人员、教师和学生）的利益诉求，分析应用型高校产教融合主体的利益获得情况及其对产教融合动力的影响。

第五章：通过资源分析，验证研究假设4（资源对应用型高校产教融合动力影响显著）。从资源的四个维度（经费、学科专业、师资、场地设备），调查并分析产教融合主体的资源状况及其对应用型高校产教融合动力的影响。

第六章：通过制度分析，验证研究假设5（制度对应用型高校产教融合动力影响显著）。从人事制度、薪酬制度、教学制度、科研制度、治理结构、非正式制度六个维度，分析应用型高校产教融合的制度现状及其对应用型高校产教融合动力的影响。

第七章：研究结论与对策建议。通过调查，探明应用型高校产教融合动力状态，验证研究假设1（应用型高校产教融合动力不足）。总结研究假设验证结果，形成初步结论。对假设验证结果进行讨论和反思，解释其深层原因，得出最终的解释性结论。根据解释性结论，提出增强应用型高校产教融合动力的对策建议。

结语：回顾与展望。总结主要结论和创新之处，分析研究的不足和后续研究的方向。

第 一 章

理论基础：合作理论及分析框架

　　合作是人类社会的普遍现象及构筑人类一切文明的深层基础。从产生到现在，人类一直在探索如何更好地合作，并自主建构和自发形成了许多可以促进人类合作的方法和理论。有证据表明，古猿或早期人类选择直立行走的原因之一在于，直立的上躯方便它们展示自己的肌肉力量并借助"手势"沟通，从而有助于降低相互威胁或处理冲突的信息成本，增加相互合作发生的概率。[①] 在人类社会初期，人们便探索形成了以合作的方式进行采集狩猎、分配产品、侵略或抵御侵略的方法——如劳动分工、创造语言符号以及建立氏族、军队等组织。在人类文明的演进历程中，越来越多的有关合作的思想及理论逐渐萌发并涌现出来。战国时期的思想家荀子曾言："人力不若牛，走不若马，牛马为用，何也？人能群，而彼不能群也。"1651年，霍布斯（Thomas Hobbes）在其《利维坦》中言明，要想让人类从相互争斗走向相互合作，必须建立国家。[②] 1776年，亚当·斯密在《国富论》中指出，"在文明社会中，人们处处需要他人的合作与帮助，这种合作主要通过市场交换进行，劳动分工也由

---

　　① 王覃刚：《演化经济学中的社会合作的起源问题》，《经济研究导刊》2010年第16期，第3—7页。

　　② ［英］霍布斯：《利维坦：在寻求国家的庇护中丧失个人自由》，吴克峰译，北京出版社2008年版，第81—83页。

此而产生"。① 随着社会科学的独立与发展，一批从事经济学、管理学、社会学、政治学、法学等学科研究的学者，对人类的合作行为进行了更加广泛的探索分析。20世纪以来，博弈论的兴起，揭开了合作研究的新篇章，博弈论被广泛应用于解决小到个人冲突大到国际合作的诸多领域。近年来，促进人类合作成为社会科学研究的前沿问题，经济学、社会学、进化生物学、政治学、神经科学积极探究人类合作的动因、方式、制度体系、生物进化机制和神经基础，进展和影响巨大。国外学者如马丁·诺瓦克（Martin A. Nowak）、阿克塞尔罗德（Robert Axelrod）、本科勒（Yochai Benkler）、埃莉诺·奥斯特罗姆（Elinor Ostrom）、格兰诺维特（Mark Granovetter）、弗里曼（Jody Freeman）、鲍尔斯（Samuel Bowles）、金迪斯（Herbert Gintis）等，国内学者如张维迎、汪丁丁、叶航、龚小庆、张康之等，积极致力于合作问题研究，合作理论日趋丰富。

截至目前，学界尚未形成专门围绕合作问题的相对成熟的理论体系。本研究通过整合国内外（主要是经济学）关于合作的理论，并结合自己对合作的思考，尝试对合作理论进行梳理，进而构建合作的分析框架。

一 合作的广泛性及其价值

合作是生命进化的重要动力，并贯穿于一切生命活动之中。

生命起源于合作。生命是如何产生的？这一令人着迷的问题至今没有确切的答案。根据哈佛大学数学与生物学教授、进化动力学中心主任马丁·诺瓦克的研究（包括猜想），合作在生命进化的过程中居功至伟，是分子从无生命化学跨越至生物化学的关键一环。诺

---

① ［英］亚当·斯密：《国富论》，张兴、田要武、龚双红编译，北京出版社2007年版，第3—4页。

瓦克等指出，DNA（脱氧核糖核酸）是为人熟知的生命繁衍的密码，地球上所有的生命都要靠 DNA 来存储生息繁衍的信息。但是，在生命产生的过程中，一类比 DNA 更具灵活性的 RNA（核糖核酸）分子，在蛋白质加入生命这场游戏之前，以某种方式主宰了生命的起源。在一片漫长而混沌的黑暗之中，一些无机分子开始尝试复制自己，并逐渐形成了含有特定信息的分子串。然而，复制存在一定概率的失误。这种失误会突变形成有差异的分子串，生命的出现和多样性也要以突变为条件。但是，自我复制的分子链不能太长也不能太短，太长意味着失误的概率过高，RNA 分子将无法维持足量有意义的信息传递给下一代，太短意味着生命进化的停滞。如何从这一悖论中解脱出来，生命自己找到了答案：合作。在一个由相互依存的 RNA 分子组成的合作循环中，每个分子都在进行自我繁殖的化学反应，并同时帮助循环中的下一个分子进行繁殖。这样的结果是，RNA 的复制失误被控制在一个较小的临界值内，RNA 可以借助高保真度的遗传信息，积累形成最初的细胞。同样，组成生命基本单位的细胞也是合作的，在细胞群体的竞争中，没有背叛者的细胞可以胜过拥有背叛者的细胞，进而获得繁衍的机会。[①] 同样，单细胞过渡成为多细胞的有机体组织也得益于合作。最近的一项研究发现，偶然突变而来的一类蛋白质在帮助细胞分裂并以合作的方式有序地重组成多细胞生物的过程中至关重要，这对理解癌症等很多重大疾病具有重要意义，因为癌细胞本质上就是那些决定和别的细胞停止交流的不合作者。[②] 更为明显的是，很多有机体内部的细胞群之间有着明确的分工合作，有机体的各个器官及器官内部的区域既有其独特的功能，它们之间也存在着毋庸置疑的复杂联系。

合作广泛存在于同一物种内部及不同物种之间。蜜蜂王国以群

---

① ［美］马丁·诺瓦克、罗杰·海菲尔德：《超级合作者》，龙志勇、魏薇译，浙江人民出版社 2013 年版，第 152 页。

② Anderson Douglas P., Whitney Dustin S., et al., "Evolution of an ancient protein function involved in organized multicellularity in animals", *eLife*, 2016, 7: 5.

体合作的方式进行生产生活：蜂王负责产卵，雄蜂负责和蜂王交配（交配完会马上死亡），工蜂负责筑巢、采蜜、育幼、防卫等工作。蚂蚁靠雄蚁、雌蚁、工蚁和兵蚁的分工合作繁衍生息。吸血蝙蝠有时会向自己的"亲戚朋友"借血充饥。狼喜欢以群体合作的方式捕猎。牛羊成群结队，是为了防止被猎杀。乌鸦发现猎物，会不停地大叫，招来狼、狮子、老虎等大型捕猎动物，待它们完成猎食后，乌鸦可以尽情地享受剩余的残食。向导鱼可以帮鲨鱼发现猎物，吃掉鲨鱼嘴里和牙缝间的食物残渣，所以它可以安全地在鲨鱼口中自由出入。此外，鳄鱼和牙签鸟、海鳗和石斑鱼等不同物种之间，甚至人类和许多动物之间，都存在广泛的合作。

  人类社会到处充满着合作。早期人类就是通过合作来获取食物并抵御其他动物侵袭的。现代人吃的食物，穿的衣服，住的房子，用的交通、通信工具，使用的语言，看的书，听的音乐，喝的咖啡，玩的游戏，组建的家庭、学校、医院、企业、政府、军队、社团等组织，以及其他用于生产和消费各类生活资料的工具和组织，无一不是人类相互合作的结果。离开了合作，人人都必须亲自用自己有限的时间、知识和能力生产各自的必需品，一个人连一只价格低廉、构造简单的铅笔都无法制造出来。假如没有合作，一个人连享受基本的人身安全和片刻的宁静，都会成为一种奢望！人类是地球上最懂得合作的群体，人类社会和其他动物群体的一个重要区别在于，人与人之间可以通过运用个人理性（甚至是想象）而达致某种形式的合作，这种合作包括诸如劳动与社会分工、专业化，市场交易，合伙和共同经营企业，以及在经济组织、社会团体、政党、政治联盟、各种民间团体和公益团体中人们的相互协作、交往和协调行动，等等。① 可以说，现代社会的个人总是不可避免地存在于这样或那样的合作组织、合作关系和合作网络之中。马克思指出，"人的本质不

---

  ① ［美］阿克塞尔罗德：《合作的复杂性：基于参与者竞争与合作的模型》，梁捷等译，上海人民出版社2016年版，第2页。

是单个人所固有的抽象物。在其现实性上,它是一切社会关系的总和"。① 事实上,人类的社会关系多数是以合作为诱因和纽带的,合作在形塑人的类本质属性中发挥了重要作用。

合作对个人、群体、组织及整个人类社会具有重大价值,人与人之间广泛存在的形式多样的合作是任何人类文明得以产生并存续的基础。单个人的力量是有限的,合作可以实现个体无法实现的目标。合作可以降低人类生产生活的生产成本和交易成本。亚当·斯密的《国富论》开宗明义道:劳动生产力上最大的改进,人们在劳动过程中所表现出来的更高的熟练程度、更精湛的技巧以及更加准确的判断力,几乎都是分工的结果。分工产生的原因在于合作,而交换是不同于别人的恩惠的最主要的合作方式。② 科斯(Ronald H. Coase)认为,建立企业是有利可图的主要原因似乎是利用价格机制是有成本的(即存在交易成本或交易费用),组建组织并让某些权威人士(如"企业家")支配其资源,便可节省市场交易成本。建立企业实际上是以一种一体化力量(企业家)代替另一种一体化力量(价格机制),即以一种合作方式代替另一种合作方式。③ 合作可以生产更多更好的产品和服务,通过分工、交换、专业化、发挥比较优势、规模经济、范围经济等方式提高生产效率,产生合作剩余或合作红利。合作可以让人温暖彼此,享受因交往、关心、分享等带来的愉悦和幸福,甚至体验因背叛、矛盾等引起的失落、痛苦和悔恨。合作也是理解人类行为及其集体行动乃至整个社会的经济基础和上层建筑的重要线索,因为,无论是个人的心理状态及其行为选择,还是人与人之间社会关系的建立、调试与维系,都与合作有

---

① 《马克思恩格斯选集》(第1卷),中共中央马克思恩格斯列宁斯大林著作编译局译,人民出版社1972年版,第18页。
② [英]亚当·斯密:《国富论》,张兴、田要武、龚双红编译,北京出版社2007年版,第1页。
③ [美]威廉姆森、温特主编:《企业的性质:起源、演变和发展》,姚海鑫、邢源源、龚双红译,商务印书馆2007年版,第25—31页。

着千丝万缕的关系。

二 合作的动因

人为什么要合作？直观来看，合作的直接动因是分享合作剩余。所谓合作剩余是人与人之间通过合作所产生的收益减去人与人之间不合作所产生的收益的余额，或者说是合作相比于不合作所能带来的好处。从深层次的人性角度看，假定人的行为总体上是理性选择的结果，那么人之所以选择合作，无非有三个原因：为自己谋幸福（或曰利己），为他人谋幸福（或曰利他），或二者兼而有之。

（一）利己：为自己谋幸福

利己（自私）之心人皆有之。司马迁在《史记·货殖列传》中有言："天下熙熙，皆为利来；天下攘攘，皆为利往。"亚当·斯密指出，"我们日常生活所需的食物和饮料，不是出自屠夫、酿酒家和面包师的恩惠，而是出自他们对自身利益的追求。无论是谁，只要他想与别人做交易，他首先就得提议：把我要的东西给我吧，我也会给你所要的东西。"[①] 马克思指出，一切人类生存及一切历史的第一前提就是：人们为了能够"创造历史"，必须能够生活。但是为了生活，首先就需要衣、食、住以及其他东西。[②] 然而，一个普遍的现实约束是，资源是稀缺的。人要生活，必须首先让稀缺的资源为己所用，因此一个活生生的人必须首先是利己的，否则他应该将稀缺资源奉献给他人，这样他自己的生命及一切人类历史将不复存在。弗里德曼（Milton Friedman）强调：人们对私利（自身利益）的追

[①] ［英］亚当·斯密：《国富论》，张兴、田要武、龚双红编译，北京出版社2007年版，第3页。

[②] 《马克思恩格斯选集》（第1卷），中共中央马克思恩格斯列宁斯大林著作编译局译，人民出版社1972年版，第32页。

求是人类形成合作关系并建立起复杂社会结构的主要力量。但是，私利不是一些人所理解的"经济人"——仅对金钱刺激有反应的计算机器，不是缺乏远见的自私自利，或仅仅关注直接的物质回报。凡是人们感兴趣的，凡是人们所珍爱的，凡是人们所追求的，都是私利。① 张维迎指出，"人的本性是，从古到今，每个人都是追求幸福的（或者是自我为中心的、自私的），尽管不同的人对幸福的理解不一样"。② 即使一个人想"醉生梦死"或"无欲无求"，也是在追求自己的幸福或私欲。英国学者理查德·道金斯（Richard Dawkins）在其著作《自私的基因》中指出，在长期的自然竞争和社会竞争中，生命体将自私内化到了自己的基因中，包括人类在内的形形色色的生命形式，都是由基因所创造用来延续它们自己的生存、繁衍的生存机器，这种"自私的机器的程序编制就是为了完成对它作为一个整体的全部基因来说是最有益的任何事情"③。

事实上，人不可避免的是自私的或者自我为中心的。一方面，个人的时间、精力和能力有限，只是"寄蜉蝣于天地，渺沧海之一粟"，只能以自己为中心，接触有限的世界，形成有限的知识，改变有限的事物；另一方面，更为根本的是，内在于个人身体内的自我意识的存在是人生存发展以及认识世界和改造世界的前提，任何事物必须与自我意识建立联系或者交互作用才能对个人的认识与行为造成影响，而这种自我意识最基本的特征就是自我中心。自我中心，即只有自己最了解自己的感受、最关心自己福祉，个人总是从自己的好恶、知识和经验出发去形成关于世界的认识和改造世界的行为。一个突出的例子是：各个国家的世界地图总是喜欢把本国置于世界

---

① ［美］弗里德曼：《自由选择》，张琦译，机械工业出版社2008年版，第24—26页。

② 张维迎：《市场的逻辑》（增订版），上海人民出版社2012年版，第11—12页。

③ ［英］道金斯：《自私的基因》，卢允中、张岱云译，科学出版社1981年版，第90页。

的中心（在美国版的世界地图里中国甚至在视觉上被分成了两部分），人们总是习惯从本国甚至所在区域群体的生物特征、生活环境、习俗文化、制度体系出发去评价他国及其人民的生活方式甚至价值观念，习惯关心本国人民的生活及其福祉和同本国有直接利益关系的国家（如邻国、冲突国或世界强国）的大体情况，而对那些和本国关系不密切的世界上绝大多数国家采取漠不关心甚至是直接忽视的态度。

追求私利是人类尤其是陌生人之间进行大范围合作最为重要的动力。个人寻求合作主要是为了更好地获取自己生存与发展的资源，实现自己的目标，让自己过上幸福的生活。在经济活动中，企业家为利润创办企业，工人为工资被雇佣，消费者为自己的幸福购买企业的产品和服务，居民为获得利息将钱存到银行，银行为获利将钱借贷给企业或个人……人们为了自己的幸福，不断地进行生产、交换、分配和消费，如此循环往复，整个经济才得以顺利运行。在教育活动中，学生为追求自己的幸福（可能是能力提升、就业或精神需求）来求学，教师为追求自己的幸福（可能是工资、工作稳定或教育理想）来教书育人，个人或组织为自己的幸福（可能是利润或社会利益）来创办学校，学校教育才得以产生和延续。

对合作而言，利己之心既有好的一面，也有坏的一面。一方面，利己是许多合作成功开展的基础。利己是市场交易合作得以建立和运行的基础。"以自利为目的的谈判（或交易）具有双方同意的均衡点，而以利他为目的的谈判则永不存在能使双方都同意的均衡点。"[1] 换言之，如果每个人都是利他的，在市场交易中，卖方会追求最低价格，而买方会追求最高价格，双方永远不可能成交。这样看来，人是利己的生物实乃人类社会之大幸。另一方面，利己是许多合作失败的重要缘由。因为追求自己利益的最大化，过分关注眼

---

[1] 茅于轼：《中国人的道德前景》（第3版），暨南大学出版社2008年版，第2页。

前利益和个人得失，或者总是将合作者判定为绝对利己的（缺乏信任），很多合作就不会出现。利己和人的机会主义行为密切相关。为了追求自身利益的最大化，很多人在合作中会出现损人利己的机会主义行为。有意思的是，很多亲密的合作关系——如情侣、夫妻、家庭、近亲、朋友、师徒、邻里、具有熟人社会特征的小村落的村民之间等——有明显的反自私倾向。在这些亲密的合作关系中，自私通常不被提倡，并会成为合作产生矛盾甚至关系破裂的主要原因。

（二）利他：为他人谋幸福

人也有利他之心。孟子云："恻隐之心，人皆有之。"看见别人甚至是某些动物的不幸，人可以或多或少地感同身受，产生怜悯之心。亚当·斯密在《道德情操论》中指出："同情，是人类与生俱来的情感之一。无论人们认为某人如何自私刻薄，他却可能对别人的某些遭遇十分关心，对那些与他无关的事情非常热心，即使他自己从中捞不到什么好处，却也由衷地为别人的幸福感到高兴。"① 社会生物学的奠基人威尔逊（Welson, E.）认为，人类及其他有机体只是基因（DNA）制造更多的基因的工具，而基因的增加需要一些基因采取利他行为。会降低个体适应性的利他如何能够通过自然选择而进化？答案是亲缘关系。如果引起利他主义的基因由于共同的血缘关系而被两个机体分载，并且如果一个机体的利他主义行为可以增加这些基因对第二代的共同贡献，那么利他主义倾向就会传遍整个基因库。② 当然，威尔逊也指出，最为精致的社会组织形式，不管表面如何，实际上都是为个体福利服务的工具。人类社会中，似乎只有对最近亲属的利他行为才是无条件的（与社会昆虫和群落无

---

① ［英］亚当·斯密：《道德情操论》，益群、宏峰译，北京出版社 2007 年版，第 3 页。
② ［美］威尔逊：《社会生物学：新的综合》，阳河清编译，四川人民出版社 1985 年版，第 5 页。

脊椎动物的情况不可同日而语），其他的利他行为都是有条件的，即属于互惠的、有报酬的互惠利他行为。① 从"囚徒困境"不难推论，② 假如没有人的利他心，理性的个人为最大化获取稀缺资源很可能走向背叛或不合作，人与人之间的合作甚至人类社会将化为泡影。反之，人类之所以能够广泛合作并形成社会，不仅仅是因为自私，还在于我们有利他之心。

利他也是人类合作的重要动力之一。David Sally 研究指出，人类与生俱来的同情心——同情心合作参与人的身份和社会环境的具体情况有关——可以在一次性囚徒困境博弈中导致合作。人与人之间同情共感的距离越近，合作就越容易出现。在面对面的博弈、朋友间的博弈和博弈参与者发现他们之间的某些相似性之后的博弈中，个体倾向于选择主动合作。③ 本科勒指出，人类天生具有同情能力，有时宁愿放弃自身的利益也愿意帮助别人。沟通和信息传递有助于形成同情和群体认同，增加人类的合作倾向。很多时候，博弈参与人仅仅知道跟自己类似的人博弈，就足以激发他们的同情反应并保持合作的态度，即使没有沟通、没有行为规范、没有惩罚、没有奖赏，也不存在诸如此类的其他刺激合作的因素。④ Bowles 和 Gintis 通过计算机仿真研究表明，一个完全自私的人类族群，无法建立起稳定的合作秩序，最终会趋于灭亡。人类之所以能建立比较稳定的合作秩序，依靠的是一种强互惠行为（strong reciprocity）。所谓强互惠行为，就是在一个群体中，我首先和别人合作，如果对方背叛合作，哪怕是这种背叛不是针对我，我也要进行惩罚，甚至不惜付出个人

---

① ［美］威尔逊：《社会生物学：新的综合》，阳河清编译，四川人民出版社 1985 年版，第 144 页。

② 关于囚徒困境的解释详见下文"合作的困境"部分。

③ David Sally. "On sympathy and games", *Journal of Economic Behavior and Organization*, 2001, 1: 1–30.

④ ［美］尤查·本科勒：《合作的财富》，简学译，浙江人民出版社 2018 年版，第 91 页。

成本。① 另一项研究表明：利他惩罚（altruistic punishment）是人类合作演化的一个决定因素，这种需要个体付出代价同时可以给别的个体带来利益的惩罚有其神经元基础（或自激励机制）。许多人自愿为违反社会规范的人支付成本（如非法律意义上的个人制裁），因为他们可以从惩罚违规者这一行为本身中获得满足。在惩罚违规者的过程中，脑部的尾核区出现了高度兴奋，让个体获得了较高的预期满意程度。② 博弈论的一些博弈模型试验，如"礼物交换博弈"（Fehr et al.，1993）、"信任博弈"（Berg et al.，1995）、"公共品博弈"（Marwell et al.，1979，1980）等，均表明人类具有利他精神，这种利他精神导致的人类合作效果远远超出了基于追求自身利益最大化的预期结果。

利他导致的合作在人类社会中广泛存在。落难之时，会有不少人伸出援手。饥荒之际，饥民会外出乞讨，富人会施粮施粥。唐僧师徒四人，靠一路化缘和众仙帮衬，才取到真经。历史上，为民族独立和国家安定付出生命的仁人志士不计其数。一些教师放弃城市优越的条件，甘愿到贫困山区教书。一些教师为学生呕心沥血，宁愿蜡炬成灰，不惜累倒在讲台上。一些学生拼尽全力，只为给敬爱的老师一份小小的礼物，或者报答老师一句不经意的关心。宗教（信仰）、道德多倡导人去利他。儒家文化也倡导，君子要成人之美、惩恶扬善。

利他似乎只能支撑小范围的社会合作。人的同情或利他是有限的。相比于陌生人，我们更同情亲人或朋友；相比于异族人，我们更同情自己的族类同胞。相比于动物，我们更同情人类。那些对别人来说永生难忘的痛苦，我们根本无法切身体会。在表示过同情和

---

① Bowles Samuel, Gintis Herbert. "The evolution of strong reciprocity: cooperation in heterogeneous populations", *Theoretical Population Biology*, 2004, 1: 17–28.

② De Quervain Dominique, J. F., Fischbacher Urs, Treyer Valerie, Schellhammer Melanie, Schnyder Ulrich, Buck Alfred, Fehr Ernst. "The neural basis of altruistic punishment", *Science*, 2004, 5688: 1254–1258.

帮助之后，关于别人痛苦的记忆会渐渐淡忘，同情的感受也逐渐不那么强烈。人们专门用节日来纪念那些曾经的苦难，就是最好的例证。所以，利他经常出现在人与人之间关系（情感）密切的小范围群体内，如上文所述的家庭、亲朋好友等亲密合作关系之间。在大范围的社会合作中采取利他行为是不合算的或者是吃亏的。从博弈的角度看，大范围的社会合作多是陌生人之间的一次性博弈，在一次性博弈中，博弈参与人的占优策略是背叛或不合作。即使在重复博弈中，假定某参与人总是采取合作策略，那背叛或不合作也是其他参与人的占优策略。

依靠利他来支撑大范围的合作是许多社会灾难的始作俑者。很多农民起义建立王朝不久便失败，往往是寄希望于依靠利他来治理社会，实现天下大同。农村公社的生产效率低，就是把人想得太好，甚至将为自己谋利益和品德礼教对立起来，认为人人都可以成为并应该成为"雷锋"，努力为他人服务。正是认识到人的复杂性，诺斯（Douglass C. North）才说，在建立制度时，把人想得坏一点，才能建立好的制度。此外，现实生活的很多矛盾，往往是因为把人想得太好或者对他人存在更高的利他期望。比如，我们经常给朋友、爱人甚至陌生人加上一份"额外的"责任，希望他们更多地为我们自己考虑，结果往往以他人的不堪重负和自己的失望而收场。

探索建立基于利他性的社会合作体系是未来社会发展的重要方向。利他是人的天性，尽管并不是任何人在任何时候都能做到这一点。我们周围的观念、现象和我们自己的经验，经常让我们感觉人都是自私的。事实可能并非如此。本科勒指出，很多人坚持"人是自私的动物"这一让人不舒服的观点有四个原因：第一，关于人的利己主义假设是部分正确的，有少数人总是自私的；第二，从历史上看，自私和自利观念太深入人心了，自然竞争、市场经济、科学管理等背后的人性自私假设近一个世纪以来逐渐成为人类行为科学理论中的主流；第三，对于我们自身以及所生活的世界，我们希望给出简单而清晰的解释，即使这些简单的解释是错误的；第四，习惯的力量让我们的感觉与思考偏离了正确的轨道，习惯强化了关于人性的错误信念和思考方式。① 事实上，人类不是自私的野兽，而是有道德、有情感、有同情心的社会性动物，我们经常甚至每天都会表现出利他行为，例如在公共场所保持安静、在公交车上让座、为爱做出牺牲、关心帮助那些可怜人、教育孩子向善、鄙视或惩罚自私者……很多利他行为其实是不求回报的纯粹利他行为，采取这种利他行为的意愿和行为能直接给我们带来快乐。把人设想成自私的，试图通过物质奖励、经济惩罚和严格监督来促使人们合作，往往会对人们的合作意愿产生不利影响。一个明显的例子是，当一项内在的利他行为被描述为一项依靠外在的激励约束的"商业化"行为时，人们的合作意愿会骤然减低。政府（"利维坦"）和市场（"看不见的手"）对经济社会的管理主要是建立在"人本自私"这一假设基础上的，这种思维方式是工业社会的产物，已经无法适应网络社会和网络经济时代的经济社会管理。② 因此，如何重新认识人的利他性，并据此在适当的范围内（而不是建立完全利他的乌托邦社会）建立人与人相互合作的组织、制度体系和社会，帮助人更多展现出无私的一面，是一项新奇而富有挑战的课题。

（三）利人利己：忠孝两全

人选择合作，很多时候，既源于利己，又源于利他。任何现实的个人不仅仅只有自利的一面，还有设身处地为他人考虑的一面。用中国传统的话说，人的行为是情、理、法三位一体共同影响的结果。理和法指事物的规律和规则，主要反映人的自私；情不仅反映人与人之间的私情，还反映人的同情和利他倾向的感情。比如，许多人办企业，既是为了赚钱，也是为了让企业的员工发展好，为更

---

① ［美］尤查·本科勒：《合作的财富》，简学译，浙江人民出版社2018年版，第14—18页。

② 同上书，第7—14页。

多的人谋取福利。斯坦福夫妇捐建斯坦福大学，既是为了纪念他们早逝的儿子，也是为了让更多的人接受高等教育，繁荣地区的高等教育发展。丈夫听妻子的话，一方面是出于对妻子的爱，另一方面可能是为了减少夫妻矛盾给自己带来的负面影响。一些教师教学认真负责，既是为了谋求学生和学校的发展，也是为了促进自身专业发展。

很多利他行为，掺杂着利己动机。英国学者霍尔丹（John Burdon Sanderson Haldane）认为，父母照顾孩子是为了保护自己的基因，带有同样基因的近亲属才更有可能向对方伸出援手。英国著名进化生物学家汉密尔顿（Bill Hamilton）根据霍尔丹的观点提出了内含适应性理论：像蚂蚁、蜜蜂这种社会性昆虫的高度合作行为之所以能够实现进化，是因为合作行为能实现基因传递的自私目的，虽然这一机制是通过亲属而非个体本身来运转的。[1] 有的企业捐赠，其实是为了制造广告效应。有的明星参加慈善活动，可能是在塑造形象，甚至是让公众淡忘自己的丑闻。有的人行善，是为了救赎自己，或者寻求内心的安宁。有的人"舍"，是为了更大的"得"。有的教师去支教，部分是为了享受政府的奖励政策。

人是利己和利他的综合体，而且利己的成分更多一点。从基因的演化来看，不利己，基因无法复制自己；不利他，基因群就会在与其他基因群的竞争中落败。现实来看，人既是个体的动物性的人，也是群体的社会性的人，人既要受利己心驱使，努力追求自己的幸福，也要受利他性驱使，努力追求所在群体的幸福。而且，人类的历史明确表明，人是以自我为中心的，多数人在多数时候倾向于追求自己的幸福。也许正因为如此，在人类社会的长期演化中，人们才通过道德、教育、宗教、传统、制度等手段渐渐将利他精神植入人类的生产生活之中，养成人的利他精神和羞耻之心，通过一系列

---

[1] ［美］马丁·诺瓦克、罗杰·海菲尔德：《超级合作者》，龙志勇、魏薇译，浙江人民出版社2013年版，第125—127页。

外在约束条件激励和监督人采取利他行为。

三 合作的机制

人类合作的机制有哪些？诺瓦克从生物动力学的角度认为，人类合作的五大方式（机制）为直接互惠、间接互惠、空间博弈、群体选择和亲缘选择。① 本书从经济学角度认为，人类合作主要有四种机制：市场交易合作、权威指令合作、志愿协商合作以及上述三种方式的混合。

（一）市场交易合作

市场合作机制是人类社会自发生成的最为"神奇"的合作方式，最早由古典经济学家亚当·斯密系统提出。在《国富论》中，亚当·斯密系统分析了市场为什么能把追求私利的个人和人类进行生产生活所必需的广泛合作结合起来。亚当·斯密认为，在文明社会中，人要满足自己的衣、食、住、行等愿望，仅仅依靠别人的恩惠是不可能的，必然需要同他人进行合作。人与人之间的合作大多是通过契约、交换和买卖来进行的，这种市场交换是人类普遍的、特有的倾向，劳动分工最初也由此产生。倘若人类没有相互交换的行为，人人都必须亲自生产各自的必需品，必须完成几乎相同的任务和工作，此时，分工和专业化及其所带来的劳动生产力的改进将不复存在，国民财富的增长也不可能实现。② 市场交易的两大法则是自利和自愿。一旦合作有利于满足个体的私利，根本不需要借助任何外力和对自由的侵犯，人们就会自愿选择相互合作，通过交换让每

---

① ［美］马丁·诺瓦克、罗杰·海菲尔德：《超级合作者》，龙志勇、魏薇译，浙江人民出版社2013年版，第321—324页。
② ［英］亚当·斯密：《国富论》，张兴、田要武、龚双红编译，北京出版社2007年版，第3—4页。

个人过得更好。而且，个人追求私利所带来的社会利益的促进，常常比他主动去促进的效果更好。就这样，市场几近神奇地将个人的自私和人与人之间的合作整合为一个循环促进的推动人类财富及人类文明持续发展的复杂系统。通过分析市场在促进人类合作中的作用，亚当·斯密认为应该限制政府的职能，[①] 采用"自由放任"的经济政策，让市场这只"看不见的手"引导追求私利的个体的行为结果去增进整个社会的福利。

市场合作机制在伴随20世纪30年代"大萧条"而来的凯恩斯主义时代，遭遇了严重的信任危机。20世纪70年代以来，在重拾亚当·斯密自由市场思想和传承哈耶克（F. A. Hayek）自发合作秩序理念的基础上，以弗里德曼、布坎南（James M. Buchanan, Jr.）、卢卡斯（Robert E. Lucas, Jr.）等为代表的主张最大限度地发挥市场作用的新自由主义——在反对政府过度干预的同时主张经济的自由化、私有化、市场化和全球化——开始席卷全球，成为影响多数国家政治经济体制改革走向的重要力量。

哈耶克集中论述了人类合作秩序的扩展问题。他首先指出，每个人的知识（及信息）都是有限的、分散的，甚至经常是错误的。为了用有限的知识造福个人和社会，必须找到一种不断交流和获得知识的方法。人类社会的历史表明，最好的促进人类利用有限知识的方法，是通过只掌握了部分知识的个人的相互作用来达成合作，即，通过市场（竞争的价格体系）将掌握在不同人手中的分散的相关事实的知识以简短的形式（只）传递给有关的人，让参与价格体系的个人只需掌握很少信息便能采取正确的行动。相反，试图靠相对单一的管理者或权威机构去掌握所有的知识并据此作出精确的关

[①] 亚当·斯密认为，应该将政府（君主）的职能主要限制在三个方面：借助军队来保护国家安全，使其免遭外国的侵略；建立严明的司法机构，保护社会成员不受他人的欺侮和压迫；建立并维持公共工程和公共机关，主要用于服务商业和促进国民教育。参见［英］亚当·斯密《国富论》，张兴、田要武、龚双红编译，北京出版社2007年版，第138—149页。

于人类社会活动的宏观计划,不但不可能实现,还会戕害人的自由——这种自由将他人的强制尽可能限定到最小限度以尽可能避免他人的无知对个人的伤害,引发难以预计的社会灾难。历史上很多错误的宏大计划,实际上是由那些高尚、善意、"聪明"的人做出的,这些人很多时候并没有意识到抑或自以为是地忽视了,人类普遍存在的不可避免的无知以及由这种无知所必然导致的理性不及状态。事实上,"这个世界上许多最有害的行动的根源,常常不是那些恶人,而是那些品格高尚的理想主义者"。[1] 哈氏还相信,市场不是人类精心设计的结果,而是一种自发生成的合作秩序,这种人类偶然发现的未经理解便学会利用(虽然人类远非已经学会充分利用它)的秩序是人类社会最伟大的功绩,它可以促使个人不用别人吩咐和掌握大量知识就能令人满意地合作或行事。[2]

弗里德曼指出,社会组织的基本问题是如何进行合作,市场机制是把个人自由和社会合作结合得最好的方法。个人的吃、穿、住、行及人类社会的发展需要合作。在相当落后的社会中,广泛的劳动分工和职能专业化都是为了有效地使用现有资源而必须具备的条件。在先进的社会中,为了能够充分利用现代科学和技术所提供的机会,需进行合作的规模更加巨大。实际上,成千上万的人卷入彼此供应产品和服务的社会合作网络之中。同时,个人起初是自由的,而且是追求自由的。自由可以让个体获得幸福,剥夺自由因对一个人是痛苦的而经常被作为惩罚措施。自由,包括经济自由、政治自由等,也是人类社会发展最为重要的动力,因为自由意味着追求、创造、多样性……要把人与人之间普遍的依存(合作)关系和个人自由结合起来,基本有两种方法:一种是包括使用强制手段的中央指挥——军队和现代集权主义国家的方法;一种是个人自愿的结

---

[1] [英]哈耶克:《法律、律法与自由》,邓正来译,上海人民出版社2003年版,第108页。

[2] [英]哈耶克:《个人主义与经济秩序》,贾湛、文跃然等译,上海人民出版社2003年版,第81—83页。

合——市场的方法。① 市场通过双方都可以从中获利的自愿交换，就可以不用强制手段达到合作的目的，实现个人自由与社会合作的统一。相反，任何制度尤其是带有强制性的中央指挥式的合作制度，只要违背了人的正当意愿就是对人的自由的侵犯，让人违背其正当意愿去做事的结果只能是事倍功半或事与愿违。弗里德曼还指出，市场的核心机制——个人为了追求自身利益（私利）而自愿交换和相互合作进而在人类生活中自发（无意识）建立起错综复杂的结构，绝非仅仅存在或适用于经济领域。语言的产生、科学知识的"长成"以及一个社会的各种价值观念、文化、社会习俗等，不是通过有权发号施令的中央计划者的强制而产生的，而是从无数个人经由市场的自愿相互作用中发展起来的，是通过自愿的交换和自发的协作成长起来的，是通过试错过程及接纳和拒绝的过程演化而来的复杂结构体系，尽管政府在它们产生之后的发展中发挥了一些次要作用甚至经常带来危险。②

总体来看，市场合作机制主要包括供求机制、竞争机制、价格机制、利益机制和风险机制，基于私利的自愿交换和不受强力控制的自由竞争是市场合作的基石。市场合作的基本逻辑是："如果一个人想得到幸福，他必须首先使别人幸福。"③ 在市场合作中，每个人都可以自主决策、自由选择，并必须对自己的行为负责，这样市场机制才能淘汰损人利己者和低效的利人利己者，引导人们通过更好地利人来利己，最终达成更好的合作，增进社会福利。

市场是最能提高人类社会合作效率的机制。但是，市场绝对不是完美无缺的，市场合作有时无法保证合作的机会公平或合作剩余的分享公平，也要容忍一定程度的合作失败。在市场交换合作中，

---

① ［美］弗里德曼：《资本主义与自由》，张瑞玉译，商务印书馆1986年版，第14—15页。

② ［美］弗里德曼：《自由选择》，张琦译，机械工业出版社2008年版，第24—26页。

③ 张维迎：《市场的逻辑》（修订版），上海人民出版社2012年版，第12页。

合作绩效受制于交易成本——包括在交易过程中因寻求交易对象、讨价还价、签订与完善契约并监督契约实施等所耗费的费用。如果市场交易合作的边际交易成本超过组织的边际管理成本，合作就可能"逃离"市场，在组织内部产生。

（二）权威指令合作

权威指令合作（层级合作）是通过服从某一权力拥有者的安排而进行合作，主要包括政府权威主导的社会合作和企业等组织内部的依靠管理者进行的权威合作。政府实际上是一种相对特殊的组织，它可以凌驾于其他组织之上对其统治或治理下的个人、组织及社会的多方面活动进行干预。

1. 政府权威主导的社会合作

政府合作机制的代表人物有霍布斯、洛克（John Locke）、卢梭（Jean-Jacques Rousseau）、马克思、恩格斯、列宁、斯大林、兰格（Oskar Ryszad Lange）、凯恩斯（John Maynard Keynes）等。霍布斯认为，"人类如果要建立起一种对外可以抵御外来侵犯，对内可以制止相互侵害，并保障人们可以通过自己的劳动而丰衣足食的共同权力，必须把大家的权力和力量托付给某一个人或一个集体（政府）。"[1] 洛克指出，人类最初处于一种完全自由、平等的自然状态，个人不受任何人的支配，旨在维护和平和保卫全人类的自然法在自然状态中起支配作用。[2] 但是，自然状态存在许多缺陷：缺少一种既定的、稳定的、人所共知的法律，作为人们共同的是非标准和裁判他们之间一切纠纷的共同尺度；缺少一个有权依照既定法律来裁判一切纠纷的权威和公正的裁判者；缺少权力来支持正确的判决，使它得到应有的执行。出于个人为了更好地保护自身及自己的自由和

---

[1] ［英］霍布斯：《利维坦：在寻求国家的庇护中丧失个人自由》，吴克峰译，北京出版社 2008 年版，第 83 页。

[2] ［英］洛克：《政府论》，刘晓根编译，北京出版社 2007 年版，第 58—59 页。

财产的动机，人们要主动放弃他们在自然状态中所享有的平等、自由和执行权，把他们交给国家，组建政治社会。① 随后，卢梭、孟德斯鸠（Montesquieu）等人从提供秩序、保护财产、生命和自由等方面论证了建立政府的必要性，阐明了政府的职能及其实现机制、政府内部以及政府和公民的制约合作关系。

19 世纪以来，以马克思、恩格斯为代表的公有制经济理论，以列宁、斯大林、兰格为代表的计划经济理论，及以凯恩斯为代表的政府干预经济理论，都不同程度上强调了政府在经济社会合作中的作用。马克思、恩格斯在《共产党宣言》中表明：共产党人把自己的理论概括为一句话，就是"消灭私有制"，消灭私有财产和私有资本；要利用自己的政权，"把全部资本，把一切生产工具集中在国家手里"，"按照总的计划"采取一切必要的管理措施。列宁在 1919 年 3 月的《俄共（布）党纲草案》中提到："俄共将力求尽量迅速地实行最激进的措施，来准备消灭货币"，要求"在全国范围内用有计划、有组织的产品分配来代替贸易"。20 世纪 30 年代，苏联在斯大林领导下开始实施通过国家垄断、对经济进行高度集中化的行政命令式管理的计划经济。② 与此同时，兰格在同米塞斯（Ludwig von Mises）、哈耶克等人的论战中指出，由于市场的外部性、不平等性、竞争的不完全性，自由资本主义经济无法找到合理的价格，避免重复遭遇周期性经济危机的宿命。而社会主义经济（市场社会主义）通过政府计划制定者的"理性"指引和不断"试错"，可以找到合理的一般均衡价格，实现总的供需均衡和资源的有效配置，摆脱经济危机的威胁。③ 1952 年，斯大林的《苏联社会主义经济问题》较

---

① ［英］洛克：《政府论》，刘晓根编译，北京出版社 2007 年版，第 113—114 页。

② 马龙闪：《苏联计划经济走过的坎坷道路》，《探索与争鸣》2015 年第 2 期，第 85—91 页。

③ 杨春学：《"社会主义经济核算争论"及其理论遗产》，《经济学动态》2010 年第 9 期，第 91—100 页。

为系统地确定了计划经济的原则和模式，成为计划经济的经典著作，被许多社会主义国家视为不可改变的金科玉律。[①]

20世纪30年代，凯恩斯主义的兴起掀起了政府干预经济活动的热潮。凯恩斯发现，"人们有一种普遍的心理：当整个社会的实际收入增加或减少时，社会的消费也会增加或减少，但后者的增加或减少不会像前者那样快"。[②] 这种边际消费递减倾向和资本边际效率下降、人们对货币的灵活偏好，共同造成社会的有效需求不足，从而导致不能充分就业和预期收益最大化，引发经济萧条。解决资本主义经济萧条的方法是，由政府对经济进行干预，通过积极的财政政策和货币政策刺激消费需求。凯恩斯强调，人性及其行为不是完全理性的、正确的，它受消费习惯、从众心理、情绪、运气等方面的影响，这会导致利益分配不公和经济发展出现危机。虽然追求个人利益是经济发展的原动力，但绝不能放纵人性，而要借助政府对人性加以管理约束并纠正人性对经济社会发展的危险。

20世纪70年代，主要资本主义国家的经济发展进入"滞胀"（经济衰退与通货膨胀并存）阶段，凯恩斯主义所倡导的政府干预经济对此一筹莫展，新自由主义及与之相伴而生的新公共管理运动（主要通过在政府机构中引入市场机制提高公共服务供给效率）开始抬头，凯恩斯主义发展进入了低谷。但凯恩斯主义并没有结束，20世纪80年代以来，以萨缪尔森（Paul A. Samuelson）、斯蒂格利茨（J. E. Stiglitz）、阿克洛夫（George Akerlof）为代表的一批学者，开始从工资黏性、价格黏性、借贷信息不对称等角度，揭露市场在调节经济活动中的弊端，为政府干预经济提供理论依据。目前，新凯恩斯主义还在发展过程中，尚未形成一个前后一致的逻辑体系，也

---

① 马龙闪：《苏联计划经济走过的坎坷道路》，《探索与争鸣》2015年第2期，第85—91页。

② ［英］凯恩斯：《就业、利息和货币通论》，宋韵声译，华夏出版社2004年版，第89页。

没有扭转凯恩斯主义的日渐衰微之势。①

总的来看，政府合作机制包括集体决策机制、目标分解机制、监督评价机制、行政奖惩机制、依托政策、法规、计划等手段的宏观调控机制等，其权力是自上而下的，基于公共利益（布坎南认为可能是集团利益或部门利益）的计划决策和以层级结构为基础的命令系统是政府合作机制的两大核心要素。政府治理合作的基本逻辑是：如果人们自己无法实现某些可以增进人类共同福利的合作，就需要通过让渡个人的部分权利组建一个权威机构（即政府），通过政府的集中管制来促使人们相互合作。

当然，政府权威合作涉及政府的功能、主权、权力的分配与制衡、责任约束、反抗暴政等问题。有学者将现代政府的逻辑概括为：一个现代政府，始于公民保护自己财产的共同性需要，并以公民财产的权威性保护者界定自己的角色和规范职能，它也因此处于政治社会之人民的政治控制之下，人民对出于上述目的而建立的政府拥有政治上的主权权利；不但如此，政府还深受这个社会中体现公平正义和共同体公意之一般性行为规则的约束，从而使政府的权力行为变得公开透明和可预期；除此之外，政府内部还有分权制衡性的权力结构，以保证政府权力行为的妥适与公正；而在政府权力行为的道德性评价上，整个社会包括政府奉行责任伦理的精神，以责任伦理的精神来约引政府，并通过全面的复合性的责任制度确保政府责任的落实；最后，享有自然法权利和政治主权的人民以革命作为反抗政府暴政的正义手段，从而为防范政府的恶变和暴政的堕落支上了坚强有力的顶门杠。②

政府可以集中力量办大事，政府在社会合作中的作用是必不可少的。但是，不受约束的政府、效率低下的政府（政府治理合作的

---

① 何正斌：《经济学 300 年》（第 3 版·下），湖南科学技术出版社 2009 年版，第 357—370 页。

② 徐邦友：《政府的逻辑》，上海人民出版社 2011 年版，第 17 页。

绩效同其管理成本密切相关）和过多的政府干预反而会制约社会合作秩序的建立和运行。因此，如何约束政府的权力、提高政府的办事效率并划定市场与政府的边界，对促进人类社会的大范围合作尤为重要。

2. 企业等组织内部的权威合作

组织是分工合作的产物。按照亚当·斯密劳动分工的思路，将复杂的任务进行细致的分割，分别由不同的人完成各个分割的部分，并促成他们相互合作，可以极大地改进劳动生产力。在社会发展过程中，劳动分工逐渐从个人扩展到组织，人类社会的劳动在社会中被分割成了独立的系统（如文化系统、经济系统、政治系统）和部门（比如私有部门和公有部门），这些部门又进一步被分割成独立的实体组织（如政府中介、工业和公司）。为了完成组织肩负的全部任务，组织自身也被分割成不同的部门、机构和团队。

组织是权威指令合作对市场交易合作的代替。随着劳动分工的深化和扩展，个人及其组织不断专业化，由此带来的结果是，几乎没有人能独自生产他所需要的所有商品和服务。那么，个人如何获取他所需要的商品和服务。答案是交易。通过一系列社会分工和交易，我们只需要在特定的组织中完成一小部分任务，便能从人类社会中获取一定的生存和发展资源。交易有两种类型：一种是发生在市场上的使用价格系统作为合作工具的交易；另一种是发生在组织内部的使用非价格系统（权威）作为合作工具的交易。至于什么时候采用市场交易或组织内部交易，科斯给出了答案：当市场进行某项交易的成本大于组织内部进行这项交易的成本时，人们就会组建专门的组织（如企业）来代替市场。事实上，现实世界并不像科斯说的那样理想，"绝大部分交易是由市场和组织两种合作形式混合支配的，绝大多数的市场在某种程度上都是'有组织的'，绝大多数组织内部也是使用价格（像交换价格）来交流信息的"。①

　　企业等组织也可以看作一种合作契约对另一种合作契约的代替。阿尔钦（A. A. Alchian）和德姆塞茨（Harold Demsetz）（1972）认为，企业和市场并没有本质的差别，企业是市场关系在企业内部的延伸，是为了减少团队生产中的搭便车行为而形成的契约联结。较之于市场契约，企业契约的特点仅仅是要素拥有者更为持续的联系，以及较为集中的剩余索取权。张五常（1983）进一步认为，企业的本质是"要素市场"代替"产品市场"，是一种契约对另一种契约的替代。威廉姆森（Oliver E. Williamson，1985）从资产专用性的角度认为，建立企业部分是出于防范由资产专用性导致的"敲竹杠"风险。②

　　组织内部的权威指令合作既可以降低交易成本，也可以降低生产成本，从而获取更大的合作红利。企业一方面可以通过明晰产权、完善契约、减少不确定和机会主义行为降低交易成本；另一方面可以实现资源整合、规模经济、范围经济、分工经济，更好地进行知识交换和技术创新，发挥企业家精神，降低生产成本。

　　企业等组织内部的权威合作绩效受管理成本和生产成本的制约。生产成本是企业等组织在生产过程中支付的要素投入成本。管理成本是企业等组织配置要素以实现组织目标的成本，管理成本相当于企业内部的交易成本。目标不一致、产权不清、分工不明、契约不完全等都会增加企业内部的管理成本。生产成本和管理成本可以相互弥补，一个生产成本较高的企业可以通过降低管理成本来降低企业运行的总成本。反之亦然。如果企业内部的合作出现问题，导致企业内部的生产成本和管理成本的总和高于同行的总成本或者低于市场的交易成本，企业就可能失去其存在价值。

---

　　① ［荷］杜玛、斯赖德：《组织经济学》（第3版），原磊、王磊译，华夏出版社2006年版，第11页。
　　② 卢现祥：《新制度经济学》（第2版），武汉大学出版社2011年版，第83—86页。

(三) 志愿协商合作

志愿协商合作也称自组织治理，其理论的代表人物有威廉姆森、鲍威尔（Walter W. Powell）、埃莉诺·奥斯特罗姆、格兰诺维特等。威廉姆森指出，在市场治理与层级治理（即政府和企业等组织内部采用的权威指令合作）之间存在一种中间的过渡状态，即网络治理（如战略联盟）。① 鲍威尔认为，网络不仅仅是一种中间结构，它是一种包含信任关系的特殊治理机制。这种信任关系不是权威关系或买卖关系所能建立的，它所营造的交易氛围是互惠的、开放的，而非官僚的、束缚的（如层级制），也非自由但猜疑的（如市场）。如果说，市场的主要治理机制是信息传播、价格机制以及合约，层级结构的主要治理机制是科层结构、命令系统以及公司规章，那么，网络结构的主要治理机制就是信任关系与协商。② 奥斯特罗姆则认为，面对公共资源生产和使用中的"囚徒困境"等集体非理性现象，无论是主张集中管制的政府机制，还是倡导私有化的市场机制，在使个人以长期的、建设性的方式使用自然资源系统方面，都未取得成功。相反，在长期的交流与博弈过程中，资源占有者可以通过自主组织和自主治理合理使用公共资源，而且这种存在于政府和市场之外的第三条道路（自组织治理）在人类历史上是长期存续的。③ 格兰诺维特指出，信任和可信赖行为对任何经济而言都是关键的资产，因为它们会引导人们进行合作，使他们相互间产生比纯粹自利动机更善良的行为。信任带来的合作可以节省大量的预警和监督成本，减少合作中的信息不对称、不确定性、有限理性和机会主义行

---

① Oliver E. Williamson. "Transaction-Cost Economics-The Governance of Contractual Relation", *Journal of Law and Economics*, 1979, 2: 233-261.

② Walter W. Powell. "Neither Market Nor Hierarchy: Network Forms of Organization", *Research in Organizational Behavior*, 1990, 12: 295-336.

③ ［美］埃莉诺·奥斯特罗姆：《公共事务的治理之道：集体行动制度的演进》，金逊达、陈旭东译，上海译文出版社2012年版，第68页。

为，抑制个人选择短期的享乐主义行动，使每个人选择导致群体及个人得到更高回报的行动，甚至让人相信对方即使在能够伤害你的情况下也会选择合作。① 以信任为基础的合作作为一种独特的合作方式，不仅存在于市场合作和政府合作之中，而且存在于熟人群体或特定社会网络关系之中。

自组织治理（网络治理或自主治理）主要依靠成员间的志愿协商合作进行，其权力是自下而上的，关系和信任是自组织治理发挥作用的两个关键要素。自组织是一群人基于志愿（自愿）的原则主动地结合在一起，而具有以下特性：一群人基于关系与信任而自愿地结合；结合的群体产生集体行动的需要；为了管理集体行动而自定规则、自我管理。② 志愿协商合作的基本逻辑为：公民依靠关系和信任形成自组织，并通过自组织成员间的谈判协商自定规则、自主管理，解决合作问题。

志愿协商合作的绩效主要受制于关系成本。尤其是随着自组织规模的扩大，维持成员之间的关系和信任以及协商得出"一致意见"将变得越来越困难，志愿协商合作会逐渐向市场合作或政府合作转变。

自组织在现代社会还缺乏足够的政治力量和经济力量，它很难取代市场交易合作或政府指令合作，在广泛的社会活动中独立发挥作用，而是经常作为一种富有弹性的补充机制黏合在市场交易合作和政府指令合作的网络结构之中。

（四）混合合作

第二次世界大战后，萨缪尔森提出了混合经济，指明没有一种现代经济体制是纯市场体制或纯指令体制，市场和政府对于经济稳

---

① ［美］格兰诺维特：《社会与经济：信任、权力与制度》，罗家德、王水雄译，中信出版社2019年版，第91—95页。

② 罗家德：《自组织——市场与层级之外的第三种治理模式》，《比较管理》2010年第2期，第1—12页。

定发展的作用都是必不可少的。20世纪90年代以来，公共治理论的盛行，使人们超越了市场与政府非此即彼的思维定式，认识到很多经济社会问题的解决，需要广泛调动政府、市场组织、社群及个人的力量，综合利用政府、市场和自组织合作机制，进行多主体、多手段的合作。

在多种合作机制相混合的类型中，新自由主义倾向于以市场为中心的混合合作机制，倡导实行经济自由化、私有化、市场化和全球化，让市场力量深入到广泛的人类活动之中，同时用政府和自组织弥补市场失灵；新凯恩斯主义以及以林毅夫为代表的新结构经济学倾向于突出政府作用的混合合作机制，主张通过"有为政府"和强有力的市场干预，矫正市场失灵，实现充分就业、产业升级和经济稳定；以弗里曼（R. Edward Freeman）等为代表的企业共同治理理论和以罗西瑙（James N. Rosenau）、罗茨（R. A. W. Rhodes）、斯托克（Gerry Stoker）、奥斯特罗姆夫妇、全球治理委员会等为代表的社会治理理论则倾向于多中心的混合合作机制，主张各类利益相关者，通过自愿参与、建立共识、平等对话、民主协商、竞争合作等形式，综合利用多种合作治理机制，采用分级、分层、分段的多中心制度安排，参与企业管理，处理公共事务，共同解决社会问题。

目前绝大多数国家和地区的社会合作机制是政府、市场和自组织机制的有机结合。英、美等自由市场国家偏向以市场为中心的混合合作机制。德国等社会市场经济国家和多数发展中国家强调突出政府作用的混合合作机制，只不过，前者的市场经济更为发达，且政府干预是以市场经济为基础的。多中心的混合合作机制正在从一种理论走向实践，目前还没有在实践中产生较大影响。

四　合作的困境

"一个和尚挑水喝，两个和尚抬水喝，三个和尚没水喝。"合作并非能达成，人类的短视、自私、有限理性、利益冲突、信息不对称、资源匮乏、机会主义行为、制度低效等因素始终制约着合作的达成，现实中不合作或合作得不好的现象比比皆是。合作失败或合作的困境大致可以概括为以下几种。

（一）囚徒困境：两败俱伤

囚徒困境是博弈论最经典最基础的博弈模型，它很好地模拟了个人因选择对自己最有利的行动而导致的不合作结果，集中反映了个人理性（背叛）与集体理性（合作）的冲突。

囚徒困境的场景设计如下：警方逮捕了甲、乙两名嫌疑犯，但没有足够的证据指控二人入罪。于是，警方将两个嫌疑犯分开，并向双方提供以下相同的选择：若一人认罪并作证检控对方（"背叛"对方），而对方保持沉默，此人将即时获释，沉默者将被判监 10 年。若二人都保持沉默（互相"合作"），则二人同样被判监 1 年。若二人互相检举（互相"背叛"），则二人同样被判监 8 年。支付矩阵如图 1—1：

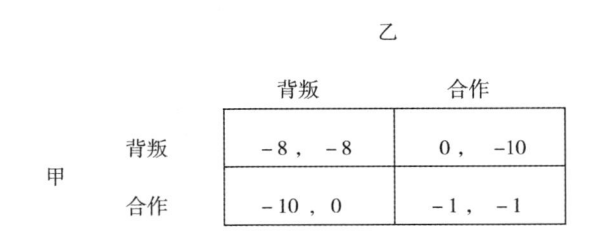

		乙	
		背叛	合作
甲	背叛	-8，-8	0，-10
	合作	-10，0	-1，-1

图 1—1　囚徒困境博弈

假设甲和乙都是理性的追求自身利益最大化的人。显然，在囚徒困境中，背叛对于二人来说都是最优战略，博弈会形成相互背叛的占有策略均衡。结果，双方都背叛，各判 8 年。

现实生活中的很多不合作行为，如军备竞赛、论文数量竞争、企业间的价格战等，都可以用囚徒困境解释。经济学中的一些经典问题，如公地悲剧、负外部性、搭便车、公共物品生产，也属于不同程度的囚徒困境问题。教育领域长期得不到解决的中小学生减负问题，也是囚徒困境的典型案例。

（二）逆向选择：劣胜优汰

英国的托马斯·格雷欣（Thomas Gresham）较早注意到货币市场中的逆向选择现象——劣币驱逐良币现象或格雷欣法则。格雷欣法则指在实行金银双本位制条件下，金银有一定的兑换比率，当金银的市场比价与法定比价不一致时，市场比价比法定比价高的金属货币（良币）将逐渐减少，而市场比价比法定比价低的金属货币（劣币）将逐渐增加，形成良币退藏、劣币充斥的现象。

诺贝尔经济学奖获得者乔治·阿克洛夫在1970年发表的《柠檬市场：质量的不确定性和市场机制》一文中系统论述了逆向选择现象。他发现，在二手车市场，各种质量的车参差不齐。由于信息不对称，卖车的人知道自己出售的车是好车还是坏车，好车卖的价格通常较高，而买方只知道市场上存在一定概率的好车和坏车，并不会出高价。这样，市场上只有坏车可以成交，好车没有办法成交。长此以往，二手车市场供应的旧车的平均质量会随价格的下降而下降，好车有可能被挤出市场。在有不同档次商品的市场中，有可能会出现更糟糕的现象：较差的产品将不太差的产品挤出市场，不太差的产品又将中档产品挤出市场，中档产品又将不太好的产品挤出市场，不太好的产品又将高档产品挤出市场，以此类推，最终不会有任何市场存在。[1]

委托代理理论将逆向选择看作，在契约签订之前由于信息不对

---

[1] ［美］乔治·阿克洛夫：《柠檬市场：质量的不确定性和市场机制》，《经济导刊》2001年第6期，第1—8页。

称所产生的委托人伤害代理人利益的代理问题。① 在现实世界中，信息不仅具有不完全特征，还有不对称特征。由于存在信息不对称，代理人可以通过隐瞒信息而获利，从而鱼目混珠，成为最优代理人。同时，人们也可以通过向对方披露信息而获利，即通过合作减少信息不对称而获利。②

逆向选择主要发生在寻找合作伙伴、建立合作关系的过程中。阿克洛夫指出，逆向选择现象广泛存在于保险市场、少数民族就业市场、信贷市场、不诚实行为等领域，担保制度、品牌建立和执业许可制度可以通过减少信息不对称而减少逆向选择行为。③ 此外，麻省理工学院的男女配对实验也表明，我们选择的合作对象经常不是最优的，而是"次优"甚至"次次优"的。④

教育领域逆向选择的例子很多。在教师招聘中，由于教师质量的信息不对称，很多好学校招到的不是最好的老师，最好的老师往往进不了最好的学校。在学术评价中，由于论文质量的信息不对称，教育评价往往关注数量，最终，那些论文质量一般但数量较多的人得到了大家的认可，那些沉下心来、坐冷板凳、成果少、质量高的人，反而被忽视，甚至淡出了学术界。在考试选拔中，由于学生素质的信息不对称，那些专注于题海战术和学习成绩的学生容易胜出，那些综合能力素质高、发展全面、学习成绩不突出的学生在竞争中多处于劣势。

---

① 委托代理是指一个或多个行为主体通过显明或者隐含契约，指定、雇佣另一些行为主体为其提供服务，与此同时授予后者一定的决策权利，并依据其提供服务的数量和质量支付相应的报酬而形成的特定的行为关系，其中，授权者为委托人，被授权者为代理人。

② 卢现祥主编：《新制度经济学》（第 2 版），武汉大学出版社 2011 年版，第 32 页。

③ ［美］乔治·阿克洛夫：《柠檬市场：质量的不确定性和市场机制》，《经济导刊》2001 年第 6 期，第 1—8 页。

④ 《麻省理工学院告诉你：男女配对的真相》，http://www.sohu.com/a/218616696_219485. 2018-01-24。

(三) 道德风险：损人利己

道德风险（败德行为）是合作关系建立之后，合作者在合作过程中出现的背叛行为，这种背叛行为往往不容易被发现和监督，其表现有偷懒、欺骗、扯皮、"敲竹杠"等。

发生道德风险有五大原因。（1）合作伙伴之间目标不一致或存在利益冲突，这会导致一方因追求自身利益最大化而伤害另一方的利益。（2）由于信息不对称和投入产出不确定性的存在，一方难以判定另一方在合作中是否在尽或者尽了足够的投入和努力。（3）拥有私有信息的合作者可能害怕风险。根据风险分担原理，如果拥有私有信息的一方是风险中性者，另一方就可以把全部风险交给其承担，这样，就可以实现风险和预期收益的统一。（4）拥有私有信息的合作者责任能力有限。如果拥有私有信息的一方可以承担因其道德风险所引发的所有责任，那么他就没有采取机会主义行为的动机。（5）契约不完全。由于人的有限理性、交易成本的存在和资产的专用性，合作方不能完全预见合作契约履行期内可能出现的各种情况，从而无法达成内容完备、设计周详的契约条款，这也会引发道德风险。

合作中的道德风险相当普遍，尤其合作关系属于委托代理关系时更是如此。保险就是典型的委托代理关系。因为任何预防性措施的采取都有代价，同时保险公司承担了保险的全部风险，所以理性的投保人不会在预防措施上投资，这样增加了风险发生的可能，给保险公司带来了损失。更为极端的是个人会促使损失的发生，从而获得保险公司的理赔。由于人力资本具有内在于个人身上并不易测量的属性，涉及人力资本的合作关系，最容易出现道德风险。现代企业治理所讨论的经典主题——股东和经理人的代理问题，就是典型的人力资本合作问题。政府的行政管理和企业的组织管理中存在大量的道德风险，严重的话，还会造成王朝的灭亡、政府的倒台和企业的倒闭。

教育是形成人力资本最为重要的途径，教育的过程和效果非常依赖人力资本投入，所以道德风险也是教育领域最突出的合作困境。教育教学中常见的道德风险包括：一些教师喜欢"混课"，PPT几年不更新，不根据学生的学习进度调整教学内容，上课给学生放放视频，或者让学生讨论一下，把上课时间耗完就行；一些教师将课堂上该讲的知识点放到课外补习班的课堂上；一些教师一旦达到期望的职称和职位，就开始"无欲无求"、消极怠工；一些教师只有在上公开课或者赛课的时候才会发挥自己的真实水平。

（四）搭便车：坐享其成

奥尔森（Mancur Olson）深入分析了合作（奥尔森称之为集体行动）中的搭便车问题。他从理性地追求自身利益最大化的经济人假设出发，推导出：在主要以生产公共产品为目的的集体行动中，人人都想分享集体行动的成果，却不愿意分担集体行动的成本，于是就会产生个人努力减少自己生产公共产品的成本进而让其他人承担的搭便车现象。如果每个人都希望搭便车，集体行动就不会发生。如果集体中搭便车的人数达到一定比例，集体行动的效果就会大打折扣。而且，搭便车困境会随着群体成员数量的增加而加剧。个体越理性，群体规模越大，群体达成有效合作的可能性越小。因此，"除非一个集团中人数很少，或者除非存在强制或其他某些特殊手段以使个人按照他们的共同利益行事，有理性的、寻求自我利益的个人不会采取行动以实现他们共同的或集团的利益"。[①]

博弈论中的智猪博弈集中反映了合作中的搭便车问题。智猪博弈的情景设定如下：猪圈里有两头猪，一头大猪，一头小猪。猪圈的一边有个踏板，每踩一下踏板，在远离踏板的猪圈的另一边的投食口就会落下少量的食物。如果有一只猪去踩踏板，另一只猪就有

---

① ［美］奥尔森：《集体行动的逻辑》，陈郁等译，上海三联书店、上海人民出版社1995年版，第2页。

机会抢先吃到另一边落下的食物。当小猪踩动踏板时，大猪会在小猪跑到食槽之前刚好吃光所有的食物；若是大猪踩动了踏板，则还有机会在小猪吃完落下的食物之前跑到食槽，争吃到另一半残羹余食。

假设，按一下按钮，另一边就会落下 10 个单位的猪食，但每按一下按钮会消耗 2 单位的猪食成本。在大猪选择行动的前提下，小猪选择等待的话，小猪可得到 4 个单位的纯收益，大猪得到 6 个单位收益，付出 2 个单位的成本，实得 4 个单位的纯收益；而小猪和大猪同时行动的话，则它们同时到达食槽，分别得到 1 个单位和 5 个单位的纯收益（付出 4 个单位的成本）；在大猪选择等待的前提下，小猪如果行动的话，大猪能吃到 9 个单位的猪食，小猪只能吃到 1 个单位，则小猪的收入将不抵成本，纯收益为 −1 单位；如果小猪也选择等待的话，那么小猪的收益为零，成本也为零。具体支付矩阵如图 1—2。

	小猪 行动	小猪 等待
大猪 行动	5，1	4，4
大猪 等待	9，−1	0，0

图 1—2 智猪博弈

可以看出，无论大猪是选择行动还是等待，小猪的最佳选择都是等待，即等待是小猪的占优策略。

智猪博弈表明，总是有一部分人由于利益关系不大或存在"搭便车"的空间，而选择不合作，坐享其成。我们经常说的"能者多劳"就是智猪博弈的体现。智猪博弈和正外部性、公共产品有紧密的关系。在现实生活中，能力强、责任大、想做事的人通常是大猪。在中小学校，校长是学校里最大的"大猪"，优秀教师相对于普通教师是"大猪",班主任相对于任课教师是"大猪"。

(五) 最后通牒博弈:宁为玉碎,不为瓦全

最后通牒博弈是一种由两名参与者进行的非零和博弈。在这种博弈中,一名提议者向另一名响应者提出一种分配资源的方案,如果响应者同意这一方案,则按照这种方案进行资源分配;如果不同意,则两人什么都得不到。按照理性人假设,只要提议者将少量资源分配给响应者,响应者就应该同意。因为这要比什么都得不到好。但实验表明,只有当给响应者分配足够资源时,方案才能通过。

通过数百次在不同国家、不同钱数的最后通牒实验的结果表明:通常提议者提议分配给对方的钱数占总钱数的比例少于20%—30%时,会被拒绝。通常的提议者提议在40%—60%之间,并倾向于双方各占50%。拒绝的可能性随着钱数的增加而减少。而且,当分配的绝对数额较大时,即使比例较小,对方也不大可能拒绝。比如说,如果对方从10元中分给我1元,我可能生气地拒绝,但如果是100万元中分给我10万元,即使我不高兴,我也可能接受。[①]

最后通牒实验结果表明,人们经常是依赖其公平观念而不是利益最大化来决定其行为的。很多人认为,最后通牒博弈是经济人假设的反例,代表了一种影响人类行为决策的新的价值或因素。在笔者看来,最后通牒博弈恰恰是自私的表现,被提议者想分得更多,很可能不是为了追求公平,而是为了追求利益最大化,公平或差不多公平是双方利益最大化的均衡结果。

五 合作困境的成因

张维迎教授指出,人类不合作有两个原因,一是无知(知识有

---

① 张维迎:《博弈与社会》,北京大学出版社2013年版,第123页。

限),一是无耻(损人利己),特别是少数人的无耻和多数人的无知结合起来是人类最大的灾难。[①] 本书认为,行为是目标和手段的统一体,出现合作困境主要有两大原因:一个是人们参与合作的动力不足,即参与人不认同或仅在某种程度上认同合作的目标,简单来说就是"不想做";二是合作的方法不对,即参与人采用的手段无法较好地实现合作的好处,简单来说就是"做得不好"。动力和方法相互影响:不想做,自然不会努力寻找正确的合作方法;合作方法不好,会导致参与人无法获利,进而导致他们不想去做。动力是影响合作的源头性因素:没有合作动力,合作则无从谈起;合作动力足够充足,人们多数情况下可以找到相对正确的合作方法。造成合作困境的具体原因如下。

(一) 有限理性

有限理性指人对事物的认识是有限的。西蒙指出,人类的理性——理性就是用评价行为结果的某些价值系统去选择令人满意的备选行为方案——是有限的,人脑不可能考虑一项决策的价值、知识及有关行为的所有方面。[②] 理性的限度表现为四个方面。(1) 知识的不完备性。个人对自己的行动条件的了解从来只能是零碎的,以至于他对从当前状况的了解去推想未来后果的那些规律和法则所知甚微。(2) 困难的预见。人的头脑无法在某一瞬间抓住所有后果的整体,我们对抉择后果的预见经常与实际不相一致。(3) 可能行为的范围。一个人在较短的时间内经常只能考虑到有限的备选方案作为决策的依据。(4) 记忆、习惯、心理环境、直觉、价值观等因素也会干扰人的理性。[③] 1982 年,西蒙受邀在斯坦福大学以"人类活动中的理性"为主题进行演讲时指出,不仅个体受困于认知能力

---

① 张维迎:《社会合作的制度基础》,《读书》2014 年第 1 期,第 61—69 页。
② [美] 赫伯特·西蒙:《管理行为》,杨砾、韩春立、徐立译,北京经济学院出版社 1988 年版,第 74、106 页。
③ 同上书,第 78—93 页。

和知识的有限性，人类社会作为一个整体依然需要面对集体的有限理性。由于组织由个体组成，组织也会产生有限理性，主要表现为：（1）注意力限制，组织在一定时期内往往只能关注有限问题；（2）多重价值观，组织中的个体会秉持不同价值观念；（3）不确定性，组织机构面对的外部环境也难以预测。①

哈耶克认为，人的理性不可能全知全能，而是非常有限的和不完备的。从知识学习和进步的角度看，我们获取的知识经常是错误的。从知识分工的角度看，决策者很难拥有并处理支撑决策的诸多领域的知识。人类社会的多数秩序都不是理性设计的，而是由许多个人的行动所自发产生的无法预期的结果。个人的自觉理性所能成就的事物是有范围的，试图靠控制一切社会的集体主义是一种对理性的自负和滥用，这种"自觉控制"没有理解个人努力的相互作用能够创造出比他们所能认识的更伟大的事情。② 因此，我们要努力创造有利于解放个人创造力的条件，而不是设计更多的机构去"引导"和"管理"个人。③

此外，其他证据也支持人的有限理性：（1）获取和处理信息需要花费成本，人的智力也是一种稀缺资源，一个人不会不计成本地去收集和处理信息或者无节制地浪费其智力资源；（2）人们并不总是追求最优决策，实践中也很能找到一个令人满意的决策，所以人们常常选择符合有限理性的次优决策；（3）人是理性和非理性（如情感）的综合体，情感经常让人丧失理智，做出一些非理性行为；（4）人们面临的是一个复杂的、不确定的、动态变化的世界，因此长期来看，现在阶段的理性认识永远只是有限的理性。

---

① 王烁：《赫伯特·西蒙有限理性概念考察及其启示》，《太原师范学院学报》（社会科学版）2019 年第 1 期，第 76—79 页。
② ［奥］哈耶克：《科学的反革命：理性滥用之研究》，冯克利译，译林出版社 2003 年版，第 260 页。
③ ［奥］哈耶克：《通往奴役的道路》，滕维藻、朱宗风译，商务印书馆 1962 年版，第 227 页。

有限理性会制约合作的达成。其一，制约个体认识到合作的好处。很多能增进双方利益的合作之所以长期无法建立，一个重要的原因在于，合作者受制于有限理性没有意识到合作的好处。比如，闭关锁国是因为统治者只看到了对外开放导致的贸易冲突、边境安全、社会稳定问题，而没有意识到长期闭关锁国会直接制约国家经济社会的发展，以及对外开放会让贸易双方变得更好。小孩子不听家长或老师的教导，很多时候是根本没有真正明白，按照这些教导行事可能给他自己带来多大好处。

其二，制约个体做出正确的决策。有时，即使认识到合作的好处，但受制于人的有限理性，人们难免会短视、冲动、想投机取巧，做出错误的决策。"囚徒困境"就是最好的例子：合作对双方都有好处，但个体为追求私利却做出了损害双方利益的错误决策。在面对利益诱惑时，有限理性的人难免会出现机会主义行为，这种现象在对方采取合作而己方采取背叛的利益更大时比较容易出现。在冲突发生之后，尽管双方都意识到了合作的好处，也会碍于情感、面子，不去主动采取合作策略，甚至会采取对背叛者永不合作的"冷酷策略"。

其三，制约个体找到正确的合作手段。受制于个体有限的知识（有时甚至是整个人类知识的有限性），在意识到存在合作红利并决定合作之后，合作者经常不知道该采用什么样的合作手段来有效获取合作红利，这会造成许多合作的"流产"或失败。在存在有限理性和交易成本不为零的情况下，任何关于合作的契约都是不完全的，这意味着我们很难在短时间内建立一个完美的合作契约。一个不好的结果是，如果合作者在一段时间内尝试采用了错误的合作手段，引发了持续的合作失败，那么合作者将会形成拒绝此类合作的思维定式，进而停止去探索新的有助于促成合作的手段（技术、制度等）。

（二）信息不完全或不对称

信息不完全，指一个竞争经济中的市场参加者对一系列当前和未来的价格状况以及对商品和劳务所在的位置,不具有完整的知识和预见。由于人的有限理性和信息收集需要成本,人不可能获取事物的所有信息。搜寻太多的信息是一项有风险的活动,因为信息的价值不可能在获得它们之前得到评估,所以人们只会在浩瀚的信息海洋中搜集到一小部分信息去帮助我们思考。即使可以获得相对完全的信息,人脑也不可能"加工"太多的信息,太多的信息会让我们无法较快识别出可以帮助我们做出正确决策的有意义信息。从博弈论的角度看,不完全信息是指,在博弈过程中,一方参与者对另一方的偏好、支付函数、战略等方面的信息是不完全的。不完全信息可分为单方信息不完全和双方信息不完全。在单方信息不完全的情况下,参与人 A 对参与人 B 比较了解,但 B 对 A 的信息掌握不够,A 很可能会选择不合作行为进而导致合作破裂,尽管在合作前期 A 会把自己伪装成一个合作型的人。在双方信息不完全的情况下,双方均不了解对方的特征信息,如果博弈次数足够多,没有一方会过早地选择背叛。但是,在最后几次博弈中,双方会选择不再合作。①

信息不对称指一些人知道其他人不知道的信息或合作的一方较另一方有信息优势。阿克洛夫指出,市场上卖方和买方掌握的信息通常是有差异的,卖方通常比买方拥有更多的关于产品的信息。在这种情况下,市场交易的效率将会受到影响,甚至彻底失灵。② 斯蒂格利茨(J. E. Stiglitz)认为,信息不对称在现实生活中普遍存在,分散经济的一个中心特征就是不同的人知道不同的信息。工人比企业更清楚他们自己的能力;保险购买者比保险公司更清楚他自己的健康状况;二手车的卖者比潜在的买者更清楚车的质量;企业主比潜在的投资者更清楚企业的前景;借款者比贷款者更清楚项目的风

---

① 张维迎:《博弈与社会》,北京大学出版社 2013 年版,第 163—170 页。
② [美]乔治·阿克洛夫:《柠檬市场:质量的不确定性和市场机制》,《经济导刊》2001 年第 6 期,第 1—8 页。

险。有些信息不对称是固有的：每个人当然比别人更了解自己。有些信息不对称则来自某种经济进程。比如现任雇主比其他潜在雇主更了解雇员；企业在与供应商打交道时可能获得其他企业所不了解的信息；汽车的所有者很自然地比其他人更加清楚汽车的毛病。①

信息不对称可以从两个角度划分：信息不对称发生的时间和不对称信息的内容。从时间看，不对称可能发生在合作契约签订之前，也可能发生在签约之后。事前（即签约前）信息不对称引发的合作问题称为逆向选择，事后信息不对称引发的合作问题称为道德风险。从信息内容看，不对称信息既可能是人的行动，也可能是人的知识。逆向选择和道德风险分别可以看作隐藏知识和隐藏行动所引发的合作问题。

信息不对称和不完全合同（契约）密切相关。完全合同是指，缔约双方都能预见合同期内可能发生的重要事件，愿意遵守双方所签订的合同条款，当缔约方对合同条款存在争议时，第三方比如法院能够强制其执行。不完全合同正好与其相反。② 建立合同是避免合作中因信息不对称所导致的合作问题的重要原因。但是，由于信息不对称的广泛存在，有时是当事人故意隐藏合作信息，很多合作契约是不完全的或次优的，这会导致合作出现纠纷、低效甚至破裂。

（三）机会主义倾向

机会主义倾向是指，人具有随机应变、投机取巧、有目的地利用信息、为自己谋取更大利益的行为倾向。通俗地讲，机会主义倾向是人们借助于不正当手段谋取自身利益的行为倾向，它背离了严格自律、言而有信。一般来说，机会主义行为倾向在信息不对称、

---

① ［美］斯蒂格利茨：《信息经济学：基本原理》（上），纪沫、陈工文、李飞跃译，中国金融出版社2009年版，第45页。

② 蒋媛媛：《信息经济学、新制度经济学与合同理论的脉络关系研究》，https://max.book118.com/html/2018/0308/156337200.shtm。

小数目谈判、针对专用性资产的交易、监督费用高昂的团队生产等条件下最容易发生。阿尔钦和德姆塞茨指出，在联合的团队生产中，由于存在侦察、检测、监督、衡量和计量费用，每个人都将被诱致享受更多的闲暇（即偷懒），因为他的产出与闲暇之间可实现的（报酬）替代率的休息效应将低于真实的替代率效应，他的可实现的闲暇成本将比真实的闲暇成本下降得更快，因此他将会"购买"更多的闲暇（即更多的非现金报酬）。① 威廉姆森将机会主义行为定义为强烈追求私利的行为——投机问题。② 他指出，投机是人的本能，投机就是损人利己，包括那种典型的损人利己，如撒谎、偷窃和欺骗，但往往还包括其他形式。在多数情况下，投机都是一种机敏的欺骗，既包括主动去骗人，也包括不得已去骗人，还有事前骗人（逆向选择）及事后骗人（道德风险）。③

机会主义倾向和外部性、有限理性、信息不完全与不对称和资产专用性密切相关。从外部性的角度看，机会主义倾向是指在非均衡市场上，人们追求收益内在、成本外化的逃避经济责任的行为。在一定的制度安排下，如果个人的行为不会对他人的利益产生影响（即不存在外部性），那么个人就无法将自己的成本或费用转嫁给他人，机会主义行为也不会发生。如果人是完全理性的，且信息是完

---

① ［美］科斯等：《财产权利与制度变迁：产权学派与新制度学派译文集》，刘守英等译，格致出版社、上海人民出版社2014年版，第48页。个人认为，如果闲暇无聊过长，有些人会用工作或产出代替闲暇。

② 威廉姆森按照追求私利的程度深浅，将追求私利分为程度强烈的投机、强度中等的只求私利（双方能够按照他们法定的财产、资源、专利、技术窍门等所赋予的权力，进行平等的讨价还价，了解交易的各类信息条件，实现自己的利益）和程度较低的服从（在一个集体中，工作人员按照统揽一切的中央计划办事，他们完全同意和服从这种强加于人的宏观目标）。他还指出，行为不确定性的根源就在于投机。如果人们在追求私利时能充分坦诚相见，或者假定所有的下级都能自以为非并且服从上级，这种不确定性也就不复存在了。

③ ［美］威廉姆森：《资本主义经济制度》，段毅才、王伟译，商务印书馆2002年版，第71—73页。

全的、对称的，资产不是专用性资产，[①] 合作双方就可能选择获取合作红利及其实现路径的所有信息并做出正确策略，建立完全合同来保证合作的顺利进行，进而实现亚当·斯密所描述的"看不见的手"对社会福利的增进。正是因为理性是有限的，又存在投机思想，而资产又具有专用性，我们才迫切需要建立组织，"把各种交易组织起来，才能经济合理地利用有限的理性，同时又能保护人们免受投机行为之苦"[②]。

（四）资源匮乏

人类行为的普遍目的是获取可供自己生存和发展的资源。资源是可以满足生命体生存和发展的一切手段的统称，既包括阳光、空气、水、矿藏等自然资源，也包括技术、信息、人力资本、社会关系等社会资源。相对于人类生存和发展的欲望而言，人类可供使用的资源是稀缺的。资源和生产配置得好，经济发展水平和人类生活水平才越高，人类也越幸福。单个人的力量是有限的，在缓解人的欲望的无限性与资源的有限性矛盾的过程中，人类逐渐形成的分工合作极大地扩展了人类生产和利用资源的能力。

资源的多寡影响着人类的行为。资源是理解生命的起源与发展的钥匙，人类的产生和发展始终围绕着石器、农作物、土地、青铜、铁器、煤、石油、电力、河流、海洋等资源的开发、利用和争夺。资源也是理解人类分工与合作的重要线索，氏族、军队、教会、政府、企业、学校等各类组织都是人类分工与合作的结果，而资源便

[①] 资产专用性指在不牺牲生产价值的条件下，资产可重新用于不同用途和不同使用者使用的程度。资产的专用越强，机会主义程度会越高，交易成本也会越大。因为，专用性资产一旦投入使用，就很难改作他用，如果要改作他用肯定会造成较大的经济损失。当合作一方一旦意识到对方进行了专用性资产投资，就有可能以此为由，产生"套牢""敲竹杠"等机会主义行为。

[②] [美] 威廉姆森：《资本主义经济制度》，段毅才、王伟译，商务印书馆2002年版，第50—51页。

是维持这些组织得以建立、生产和发展的重要因素。可以说，生命体和各类组织可获得和利用的资源越多，它们的生命力也越旺盛。由此观之，资源是影响和制约一个生命体及组织行为的重要因素，也是解释和理解人类及其组织行为的关键。

合作是为了分享资源，个体拥有的资源越多，拥有的合作者和合作机会也越多。相反，在个体拥有的资源比较有限的情况下，没有多少人愿意与之合作，而且有限的资源也无法支持过多的合作者。富人之所以能受到穷人的尊敬，是因为富人比穷人掌握了更多的资源。统治者或政治家可以号令天下，是因为他们能运用手中的权力获取丰厚的资源。组织内部的员工之所以要服从领导的命令，也是因为领导可以决定他从组织中得到多少工资、福利、晋升等资源及获取资源的机会。我们将一个人的恩情铭记在心，甚至不惜以死相报，也多是因为这个人曾在你最需要资源的时候帮助过你。"穷在闹市无人问，富在深山有远亲；不信且看杯中酒，杯杯先敬有钱人"，反映的也是资源对合作的影响。

（五）利益冲突

合作过程蕴含着大量的利益冲突，这些冲突既包括参与人之间的利益冲突，也包括个体利益与集体利益的冲突。正是因为这些利益冲突的广泛存在，合作才会陷入困境。如果大家利益完全一致，每个人增进自己的利益都会增加他人的利益，每个人增进他人的利益也会增进自己的利益，那么合作很容易就能实现。

利益相关者理论较为全面地刻画了合作群体之间的利益冲突。弗里曼（R. Edward Freeman）把利益相关者定义为：任何能够影响组织目标实现或受这种实现影响的团体或个人。[1] 弗里曼依据所有权、社会利益和经济依赖性三个维度将企业的利益相关者分为三类：

---

[1] Freeman, Edward R., *Strategic Management: A stakeholder Approach*, Boston: Pitman, 1984.

第一类包含董事、管理者和另外的投资者等，他们持有公司的股权，拥有企业资产的所有权；第二类包含媒体、政府的各级管理机构和特殊团体，他们和公司有着不同社会利益的关系；最后一类包含的群体较多，有员工、管理机构、公司的管理者、竞争对手、客户、债权人和供应商等，他们和企业在经济上互相依赖，紧密相关。[1] 企业利益相关者通常有各自的利益诉求和目标：股东的目标是公司价值最大化或利润最大化，管理者的目标是提升职位、权力和待遇，员工的目标是增加薪酬、接受培训、公平对待和工作稳定，供应商的目标是希望企业友好合作、按时付款，消费者的目标是享受质量高、低价格的产品和服务，政府的目标是增加税收、促进经济发展和维护国家安全，地方公众的目标是就业和环保。不仅企业的利益相关者之间目标经常不一致，而且利益相关者的目标有时和企业的使命也不相一致，这是很多企业发生内部冲突或效率损耗的重要原因。

李维安、王世权总结了大学的利益相关者及其利益诉求（见表1—1），并认为，不同利益相关者利益取向的差异性，使得他们对大学治理有着不同的要求。因此，利益相关者会基于自身效用最大化，在治理制度设计中施加各种影响，以使制度安排有利于自身。[2]

表1—1　　大学利益相关者的利益诉求及利益的实现方式

利益相关者	主要利益诉求	利益实现方式	利益相关者	主要利益诉求	利益实现方式
政府	社会教育水平提高 政治诉求的表达 人才的培养 科技创新	法律保障 政策动向 立法限制	校友	校友资源 母校支持	校友会写作 对母校捐赠

---

[1] Freeman, Edward R. *Stakeholder Management: Framework and Philosophy*, Boston: Pitman, 1984.
[2] 李维安、王世权：《大学治理》，机械工业出版社2013年版，第28—30页。

续表

利益相关者	主要利益诉求	利益实现方式	利益相关者	主要利益诉求	利益实现方式
教师	工资福利的提高 学术观点的表达 学术声誉的提升 职称晋升	罢工、辞职 沟通协调 法律法规	债权人	债权安全 与学校关系融洽	沟通协调 法律法规
行政人员	工资福利的提高 职位晋升 控制权的扩大	优先求偿 法律法规	其他大学	校际合作 校际交流	沟通协调 校际联盟
学生/家长	良好的就业前景 好的学习环境 雄厚的师资力量	法律法规 沟通协调 学生组织	捐赠者	与大学的良好互动 捐赠物的合理使用	法律监督 舆论监督 沟通协调
用人单位	高质毕业生 产学研合作	社会舆论 用人反馈 法律法规	社区	拉动消费 社区形象提升	沟通协调 社会舆论 法律法规
利益集团（包括宗教及其他社会组织）	各利益集团创立的主旨	代表这个团体的力量	科研经费提供者或学术机构	高水平科研成果 经费合理支出	合同要求 法律法规 资助额度 社会监督

利益集团（分利集团）和社会利益的冲突可能会伤害国民经济的健康发展。利益集团是指一批希望采取集体行动来增加自身收入份额的个人所形成的团体。根据奥尔森关于集体行动困境的分析，一些小的利益集团比较容易达成一致意见，影响组织发展和国家统治。在奥尔森看来，利益集团既可以通过促进整个社会生产率的提高来改善本利益集团的福利，也可以通过尽可能地为其成员争得社会生产总额中的更大份额来改善本集团的福利，但利益集团一般选择后者。集体中有搭便车的个人，也有搭便车的群体。利益集团可以通过寻租影响经济政策的制定，改变收入再分配的方案，从而增加利益集团自己的收入。当利益集团的寻租活动发展到一定程度的时候，国家经济运行的决策效率就会下降。当多个利益集团串通共

谋、取得制定经济政策的支配性地位时，国家的政策便成为这些利益集团坐地分赃的工具，国民经济的健康发展将深受其害。当利益集团之间的冲突上升到一定程度，还会激发暴力革命。为什么受害人一般会任由利益集团"鱼肉"呢？是因为搭便车行为的存在。当国家、社会蒙受损失时，群体、个人的利益也受损。不过，如果将某一项政策带来的损失分摊到个人身上，其数目就微不足道。这时候，个人的搭便车行为是理性的选择。[①]

利益冲突是产生代理问题的重要原因。委托代理问题的产生主要有两大原因：一是委托人与代理人的目标（函数）不一致；二是由于信息的不对称以及信息的获得、对代理人行为的监督是要花费成本的。在公司中，作为委托人的股东追求公司价值最大化，作为代理人的经理人追求个人效用最大化（货币收益和控制权收益之和最大化）。在外在的激励机制和约束机制（包括监督约束和竞争约束）不完善的情况下，经理人会为追求自身利益损害股东利益，出现所谓的内部人控制问题。内部人控制问题主要表现为过分的在职消费、信息披露不规范、决策行为短期化、旨在扩大经营者控制权的过度的无效投资以及侵蚀股东资产的行为。

（六）合作存在成本

人类的几种合作方式都会耗费成本，市场交易合作要耗费交易成本，权威指令合作要耗费管理成本，志愿协商合作要耗费关系成本。而且，这三种方式相互之间存在替代关系，还同时面临生产成本的约束。从个体角度看，参与人预期到进行合作的成本大于收益，他会选择不合作。从集体的角度看，过大的合作成本会降低组织合作或社会合作的效率。

交易成本（交易费用）的思想最早来源于科斯。科斯指出，利

[①] 卢现祥：《新制度经济学》（第2版），武汉大学出版社2011年版，第133—136页。

用价格机制进行交易是存在成本的，通过价格机制组织生产活动的最明显的成本就是发现相关价格的成本。[1] 科斯在其《社会成本问题》一文中进一步认为，交易成本是为了执行一项市场交易，有必要发现要和谁交易、告诉人们自己愿意交易以及交易条件是什么，要进行谈判、讨价还价、拟定契约、实施监督以保证契约的条款得以履行等所耗费的费用。[2] 威廉姆森将交易成本分为合同签订之前的交易成本和签订合同之后的交易成本。前者指草拟合同、就合同内容进行谈判以及确保合同得以履行等所付出的成本。后者包括：交易行为偏离合作方向引起的不适应成本；交易双方想矫正事后不合作现象需要的讨价还价成本；为解决合作纠纷而建立治理结构（往往不是法庭）并保持其运转的启动及运转成本；为确保合同中各种承诺得以兑现所付出的保证成本。[3] 交易成本的成因可归结为交易要素的特性（如资产专用性、交易的不确定性和交易频率）和人的因素（人的有限理性和人的机会主义倾向）。

市场交易合作的绩效受制于交易成本。交易成本类似于物理学中的"摩擦力"，现实世界中的交易成本总是大于零的。较高的交易成本会导致交易合作困难甚至无利可图，降低交易的效率乃至阻碍交易的达成。比如，相对于陌生人，我们更倾向于和熟人合作，就是因为和熟人合作的交易成本较低。人们喜欢和做事果断的人合作，是因为同做事犹豫、反复的人合作的交易成本太高。"莱索托实验"充分证明了交易成本对经济绩效的影响。1983年，经济学家莱索托（Lesotho）把他的学生分成两组，分别去美国佛罗里达州的坦帕和秘鲁的利马开办服装厂。结果显示，在尽量避免行贿或不利用政治关

---

[1] ［美］威廉姆森、温特编：《企业的性质：起源、演变和发展》，邢源源、姚海鑫译，商务印书馆2007年版，第25页。
[2] ［美］科斯等：《财产权利与制度变迁：产权学派与新制度学派译文集》，刘守英等译，格致出版社、上海人民出版社2014年版，第15页。
[3] ［美］威廉姆森：《资本主义经济制度》，段毅才、王伟译，商务印书馆2002年版，第33—35页。

系的情况下，在利马要花 289 天才能完成依法建立这个工厂的程序，而在坦帕只需要 2 个小时就能获得开办一个小型企业的许可。利马的交易成本远远高于坦帕，这可以在很大程度上解释秘鲁经济发展为何远远落后于美国。反过来，降低交易成本可以提高交易合作绩效。比如，电子商务作为一项技术进步降低了交易成本，让人们可以不用出门就能择优而购，大大提高了人们交易合作的频率和范围。

　　管理成本是组织内部运用权威指令配置资源或实现目标所耗费的成本。科斯认为，由于市场的运行存在交易成本，需要建立组织，让某些权威人士（如企业家）支配其资源，如此便可节约若干市场成本。在企业内，市场交易被取消，组合在企业内的各种生产要素，不必签订一系列的买卖合约，原来用于签订和执行这些市场合约的费用因此被节约了。[①] 据此，科斯指出，企业是市场机制的代替物，是用一种一体化力量（企业家）代替另一种一体化力量，当通过企业组织生产活动的管理成本小于通过价格机制"组织"生产活动的成本时，企业就产生了。但是，随着企业规模的扩大，企业的管理成本将递增。首先，随着企业规模的扩大，企业家功能收益便会递减，在企业内用于组织额外交易的费用会增加；其次，随着组织交易的增加，企业家越来越无法充分利用生产要素；再次，在低于市场交易成本和另一家企业的管理成本的条件下继续增加交易将变得非常困难；最后，由于小企业的"其他优势"多于大企业，会导致某些生产要素的供给价格提高，提高大企业的管理成本。因此，直至企业内部组织一笔额外交易的成本，等同于在公开市场中进行此项交易的成本，或在另一企业中组织此交易的成本为止，企业将一直扩大规模。[②]

　　权威指令合作的绩效受制于管理成本。政府促进社会合作和组

---

　　① ［美］威廉姆森、温特编：《企业的性质：起源、演变和发展》，邢源源、姚海鑫译，商务印书馆 2007 年版，第 25—27 页。

　　② 同上书，第 28—29 页。

织内部合作所面临的信息收集成本、决策成本、组织成本、协调成本、激励监督成本等管理成本越大，政府和组织越力不从心，权威指令合作的绩效越低。计划经济之所以没能像市场经济那样在全世界范围内取得成功，就是因为由政府来集中管理个人、组织和社会的经济活动的成本太高，而市场经济让分散的市场主体自主管理和相互管理，大大减少了社会合作的协调成本。众所周知的"大企业病"——机构臃肿、人浮于事、信息阻隔、效率低下，实际上反映了企业规模扩大所带来的管理成本的上升。企业规模的扩大，势必带来管理层级与幅度的扩大和利益冲突的增加，导致管理的决策、沟通、组织、反馈面临巨额的成本，让企业出现"尾大不掉"的问题。这也是许多企业因盲目扩大规模而倒闭或者大企业被中小企业打败的重要原因。

关系成本是志愿协商合作中为维持关系和信任所要耗费的成本。关系成本某种程度上可以看作人与人之间进行合作的交易成本在自组织领域的延伸，只不过，交易成本多是利己的、出于经济目的的市场交易成本，关系成本则是掺杂了更多的利他和非经济目的的非市场非权威的交易成本。熟人间的礼尚往来实际上就是一种关系成本。长期的礼尚往来会加强人与人之间的交流和互惠，加深人与人之间的关系和信任，让大家更好地合作。相反，如果一个人拒绝同熟人圈子里的其他人礼尚往来，就会淡化他人的关系和信任，他和他人合作的成本会很高。在农村的熟人社会，大家在长期的交往中，形成了较好的关系和信任，人与人之间的合作很容易达成。所以，在农村，人们可以到处串门，轻松地借用别人的东西，相互之间比较忍让，办大事时会有一大帮人来帮忙。与之相对，在城市的陌生人社会中，关系成本较高，邻里之间的合作互助很少，还容易为一点小事发生纠纷。

较低的关系成本是双方基于特定关系长期投入的结果，降低关系成本需要双方长期的投入——如主动交往、加深联系、增进关系、增加信任、互惠合作等。有些拉近关系的投入可以大大降低合作的成本，维持合作的长期稳定。例如，"桃园三结义"和"三顾茅庐"直接缔造了蜀国核心统治团体内部的长期友好合作。唐僧西天取经，靠的就是把人与妖怪的关系"点化"成师徒关系。权倾朝野的大官们，喜欢将有才的学子网罗为自己的门生，也是为了减少关系成本，建立更加坚实紧密的合作关系。

宽容对关系成本的影响极其重要。在关系密切的小团体中，人与人之间的交往非常频繁，很容易出现误会或偶尔的背叛。假使一方对另一方的背叛采取永不合作的"冷酷策略"，可能造成长期的友好信任关系发生破裂，对这段关系的长期投入也覆水难收。但是，现实中往往存在这样一个两难困境：人们往往对关系好的人的合作期望高、背叛行为的容忍度低，对关系不好的人的合作期望低、背叛行为的容忍度高。所以，在一段良好的关系中，必定有一方是相对宽容的。据此来看，"幸福的婚姻就是相互妥协"是有道理的。

关系成本与权威指令合作的管理成本和市场交易合作的交易成本之间存在替代关系。当维持合作的关系成本较小时——较低的关系成本经常存在于亲情、朋友等熟人关系之间——人们会选择放弃市场交易和权威指令，选择以志愿协商的方式进行合作。当人与人之间的关系相对陌生或者熟人关系出现信任危机时，人与人合作的关系成本比较高，人们倾向于选择市场交易合作或权威指令合作。以借东西为例，在关系成本较小的熟人社会，借东西很容易，且几乎不需要任何凭据和直接回报；而在关系成本较高的陌生人社会，借东西没那么容易（有时可能仅仅是多数人没有向陌生人借东西的心理倾向），即使是一些只用一次的小东西，人们也宁愿去市场上购买。如果出现纠纷，关系成本较小的熟人社会倾向于容忍或找圈子内的人调节，关系成本较大的陌生人社会则倾向于诉诸组织权威（组织管理者）或政府权威（法律）。而且，一个人假如在熟人社会中采用市场交易合作或权威指令合作，很可能会引起其他人的不适和反感！

（七）制度低效

制度是一系列规范人的行为模式和相互关系的规则，主要由非正式制度、正式制度和实施机制构成。非正式制度是人们在长期的社会生活中逐步形成的习惯习俗、伦理道德、文化传统、价值观念、意识形态等对人们行为产生非正式约束的规则。非正式制度对人类行为的约束非常重要，"即使在最发达的经济体系中，正式规则也只是决定行为选择的总约束中的一小部分（尽管是非常重要的部分）"[1]。正式制度是人们有意识建立起来的并以正式方式加以确定的各种制度，包括政治规则、经济规则和契约，以及由这一系列规则构成的一种等级机构，从宪法到成文法和不成文法，再到特殊的细则，最后到个别契约等。一个制度，不管是正式的还是非正式的，要想发挥作用必须依靠可行的实施机制。离开了实施机制，任何制度尤其是正式制度就形同虚设。制度的实施总是由第三方进行的。对于国家这个制度，第三方是政府；对于一个宗法制度，第三方是宗族的长辈。

产权制度是制度集合中最基本、最重要的制度。经济学意义上的产权，不是指人与物之间的关系，而是指由物的存在及关于它们的使用所引起的人们之间相互认可的行为关系。产权的核心是人们之间的权责利关系，它界定了人们如何受益或受损，建立了所有权、激励和经济行为的内在联系。明晰、合理的产权可以减少不确定性，引导人们将外部性较大地内在化，为人们的行为提供某种激励和约束。从形式看，产权包括私有产权和共有产权。单从效率来看，排他性的私有产权在很多情况下能比共有产权以较少的资源消耗获得较高的回报。让居民拥有私有产权是一国经济发展的基础。第三世界的发展中国家无法从全世界争相模仿的资本主义制

---

[1] ［美］诺斯：《制度、制度变迁与经济绩效》，刘守英译，生活·读书·新知三联书店1994年版，第49页。

度获益的巨大障碍，在于他们没有建立起把资产转换为资本的排他性产权及机制。① 综合来看，一个社会的产权结构的选择要受到经济功能、政治偏好、社会群体、技术创新等多方面因素的影响。

合作问题是制度产生的根源，制度是人们通过多次博弈建立起来的促进合作的一系列规则。在没有政府的情况下，每个人都需要一面进行生产劳动，一面建立防御保卫自己的劳动果实免于侵犯和掠夺。为了保护家庭及小团体的劳动果实，他们会建立甚至雇佣许多小规模的武装来进行防御。很明显，合作建立一个强有力的私有财产保障系统的费用小于任何私人防御的全部个人费用的总和。出于合作的需要，一个稳定的关于财产界定和分配的制度才得以建立。同样，在"囚徒困境"博弈中，如果博弈的次数足够多，人们完全可以演化出激励合作者并惩罚背叛者的制度，促使双方走向合作。很多制度，大到《联合国宪章》、系列国际环境保护公约、《不扩散核武器条约》、《婚姻法》等法律条约，小到与人为善、团结互助、讲信用、公交车上让座等行为习惯，都是为了促进人类合作而制定的。

制度对理解合作问题具有极其重要的意义。诺斯认为，制度对实现人类合作无疑是十分必要的。新古典经济学假定，基于利益最大化的有效竞争可以促使人们相互合作，这忽视了产权、交易成本和制度。现实世界的合作是在交易成本为正的情况下基于特定的制度框架而展开的，因而现实世界的合作经常偏离新古典经济学的理想假定。博弈论强调了合作问题，并揭示了为改变支付给参与人的报偿所采取的具体策略。但在一个相对明晰的、准确的和简化的博弈论世界，与人类发生相互关系的复杂的、不准确的和摸索性方式之间，还有巨大差异。尽管博弈论表明了在各种关系下合作与背叛所获得的收益，但它却没有提供一个作为交易成本基础的理论，也没有分析这些成本在不同制度结构下是如何改

---

① ［秘］索托：《资本的秘密》，于海生译，华夏出版社2012年版，第5页。

变的。①

好的制度可以促进合作，为人们在广泛的社会分工中的合作提供一个基本的框架。好的制度可以减少不确定性，分担风险，为人们提供进行合作的稳定预期。建立排他性的产权制度，可以使外部效应内在化，让个人根据自己的成本收益合理选择合作行为。好的制度可以弥补人的有限理性，抑制人的机会主义行为，为人们的合作提供关于彼此偏好和可能行为的"共同知识"，降低合作的交易成本。好的制度可以鼓励合作行为，约束背叛行为。好的制度可以让背叛者合作，不好的制度会让合作者背叛。好的制度能在长期的演化中教人向善，坏的制度有可能扭曲人性，把好人变成坏人。

现实中的许多制度往往是不好的或低效的，对合作的达成起着制约作用。建立一个有效的制度非常不容易。我们借"分粥"的小故事来说明。有7个人组成的小团体，他们每个人都是平等的，但同时又是自私自利的。他们想设计一项制度来解决每天的吃饭问题——要在没有计量工具且没有刻度的容器的情况下分食一锅粥。大家集思广益，想出了很多制度。制度1：指定一个人负责分粥。绝对的权力导致绝对的腐败，总是主持分粥的人碗里的粥最多；制度2：找一个人监督分粥者。没过多久，两人走向了共谋，他们两个人分的粥最多；制度3：大家轮流主持分粥。结果，每人自己分粥那天吃得过饱，其他人分粥时则饥饿难耐；制度4：民主推选一个品德高尚的人分粥。不久之后，这个人出现了腐化；制度5：民主选举一个分粥委员会和监督委员会。制度效率太低，等分粥完毕，粥早就凉了；制度6：每人对分粥有一票否决权。这样有了公平，但恐怕谁也喝不上粥。制度7：每人轮流分粥，但分粥那个人要最后一个领粥。在这一制度下，每个人碗里的粥几乎一样多。毫无疑问，现实中的制度所要解决的问题往往要比分粥复杂得多，找到一个令所有人满

---

① [美]诺斯：《制度、制度变迁与经济绩效》，刘守英译，生活·读书·新知三联书店1994年版，第21—22页。

意且高效的制度促进人们合作的困难不言而喻。尤其是，一个社会的某项制度存在于特定的制度体系之内，这项制度可能在促进某些合作时是高效的，但在促进另一些合作时是低效的。诺斯甚至指出，"制度不一定或很少是为了社会有效而创造的，相反，它们是为了考虑制定新规则的谈判力量而创造的，至少正式规则如此"[①]。

许多非正式制度的差异也会极大地制约合作的达成。冷战期间，受意识形态影响，多数人将资本主义及其国家和社会主义及其国家对立起来，导致全球局势紧张，两大阵营的人民无法通过市场交易和交流沟通进行大范围的合作共赢。宗教之间的信仰差异，在历史上曾经引发过数次大规模的战争，至今仍是中东地区冲突、印巴冲突的重要诱因。西方文化强调个人的独立自由、鼓励个体努力追求自身的利益。儒家文化则强调人与人、人与天之间的关系，倡导君子重义轻利。所以，西方人经常不理解和中国人合作为什么要先吃饭、喝茶，中国人则反感西方人有违中庸之道的强烈竞争意识。中国人接到别人的礼物，为了显示自己不是个贪财之人，习惯于把礼物悄悄放在一旁，等客人离开后再拆开包装。西方人则希望你当着他的面打开礼物，并对他的礼物赞美一番。同样，各种非正式制度差异所引发的合作冲突在一个国家的不同区域之间也广泛存在，这在领土广阔的多民族国家中更为明显。

制度变迁或制度创新过程中的"时滞"和"路径依赖"是导致低效制度长期存在原因。时滞指制度创新滞后于潜在利润的出现，时滞有认识与知识时滞、发明时滞、菜单选择时滞和启动时滞四种类型。路径依赖类似于物理学中的"惯性"，制度变迁一旦进入某一路径，就可能形成对这种路径的依赖。恶性的路径依赖会使社会陷入低效制度安排，长期"锁定"在某种低效率的制度安排中。

---

① ［美］诺斯：《制度、制度变迁与经济绩效》，刘守英译，生活·读书·新知三联书店1994年版，第21页。

（八）颤抖手

"颤抖手"是博弈论专家泽尔腾（Reinhard Selten）提出的对纳什均衡的改进。泽尔腾认为，在任何一个博弈中，由于人类行为的复杂性及其包含的非理性因素，每个局中人都有一定的犯错误的可能性。这类似一个人用手抓东西时，手一颤抖，他就抓不住他想抓的东西。或者说，我们生活中的很多行为其实不是有意为之，而是不小心或不受控制的意外行为，这些意外行为可能是"上帝"的手不小心颤抖了一下造成的。纳什均衡是静态的，没有考虑局中人按纳什均衡点进行策略选择时可能发生的错误，而且假定局中人没有单方面改变策略的意愿。这样，一旦出现"颤抖"，局中人可能因意识不到对方的错误是无意的而背离合作。因此，一个"策略对"是一个"颤抖手"精炼均衡时，它必须具有如下性质：各局中人要采用的策略，不仅在其他局中人不犯错误时是最优的，而且在其他局中人偶尔犯错误（概率很小，但大于 0）时还是最优的。[①] 这意味着，现实中很多对纳什均衡的偏离实际上是由随机因素导致的；演化博弈中的一些稳定均衡可能是随机形成的（往往取决于博弈双方"察言观色"的一念之差），并不是来自博弈双方的理性计算。

阿克塞尔罗德将"颤抖手"称为"噪音"——表现为实施一个选择中的随机错误。阿氏指出，真实世界里交互行动的一项重要特征就是选择的实施难免会发生错误。因为对方不大可能确信地知道一个行为是无意的错误还是故意的选择，一个无意的错误有可能引发严重的后果。[②] 如果一方不确定另一方的背叛行为是无意的还是故意的，他会在战略决策时出现犹豫，最终，风险爱好者可能倾向于合作，风险回避者可能趋向于背叛。一旦一方将另一方出现的随机

---

① Selten, R., "A Re-Examination of the perfectness concept for equilibrium points in extensive games", *International Journal of Game Theory*, 1975, 1: 25–55.

② [美] 阿克塞尔罗德：《合作的复杂性：基于参与者竞争与合作的模型》，梁捷等译，上海人民出版社 2016 年版，第 34—35 页。

错误视为故意背叛，那么他极有可能进行报复，从而造成合作关系的破裂。如果合作双方均采用"一报还一报"策略（即第一回合采取"合作"策略，以后每一回合都重复对手上一回合的策略），短期的合作破裂将会演变为长期的不合作。

六 走出合作困境的策略

走出合作困境有两大思路：一是激发人们的合作动力，让人们想去合作；二是找到合适的合作方法，让人们正确地合作。走出合作困境的具体策略如下。

（一）将一次博弈转为重复博弈

经典的囚徒困境模型是静态的一次性博弈，它假定每个人只考虑眼前利益。现实社会中，既有一次性的短期博弈，也有多次性的重复博弈。重复博弈有三个特点：前一段博弈的结果不改变后一个阶段博弈的结构；参与人都能观察到博弈的历史；每个参与人得到的最终报酬是各个阶段博弈支付的贴现值之和。当博弈属于重复博弈时，理性的人希望获得长期利益，合作对每个理性人来说可能是最好的选择。重复博弈可以分为有限次重复博弈和无限次重复博弈。无限次重复博弈，没有结束的时候，长期利益永远存在，所以参与人倾向于选择长期合作。有限次重复博弈，会在特定的时间（或次数）结束，参与人很可能在博弈的前期选择合作，在博弈的最后几个回合选择背叛。领导干部退休前的贪腐、夫妻准备离婚时的针锋相对、"人之将死其言也善"等现象，都是有限次重复博弈在结束阶段的背叛行为。

重复博弈之所以能导致合作，是因为它可以改变博弈参与人的战略空间。① 在一次性囚徒困境中，参与人只有两种选择（合作还是不合作）。每个参与人的选择没有办法建立在对方如何行动的基础上。在重复博弈中，由于参与人过去的行动历史可以被观察到，每个参与人就可以把自己当前的选择建立在其他参与人行动历史的基础上。比如，参与人可以针对对方过去的背叛选择永不合作战略，也可以选择这次合作、下次不合作、再下次合作的交替合作战略，还可以选择你合作我也合作、你背叛我也背叛的"以牙还牙"战略。战略空间的扩大，使得合作有可能作为均衡结果出现。

人类社会存在很多将一次博弈转化成重复博弈的成功案例。宗教某种程度上就是将一次博弈转化成无限次博弈从而促进了人们之间的合作。人的生命只有一次，从这个角度看，一个人的一生属于一次性博弈。既然是一次性博弈，很多人会选择做一个坏人，或者做一些坏事，因为做坏人坏事通常对自己最有利，却不一定会得到应有的惩罚。佛教宣扬的"轮回"和"因果报应"可以将人生的一次性博弈转化为重复博弈，并让人相信：活着的时候作了恶，死后要受到惩罚，下辈子乃至几世轮回都要受苦赎罪；善有善报，恶有恶报，不是不报，时候未到。所谓一日为师终身为父，也是将师生之间的有限博弈转化为父子（女）之间的重复博弈。有些老师在毕业的时候会对学生说：希望以后大家做朋友，这也是想把师生间的有限博弈转化为朋友间的无限博弈。人们喜欢买品牌产品，是因为品牌企业和顾客之间不是一次性博弈，不敢弄虚作假。此外，朋友结拜为兄弟、爱情上升为婚姻、古代皇家的联姻、建立战略合作联盟、陌生人见面互留联系方式等，都是人类将一次博弈转化为重复博弈的智慧体现。

（二）形成正确的理念

形成正确的理念（认识）可以从三个方面促进合作：第一，发

---

① 张维迎：《博弈与社会》，北京大学出版社2013年版，第129页。

现合作红利,让人意识到合作对个人和对集体的好处;第二,找到正确的获取合作红利的方法,避免因操作不当出现付出了成本却无法获取相应合作红利的现象;第三,改善人的有限理性,减少信息不对称,让人看得更远更全面,利用更多的信息和更加科学的理论与方法,做出更加有效、正确的选择。

形成正确的理念要加强知识探索。很多时候,我们不是认识不到问题和错误,而是找不到解决问题的办法或者不知道什么是正确的。尽管人类文明发展至今已经积累了大量关于合作的方法,这些知识仍然远远无法支撑人类日益广泛和复杂的合作。随着劳动分工和知识分工的深入,人们之间的依存关系越来越紧密,各个系统、行业、职业、工作内容之间的差异和隔阂日益扩大,人们的知识也出现了分科化、分散化、碎片化趋势,这进一步加深了人类知识的有限性和人类合作的复杂性之间的矛盾。因此,必须重视科学研究,加强知识探索,鼓励知识创新,促进知识的整合,去粗取精、去伪存真,形成更多、更加体系化的关于客观世界和人类社会的知识,帮助我们更好地合作。

形成正确的理念要促进科学知识的传播和信息传递。很多时候,我们不是没有得出正确的认识,而是我们中的多数人不了解这些认识是正确的,以致那些正确的行动迟迟无法大范围实施。因此,我们需要让更多的人接受教育,向更多的人普及正确的知识。这无疑是一项艰巨且充满挑战的工程。因为,要改变一个人固有的认识是非常困难的,它需要投入大量的资源,耗费很长的时间,还要应对周围尤其是网络上充斥着的许多错误知识的干扰。在很多博弈中,信息是不对称的,甚至有些信息不对称是故意隐瞒的结果,这就需要披露信息,让信息在社会中有效传递。

形成正确的理念要努力消除思维偏见。人所接触的信息和环境是有限的。在有限的区域环境中形成的知识和思维方式在特定的区域是适用的,超出这个区域可能就不适用了。或者说,不同地区的人的认识和思维方式之间存在差异,这让我们很难形成合作预期并采取一致的合作行动。因此，形成正确的理念，千万不能故步自封或固执己见，而要采取开放包容的态度，主动去同对方交流，增进理解，探索双方满意的合作方式。

（三）积累资源

想得到别人的合作，要努力积累更多的资源和资本。没有资源，意味着别人无法从同你的合作中获得足够利益，意味着你没有足够的实力去和别人一起实现合作红利。因为，很多合作红利的实现需要大量的前期投入，且存在风险。

通过积累资源促进合作，一方面要努力拼搏，自力更生，艰苦创业，积累原始资本；另一方面要投其所好，努力提供对方需要的产品和服务，筹集对方需要的资源。此外，还要保护个人的私有资源，促进资源配置的公平和有效。

人力资本是最容易积累的可以影响合作的最为重要的资源。人力资本是凝结在人身上的知识、技能、能力和素质，它有依附性、长期性和收益递增等特性。在知识经济时代，一个人只要肯努力，并找到合适的方法，就可以在不需要别人的直接帮助下迅速积累自己的人力资本。人力资本如果运用得当，可以作为最重要的合作筹码。历史上的智者如姜子牙、诸葛亮、韩信等，现代的职业经理人，都是依靠自己的人力资本，并借助别人的资源，成就了自己的功绩。

促进合作还要重视社会资源和隐性资源的积累。良好的社会关系，能让个人借力用力，筹集到更多的资源，获得更多的合作机会。社会资本，如社会网络、信任、关系、态度、信仰、价值观，是一种镶嵌在社会结构中并且可以通过有目的的行动来获得或流动的资源，能够通过合作提高社会效率。此外，一些隐性资源，如品行、名声、思维方式，也在人与人的合作中起着重要作用。

（四）制度创新

制度创新是促进合作的关键。制度形塑人的行为，创新制度安排可以改变激励规则，约束人的行为，让人们更好地合作。制度创新对合作的促进主要表现为以下几点。(1) 弥补人的有限理性。市场制度通过分散决策和自由竞争可以让个人在有限知识的情况下做出有利于整个社会合作的决策。知识产权保护制度，可以激励人们去探索新的知识，找到合作的方法。(2) 减少信息不对称。品牌制度减少了企业与顾客之间的信息不对称。文凭制度减少了雇主和雇员之间的信息不对称。声誉制度披露了个人的道德品质。国家监管制度和信息公开制度减少了组织及其产品同其利益相关者之间的信息不对称。(3) 约束人的机会主义行为倾向。一系列关于惩罚的规则都是为了约束人的机会主义行为。建立监督机制和激励相容机制可以减少人的机会主义行为。制度创新可以教人向善，抑制人的机会主义行为倾向。(4) 弥补资源不足。建立排他性产权可以让穷人获得基本的资本。股份制是为了让公司筹集到更多的资源。发行国债是为了让国家筹集到更多的资源。合伙制、贷款、创投、众筹都是为了筹集资源。税收、最低工资法、以分择校则是为了缩小穷人和富人之间的资源差距。(5) 缓解利益冲突。多边国际公约为解决国际争端提供了制度保障。诉讼、仲裁、调解为人们提供了缓解利益冲突的方式。(6) 降低合作成本。有效的制度能使交易双方获得使其行为有序化的信息，降低市场中的不确定性、抑制个人的机会主义行为倾向，从而降低交易成本。清晰合理的分工合作制度可以降低组织的管理成本。具有相互监督和关系强化特征的制度可以降低团体间的关系成本。(7) 提高制度绩效。制度创新可以改变制度的激励效应，减少制度变迁的时滞和路径依赖，提高制度对合作的促进作用。(8) 防止噪音干扰。定期协商制度可以将人们的失误行为传递给对方并寻求对方的谅解。

制度创新的动力来源主要有思想习惯变革、观念引导、竞争、技术创新、相对价格变动、文化信念、社会精英、学习等。凡勃仑 (Thorstein B Veblen) 认为，在经济与社会变迁的背后，是人们思想习惯的演变，制度既是思想习惯发展之结果，又随思想习惯的改变而演化。人有追求成就的本能、亲善的本能和求知的本能，这些本能会改变人的思想习惯，引起思想习惯的扩散以及制度的形成与移植，产生制度创新。哈耶克指出，人的行为既具有遵循某种行为规则的特征，又受着他自己所持有观念的引导。在行为规则和个人观念发生冲突的情况下，观念将引导人们去改造同其观念不符的行为规则，制度创新就可能出现。依据不同人的观念所衍生出来的制度经过群体竞争得以优胜劣汰。那些能够支持分工、交易和合作不断扩展的行为规则最终将胜出，成为社会普遍遵循的一般制度。诺斯认为，当新的技术产生等因素带来生产要素的相对价格变动引起经济中出现新的潜在获利机会时，行动者会在现有制度系统的某个边际上进行调整与创新，以获取潜在利益。格雷夫（Avner Greif）指出，在面临新的共同问题时，理性的文化信念——社会内部每个人预期他人在不同情况下如何行为所形成的共同预期，会协调每个社会成员的最优策略，并在此基础上发展出相应的制度安排。此外，社会精英可以通过多种方式创新制度安排，并通过自己的一系列活动影响统治者和社会大众，让新的制度安排在社会内部建立起来并维持下去。① 诺斯认为，制度创新的动力取决于两个因素，即学习和竞争。"一个组织中的成员可获得的各种知识、技能和学习机制，将反映内含于制度制约中的支付报酬——激励形式，对制度变迁具有深远的意义。"② 制度创新的速度是学习速度的函数，但制度创新的方向却取决于获取不同知识的预期回报率。

（五）技术创新

技术创新是推动合作发展的重要力量。取火、打造兵器、设置陷阱的技术的出现，增加了人类集体狩猎的需要。技术越多、越复

---

① 罗必良主编：《新制度经济学》，山西经济出版社2005年版，第179—207页。
② ［美］诺斯：《制度、制度变迁与经济绩效》，刘守英译，生活·读书·新知三联书店1994年版，第101页。

杂，越需要分工合作。当技术进步带来生产剩余之后，人类就开始建立原始的部落、氏族和国家来保护个人财产和共同财产。第一次工业革命之后，以蒸汽机为代表的动力技术的改进，让人制造出了火车、轮船等交通工具，初步建立起各大洲的合作关系。第二次工业革命以来，电力、石油、钢铁等技术的发现，尤其是互联网的兴起，逐渐把全球各个角落的人民都内嵌到了广泛的社会分工合作网络之中。

技术可以从多方面促进合作。（1）改善人的有限理性。百度和知网可以帮助我们解决生活中绝大多数问题。计算机运算和大数据分析能让我们迅速收集海量的信息并对之进行有效的筛选、分析，做出合理的决策。（2）减少信息不对称。强大的互联网能帮我们迅速搜索到对方的相关信息。（3）约束人的机会主义行为。有了验钞机和纸币防伪技术之后，再想用假币骗人几乎不可能成功。发明了收银机之后，老板再也不用担心收银员会将赚的钱揣进自己的腰包。监控技术、考勤技术、指纹技术、测量评价技术已经在减少道德风险方面发挥了重要作用。（4）降低合作成本。电子商务和在线支付降低了合作的交易成本。组织管理系统和 QQ 群、微信群降低了组织合作的管理成本。电话、短信、消息、朋友圈、在线视频、在线红包加强了人们之间的交流信任，降低了团队内的关系成本。

技术创新如何实现？熊彼特（Joseph Alois Schumpeter）认为，技术创新就是要建立一种新的生产函数，把一种从来没有的关于生产要素和生产条件的新组合引进生产体系中去，以实现对生产要素或生产条件的新组合。技术创新有五种情况：引进新产品或一种产品的新特性；采用新技术或新的生产方法；开辟新市场；征服或控制原材料或半成品的新的供给来源；实现企业的新组织。[①] 经济领域的技术创新主要通过企业家（不包括各个厂商的所有领导者、经理

[①] ［美］熊彼特：《经济发展理论：创新是资本积累、个人致富之源》，孔伟艳等编译，北京出版社 2008 年版，第 38 页。

或工业家，只包括实际经营已经建立的企业的人们）实现，最大限度地获取潜在利益是企业家创新的最终目的。

技术创新和制度创新是相辅相成的。技术创新会形成在现有制度安排下无法实现的新的潜在利益，促使人们创新当前的制度。制度创新会改变人的观念，激发人的创新精神，激励个人探索技术创新。库兹涅茨（Simon Smith Kuznets）指出，经济增长的核心在于技术的进步、制度的变革和观念的更新。制度变革和技术进步紧密联系在一起。制度的变革是因为技术的发明和运用引起的，它反过来又促进了技术的发明和运用。技术进步和制度变革的共同作用是创新时期经济增长的核心。蒸汽机于 18 世纪末的发明，19 世纪的应用，影响了许多国家经济增长的结构和经济增长的效率，在技术发明领域相继出现的电力、内燃机和核能也同样如此；在社会方面出现的现代公司、中央银行、证券交易所和现代贸易联盟等制度创新具有与蒸汽机的发明和使用相同的作用。[①]

（六）采取合适的合作策略

在合作中，"一报还一报"是最容易让参与人在激烈的进化博弈中得以生存的策略。阿克塞尔罗德进行的三次"囚徒困境重复博弈计算机奥林匹克竞赛"结果均显示，"一报还一报"策略（也称"以牙还牙"策略）是重复博弈中表现最优秀的策略。"一报还一报"策略非常简单：第一回合采取合作，然后每一回合都重复对手上一回合的策略。

"一报还一报"策略成功的原因是它综合了善良性、报复性、宽容性和清晰性。它的善良性（首先采取合作且永远不先背叛）防止它陷入不必要的麻烦，它的报复性（对方合作自己也合作、对方背叛自己也背叛）使对方试着背叛一次后就不敢再背叛或者使对方合

[①] 何正斌：《经济学 300 年》（第 3 版·下），湖南科学技术出版社 2009 年版，第 72—74 页。

作之后还希望再合作，它的宽容性（在对方背叛之后采取合作时自己依然选择继续合作）有助于重新恢复合作，它的清晰性（战略简单易懂）使它容易被对方理解，从而引出长期的合作。① 此外，"一报还一报"策略还有一个特征是不嫉妒。所谓不嫉妒，就是当别人"赚"的和你一样多时，你仍然很高兴，而且乐于进一步合作。所以，"一报还一报"策略从来没有在任何一场博弈中比对手获得更高的支付，它倾向于与对手分享高回报。因此，在持续的重复囚徒困境博弈中，最好的策略的特征是：不要嫉妒；不要首先背叛；对合作与背叛都要给以回报；不要要小聪明。②

在现实世界中，最好的合作策略是稍微宽容且带有悔悟的"一报还一报"策略。假如合作双方均采用"一报还一报"策略，一旦一方出现背叛，就会因报复形成持续的背叛，陷入囚徒困境，给双方带来长期损失。现实中，难免会出现"颤抖手"或"噪音"，如果两个"一报还一报"策略碰到一起，其中一方偶尔犯了一次错误，那么，无意中的错误所引发的相互惩罚，就会无穷无尽，从而再也不可能重新建立并维持一个相互合作的模式。因此，最好的办法是采取稍微宽容且带有悔悟的"一报还一报"策略。稍微宽容意味着，当对方出现背叛时，己方不是用背叛惩罚对方，而是允许一定比例的背叛，用较高的概率去惩罚对方，如一报还十分之九报或十分之八报。较低的惩罚概率，很可能会纵容对方的背叛行为。悔悟意味着，如果自己无意之中选择了背叛，并引来对手的背叛，那么自己就不要再背叛下去了。这可以使整个博弈迅速从某一方的错误中摆脱出来。悔悟的一个前提条件是，如果自己无意的背叛遭到对方的报复，那么自己不能被激怒。③

---

① [美]阿克塞尔罗德：《合作的进化》，吴坚忠译，上海人民出版社 2016 年版，第 36 页。

② 同上书，第 77 页。

③ [美]阿克塞尔罗德：《合作的复杂性：基于参与者竞争与合作的模型》，梁捷等译，上海人民出版社 2016 年版，第 14 页。

（七）倡导利他精神

人类的很多不合作行为都是由利己之心甚至是损人利己的机会主义行为导致的，减少因过分追求个体利益所导致的个体理性与集体理性的冲突，有必要倡导利他精神，用利他来弥补自私对合作的伤害。

倡导利他精神要借助信仰的力量。宗教经常引导人利他，而且这种基于信仰的利他是自愿的、不求回报的。马克斯·韦伯（Max Weber）在《新教伦理和资本主义精神》中指出，在新教伦理基础上形成的资本主义精神是推动资本主义经济繁荣的内在驱动力。除敬业、务实、平等、守信、禁欲等之外，利他精神也是新教伦理和资本主义精神的重要组成部分。新教伦理教导人们，拼命工作换取财富，不是为了个人的享受，而是为了用于扩大投资或公益事业，通过扩大投资造福社会、造福更多的人，通过慈善公益事业救济穷人。当然，信仰不是宗教特有的东西。信仰可以理解为一种自觉的不容置疑的价值观。在社会中树立利他的价值观（如社会主义核心价值观）也是在塑造利他的信仰。

教育要重视培养人的利他精神。利他精神植根于中国的传统文化和中国人的日常生活之中，无论是中国传统的教育还是当前中国的教育都非常重视培养人的利他精神，这是中国人民互助合作和社会团结稳定的重要力量。然而，随着市场经济的发展以及以人的自私为基础的观念体系和制度体系的积累扩散，社会中的利他精神一定程度上被削弱了。在激烈的教育竞争和功利化的教育导向之下，教育在培养人的利他精神方面出现了危机。钱理群教授指出，"我们的一些大学，包括北京大学，正在培养一些'精致的利己主义者'，他们高智商，世俗，老到，善于表演，懂得配合，更善于利用体制达到自己的目的。这种人一旦掌握权力，比一般的贪官污吏危害更大。"因此，如何通过教育培养人的利他精神成为一项亟须解决的课题。

需要警惕的是，利他精神不是要排斥利己，过度的利他可能会伤害社会的发展。利己是人性最重要的特征，也是市场经济和人类社会合作得以运行的基础。利他和利己是相辅相成的，用利他来否定利己是历史的倒退。利他主要有两个作用：一是减少人的机会主义行为，让人不去损人利己；二是化解个人理性和集体理性的冲突，让少数人的自私不至于造成多数人的受损。当然，过度的利他是不理智的，它会纵容损人利己者，促使内部效应外部化，伤害总体的合作结果。

（八）阴阳循环

人类的合作与背叛是不断循环演化的。当一个群体内全是合作者时，有可能出现少数背叛者，因为在全是合作者的群体里，少数人的背叛可以获得较大的个体利益，却不会给群体利益带来较大损失。随着背叛者的增加，多数背叛者追求个体利益的结果，会降低大家的合作收益，造成集体利益的重大损失甚至危及群体的生存和发展，此时，一些人会自动调整到合作的策略，合作者有可能增加。所以，过多的背叛也会导致合作。合作与背叛的自然转换在生活中大量存在。企业在竞争时，一方开始打价格战，可能很快激发另一方也打价格战，经过一段时间的价格战后，双方两败俱伤，自然会商议停止价格战寻求可以增进双方利益的合作方式。朋友、夫妻、国家之间的"冷战"也是如此：起初双方是合作关系，后来因为一方的错误或者是利益冲突等原因，背叛出现并增加，等到两败俱伤后，双方又开始寻求合作。不少小说、电视剧、电影、历史事件的发展也体现了这一逻辑。

合作与背叛在群体中轮番演化类似于中国古代的阴阳思想：阴（背叛）阳（合作）一体；阴中有阳，阳中有阴；阴盛阳衰，阳盛阴衰；阴极转阳，阳极转阴。所谓天下合久必分、分久必合，也是这个道理。从阴阳的角度看，背叛和合作是必然的、变化的，合作包含着背叛，背叛包含着合作，我们无须追求十全十美的合作，也不必对偶然和少数的背叛忧心忡忡，在背叛与合作的变化中努力寻求二者的"中间"（中间不是绝对的中心点，而是不断变化的处于背叛与合作两极之间的平衡状态）之道，也许才是促进人类合作的大智慧！

七　合作的分析框架

根据上文分析，本书构建了一个合作的分析框架（见图1—3），合作的主要目的是获取合作红利。合作的困境集中表现为个体理性和集体理性的冲突。出现合作困境有两大原因：合作动力不足和合作方法不好，其中动力是源头性因素。合作总体面临两类现实约束：一类是人性约束，主要包括人的有限理性、自私和机会主义行为倾向；一类是资源约束，主要包括信息不完全或不对称、资源的匮乏和合作成本（资源的耗费）。人性约束几乎很难改变，但可以加以引导利用。资源约束可以减缓，但不能完全解决。人性约束和资源约束是导致合作动力不足和合作方法不好的深层原因。

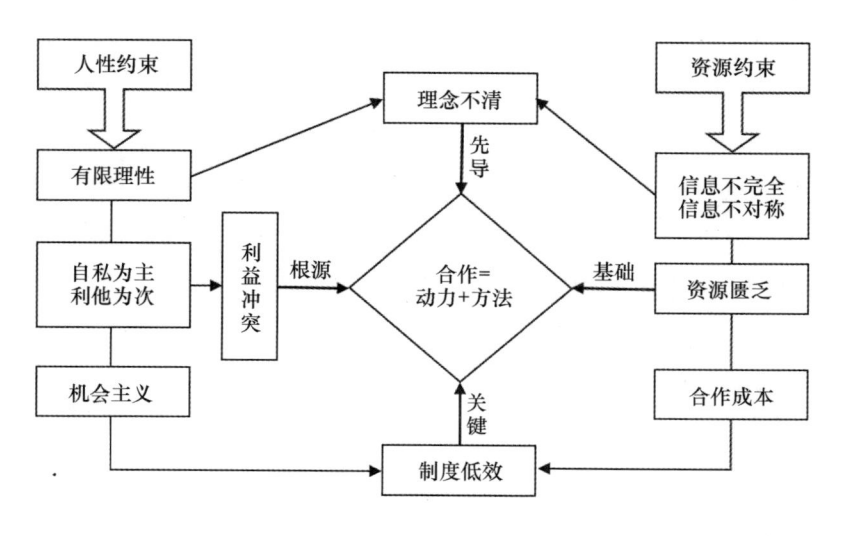

图1—3　合作的分析框架

理念不清、利益冲突、资源匮乏和制度低效共同制约着合作的达成。理念不清会导致人们发现不了合作红利或者找不到正确获取红利的合作方法。理念不清的主要原因是人的有限理性和信息的不完全或不对称。利益冲突会导致合作低效或者出现个人理性与集体理性相冲突的囚徒困境。利益冲突源自人的自私。每个人都有追求自己利益或幸福的权利,利益冲突是正常的、普遍的。资源匮乏会导致个体找不到合作的对象或者支付不起获取合作红利的成本。资源匮乏源于资源的稀缺性(相对于人的欲望的无限性来说资源永远是稀缺的),个体努力程度和资源配置方式对个体的资源存量具有重要影响。制度低效会直接造成合作的低效或制约合作的达成。制度低效是由人性约束和资源约束共同导致的,制度创新可以引导人性约束并缓解资源约束。

在影响和促进合作的因素中,理念是先导,利益是根源,资源是基础,制度是关键,四者相互影响、共为一体。理念不清,人们根本意识不到合作的好处,也找不到合作的方法。因此,促进合作首先要解放思想,厘清理念,明确合作的目标和手段。利益冲突包括个体之间的利益冲突以及个体利益和集体利益的冲突,利益冲突是合作失败的根源。因此,合作的达成首先要让合作者可以从中获利并协调好合作者之间的利益冲突。资源是合作的基础,没有资源,再好的合作愿望也无法实现。促进合作,首先要让合作者拥有可供合作的资源。制度是关键,制度可以改变制约合作的各项因素,激励人们共同合作。理念、利益、资源和制度相互影响、相互作用,四者共同影响着合作的达成及其绩效。

第 二 章

研究设计与资料收集

根据合作的分析框架、预调研和文献综述，本章提出了解释应用型高校产教融合动力问题的研究假设。为验证假设，对研究假设进行了概念化、维度化和指标化，并根据指标的特征确定了收集资料和分析资料的方法。收集资料的主要方法为访谈法、问卷调查法和文献法，分析资料的主要方法为文本分析、制度分析和统计分析。通过研究设计实施，收集到了相应的研究资料，对之进行了梳理。

一 研究假设及其操作化

（一）研究假设构建

1. 研究假设的构建依据（猜想性观点）

从导论的问题提出和文献综述可知，目前还没有找到应用型高校产教融合动力不足的原因和解决措施。基于合作分析框架和预调研（预调研信息见本章的访谈实施部分），本研究构建了有待验证的可以证明和解释应用型高校产教融合动力不足问题的猜想性观点。

（1）应用型高校产教融合动力不够充足

根据合作的分析框架，应用型高校产教融合举步维艰或华而不实的源头性因素在于利益相关主体深化产教融合的合作动力不足。

因为合作动力不足，所以产教融合迟迟无法付诸实践或者找到正确的融合方法，深化产教融合举步维艰。因为应用型高校内部主体的产教融合动力不足，为应付政府和社会的监督评价，产教融合自然会出现华而不实的现象。

预调研结果显示，应用型高校的产教融合推进缓慢，许多地方政府、行业、企业、应用型高校的学校管理人员和教师均没有足够的动力深化产教融合，以致许多应用型高校的产教融合迟迟无法推进。其中，行业企业和教师的动力问题最为显著，主要表现为校企合作中的"剃头挑子一头热"现象和教师在产教融合中的抵制和不作为现象。

（2）教育理念的困惑是造成应用型高校产教融合动力不足的先导因素

根据合作的分析框架，教育理念（即产教融合的理念）的困惑是造成应用型高校产教融合动力不足的先导因素。由于有限理性和信息的不完全或不对称，人们短时期内还没有充分发现产教融合的合作红利并找到正确的深化产教融合的方法体系，以致人们无法有效地获取产教融合红利，这在很大程度上制约了产教融合主体的合作动力。如果教育理念不够清晰、合理，必然造成应用型高校产教融合的主体缺乏合作动力，出现"逆向选择"和"道德风险"等合作困境，以及由于"观望"所导致的行动迟缓和不作为。

预调研显示，应用型高校产教融合在教育理念方面存在诸多困惑，极大地制约了应用型高校产教融合的推进和实施。应用型高校深化产教融合面临一系列教育理念方面的困惑和冲突，比如，建设应用型高校的合理性，培养应用型人才还是应用型技术技能型人才，应用型高校和"双师双能型"教师的评价标准，实践课程及其课时的比例，等等。同时，国内学者对部分地方普通本科高校向应用型转变并深化产教融合的主张不一，不少学者甚至持怀疑和反对态度。应用型高校的学校管理人员、教师和学生对应用型高校深化产教融合也困惑重重。教育理念方面的冲突和困惑，造成不少应用型高校产教融合的主体无所适从，或者持观望和应付的态度，产教融合迟迟不能深入。

（3）应用型高校产教融合的利益激励不够或分配不合理是造成应用型高校产教融合动力不足的根源

根据合作的分析框架，追求私利是应用型高校产教融合主体深化产教融合的根本动因。人是趋利避害的，个人或组织总是倾向于选择预期收益大于预期成本的行为或策略。一项行为的预期剩余或净收益越小，个人选择此项行为的动力越弱。同时，人有追求公平的天性，如果合作中各方利益分配差距过大，合作中获利较少的一方很可能选择不合作行为，最终造成合作红利流失。所以，能否为产教融合主体提供足够的利益激励并协调好他们之间的利益分配关系，直接从源头上决定着应用型高校产教融合动力。

预调研发现，利益激励不足是应用型高校产教融合动力不足的根源。应用型高校深化产教融合，增加了政府官员、应用型高校的学校管理人员和教师的工作量与工作难度，进而增加了他们的预期成本。与此相反，应用型高校深化产教融合并没有提高他们的工资和福利。而且，近年来，随着政府管理和学校财务管理制度日趋严格，他们的工资福利反而出现了下降。利益的减少，不仅降低了教师工作的积极性，也制约了应用型高校产教融合动力。

（4）应用型高校资源匮乏是应用型高校产教融合动力不足的重要原因

根据合作的分析框架，应用型高校的资源多寡对应用型高校产教融合动力具有重要影响。一方面，资源的匮乏，将导致应用型高校失去培养应用型人才、开展应用研究、服务地方经济社会发展的能力和保障；另一方面，资源的匮乏，会让行业企业失去同应用型高校合作的动力，因为行业企业深化产教融合的首要目的是从应用型高校获取可供自己发展的资源。

预调研发现，应用型高校在经费、师资、生源、声誉、政府支持等资源占有上处于劣势，很难吸引行业企业的合作，产教融合举步维艰。相反,"985"大学和"211"大学,在经费、师资、生源、声誉等资源占有上优势明显,比较容易和大型行业企业建立合作关系。

(5) 制度不完善是应用型高校产教融合动力不足的关键原因

根据合作的分析框架,制度低效是应用型高校产教融合动力不足的关键原因。制度低效,造成产教融合的利益获取受限,交易成本和管理成本较高,激励约束机制不健全,降低了产教融合主体的合作动力。增强应用型高校产教融合动力的关键在于制度创新。

预调研发现,应用型高校深化产教融合面临诸多制度方面的制约。比如,应用型高校的人事制度僵化,裁减学科专业造成很多教师无法妥善安置,引进的行业企业师资的工程师职称同高等学校的教师职称对接困难。应用型高校"重科研轻教学",科研制度没有突出直接服务地方经济社会发展的应用研究。应用型高校产教融合主体间的长效合作机制不健全,政府在推动应用型高校深化产教融合中存在"越位"或"缺位"现象。

2. 研究假设

为证明或证伪上述阐明或解释应用型高校产教融合动力不足的猜想性观点,本研究提出 5 个研究假设:

假设 1:应用型高校产教融合动力不足

假设 2:应用型高校产教融合主体的教育理念对其产教融合动力影响显著

假设 3:应用型高校产教融合主体的利益获得对其产教融合动力影响显著

假设 4:应用型高校产教融合主体的资源对其产教融合动力影响显著

假设 5:应用型高校产教融合的制度对应用型高校产教融合动力影响显著

（二）研究假设的变量说明

为准确测量和验证研究假设，必须对研究假设所涉及的变量进行概念界定、维度划分和指标设定。研究假设变量及其指标是选择研究方法、编制调查问卷与访谈提纲的重要依据。

1. 自变量

自变量 a：应用型高校产教融合主体的教育理念

概念界定：本研究的教育理念主要指高等教育理念，指人们关于高等教育的基本观点、价值取向和固有信念，包括"形而上"和"形而下"的教育理念（见图2—1）。

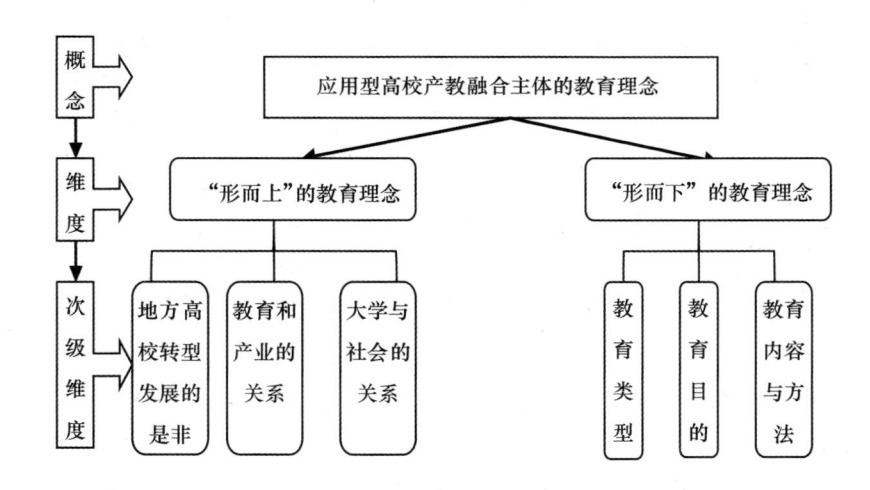

图2—1 应用型高校产教融合主体的教育理念的概念维度化

操作化说明：以上概念维度的测量指标主要反映在所有调查问卷的第三部分，访谈提纲（高校管理人员部分）第1题和第7题，访谈提纲（高校教师部分）第1—3题，访谈提纲（学生部分）第3题，访谈提纲（企业职员部分）第1题。

自变量 b：应用型高校产教融合主体的利益

由于考量应用型高校产教融合主体的利益获得必须以应用型高

校产教融合主体的利益需求为基础,本研究将自变量 b 衍生为 b_1 和 b_2 两个变量,b_1 指应用型高校产教融合主体的利益需求,b_2 指应用型高校产教融合主体的利益获得。

自变量 b_1:应用型高校产教融合主体的利益需求

概念界定:利益需求主要指应用型高校产教融合的内外部主体想通过产教融合获得的预期结果,包括自然需求、精神需求和社会需求(见图2—2)。

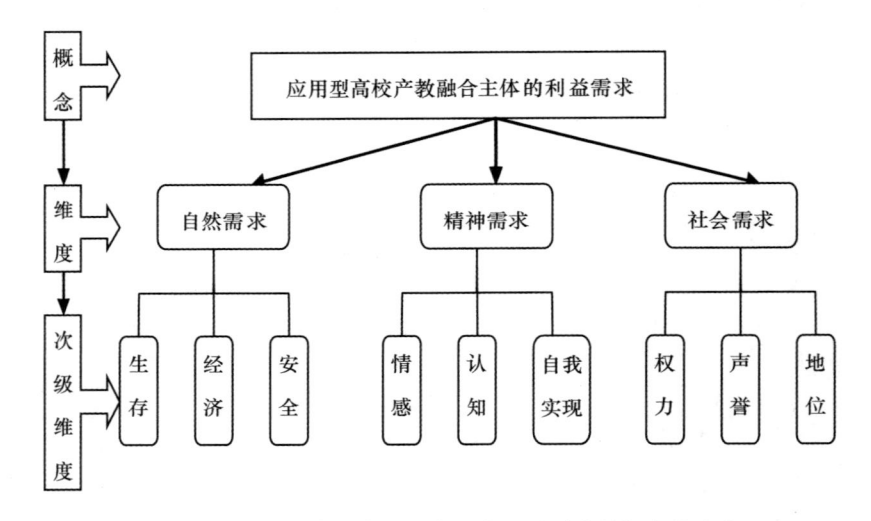

图2—2 应用型高校产教融合主体利益需求的概念维度化

操作化说明:以上概念维度的测量指标主要反映在所有调查问卷的第一部分,访谈提纲(学生部分)第1题,访谈提纲(教师部分)第2题,访谈提纲(企业管理人员部分)第2题。

自变量 b_2:应用型高校产教融合主体的利益获得

概念界定:应用型高校产教融合主体的利益获得是指应用型高校产教融合的内外部主体的利益需求的实现情况,即利益的成本收益差(见图2—3)。

操作化说明:以上概念维度的测量指标主要反映在所有调查问

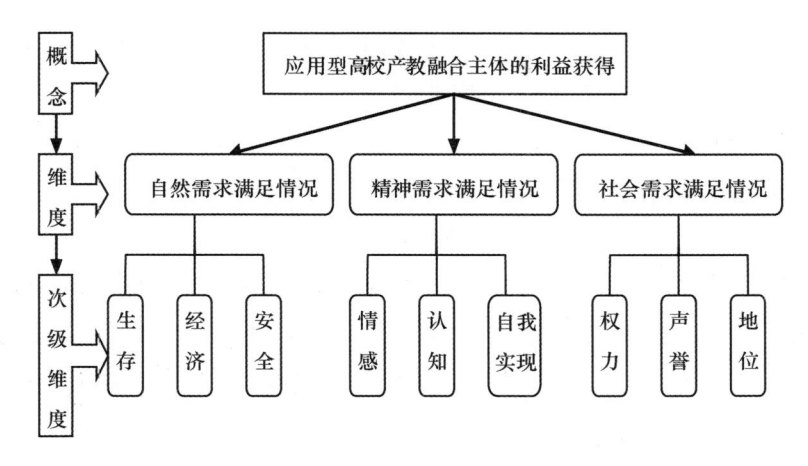

图 2—3　应用型高校产教融合主体的利益获得的概念维度化

卷的第二部分，访谈提纲（学校管理人员部分）第 10 题，访谈提纲（教师部分）第 7 题，访谈提纲（学生部分）第 6 题，访谈提纲（企业管理人员部分）第 4 题，访谈提纲（企业职员部分）第 2 题。

自变量 c：应用型高校产教融合主体的资源

概念界定：应用型高校产教融合主体的资源指应用型高校产教融合内外部主体拥有的人、财、物等各类资源（见图 2—4）。

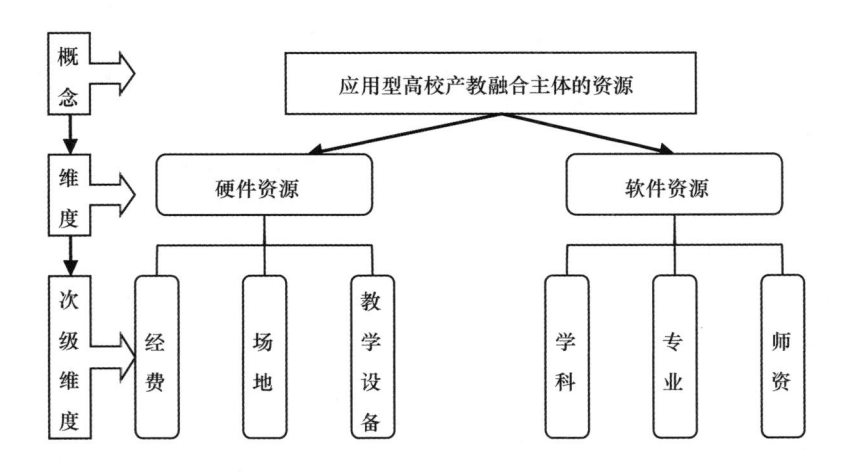

图 2—4　应用型高校产教融合主体的资源的概念维度化

操作化说明：以上概念维度的测量指标主要反映在所有调查问卷的第四部分，访谈提纲（高校管理人员部分）第6题，访谈提纲（高校教师部分）第7题，访谈提纲（企业管理人员部分）的第3题，访谈提纲（企业职员部分）第4题。

自变量 d：应用型高校产教融合的制度

概念界定：应用型高校产教融合的制度指应用型高校产教融合活动中的规则，具体包括法律、规章、合约等正式制度，文化传统、风俗习惯、价值观、意识形态等非正式制度，以及正式制度和非正式制度的实施机制（见图2—5）。

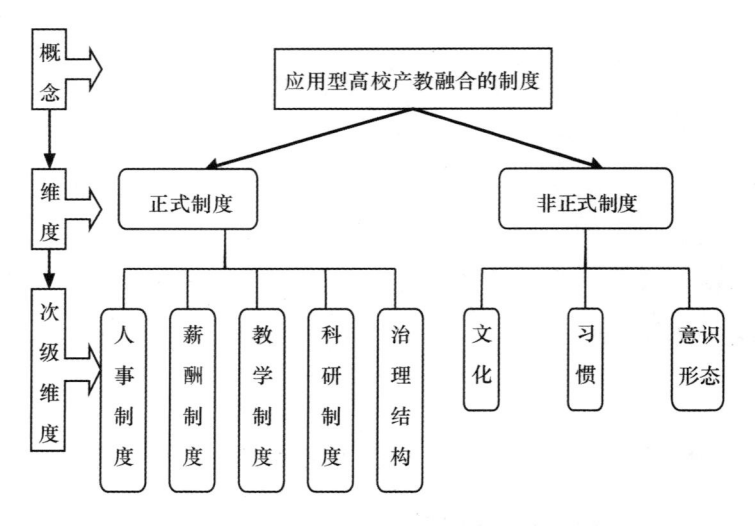

图2—5　应用型高校产教融合的制度的概念维度化

操作化说明：以上概念维度的测量指标主要反映在文献法的文献收集部分，访谈提纲（学校管理人员部分）第8题和第9题，访谈提纲（教师部分）第8题。

2. 因变量：应用型高校产教融合动力

概念界定：应用型高校产教融合动力指应用型高校产教融合的内外部主体对深化产教融合的态度、积极性和投入水平等（见

图2—6）。

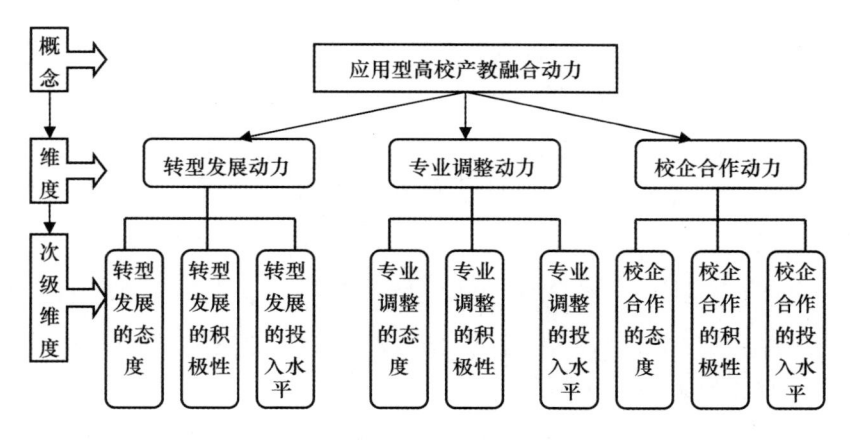

图2—6　应用型高校产教融合的动力的概念维度化

操作化说明：以上概念维度的测量指标主要反映在所有调查问卷的第五部分，访谈提纲（学校管理人员部分）第1题和第10题，访谈提纲（教师部分）第7题，访谈提纲（学生部分）第6题，访谈提纲（企业管理人员部分）第2题，访谈提纲（企业职员部分）第2题。

（三）研究方法

1. 问卷调查法

问卷调查的目的在于探明各主体深化产教融合的动力充足程度，并验证5个研究假设。结合研究假设的变量说明，编制调查问卷（调查问卷详见附件1）。问卷分为学校管理者问卷、教师问卷和学生问卷。计划从全国选取10所应用型高校，采用分层随机抽样发放问卷2000份。问卷回收后，用SPSS 19.0软件统计分析应用型高校产教融合主体的动力情况，以及教育理念、利益获得、资源、制度对应用型高校产教融合主体的动力的影响。

2. 访谈法

访谈的目的在于探究各主体深化产教融合的动力以及理念、利益、资源和制度对应用型高校产教融合动力的影响。结合研究假设的变量说明，编制访谈提纲（访谈提纲详见附件2）。计划重点选取4所应用型高校，对其学校管理人员（主要是教务处、人事处、发展规划处、财务处、校企合作处等核心职能部门和部分二级学院的领导）、教师和学生进行访谈，调查应用型高校产教融合内外部主体的动力、教育理念、利益获得、资源、制度情况，以及教育理念、利益获得、资源、制度对应用型高校产教融合主体的动力的影响。同时选取2家企业，访谈其主管人员，调查企业的产教融合动力，以及利益获得、资源、制度对其产教融合动力的影响。整理后的访谈材料，通过文本分析，作为佐证材料。

3. 文献法

文献收集与分析的目的在于探究资源和制度对应用型高校产教融合动力的影响，主要通过网络检索和现场采集等方法收集文献资料，运用比较分析法和内容分析法，探究资源和制度对应用型高校产教融合动力的影响。大致操作为：搜索应用型高校官网上应用型高校的办学经费、学科专业设置、校企合作、人才培养方案、治理结构等情况的信息，分析应用型高校的产教融合动力，以及资源和制度对应用型高校产教融合动力的影响。搜集政府和应用型高校关于产教融合的相关制度文本，包括政府政策、学校的人事、财务、教学、科研等制度，分析制度对应用型高校产教融合动力的影响。搜集关于应用型高校产教融合问题的会议和新闻，重点关注产教融合发展战略国际论坛的新闻、会议论文等文献，以及中国应用技术大学（学院）联盟、高校转型发展研究中心和教育部学校规划建设发展中心的活动信息，与时俱进地把握应用型高校深化产教融合的理论发展和实践动态，据此分析应用型高校产教融合动力不足的问题、原因和解决对策。

二 访谈的设计与实施

（一）访谈的设计

1. 访谈目的

（1）探问应用型高校的学校管理人员、教师和学生对深化产教融合的动力和态度，从理念、利益、资源、制度等方面入手，了解应用型高校在深化产教融合中采取的措施、存在的问题、对存在问题的看法与解决建议。

（2）探问行业企业管理人员对深化产教融合的动力和态度，从理念、利益、资源、制度等方面入手，了解应用型高校在深化产教融合中采取的措施、存在的问题、对存在问题的看法与解决建议。

（3）收集相关材料：应用型高校关于转型的相关文件、师资概况、薪酬分配制度、应用型人才的培养方案、产教融合的制度文本、校企合作的合同。

2. 访谈对象及其选取

（1）应用型高校：重点深入访谈公立应用型高校和民办应用型高校各1所，简要访谈师范类应用型高校和理工类应用型高校各1所。在应用型高校的地区分布上，考虑到研究能力和调研成本，主要选取西南地区的应用型高校。

（2）应用型高校的学校管理人员：分管产教融合工作的副校长、发展规划处处长、人事处处长、教务处处长、财务处处长、校企合作（或产教融合）处处长、部分二级学院院长或分管产教融合工作的副院长。

在二级学院选取上，考虑学科的多样性和差异性，侧重研究自然学科类的二级学院，选取少量与产业发展关系紧密的人文社会科学类学科（如管理类、艺术学中的设计类、教育学中的师范类等）的二级学院。

（3）应用型高校的教师和学生：在教师和学生的选取上，关注学科的多样性和差异性。

（4）行业企业负责校企合作的管理人员：在行业企业的选取上，重点关注基础产业和新兴产业的行业企业。

3. 访谈的主要问题

（1）访谈对象是否支持地方高校转型发展并深化产教融合。

（2）访谈对象在推进应用型高校深化产教融合方面，采取的计划、措施，以及取得的进展和成效。

（3）访谈对象在推进应用型高校深化产教融合中，在理念、利益、资源、制度等方面存在的主要问题及其原因。

（4）访谈对象关于上述问题的解决思路。

详细问题请见附录中的访谈提纲。

（二）访谈的实施

1. 预调研（以开放式访谈为主，目的在于发现问题）

（1）2015年11月15日，访谈贵州省某应用型高校的发展规划处处长、师范学院院长和机械工程学院院长，陕西某应用型高校教育学院院长。

（2）2016年3月23日，访谈重庆市某应用型高校的教务处处长。

2. 正式访谈（以验证研究假设为主）

（1）2016年5月10日至2016年5月13日，赴重庆某公立应用型高校访谈（见表2—1）。

表2—1　　　　重庆市某公立应用型高校的访谈概况

访谈时间	访谈对象
2016年5月10日晚上	副校长、地方服务与合作处处长及科员
2016年5月11日上午	地方服务与合作处科员、电子与信息工程学院院长、教师（2名）
2016年5月11日下午	环境与化学工程学院院长和机械工程学院院长

续表

访谈时间	访谈对象
2016 年 5 月 11 日晚上	访谈教师（5 名）、学生（8 名）
2016 年 5 月 12 日上午	教务处处长
2016 年 5 月 12 日下午	发展规划处处长、人事处处长
2016 年 5 月 13 日下午	电子与信息工程学院院长

（2）2016 年 5 月 24 日至 2016 年 5 月 26 日，赴重庆某民办应用型高校访谈（见表 2—2）。

表 2—2　　　　重庆某民办应用型高校的访谈概况

访谈时间	访谈对象
2016 年 5 月 24 日上午	校长、教务处处长、经济与管理学院的院长、书记和教务主任
2016 年 5 月 24 日下午	人事处处长、护理学院院长
2016 年 5 月 25 日上午	机电与信息工程学院院长
2016 年 5 月 25 日下午	计算机工程学院院长
2016 年 5 月 26 日上午	建筑与设计学院院长
2016 年 5 月 26 日下午	访谈教师（4 名）、学生（7 名）

（3）2016 年 5 月 23 日，访谈重庆某师范类应用型高校财务处处长。

（4）2016 年 6 月 1 日，访谈云南某师范类应用型高校人事处处长。

（5）2016 年 6 月 8 日，访谈贵州某应用型高校教师 2 名。

（6）2016 年 6 月 10 日，访谈重庆市某机械厂管理人员。

（7）2016 年 6 月 15 日，访谈重庆市某通信公司总经理和职员 1 名。

（8）2016 年 6 月 18 日，访谈重庆市某通信公司人事处负责人和职员 2 名。

（9）2016 年 9 月 18 日，访谈四川某应用型高校教师 2 名、学生 17 名。

三 调查问卷的设计与发放

（一）调查问卷的设计

根据研究对象，本研究设计了三类调查问卷，包括应用型高校的学校管理人员问卷、教师问卷和学生问卷。由于能力有限，无法联系到可以填答问卷的行业企业，故本研究只对行业企业的管理人员进行访谈，不发放问卷。

根据研究假设及其涉及的变量（指标），本研究设计了相关的调查问卷。变量和问卷之间的关系为：学校管理人员问卷中，第一部分为利益需求调查，第二部分为利益获得调查，第三部分为理念调查，第四部分为制度调查，第五部分为资源调查，第六部分为动力调查。教师问卷中，第一部分为利益需求调查，第二部分为利益获得调查，第三部分为理念调查，第四部分为制度调查，第五部分为资源调查，第六部分为动力调查。学生问卷中，第一部分为利益需求调查，第二部分为利益调查，第三部分为理念调查，第四部分为资源调查，第五部分为动力调查。此外，问卷还设计了基本信息和开放式问题，用以反映调查对象的产教融合动力情况，以及学校性质、行政级别、制度对调查对象的产教融合动力的影响。

需要说明的是，为提高调查问卷的有效性和客观性，本研究发放和呈现于附录中的问卷，均隐去了每部分的调查目的和变量；而在撰写研究成果过程中，均在相关的分析结果中标出了调查目的和变量。

（二）调查问卷的信效度检验

本书采用 SPSS 19.0 对三类调查问卷的信度和效度做了检验。信度检验主要采用科隆巴赫 α 系数。效度评价主要使用结构方程模型（SEM），使用结构路径分析和拟合指数分析检验问卷效度。经过几次检验和修改，三类问卷的信效度均达到了良好水平。①

（三）调查问卷的发放与回收

根据研究设计，本研究选取重庆、四川、贵州、云南、湖北六省市的 10 所应用型高校作为问卷发放单位。问卷的发放与回收情况见表 2—3。

表 2—3　　　　　　　　调查问卷的发放与回收情况　　　　　　　单位：份

发放单位	发放问卷数量			回收问卷数量			有效问卷数量		
	管理人员	教师	学生	管理人员	教师	学生	管理人员	教师	学生
重庆三峡学院	100	100	100	14	67	93	14	60	79
重庆人文科技学院	50	50	80	27	33	81	25	30	75
宜宾学院	60	60	60	17	38	55	15	33	47
铜仁学院	80	80	80	74	67	74	59	58	68
重庆第二师范学院	60	60	0	33	45	0	30	40	0
重庆邮电大学移通学院	30	30	50	0	0	48	0	0	47
湖北师范大学	50	50	50	35	29	39	34	28	37
攀枝花学院	40	40	50	9	7	34	8	5	31
贵州工程应用技术学院	80	80	80	48	70	80	42	67	80
曲靖师范学院	50	50	50	18	33	50	15	32	49
总计	600	600	600	275	389	554	242	353	513

---

①　受篇幅所限，本书将信效度检验结果作了省略。详情请参见陈星《应用型高校产教融合动力研究》，博士学位论文，西南大学，2017 年。

四　文献的收集与整理

本研究重点收集的文献资料包括：政府关于应用型高校深化产教融合的政策文本、应用型高校深化产教融合的制度文本、应用型高校的人才培养方案、应用型高校产教融合的相关会议和新闻等。文献的主要收集情况如下。[①]

（一）政府的政策文本

政府关于应用型高校深化产教融合的政策文本，散见于政府的教育发展规划、国民经济发展规划、人才发展规划、科学技术发展规划，以及关于地方普通本科高校转型和建设现代职业教育体系等文本之中。本研究主要通过网络检索搜集政府（包括中央政府和地方政府）关于应用型高校产教融合的制度文本，分析政府推动应用型高校深化产教融合的动力及其影响因素。

（二）应用型高校产教融合的制度文本

应用型高校产教融合的制度文本，包括应用型高校的转型发展方案、产教融合实施方案、校企合作方案、学校发展规划、大学章程、人事制度、教学制度、科研制度等。本研究主要通过网络检索搜集应用型高校产教融合的相关制度文本，分析制度对应用型高校产教融合动力的影响。

（三）人才培养方案

人才培养方案是高等学校各系科、专业根据特定的培养目标进

[①] 本书主要阐明文献资料收集的方法，省略了资料的收集结果，资料分析中会呈现相关材料。收集结果参见陈星《应用型高校产教融合动力研究》，西南大学博士学位论文，2017 年。

行人才培养的具体计划，是高等学校专业建设、教学实施和培养人才的重要依据。人才培养方案一般包括培养目标、培养规格、学制与学位、主干学科与主要课程、课程设置、教学计划、考试与毕业条件等内容。本研究主要通过调研和网络检索的方法搜集应用型高校的人才培养方案，目的在于通过应用型高校的人才培养目标、课程设置、课时安排等情况，分析应用型高校的产教融合动力及其影响因素。

（四）会议与新闻

会议（论坛）和新闻报道，不仅能及时反映政府、应用型高校、行业、企业在应用型高校深化产教融合中的行动和热点，分析应用型高校产教融合主体的动力问题，而且能在保证研究不落后于时局的同时，拓宽研究的视野和思维，弥补个人或团队实地调研能力不足的缺陷。本研究对有关应用型高校深化产教融合的重要会议（论坛）和新闻予以重点关注，并简要罗列如下。

1. 产教融合发展战略国际论坛

产教融合发展战略国际论坛（IFIE）是经教育部批准，于2014年春季创设的全国应用型高校产教融合的专题性论坛，论坛每年举办两届。

2. 高等学校产教融合创新实验项目

为落实国务院关于"引导部分地方普通本科高校向应用型转变"的要求，创新人才培养机制，深化产教融合、校企合作，培养应用型、技术技能型人才，教育部学校规划建设发展中心于2016年初启动了"高等学校产教融合创新实验项目"。该项目共有五个试验基地，分别是营口理工学院、兰州文理学院、河北民族师范学院、滇西应用技术大学和钦州学院。

3. "互联网+中国制造2025"产教融合促进计划

"互联网+中国制造2025"产教融合促进计划，由教育部学校规划建设发展中心与北京华晟经世信息技术有限公司联合发起，旨在校企共同建设"数字化工厂模拟平台""智能制造学院""智能制造技术中心"三位一体的集成性、系统性创新平台,开展产、学、研、创一体化深度校企合作,打造一批具有专业核心竞争优势、制造业转型升级技术能力的专业集群,加速大学以主动融入为特征的改革进程,为"中国制造"提供强有力的人才和技术支撑。该计划得到 ABB、GE、施耐德、菲尼克斯、发那科、中兴通讯等全球领先企业的积极参与。

4. 数据中国"百校工程"产教融合创新项目

为服务国家创新驱动战略,落实《促进大数据发展行动纲要》,教育部学校规划建设发展中心联合曙光信息产业股份有限公司发起数据中国"百校工程"产教融合创新项目,计划通过 2—3 年时间在全国范围内遴选百所高校,部署集人才培养、科研支撑、行业应用及社会服务于一体的"曙光大数据应用创新中心",为国家经济发展转型升级和社会进步提供数据、人才、技术支撑。目前,数据中国"百校工程"项目已完成首批试点院校遴选工作,确立了 41 所试点院校和 20 所培育院校。

5. "教育部—中兴通讯 ICT 产教融合创新基地"项目

2014 年 12 月,教育部与中兴通讯合作启动了"教育部—中兴通讯 ICT 产教融合创新基地"项目,该项目是高校转型发展背景下的第一个产教深度融合项目,发挥着标杆效应和引领示范作用。通过 ICT 产教融合创新基地,企业的四大职能体系全面"补养"高校人才培养——研发体系、市场体系、人事行政体系及企业大学,从"产、教、学、研"四个维度,全面覆盖高校的专业建设、课程建设、职业素质培养、师资培养、学生实习就业、科研成果推广中。经过遴选,重庆邮电大学等 30 所院校成为首批 ICT 产教融合创新基地项目合作院校。2016 年 7 月,安庆师范大学等 30 所院校成为第二批合作院校。

6. "高校数字媒体产教融合创新应用示范基地"项目

"高校数字媒体产教融合创新应用示范基地"项目由教育部学校

规划建设发展中心与凤凰卫视集团·凤凰教育联合开展。项目旨在用 5 年时间，在全国范围内遴选百所已开设数字媒体技术、数字媒体艺术、网络媒体、视觉传达设计、影视摄影与制作、动画等专业的院校，利用凤凰教育在数字媒体行业的优质资源，以数字媒体应用型人才培养为核心，与高校合作建设集数字媒体生态资源协同创新育人平台、数字媒体专业人才联合培养中心、数字媒体产业大学生创新创业孵化中心、数字媒体产业园区等四位一体的示范基地，为创新型国家建设和数字媒体行业发展提供人才支撑。

7. 中美应用技术教育"双百计划"

中美应用技术教育"双百计划"，由教育部学校规划建设发展中心与美国应用技术教育联盟共同开展，将在 2016—2020 年实现 100 对中美应用型高校的深度合作以及 100 对中美校企深度产教融合。该计划 2016 年 5 月正式启动，首批确定了 14 所试点院校和 28 所项目培育院校。

第 三 章
应用型高校产教融合动力的理念分析

  理念是人类合作动力的先导,直接影响人的利益需求取向以及资源生产与分配和制度变革方向。正如雅斯贝尔斯(Karl Jaspers)所言,理念从内心深处激励着人,与此同时,它又作为一个不可企及的目标召唤着人。[①] 人之所以没有动力合作,往往因为没有认识到合作的好处和正确的合作方法。教育理念是人们关于教育的理解和观念,是教育灵魂深处的东西,对教育发展、学校运行和教育利益相关者的行为有着或明或暗的重要影响。清晰合理的教育理念是引领学校发展的灯塔,也是教育和产业成功合作的前提。应用型高校深化产教融合,讨论并厘清有关的教育理念——包括"形而上"的教育理念(地方普通本科高校转型发展的是非、教育和产业的关系、大学与社会的关系)和"形而下"的教育理念(教育类型、教育目的、教育内容和教学方法)——至关重要。

一 地方普通本科高校转型发展的是是非非

  应用型高校深化产教融合这一命题直接生发于部分地方本科高

---

  ① [德]雅斯贝尔斯:《大学之理念》,邱立波译,上海人民出版社2007年版,第53页。

校转型发展的背景之下，深化产教融合也是地方普通本科高校向应用型高校转变的核心内容和突破口。可以说，支持地方普通本科高校转型发展是支持应用型高校深化产教融合的前提条件，只有在前者得到普遍认同的情况下，后者才可能顺利实施。

我国地方普通本科高校向应用型高校转型发展的呼声和探索，发轫于21世纪之初。2005年前后，转型的实践和研究，主要同高等教育分层分类发展、应用型人才培养和新建本科院校转型发展等主题相伴而生。2013年以来，在政府的强力推动下，全国掀起了地方普通本科高校向应用型转变的热潮。新生之物，既未成熟，也易引起质疑。地方普通本科高校向应用型转变是对是错？社会各界对此的认识和判断褒贬不一。

（一）是论

支持地方普通本科高校转型发展的观点在国内占据主流。调查问卷的统计结果也显示，93.4%的学校管理人员、76.8%的教师、85.4%的学生支持自己所在地方普通本科高校向应用型转变。教育行政部门和部分学者在论证并推动地方普通本科高校向应用型转变中付出了艰辛努力，形成了以《地方本科院校转型发展实践与政策研究报告》《欧洲应用技术大学国别研究报告》《国务院关于加快发展现代职业教育的决定》《现代职业教育体系建设规划（2014—2020年）》《关于引导部分地方普通本科高校向应用型转变的指导意见》（以下简称《指导意见》）为代表的一系列研究成果或政策。支持转型的论点大致如下。

1. 地方普通本科高校转型发展是我国经济社会发展的时代要求

2008年金融危机之后，我国的经济增速出现了下滑趋势。随着"四万亿计划"强刺激效应的结束，我国的经济增长逐渐步入下行通道，GDP增长率从2011年的9.3%下滑到了2014年的7.4%，经济增长趋势明确转向了6%—8%的中高速增长阶段。这意味着我国经济发展进入了一个新的时期，也就是新一届决策层所定义的"新常态"。随着我国经济增速的放缓,改革开放以来经济快速增长所积累的风险开始凸显和释放,人口红利、全球贸易红利、改革红利和政府投资的回报率皆已降到较低水平,产能过剩、环境污染、腐败频发、贫富差距大、人口老龄化等矛盾进一步凸显,经济结构调整和政治经济体制改革也步入"深水区",我国在"跨越中等收入陷阱"关键阶段的经济发展可谓困难重重①。

新常态下,我国的经济增长已进入"换挡期"。2013年4月,习近平在博鳌亚洲论坛2013年年会上声明,中国经济不可能也不必须保持高速增长。既然不倾向于维持高速增长,我国经济发展的方向何在?很显然,新一届决策层所追求的,是在维持经济长期中高速增长的基础上提高经济发展质量,转变经济发展方式,使人民享受更多经济发展的实际好处。习近平关于"新常态"的一系列论述与外界概括的"李克强经济学"在理念和逻辑上,共同强调要淡化速度,转变经济发展方式,②提高经济发展质量,让经济发展的成果惠及全体人民。

经济发展需要推动力,提高经济发展质量的动力何在?根据新古典经济学、新经济增长理论、人力资本理论和新制度经济学关于经济增长的解释,资本(主要指物质资本)、劳动、知识与技术、人力资本和制度是现代经济长期增长的主要动力。基于我国当前的经济发展态势,在资本、劳动等支撑经济增长的主要要素发生力道下滑的情况下,知识与技术、人力资本投资将成为"换挡期"我国经济发展的重要驱动力。

高等教育在促进知识积累和技术进步以及增加人力资本存量方

---

① 2013年,我国人均GDP超过6000美元,成为上中等收入国家,步入"跨越中等收入陷阱"的关键历史阶段。从国际经验看,处于此阶段的国家和地区,如果不注重人力资本积累、优化经济结构,很可能落入经济发展长期停滞的"中等收入陷阱"。

② 吴敬琏、厉以宁、林毅夫等:《小趋势2015:读懂新常态》,中信出版社2015年版,第2页。

面作用显著。新经济增长理论指出，知识积累和技术进步是理解现代经济增长的关键因素，知识积累可以实现总产出的规模收益递增，技术进步可以提高资本的投资收益率，知识生产和技术进步与投资形成的良性循环是信息时代国家经济增长的核心。而以大学为核心的高等教育在信息社会的知识生产和技术进步中尤为关键，现代大学已成为知识创新和技术转化的核心力量，信息社会上演的知识和技术上的重要变革，往往和大学有着千丝万缕的关系。

地方普通本科高校转型发展，可以加快知识和技术的应用与转化，增加应用型人力资本存量，提升知识技术和人力资本在经济发展中的贡献率，为新常态下的经济发展输送新的能量。人类认识和改造客观世界的过程是一个"认识—实践—再认识"不断循环前进的过程。人们经过认识所形成的很多知识或理论，必须经过应用和转化才能改造甚至创造性地改造我们的世界。换言之，应用型人才和应用研究是经济发展不可或缺的环节。我国不少地方普通本科高校因袭研究型大学，注重学术型人才培养和知识创新，较少关注应用型人才培养和知识应用，加剧了高等教育结构与经济结构的矛盾。新常态下，我国经济结构和产业结构亟待调整升级，人才供需矛盾突出，生产服务一线的应用型、复合型、创新型人才紧缺。因此，地方普通本科高校转向应用研究、应用型人才培养和产教融合，对促进新常态下我国经济转型发展有着重要意义。

教育部指出，实施创新驱动发展、中国制造 2025、"互联网＋"、"大众创业、万众创新"、"一带一路"等国家重大战略，打造中国经济的升级版，加快产业转型升级步伐，迫切需要加快应用技术型人才培养，推动形成科学合理的教育结构和人力资源结构。引导部分地方普通本科高校转型发展，就是要更好地促进这些高校直接面向地方和行业企业发展需求培养人才，更好地提升学习者的技术技能、就业质量、创业能力并奠定其长期职业发展的坚实基础，使高等教育为经济社会和学习者的发展创造更大价值，为全面建成小康社会提供有力支撑。①

2. 地方普通本科高校转型发展是高等教育结构调整的内在必然

高等教育系统的结构，关系着高等教育系统的内部自洽和高等教育系统与其他系统的互相适应。系统是由一系列相互联系和彼此影响的要素构成的相对稳定的具有特定结构的有机整体，系统的结构及其特征决定着它的性质和功能，同时也影响着该系统与其他系统的关系。

地方普通本科高校转型发展，有利于理论和应用的分流，构建人才培养立交桥，厘清高等教育系统内部要素间的关系。一方面，地方普通本科高校转型培养应用型人才和侧重应用研究，可以实现应用型人才培养和学术型人才培养的分野，促成侧重知识创新的基础研究和注重应用知识解决人类生产生活的社会实践问题的应用研究的分流。这有利于形成专业化分工和比较优势，提高人才培养和科学研究的质量，也可以促进高等教育的分层分类发展，满足多样化的教育需求。另一方面，地方普通本科高校转型开展本科层次的应用教育和职业教育，可以将职业教育从中等教育扩展到高等教育的各个层次，贯通普通教育、职业教育和继续教育，构建教育体系完整的人才培养立交桥（如图3—1所示）。

地方普通本科高校转型发展，可以协调高等教育系统与其他系统的关系，更好地发挥高等教育的功能。高等教育的两大功能在于，促进人的发展和社会的发展。然而，由于高等教育结构与其他系统结构（包括产业结构）的不相适应，高等教育出现了功能失衡问题，失衡表现为大学生就业难、地方普通本科高校服务地方经济社会发展能力薄弱等。未来一段时间内，我国经济结构的调整和高等教育规模的扩大仍将持续，因此，推动地方普通本科高校向应用型转变，

---

① 《促进高等教育为经济社会和学习者发展创造更大价值——教育部发展规划司负责人就部分本科高校转型发展问题答记者问》，http://www.moe.edu.cn/jyb_xwfb/s271/201511/t20151115_219011.html。

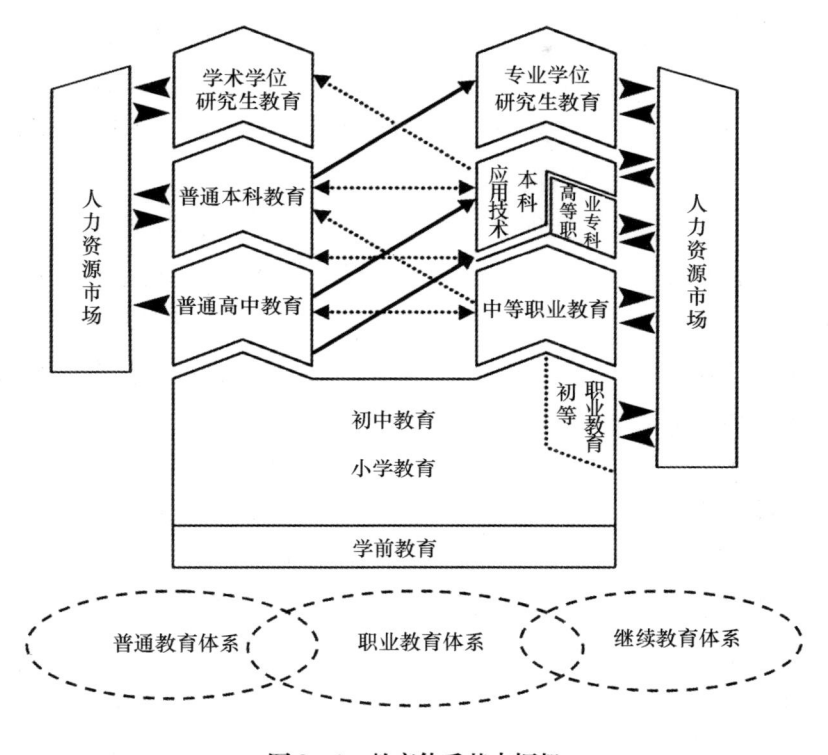

图 3—1　教育体系基本框架

服务地方经济发展，是高等教育调整结构适应外部环境的应然之举。

3. 地方普通本科高校转型发展可以破解其发展困境

地方普通本科高校数量多，招生规模大，人才培养多，是我国高等教育大众化阶段高等教育服务的重要供给者，目前面临如下发展困境。

（1）办学定位趋同，习惯按传统思路发展。众多地方本科院校，在自身没有坚实的办学基础和发展条件的情况下，过多地把自己定位于综合性研究型大学，培养学术型拔尖创新人才，以至于陷入了发展困境。一些地方普通本科高校虽然定位于应用型高校，但尚处于"自发自为探索阶段"，没有找到困难的突破口，在实际办学中仍没有跳出传统本科的办学思路。

（2）学科专业特色不鲜明，与地方产业结构脱节。地方本科院校盲目追求高等教育系统内部的攀比与排名，忽视服务地方和区域经济社会发展，缺乏办学自主权，导致其专业结构与地方产业行业结构匹配度不高，培养的人才适应社会的能力差，找不到合适的工作岗位，浪费了大量教育资源。

（3）人才培养"重理论、轻实践"，人才培养模式滞后。在现行教育评估体系引导下，地方本科院校纷纷将学术型人才作为人才培养目标，人才培养的实践性不强，培养的学生无法适应社会需求，大量毕业生就业高不成低不就。课程设置和教材缺少个性，缺乏地方特色、行业特色和学校特色。

（4）科学研究"重科学与基础、轻技术与应用"，服务地方经济发展能力低。地方普通本科高校和研究型大学一样，做的基本是科学发展和基础研究，没有突出技术创新和应用研究。地方普通本科高校相对于研究型大学科研实力较弱，在科学发展和基础研究方面的成果依附于研究型大学，无法依靠技术创新和应用研究服务地方经济社会发展。

（5）师资队伍"重学历、轻能力"，教师专业实践能力低。地方普通本科高校的师资队伍建设普遍重视学历和理论水平，轻视教师的专业实践能力。多数教师没有任何行业企业实践经历。学校无法通过教育培训和引进企业高级工程技术人员，提高教师的实践教学能力。

（6）办学经费短缺。地方政府对高校的经费投入采用统一标准，没有区分学校类型。地方普通本科院校普遍基础差、底子薄，经费来源渠道单一，国家财政支持少，吸纳社会资金能力有限，办学经费捉襟见肘。

（7）产学研合作教育不深入，校企合作缺乏保障。产学研长效机制不健全，地方政府和企业缺乏推进产学研的积极性，产学研合作教育难深入。现行高校管理体制客观上使地方普通本科高校失去了行业背景。学校科研实力相对薄弱，造成其服务社会的能力不强，校企合作得不到有效保障。

（8）新建本科院校及独立学院问题更加突出。这些院校缺乏本科教育办学的历史积淀，缺少服务地方经济社会发展的专业、师资、硬件和技术积累，在办学定位、师资队伍、专业设置、教学设施、科研水平等方面存在许多难以解决的问题。

推动地方普通本科高校向应用型高校转型发展，可以通过应用型人才培养、应用研究、产教融合和服务地方，打破其在办学定位、人才培养、科学研究、学科专业设置、办学经费、产学研合作等方面的困境，实现"错位发展"、特色发展和超越发展。

4. 西方应用技术大学为地方普通本科高校转型发展提供了范例

借鉴甚至移植西方发达国家的高等教育发展经验一直是我国高等教育发展的重要路向。此次地方普通本科高校向应用型转变，和西方应用技术大学的崛起及成功有着千丝万缕的联系。

20世纪60年代中期，德国、瑞士、奥地利、荷兰和芬兰等欧洲国家的经济社会发展步入一个新的阶段，其特征为：经济增速放缓，就业问题突出；产业结构调整和技术进步成为经济增长的主要动力；创新能力被视作富国的关键；经济社会发展对应用型人才需求旺盛；高等教育大众化和高等教育结构变革并行。

为迎接新阶段的机遇和挑战，在政府政策和法律推动下，应用技术大学在欧洲通过共建、升格和改造等形式创建起来。[1] 这些应用技术大学的使命是培养具备良好理论知识和文化基础，同时又具有专业技能和实践能力的高层次应用型人才，服务地方经济社会发展。欧洲应用技术大学在专业设置、应用型人才培养模式改革、校企合作、构建人才培养立交桥（贯通中等教育、高等教育和继续教育，以及普通教育和职业教育）、开展应用研究、完善学校治理体系、师资队伍建设等方面进行了大胆改革。时至今日，应用技术大学已经

---

[1] 应用技术大学在欧洲各国的形式和称谓不一，诸如：高等专科学校（德国）、理工学院（爱尔兰）、多科技术学院（英国）、高等技术教育与培训机构（IFTS）和高等技术院校（ITS）（意大利）。

占据了欧洲高等教育的很大份额，引领着其职业教育的发展，对欧洲国家的就业、产业升级、经济发展、国家创新体系建设、教育体系完善、高等教育大众化、产学研合作等方面贡献卓著。

应用技术大学在欧洲的繁荣，经过国内学者的介绍和传播，成为我国高等教育结构调整的依据和思路。按照《欧洲应用技术大学国别研究报告》的研究，中国当前的经济社会发展局势和高等教育问题恰好类似于 20 世纪下半叶部分欧洲发达国家的情形。因此，要想像许多欧洲国家一样实现高等教育发展和经济社会发展的"二次飞跃"，发展应用技术大学是一种不错的选择。

（二）非论

世界上不存在完全一致的认识，也不存在能获得一致同意的教育改革。此次转型遭到了一些学者、媒体、应用型高校及其成员的质疑和反对。同大多数的改革一样，多数反对者并不是反对地方普通本科高校向应用型转变，它们的批评集中于转型的具体方式方法，以及其中掺杂着的不解、误解、无解、错解。诚如在美国极力倡导和推广名著运动的赫钦斯（Robert Maynard Hutchins）在回应人们对名著运动的批评和攻击时所指出的，大多数直言不讳的批评者反对名著运动的原因，要么是不理解我们的行为，要么是我们没有将自己的观点解释清楚。[①] 当然，这些掺杂着不解和误解的批评对于更好地推动此次转型弥足珍贵，其中的很多意见非常值得关注和反思。

1. 转型的政策设计问题重重

转型的主体是谁？转型之初（2013 年），教育部副部长鲁昕指出，中国解决就业结构性矛盾的核心是教育改革。教育改革的突破口是建设现代职业教育体系，培养技术技能型人才。为此，将重点推动 1999 年大学扩招后"专升本"的 600 多所地方普通本科高校，

---

① ［美］赫钦斯：《美国高等教育》，汪利兵译，浙江教育出版社 2001 年版，第 156—158 页。

向应用技术型转,向职业教育类型转,培养技术技能型人才。600多所地方普通本科高校转型的规划,有点过快、过猛,一经发布,便引发轩然大波。

2014年6月,教育部作出更正:600所地方普通本科高校转型职业教育的说法并不准确。转型计划先从现有的地方普通本科高校划出一部分,推动它们更多地培养应用型人才、技术技能型人才。转型学校可以是新建学校,也可以是历史悠久的学校;可以是学校里绝大部分专业转型,也可以是部分专业转型。对于独立学院,如果它们是独立设置的高等学校,鼓励它们定位为应用技术类高校。对于2000年以后新设的高等学校,鼓励它们向应用技术型转变。[①]

《现代职业教育体系建设规划(2014—2020年)》提出的高等职业教育发展目标是,发展应用技术类型高校,到2020年,高等职业教育规模占高等教育的一半以上,本科层次职业教育达到一定规模。据教育部发布的《2015年全国高等学校名单》显示,截至2015年5月21日,全国普通高等学校共计2553所,其中高职高专院校共1336所,高等职业教育规模已然占到高等教育的一半以上。由此,到底该有多少所地方普通本科高校将要转型更加模糊不清。

《指导意见》则采用了"部分地方普通本科高校"的说法,并指出,此次转型的主体是学校,按照试点一批、带动一片的要求,确定一批有条件、有意愿的试点高校率先探索应用型高校(含应用技术大学、学院)模式,带动更多地方高校加快转型步伐。但是,到底哪些高校该转,仍无定论。

在转型实践中,各省级政府响应国家政策,采取高校自主申报和政府审批的方法,分批确立了一些转型试点高校。然而,接下来又该带动哪些高校向应用型转变还未可知。

转多少度?欧洲应用技术大学是我国地方普通本科高校转型发

[①] 《教育部:"600所本科学校转型"表述不准确》,http://news.xinhuanet.com/2014-06/26/c_1111330327.htm。

展的蓝本。但是，一个现实的困惑是：地方普通本科高校转型到底该转多少度？① 换言之，应用型高校或应用技术大学的标准是什么？地方普通本科高校在产教融合、校企合作、"双师双能型"教师队伍建设、人才培养的类型与质量、服务地方等方面达到何种标准才算成功？

目前，学术界围绕欧洲应用技术大学的崛起、贡献、特点、经验、困境和启示做了不少探索研究。但是，关于应用技术大学标准问题的研究凤毛麟角，尚没有形成一个相对公认的标准。也许，应用技术大学只是一种高等教育的实施形式或富有时代性的高等学校类型，根本就不存在也不应该存在所谓的标准，因为给大学设置标准是最伤害大学自由发展和自我超越的不明智举动。但这显然不能作为此次高等教育改革目标模糊的说辞，这样说，是因为无论此次转型的推动和实施，还是关于转型的反思和评价，都需要一个现实的可操作目标，而非仅仅描摹一个大致的方向。

2. 转型目标忽视人的发展

学生是教育存在和学校运行的基础，人才培养一直是包括大学在内的一切学校的根本使命和核心任务。正如纽曼（John Henry Newman）所言，大学是一个向学生传授普遍知识的地方。② 高等学校一旦脱离或忽视人的培养，必然招来非议。

服务国家经济社会发展、缓解高等教育的结构性矛盾和破解地方普通本科高校的发展困境，是此次转型的重要目标。以就业或职业需求为导向，根据地方产业和经济社会发展需求调整学科专业设置，是本次转型的重要内容。不难看出，此次转型在政策制定及其表述上，"国家主义"色彩浓重，某种程度上忽视了人的全面发展。

有学者指出，"以就业为导向"的思想、观念和政策，会造成人

---

① 刘博智：《地方高校转型：转90度还是45度？》，《中国教育报》2015年3月11日第1版。

② ［英］纽曼：《大学的理想》，徐辉等译，浙江教育出版社2001年版，第1页。

们对高等职业教育本质的理解偏差，导致高职教育的"职业性"和"教育性"失衡，使"职业性"全面置换或取代"教育性"，学校教育越来越远离人。① 应用型高校若将学校办成纯粹为大学生就业服务的"就业教育"或"地方就业培训机构"，不仅与大学的使命格格不入，也难以契合市场经济的发展规律，最终有违转型的初衷而导致改革失败。高校专业设置的调整速度永远跟不上就业市场变化的速度。如果高校办学一味跟随就业市场，必将导致各高校办学方向和专业调整上的"一窝蜂"，造成又一波的"就业难"和高等教育资源的大浪费。②

此次转型过分彰显大学服务社会的职责，一定程度上掩盖了大学的育人使命。有学者指出，有些地方本科院校在转型发展中，片面强调面向地方，忽视了对大学精神的思考，抛弃了对传统"象牙塔"精神的坚守，在某种程度上沦为了地方社会的"附属机构"。这种丧失大学精神的短期功利性迎合，反而不利于形成大学与社会的良性互动。③ 此外，此次转型带有很强的外部计划性，很大程度上忽略和伤害了学生的自由选择和自由发展。

为此，不少学者呼吁此次转型的目的应该是，培养符合社会发展需要的人。地方普通本科高校在转型中应具有适当的超越性，以培养健全的人格和理智的训练作为教育的基本目标，同时加强职业训练与技能培养。④

3. 转型方式没有充分尊重高校自主权

政府在我国高等教育发展和改革中的主导地位，以及政府对高

---

① 张应强：《地方本科高校转型发展：可能效应与主要问题》，《大学教育科学》2014年第6期，第29—34页。

② 罗志敏：《地方本科高校转型要坚守"育人为本"底线》，《中国教育报》2014年10月10日第7版。

③ 孙健：《大学精神：地方本科院校转型发展的理性坚守》，《教育理论与实践》2015年第33期，第12—14页。

④ 刘海兰：《地方本科院校转型的理性思考——基于资源依赖理论的分析》，《高教探索》2016年第4期，第35—42页。

校的过度干预，一直饱受诟病。高等教育的发展史表明，赋予高校适当的自治和办学自主权，并运用自由竞争的方式让高等学校为适应社会而自主变革，是保持高等教育多样性、灵活性和适应性的基础。政府必须对高等教育有所干预，但这种干预不能过度到伤害高校基本办学自主权的地步。政府对高等教育发展的过分干预和硬性规划，带有明显的计划经济色彩，有违高等教育的发展规律，其结果不仅会伤害高校的自主性和积极性，而且往往难以收到实效或者出现事与愿违的现象。

此次转型总体属于自上而下的教育变革方式，依旧没有充分尊重高校的自主办学权。从政策设计的视角看，此次转型是一个自上而下的从统筹、规定到试点、示范最终全面推开的政策过程。教育部在转型的顶层设计和宣传推动方面作用显著，转型涉及的高校数量较多（超过600所高校），以至于不少学者认为，此次转型是政府主导下的"一刀切"变革，没有充分尊重高校的办学自主权和积极性，"被要求转型的地方本科院校群体在转型中表现出了某种集体失声的状况"[1]。换句话说，很多地方普通本科高校可能不是自愿选择转型，也不是自主确定转型的目标、方式和路径，而是为了响应或应付政府的规划和文件不得已在政府的框架内向应用型高校转变。有学者指出，政府主导的教育改革，如高校合并、高等教育扩招、政府大力鼓励公办院校举办独立学院，行政计划过于强势，没有充分尊重学校的自主办学权，忽视建立健全的市场竞争机制，是造成高等教育结构性矛盾的重要原因。此次转型极有可能只是教育部门的一厢情愿，还可能再次陷入"一刀切""一哄而上"的怪圈。[2]

《指导意见》指出，落实省级政府统筹责任，引导地方普通本科高校向应用型转变，各地要结合本地本科高校的改革意愿和办学基

---

[1] 施晓光、游蠡：《新建地方本科院校转型问题的理论探讨》，《北京联合大学学报》（自然科学版）2015年第1期，第1—5页。

[2] 《600所本科院校将转型职业教育高考改革面临多重挑战》，http：//www.177liuxue.cn/info/2014 – 5/358867.html，2014 – 05 – 14。

础，在充分评估试点方案的基础上确定试点高校。同时，省级改革试点方案要落实和扩大试点高校在考试招生、教师聘任、教师职务（职称）评审、财物管理等方面的自主权。然而，新中国成立以来的不少高校调整，包括一系列规划和工程，以及高校的撤并、更名和升格，都跳不开行政化的影子。不少学者担心此次政府主导的转型可能是"一阵风"，高校在此次转型中有跟风政府的痕迹和急功近利的趋向，高校的行政化依然是此次转型的最大挑战，此次转型还需要更高层面的改革——调整政府和高校的关系。①

4. 转型实践面临诸多问题和风险

地方普通本科高校向应用型转变，在办学理念、学科专业、人才培养模式、师资队伍建设、教学方式、课程体系、科学研究、管理方式、政府干预、校企合作等方面遇到了诸多问题和挑战，这为许多人不看好或者批评此次转型提供了口实。相关的问题和挑战如下。

转型重形式，轻内涵。此次转型的形式主义作风严重，很多高校的转型出于应付或喊口号，换汤不换药。比如，很多高校争相更名为应用技术大学，或者由学院升级为大学，而实质的办学内涵并没有改变。教育部公布的高校更名信息显示，2014—2017 年，一些地方普通本科高校，如毕节学院、郑州华信学院、上海应用技术学院、重庆正大软件职业技术学院等，先后在更名中加入了"应用技术学院"或"工程技术"的字样。不少高职高专也更名为应用技术学院，包括山西应用技术学院、湖南应用技术学院、河北工程技术学院、重庆应用技术职业学院等。同时，许多院校，如福建工程学院、广东白云学院、东莞理工学院、钦州学院、黔南民族师范学院、黄淮学院、黑龙江工程学院、金陵科技学院、山东英才学院、上海杉达学院、重庆科技学院等，正在筹备或申请更名为应用技术大学

---

① 祝乃娟：《地方高校转型应避免行政化》，《21 世纪经济报道》2015 年 11 月 17 日第 4 版。

或应用科技学院。① 正如一些研究指出的那样，此次转型出现了三种不良倾向：急功近利倾向——主要表现为"好大喜功"和"浮躁虚假"；投机主义——主要表现为更名、升格热潮和获准专业学位硕士点的竞争；脱离实际——主要表现为套用国内外经验和模式以及混淆应用技术本科和普通本科、高职专科关系。②

高校内部转型困难。转型高校在学校内部的学科专业、人才培养模式、师资队伍建设、教学方式、课程体系、治理结构等方面的改革困难重重。就教师转型而言，调整学科专业设置，会牵涉到相关教师的辞退、消化和安排问题，而无论通过改造现有教师还是补充新教师来建设"双师双能型"教师队伍，均面临一系列制度和利益障碍。③ 就教学模式改革来看，地方普通本科高校在课程实施过程中多属于维持性教学，传统"我讲你听"的灌输式教学已经在教师的教学习惯中根深蒂固，多数教师依然没有脱离"以教材为中心、以课堂为中心、以教师为中心"的教学模式。④ 从大学治理看，地方普通本科高校转型发展需要学校、政府和社会共同承担、协同共治，然而，学校、政府和社会在共治上存在许多难以突破的观念和体制困境。⑤

高校外部关系难处理。地方普通本科高校在处理与行业企业、政府的合作关系上挑战重重。一方面，地方行业企业缺乏和应用型

---

① 参见《2014 年教育部批准更名的 152 所全国高校名单》，http://wenku.baidu.com/view/03404b1eb307e87101f696b8.html；《教育部公布 2015 年高校更名名单》，http://www.cnrencai.com/bbs/151675.html；《2016 教育部拟批准的更名和新增大学名单》，http://edu.sina.com.cn/gaokao/2016-01-26/doc-ifxnuwfc9538106.shtml。

② 赵哲、董新伟、李漫红：《地方本科高校转型发展的三种倾向及其规避》，《教育发展研究》2015 年第 7 期，第 23—27、62 页。

③ 张应强：《地方本科高校转型发展：可能效应与主要问题》，《大学教育科学》2014 年第 6 期，第 29—34 页。

④ 曲殿彬、赵玉石：《地方本科高校转型发展的问题与应对》，《中国高等教育》2014 年第 12 期，第 25—28 页。

⑤ 王者鹤：《新建地方本科院校转型发展的困境与对策研究——基于高等教育治理现代化的视角》，《中国高教研究》2015 年第 4 期，第 53—59 页。

高校合作的动力，不少应用型高校虽然和行业企业签订了不少合作协议，但由于缺乏相关的利益激励和制度保障，这些协议的实际效益并不乐观。地方院校和行业企业的利益诉求不同，经常会出现零和博弈或利益不兼容的尴尬局面。另一方面，一些地方政府支持地方普通本科高校转型发展的动力和效果均不理想。地方普通本科高校转型发展对政府提出了更高的要求。有学者指出，政府应在地方高校转型中起主导作用，为高校营造科学合理的发展环境，对不同类型、不同层级的高校实行分类指导、分类管理；地方教育行政部门在管理、服务上要精细化，搞好顶层设计，做好协调规划，在简政放权的同时，提供必要的信息服务。① 然而，一些地方政府不但在以上方面存在"缺位"，还在引导地方普通本科高校转型发展中出现了"越位"。

二 教育和产业的关系

（一）教育与经济的关系

教育与产业的关系从属于教育与经济的关系这一范畴，探讨教育与产业的关系脱不开对教育与经济关系的梳理。② 教育与经济的关系，既是教育基本理论中"教育与社会的关系"这一研究范畴的子领域，更是教育经济学研究的重要范畴和理论体系构建的基石。

国内关于教育基本理论中教育与经济的关系的讨论，主要沿用了马克思主义关于生产力和生产关系的论断，即认为教育和经济（包括社会物质生产）密切相关，经济发展决定教育发展（经济为

---

① 俞海洛：《地方高校转型发展不可大起大落》，《中国教育报》2014年12月1日第9版。
② 产业指国民经济的各行各业，产业的概念是介于微观经济细胞（企业和家庭消费者）与宏观经济单位（国民经济）之间的若干"集合"，在经济研究和经济管理中经常将国民经济按社会生产活动历史发展的顺序分为第一、二、三产业。

教育发展提供人力、物力、财力、时间等基础性条件,又对教育不断提出新的要求),教育对经济具有反作用(教育是劳动力再生产、技术进步、提高劳动生产率的重要手段)。①

教育经济学对教育与经济关系的探讨更为精细化。教育经济学肇始于人力资本理论关于教育对经济增长贡献的研究,教育与经济的关系研究一直是教育经济学的重要研究范畴。教育经济学对教育与经济关系的探讨,习惯于在坚持教育与经济的辩证关系的同时,通过引入就业、收入、人力资本、社会资本、区域经济增长、收益率、制度、交易成本等变量,以量化的方式探究教育与经济的关系。教育经济学关于教育与经济关系的论断相对审慎和保守,即认为,接受和举办教育总体上对个人、国家和社会具有多方面的经济价值,但这可能并不是因为教育提高了人的能力和社会的劳动生产率,而是因为教育起了区分拥有不同能力的人的"信号"作用,或者教育只是将不同的人分割到了不同薪酬、地位的(主要或次要的)劳动力市场。和所有的投资一样,为教育投资以实现其经济价值也面临很大的风险。因此,个人、国家和社会在为教育投入资源和促进教育发展的过程中,要审慎投资,处理好教育的规模结构与经济的规模结构之间的关系,避免出现"教育不足"或"教育过度"。②

(二) 教产关系在我国的演变

新中国成立后,马克思主义的教育与生产劳动相结合(以下简称教劳结合)被作为处理教育和产业关系的指导思想,且被列入我国的教育方针。教劳结合(在马克思看来)是造就全面发展的人的唯一方法,其实质是要在教育和生产劳动之间建立相互影响、渗透和促进关系,"劳动技术教育"是教劳结合的重要形式。"教劳结合

---

① 叶澜:《教育概论》,人民教育出版社2006年版,第121—140页。
② 张学敏、叶忠编著:《教育经济学》(第2版),高等教育出版社2014年版,第24—28页。

是由马克思和恩格斯奠定,后由列宁、毛泽东、邓小平等马克思主义者在实践运用中不断加以发展而形成的一个有关教育、经济和社会发展关系的理论体系"①,对我国的教育发展以及教育与产业的关系产生了广泛而深刻的影响。1949年12月召开的全国第一次教育工作会议,把"为工农服务,为生产建设服务"列为教育工作的"中心方针"。1958年9月,中共中央国务院在《关于教育工作的指示》中提出:"教育必须为无产阶级政治服务,教育必须与生产劳动相结合。"根据这一方针,20世纪五六十年代的教育为我国社会主义建设及其产业工业化培养了大批专门人才。"文革"期间,"四人帮"篡改了党的教育方针,将掌握文化科学知识和培养劳动者对立起来,这种极"左"的思路否定课堂教学的作用,大肆宣扬以干代学,结果反而使教育与生产劳动越来越分离。十一届三中全会之后,教劳结合又被拨回正轨。1993年颁发的《中国教育改革和发展纲要》和1995年颁布的《中华人民共和国教育法》,重新将教劳结合确定为我国的教育方针,教劳结合成为国内处理教育与产业关系的总方针。

20世纪90年代,"产教结合""教育产业化"和"产学研合作"开始成为处理教育和产业关系的新尺度。产教结合指在教育和产业之间,包括教育系统与产业系统、教育部门(组织)与产业部门(组织)以及教学过程与生产过程等,建立密切联系。② 1991发布的《国务院关于大力发展职业技术教育的决定》开始出现"产教结合"的提法,"各类职业技术学校和培训中心,应根据教学需要和所具有的条件,积极发展校办产业,办好生产实习基地。提倡产教结合,工学结合"。1996年的《职业教育法》规定:"职业学校、职业培训机构实施职业教育应当实行产教结合,为本地区经济建设服务,与

---

① 孙振东:《"教劳结合"若干理论问题探讨》,《上海教育科研》1996年第6期,第8—12页。

② 何介雄:《简论"产教结合"》,《教育与职业》1993年第6期,第10—11页。

企业密切联系，培养实用人才和熟练劳动者。"1999年国务院《关于深化教育改革，全面推进素质教育的决定》指出，"职业学校要实行产教结合，鼓励学生在实践中掌握职业技能"。于是，产教结合逐渐从一种缓解职业院校办学资金困难的举措，发展为职业教育的一种基本办学模式。

同期，"教育产业化"作为一股处理教育与产业关系的潮流，在教育界引起热烈争论，并对教育和产业的现实关系产生了巨大影响。1992年邓小平南方谈话后，党和国家逐渐确立了建立社会主义市场经济的目标。随后，教育界围绕教育如何适应市场经济的要求、教育与市场经济的关系、教育产业与教育产业化等问题做了广泛讨论。1998年末，面对国内市场消费需求不足的窘境，社会各界开始思考通过教育启动消费、拉动经济增长，继而讨论教育产业问题，对教育产业化从概念到运行方式发生争论，逐步形成新高潮，此争论甚至延续到2007年前后。争论涉及的问题包括教育产业的含义，教育是不是可以产业化或是借鉴产业发展的机制，教育能否在短期内有效促进经济社会发展，新形势下教育发展的方式和运行。[①] 争论的结果形成了教育产业论和教育非产业论。教育产业论坚信，教育是产业，教育产业是拉动国民经济发展的基础性产业、先导性产业甚至支柱性产业，应采用产业化经济和引入市场机制的方式发展和改革教育；教育非产业论则认为，教育不是从事经济活动的产业部门，教育发展不能走产业化和市场化之路。

产学研合作，是指企业、大学、科研院所为实现优势互补以及科技成果转化和产业化这一共同目的，通过契约或其他方式，相互支持和配合，联合进行研究开发和成果转化的行为。产学研合作的相关概念有"产学研结合""产学研一体化"等，具体概念有"产学研战略联盟""产学研协同创新"等。产学研合作是产学研结合

---

① 刘海波：《教育产业问题讨论综述》，《教育发展研究》1999年第8期，第51—53页。

的一种具体的较为高级的形式。① 美、日等国的产学研合作模式包括企业孵化器模式、科技工业园区模式、高技术企业发展模式、产学研合作教育模式、产学研合作研究模式以及科研据点模式等，我国的产学研合作模式主要有政府推动、市场需求主导、共建模式等。② 1992 年 4 月，原国务院经贸办、原国家教育委员会、中国科学院启动了"产学研联合开发工程"，目的在于组合和调动高校、科研院所和企业的优势与积极性，加速科技成果向现实生产力的转化，促进我国经济发展。1993 年《中华人民共和国科学技术进步法》以法律形式确认，"鼓励企业、高等院校、科研机构开展联合和协作"。1999 年颁布的《关于加强技术创新，发展高科技，实现产业化的决定》，2006 年发布的《国家中长期科学和技术发展规划纲要（2006—2020 年）》和《实施〈国家中长期科学和技术发展规划纲要（2006—2020 年）〉的若干配套政策》，以及 2008 年出台的《关于推动产业技术创新战略联盟构建的指导意见》等政策文件，对产学研的意义、规划和配套措施等问题做了说明和深化。

官产学结合（也称政产学结合或官产学研合作）是产学研合作的变体。产学研结合对拉近教育和产业的关系价值重大，却面临两大难题：（1）它的作用发挥和市场体制发育的程度直接相关；（2）即使在商品经济比较发达的国家，对那些中间环节多、技术含量高、不确定性大的科技成果（比如基础研究），特别是对关系一个地区和国家长远发展的重大科技成果的转化，产学研结合往往显得力不从心。③ 而官产学结合强调政府的推动、中介和协调作用，能够更好地促进技术进步、科技成果转化和区域创新。需要言明的是，

---

① 陈云：《产学研合作相关概念辨析及范式构建》，《科学学研究》2012 年第 8 期，第 1206—1210 页。
② 武海峰、牛勇平：《国内外产学研合作模式的比较研究》，《山东社会科学》2007 年第 11 期，第 108—110 页。
③ 张彦、傅晴：《关于改进和完善"官、产、学"结合的思考》，《科技与经济》1995 年第 5 期，第 27—28 页。

官产学结合是学者们基于日本经验（日本从 20 世纪 80 年代着手确立和推动官产学合作，成效显著）和美国学者提出的大学—产业—政府关系的"三螺旋"理论所移植来的概念，① 该概念在国家的政策和规划中并未出现，但是，我国关于促进产学研合作的政策几乎均涉及发挥政府作用的内容，尽管这和官产学结合的要求尚有不小差距。

  2005 年前后，工学结合和校企合作被奉为人才培养方面拉近教育和产业关系的圭臬。工学结合是一种将学习与工作相结合的教育模式，形式多样，工作与学习交替进行的时间期限为一年、一学期、一星期，或者一天。校企合作要求校企双方在办学形式、人才培养方案的制定、课程体系的构建、教学内容的选定、实训基地建设、实践教学的组织实施、师资培养等方面进行深入的合作。② 校企合作的下位概念有校企协同育人、校企合作育人、职业教育集团化等。2005 年 10 月，《国务院关于大力发展职业教育的决定》指出："职业教育要改革以学校和课堂为中心的传统人才培养模式，大力推行工学结合、校企合作的培养模式。"③ 2006 年 3 月，《教育部关于职业院校试行工学结合、半工半读的意见》提出，大力推行工学结合、校企合作的培养模式，逐步建立和完善半工半读制度，为社会主义现代化建设培养数以亿计的高素质劳动者和数以千万计的高技能专门人才服务。④ 2010 年 7 月发布的《国家中长期教育改革和发展规划纲要（2010—2020 年）》进一步指出，提高职业教育办学质量，

---

  ① "三螺旋"理论是一种有关创新的理论，最早由美国学者亨利·埃兹科维茨（Henry Etzkowitz）于 1995 年提出，它强调大学、产业、政府三方在创新过程中的密切合作、相互作用，认为官产学合作是知识经济时代技术创新的动力和关键。
  ② 洪贞银：《高等职业教育校企深度合作的若干问题及其思考》，《高等教育研究》2010 年第 3 期，第 58—63 页。
  ③ 《国务院关于大力发展职业教育的决定》，http：//baike. so. com/doc/6750395 - 6964951. html。
  ④ 《教育部关于职业院校试行工学结合、半工半读的意见》，http：//www. 360doc. com/content/16/0704/08/5428907572818001. shtml。

以服务为宗旨，以就业为导向，推进教育教学改革。实行工学结合、校企合作、顶岗实习的人才培养模式。2014年颁布的《国务院关于加快发展现代职业教育的决定》和《现代职业教育体系建设规划（2014—2020年）》，均对校企合作、职业教育集团化和校企协同育人等问题做了强化。

　　2010年之后，由于校企合作、工学结合等教育理念的实施效果不太理想，现代学徒制又被抛出。现代学徒制是学校与企业合作以师带徒强化实践教学的一种人才培养模式。[①]"学徒制"是一种在实际工作过程中以师傅的言传身教为主要形式的职业技能传授形式，通俗说即"手把手"教。一般认为制度化的学徒制出现在中世纪。与传统学徒制相比，现代学徒制主要加入了学校教育和知识传授。现代学徒制的"现代性"体现为：功能目的从重生产性到重教育性；教育性质从狭隘到广泛；制度规范从行会层面上升到国家层面；利益相关者机制从简单到复杂；教学组织从非结构化到结构化。[②] 2011年3月，教育部副部长鲁昕在推进国家中等职业教育改革发展示范学校建设专题培训班上首次谈到现代学徒制，希望地方政府和企业通过组织参与现代学徒制来解决东南沿海"用工荒"的问题。2012年，国务院印发教育部工作要点明确"开展现代学徒制试点"。2014年5月，《国务院关于加快发展现代职业教育的决定》明确提出，"开展校企联合招生、联合培养的现代学徒制试点，完善支持政策，推进校企一体化育人。"2014年8月，《教育部关于开展现代学徒制试点工作的意见》指出，为深化产教融合、校企合作，进一步完善校企合作育人机制，创新技术技能人才培养模式，各地要高度重视现代学徒制试点工作，加大支持力度，大胆探索实践，着力构建现代学徒制培养体系，全面

---

① 吴建设：《高职教育推行现代学徒制亟待解决的五大难题》，《高等教育研究》2014年第7期，第41—45页。

② 关晶、石伟平：《现代学徒制之"现代性"辨析》，《教育研究》2014年第10期，第97—102页。

提升技术技能人才的培养能力和水平。①

为拉近教育和产业的关系，2014年前后，"产教融合"开始浮出水面，成为政府倡导的处理教育和产业关系的关键词。产教融合是教劳结合和产教结合在新时代的体现和升华，强调消除教育和产业的边界，将教育和产业融为一体。2014年，《国务院关于加快发展现代职业教育的决定》和《现代职业教育体系建设规划（2014—2020年）》相继提出，加快现代职业教育体系建设，深化产教融合、校企合作，培养数以亿计的高素质劳动者和技术技能人才，为建设人力资源强国和创新型国家提供人才支撑。2015年10月，《关于引导部分地方普通本科高校向应用型转变的指导意见》指出，"以产教融合、校企合作为突破口，引导部分地方普通本科高校向应用型转变，把应用型高校的办学思路真正转到产教融合、校企合作上来"。因此，深化产教融合成为地方普通本科高校向应用型转变的核心目标、关键途径和重要内容，也成为新常态下地方产业优化升级和经济社会发展的助推器。

（三）产教融合的诱惑与困惑

拉近教育与产业的距离既是诱惑又是困惑。教育和产业是人类生存过程中联结在一起的两类重要活动——学习和生产——的变体，它们起初均寓于人类社会的生产实践活动之中，只是社会生产的日趋复杂化和专业化，才逐渐使教育独立为某种专门教人从事社会生产实践的系统，同时也使产业成为作为社会生产实践活动之重要组成部分的经济活动系统的代名词。教育和产业是密切联系并可以相互促进的两大系统，二者的互动结合可以产生巨大的经济社会效益，这对任何想增进人类福利的组织和个人来说都是一种诱惑。令人困惑的是，在教育和产业不断分离和演变的过程中，教育系统和产业

---

① 《教育部关于开展现代学徒制试点工作的意见》，http://www.moe.edu.cn/srcsite/A07/s7055/201408/t20140827174583.html。

系统之间的隔阂日渐扩大，消除这种隔阂变得越来越棘手。

在政府和教育界提出并采取了教劳结合、产教结合、工学结合、校企合作、产学研合作、现代学徒制、产教融合等一系列思想、主张和举措之后，教育和产业的关系依旧没有达到人们预期的状态，相反，众多新闻、研究和政策却透露出，当前教育与产业的隔阂问题——包括高等教育结构和产业结构不相适应、高校同质化发展、大学生就业难等问题——相当严重。这些问题在《国家中长期教育改革和发展规划纲要（2010—2020年）》《国务院关于加快发展现代职业教育的决定》《现代职业教育体系建设规划（2014—2020年）》《地方本科院校转型发展实践与政策研究报告》《关于引导部分地方普通本科高校向应用型转变的指导意见》等国家政策和研究成果中均有不同程度的总结和反映。

更加困惑的是，教育和产业的分化历程暗含着教育和产业分离的合理性。换言之，教育和产业各有其逻辑和边界，盲目而激进地缩小教育和产业的距离，让教育和产业走得过近，反而会诱发一系列风险，伤害教育发展和产业发展，以及二者之间的良性互动。

首先，产业（经济）逻辑不同于教育逻辑，产业与教育的融合天然内嵌着无法磨灭的冲突。产业逻辑遵循的是经济规律，而教育逻辑恪守的是人的发展、知识的创新与传播和教育的规律。比如，产业的文化和学术研究的文化在根本上是不同的。产业利用研究的目的是从一些技术优势中获得经济回报，同时产业研究拥有朝向应用研究及不泄密的固有倾向——保密关系着企业的产品开发与市场竞争力。相反，大学具有推进并传播系统性知识的使命，教师的研究内在地倾向于理论主题及其公开发表——研究成果的公开发表和被学术知识分子承认是教师晋升并获得声誉的主要途径。[1] 当然，这种文化隔阂存在可以相互妥协的区域，产业希望雇佣到具有崇高声

---

[1] ［美］罗杰·盖格：《大学与市场的悖论》，郭建如等译，北京大学出版社2013年版，第186—187页。

誉的科学家，教师需要产业在课题和经费方面的支持。但是，大学的兴趣在理论，市场的兴趣在利润或可以带来利润的技术和资源，这将是一场长期共存的冲突。

其次，大学和产业的合作会诱致学术资本主义的泛滥。所谓学术资本主义，是指大学（学院）及其教师为确保外部资金所采取的市场活动或具有市场特点的活动。[①] 不可否认，随着全球市场竞争的加剧，以及政府拨款与大学经费需求间差距的扩大，大学不得不面向市场寻求产业的资助，大学寻求产业资助甚至已经成了一种备受推崇和引以为傲的风尚。

天下没有免费的午餐。大学筹集外部资金的学术资本主义倾向，造成利润动机对高等教育的渗透，使"为知识而知识"的学术研究越来越沦为与市场相关的商业性研究，加剧了教育的市场化和学术的市场化。大学是追求真理的地方，而客观的真理恰好必须防止功利的直接介入。不幸的是，大学寻求产业资助成了大学拉近与产业关系的直接目的，大学的管理者和教授希望获取能够为其带来财富和声誉的企业的项目和经费，殊不知，在争取和完成项目的过程中，他们已经在很大程度上遗忘或失去了大学自治和学术自由。大量产业资金流入高等学校，使教学科研人员将时间越来越多地花费在和金钱有关的事务上，这给大学的人才培养、基础研究甚至大学治理带来了不可预知的风险。

再次，产教关系的亲密会使高等教育的公益性受到挑战。从公共经济学角度看，教育具有公共物品和私人物品的属性，因而也兼具公益性和私益性。高等教育公益性是与高等教育私益性、产业性、经济性相对的一个最基本属性，其意涵有三：（1）高等教育面向公众，让最广泛的公民拥有受教育机会，同时让最优秀的人接受最好的教育。这是高等教育民主化、大众化、普及化的要求与结果；

[①] ［美］斯劳特、莱斯利：《学术资本主义》，梁骁、黎丽译，北京大学出版社2014年版，第8页。

（2）高等教育所产生的效益惠及公众，公共事业、社会发展、经济建设从高等教育的发展中获得尽可能多的益处；（3）高等教育为民族事业、人类关怀以及长远发展提供智慧的支撑、精神的导向、整体的理解与恒久的价值观，而不仅仅着眼于眼前的功利、局部的满足、短暂的利益与现实的诉求。[①]

拉近高等教育与产业的距离，本是为了最大限度地发挥高等教育的公益性，却不曾想，发挥高等教育公益性的过程也是一个侵蚀高等教育公益性屏障的过程。这种侵蚀表现为：知识越来越成为受保护的交易产品。知识是人类认识的结晶，知识的创新和传播是高等教育借以造福人类的支点。长期以来，知识一直被视作公共产品。如果知识产权过于严格，那么知识生产的效率和知识所产生的价值都会受到限制。然而，高等教育和产业的融合，使知识越来越成为一种仅供少数人使用的获利商品，因为只有产权严格和知识保密，才能为企业带来丰厚的利润。

最后，高等教育贴近产业会加剧高校之间以及高校内部的不平等。从某种程度上看，产业是经济的下位概念，高等教育亲近产业，不可避免地把高等教育的发展带向了自由竞争和市场化。市场竞争的结果无意关注公平。高等教育亲近产业，会加速资源向中心大学（也称优势高校或办学水平较高的高校）聚集，拉大其与地方院校的资源差距，固化高等教育的等级结构。因为，中心大学凭借其在师资、技术、设备、政府支持、社会资本、科学研究等方面的优势，可以截获绝大多数的企业合作机会。同样，大学参与产教融合，也会拉大学科、二级学院、专业、教师在收入、地位和声誉上的差距。实际上，高校及其教师获得产业研发项目和经费，已成为提高其声誉、收入和地位的重要手段。

眼下，国家正在倡导应用型高校深化产教融合，这种国家层面

[①] 陈运超：《高等教育公益性的现实理性》，《复旦教育论坛》2008年第1期，第10—13页。

的"近距离"甚至是"零距离"地处理教育和产业关系的标准，可以生发出巨大的效益，却蕴含着巨大风险，一些风险的程度和类型远不止上文所述。

所以，处理教育和产业的关系，既是一项需要谨慎对待的长期的复杂工程，也没有一个普适性标准，需要我们不断摸索调试、权衡选择。可以预见，以"融合"的方式处理教育和产业的关系，必定会使应用型高校的产教融合遭遇一系列风险和质疑。

三　大学与社会的关系

高等教育或大学如何处理同社会的关系是高等教育领域极富争议的重大话题。20世纪六七十年代，面对美国高等教育的"合法性危机"，布鲁贝克（John S. Brubacher）提出，存在两种主要的高等教育哲学，一种以认识论为基础，趋向于把以"闲逸的好奇"精神追求知识作为目的，主张大学应待在远离社会的"象牙塔"中；一种以政治论为基础，认为探讨深奥的知识不仅出于闲逸的好奇，而且还因为它对国家有着深远影响，强调大学要主动服务社会。布氏认为，两种高等教育哲学并存于美国高等教育之中，并交替地在美国的高等学府中占据统治地位。[1]

认识论或政治论的高等教育哲学从来都不乏支持者和反对者。在国外，赫钦斯曾针对美国高等教育的市场化和职业化倾向，指责高等教育适应环境是极端错误的。阿什比（Eric Ashby）则基于生物学的"遗传—变异"理论和英国大学的保守性，主张"大学必须对社会的变化做出及时的反应"[2]。在国内，改革开放初期，围绕教育

---

[1] ［美］布鲁贝克：《高等教育哲学》，郑继伟等译，浙江教育出版社2001年版，第14—16页。

[2] 张斌贤主编：《外国高等教育名著研读》，高等教育出版社2010年版，第213—214页。

是否该适应商品经济、市场经济的发展,学术界有过长时间的广泛争议。2013年,展立新、陈学飞在《北京大学教育评论》第1期发表长文《理性的视角:走出高等教育"适应论"的历史误区》,指出中国高等教育习惯于"适应论"(其代表性表述是潘懋元先生的"两个规律论")逻辑,无视高等教育的认识理性,造成我国高等教育发展乱象重生,重新引发了质疑者、反质疑者、评论者对新中国成立以来高等教育发展和社会关系问题的持续争鸣。

大学与社会的关系同样是应用型高校深化产教融合必须认真省思的深层的重大现实问题。从国家的政策思路看,应用型高校深化产教融合,不仅带有浓重的"政治论"色彩,而且旨在实现应用型高校与社会的"近距离适应"。高等教育"适应论",尤其是国家政策层面的高等教育"适应论",一直以来饱受争议。从大学与社会关系的各类主张及其对高等教育"适应论"的质疑看,应用型高校深化产教融合在处理大学和社会的关系上困惑颇深。

(一) 大学主动适应社会

高等教育"适应论"是主张大学或高等教育主动适应社会发展的代表理论。国内"适应论"的代表性观点是潘懋元基于系统论和对规律的认识提出的"两个规律论"。按照系统科学的观点,社会是一个大系统,在这个大系统中,有经济、政治、文化、教育等子系统。教育作为一个子系统,与整个社会大系统及其子系统之间,存在内在的相互作用的必然联系;同时,教育作为一个特殊的社会子系统,其内部涉及教育目的、教育功能、人的发展、教学、学校管理等多维的基本矛盾与关系。而且,教育系统的内部和外部是相互关联的。从对规律的认识看,规律其实是事物内在的及其与另一事物之间的必然联系。根据列宁关于规律的论述,潘懋元提出了教育的(外部关系和内部关系)两条基本规律:教育的外部关系规律是指教育与经济、政治、文化等社会子系统的关系,即教育必须与社会发展相适应。"适应"一方面指教育要受一定社会的经济、政治、科学文化所制约，另一方面指教育必须为一定社会的经济、政治、科学文化服务。教育的内部规律是，社会主义教育必须培养全面发展的人，或者说，社会主义教育必须通过德育、智育、体育培养全面发展的人。教育的外部规律与内部规律是相统一的，教育内部规律要受教育外部规律所制约，教育外部规律要通过内部规律来实现。①

高等教育"适应论"在国外的支持者有阿什比、博克等。阿什比借用生物学的"遗传—变异"概念指明，任何类型的大学都是遗传和环境的产物。大学作为一个有机体，必须对社会的变化做出及时的反应，才能保持自身的存在和发展。大学必须设法在维持自身传统和适应外界环境变化之间保持平衡：既不在适应外在环境方面成为无定见的顺风倒，也不顽固保守而偏执不化。为取得这种平衡，大学必须主动进行改革并控制变革，避免招致外力强制下的变革。②美国教育家博克在其著作《走出象牙塔》中指出，大学走出象牙塔服务社会，是社会发展和大学自身发展无法回避和抗拒的必然趋势。现代大学既要保持大学的自治传统，维护大学的自由，坚守基本的学术原则，又要承担学术研究的社会责任，并对社会问题作出恰当的反应。③

（二）大学批判和适当远离社会

与高等教育"适应论"针锋相对的保守性观点是，大学应该批判并适当远离社会。大学批判社会，意味着社会在很多时候是"错的"，需要大学的理智和良知去发现、指明和纠正这些错误。大学适当远离社会，说明大学有其独立性和行动逻辑，大学理应

---

① 潘懋元、王伟廉主编：《高等教育学》（第3版），福建教育出版社2013年版，第31—49页。

② 张斌贤主编：《外国高等教育名著研读》，高等教育出版社2010年版，第178—184页。

③ 同上书，第213—222页。

按照自己的规律和方式服务社会,而不是毫无章法地满足社会的欲望。

大学要批判社会。所谓批判,是指按照某种尺度对事物或现象进行事实或价值上的判断和评论,即判定现象或事物的是非、善恶、美丑。批判是大学与生俱来的特质,大学也曾一度占据社会批判领域的中心。大学的批判性表现在两个方面:一是学术批判,其目的是增进人们对自然、社会及思维的认识,推进学术发展;二是社会批判,其目的在于明辨是非、抑恶扬善、维护正义。[1] 大学追求真理的本性,大学的人文主义传统,大学师生的批判意识与责任,共同构成了大学批判的精神源头。[2] 大学履行其严肃而理智地批判社会的职责的起码要求是,大学不能随波逐流地卷入社会事务之中,或者成为社会的工具和奴仆。因而,大学批判社会,继而为社会的进步指明方向,绝不能止步于适应社会,更不该缺乏理性分析地顺应社会。

大学应恪守自己的使命和逻辑(理性),远离社会实际的政治和经济利益。有学者指出,高等教育的认知理性和社会的实践理性存在冲突,高等教育适应论会颠倒认知理性和各种实践(政治、经济、文化等)理性的关系,使高等教育在矛盾和冲突中偏离正常的发展轨道。认知理性追求真理本身,是使认知活动合理化的思维方式。实践理性追求真理的功用,是使政治、经济、文化等社会交往活动合理化的思维方式。高等教育是认识理性和实践理性的结合体,它既承担着创造知识和提高人们认知(追求真理或研究高深学问)能力的重要使命,也担负着输出知识产品以满足社会需求的职责。然而,在高等教育"适应论"的误导下,我国高等教育发展,一方面颠倒了认知理性与各种实践理性的关系,试图用工具理性、政治理

---

[1] 肖庆华:《论大学的社会批判品性》,《高等教育研究》2015年第5期,第8—12页。

[2] 刘振天:《大学社会批判精神的源泉及当代境遇》,《北京大学教育评论》2003年第3期,第60—65页。

性和传统的实践理性等取代认知理性在教学和科研中的核心地位，导致国内高等教育难以走上正常发展的轨道；另一方面在选择某种实践理性为主导的时候，又不惜压制其他各种实践理性的发展，以致在高等教育的各种目标之间、不同目标与手段之间，造成了极大的矛盾和冲突。① 柏林大学创始人洪堡（Wilhelm von Humboldt）认为，教授与学者应处于政治与社会环境的彼岸，作为一种精神自由的科学自由，正是这样一种"彼岸的自由"，它能为国家和社会保持一支校正力量，去校正那些在社会和政治上虽已形成优势却不一定健康的东西。远离社会实际的政治经济和利益，同大学自治和学术自由，一起成为柏林大学乃至19世纪德国高等教育屹立于世界高等教育顶端的奥秘。②

大学不应当对社会采取直接行动。美国普林斯顿大学校长弗莱克斯纳（Abraham Flexner）主张，大学应当与现实世界保持接触，同时不承担责任。③ 弗氏指出，人类的智慧至今尚未设计出任何能与大学比拟的机构，大学必须接受各种社会问题的挑战，以其实力和声望引导社会采取明智的行动。大学不是风向标，不能流行什么就迎合什么，大学应不断满足社会的需求，而不是它的欲望。因此，大学必须对社会的各种现象采取一种科学的"客观立场"，必须在以科学的态度研究自然现象和客观世界的同时，避免参与立法机关、社区公众、市政当局和各种商会的实际事务。大学及其学者可以为社会提供服务，但这种服务是围绕科学研究的适可而止的服务。一旦将大学和学者的时间和才能，花费到解决具体的已经被研究透彻的问题或事务上，大学只能停滞不前或毁于一旦。

---

① 展立新、陈学飞：《理性的视角：走出高等教育"适应论"的历史误区》，《北京大学教育评论》2013年第1期，第95—125、192页。
② 李工真：《大学现代化之路》，商务印书馆2013年版，第57—58页。
③ ［美］弗莱克斯纳：《现代大学论——英美德大学研究》，徐辉、陈晓菲译，浙江教育出版社2001年版，第11页。

（三）大学超越和引领社会

大学超越和引领社会要求大学不能仅仅适应社会。如果说大学适应社会，是对大学的起码要求，那么大学超越和引领社会，则是对作为"社会轴心"机构的大学提出的一种带有人文主义色彩的高层次要求。

大学超越社会，是由人的超越性和教育的超越性决定的。人是一种超越性的存在，教育要培养不断寻求超越的人。鲁洁主张，教育应实现从适应论到超越论的根本转变。① 从现代唯物主义看，实践就其本质而言是人自身对他所处环境的超越。人与动物在和他们所处环境关系上的根本区别在于，动物凭借本能去适应环境，人则是通过实践去改造（超越）环境。教育作为培养人的活动，它的超越的核心是，培养出能改造现存世界的人——具有实践意识和实践能力并能超越现实世界、现实社会的人。赋予人以人所独具的实践本质，是教育的基本功能。现存教育的悲剧是，它从根本上放弃了培养超越性存在的期待，把学生紧紧地捆绑在"应试教育""升学教育"等现存的教育体制和教育行为之中，迫使他们去"适应"种种不合理的生存状态。这是一种病态的教育。②

大学天然具有超越性，不断在保守中寻求超越。张楚廷指出，大学既是保守之产物，亦是超越之产物。在学校诞生千余年之后才出现大学，大学超于小学、中学之上，大学的出现本身就是教育对自身的一次超越。同时，大学仍然是教育的一部分，它天然具备教育的保守，始终坚持保存、保全和坚守自己所创造的知识，只不过这种知识是更具超越性的高深知识。保守与超越像大学的一对孪生姊妹，大学正是在其保守性中得以不断超越的。大学的超越不只是

---

① 鲁洁：《论教育之适应与超越》，《教育研究》1996年第2期，第3—6页。
② 鲁洁：《超越性的存在——兼析病态适应的教育》，《华东师范大学学报》（教育科学版）2007年第4期，第6—11、29页。

与时俱进，大学不仅能做到超越时下，超越时限，超越时代，还能反向超越，探究遥远的过去。大学可以超越实用①，而不仅仅以应用为目的；超越既有，质疑和修正现存公认的真理；超越实际，而不完全停留于或离不开实际的现象；超越"规律"，凭借人的意志去发现、转移和影响规律；超越自身，突破人的感官、经验和意识，改变大学的传统和惯性。②

大学应引领社会发展。引领是比适应更高层次的要求。适应仅强调大学对外部环境的顺应或大学作出改变以适合客观需要和条件。引领，意为在前面引导、引路。大学是通过引领社会而更好地服务社会的。作为时代"智力良心"的大学，一面通过"高深学问"和新思想引领社会的发展和进步，一面通过培养具有创新精神的人引领社会的发展。大学曾在引领社会中成绩斐然。例如，北京大学既是中国近现代高等教育的先驱，又是反帝反封建和传播新思想新文化的摇篮。宾夕法尼亚大学成功研制出了世界上第一台计算机，将人类文明由工业时代推进到信息时代。剑桥大学的霍金建议人类早作准备离开地球而迁居到其他适合人类居住的星球上，为人类"仰望星空"提出了更高的要求。大学引领社会，意味着大学不满足于走进社会的"中心"，紧紧跟随社会，而应走在社会的"前头"，引导人们超越时代和社会的局限，引领人与社会的发展。

（四）大学融入社会

比大学适应社会更激进的观点是，大学要融入社会。现代社会的分工与合作日益深化，终身教育理念和学习型社会正更多地从理

---

① 我国的大学从根源上表现出一种狭隘的实用主义。最早的大学，如北洋西学堂（后更名为北洋大学）、南洋公学、京师大学堂，是以实务、以对物的直接关注为基础而建立起来的。甲午海战后创办的北洋西学堂和南洋公学，主要培养实业人才，"兴学自强"。稍后建立的京师大学堂仍然以"讲究实务"为宗旨。

② 张楚廷：《保守与超越：大学的一对孪生姐妹》，《高等教育研究》2007年第11期，第16—19页。

念变为事实，教育与社会的关系也越发紧密，传统的政治、经济、文化系统和教育系统之间的边界早已被打破，教育和社会各子系统之间形成了一种"你中有我、我中有你"的状况。在这样的背景下，大学与其去寻求适应、超越或批判社会，毋宁去主动融入社会，灵活自由而自然地为社会的运转贡献自己的力量。

主张大学融入社会的观点，散见于克拉克·克尔（Clark Keer）等的著作中。克尔基于现代社会对大学的冲击和大学对现代社会进步的作用，提出现代大学理想的存在形式是多元化巨型大学。大学的理念是随时代变化而变化的。现代社会对大学提出的各种新的要求，正渐渐改变着大学本身的性质和功能，使大学日益成为一个具有多重教育目的、多重教育职能、由多个社群构成的新型社会机构。多元化巨型大学的出现，是以纽曼为主要代言人的传统大学观，历经弗莱克斯纳的现代大学观，最终向多元化巨型大学观历史演变的结果。可以说，"现代大学不是牛津大学，也不是柏林大学，它是世界上一种新型的机构。作为新型机构，实际上它并不是私人的，也不是公立的；它既不完全属于世界，也不能与世隔绝。它是无与伦比的"[①]。如果纽曼理想中的古典大学是一座僧侣居住的村庄，弗莱克斯纳关于现代大学的理念是建设一座由知识分子垄断的城镇，那么多元化巨型大学则类似于一座丰富多彩的城市。在这座城市里，大学有若干个灵魂和目的，有多元的成员和社群，大学与社会的界限很模糊并同时面向于社会的各个阶层，满足社会各界的多样化需求。

有学者指出，随着市场经济和知识经济的蔓延和深入，我国大学与社会的边界正日益模糊。市场经济改革以来，原来计划经济体制下传统的部门划分被打破，高等教育活动的界限越来越模糊，高等教育正在变成一个复杂的开放系统。在当代，人类进入学习化时

---

① ［美］克拉克·克尔：《大学的功用》，陈学飞等译，江西教育出版社1993年版，第1页。

代，终身教育成为教育发展的根本趋势，在此情境下，整个社会都变成了学习场域进而也成为教育活动场域，高等教育已经弥散到各种社会活动场域中。① 而且，高等教育本质上是一个实践问题，大学和社会的关系理论的构建和观念的改变，有必要重视实践的经验归纳。据此看来，大学和社会的关系，不应再拘泥于"适应论"和"非适应论"，如何让大学融入社会进而促进二者的双向繁荣，才是未来高等教育发展的方向。

四 教育类型

根据《指导意见》，地方普通本科高校转型发展的类型定位是应用型高校（也称应用技术大学或应用技术类型高校）。那么，应用型高校究竟属于普通教育还是职业教育？

（一）定位于普通教育的困惑

学术界和应用型高校主张，建设应用型高校的目的在于发展不同于职业教育的应用型普通教育。

潘懋元认为，应用型教育是建立在普通教育基础上的专业性应用教育，强调专门性、针对性、实践性和行业性。② 潘懋元依据联合国教科文组织 1997 年发布的《国际教育分类标准法》（第二次修订稿）中的"第三级教育分类"，对中国高等教育层次结构做了基本划分（如图 3—2 所示）。其中，$5A_1$ 属于学术型教育（主要对应研究型高校），$5A_2$ 属于应用型教育（主要对应应用型高校），5B 属于高等职业教育（主要对应高职高专院校）。

---

① 王洪才：《论高等教育"适应论"及其超越——对高等教育"理性视角"的理性再审视》，《北京大学教育评论》2013 年第 4 期，第 129—149 页。
② 潘懋元主编：《应用型人才培养的理论与实践》，厦门大学出版社 2011 年版，第 17—18 页。

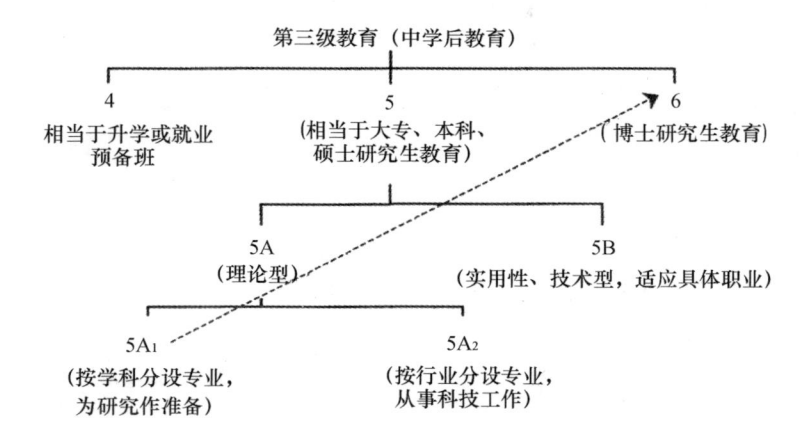

```
                        第三级教育（中学后教育）
         ┌──────────────────┼──────────────────┐
         4                  5                ▲ 6
    相当于升学或就业      (相当于大专、本科、     (博士研究生教育)
       预备班            硕士研究生教育)
                    ┌──────┴──────┐
                   5A            5B
                 (理论型)    (实用性、技术型，适应具体职业)
              ┌────┴────┐
            5A₁        5A₂
        (按学科分设专业，  (按行业分设专业，
         为研究作准备)    从事科技工作)
```

图 3—2　《国际教育标准分类法》与我国教育的对应关系

说明：

（1）本示意图所示序数为 5 的分类——相当于专科、本科和硕士研究生。

（2）5A₁ 与 5A₂，在标准分类法中只有文字表述，是作者（潘懋元）根据表述原意而标明的。

（3）5A₁—6 的虚线，表明 5A₁ 是"为研究做准备的"，有利于进入高级研究学位（博士学位）。

　　学界的多数学者，如武书连、陈厚丰、陈学飞、马陆亭、孔繁敏等，在高等教育的分类中总体上沿用或者没有脱离潘懋元的框架，尽管一些学者的划分更为精细。① 值得关注的是，联合国教科文组织 2011 年发布的《国际教育分类标准法》（第三次修订稿）也基本沿袭了理论和应用的区分，只不过，它在《国际教育分类标准法》（1997 年）的基础上，把 5B、5A₂、5A₁ 类教育变成了 5、6、7 三个等级的教育。②

　　地方普通本科高校希望把自己归属到普通教育，反对转为职业

---

　　① 孔繁敏等编著：《建设应用型大学之路》，北京大学出版社 2006 年版，第 16—27 页。

　　② 《国际教育标准分类法（2011 版）》，http：//www.doc88.com/p - 5819882090549.html。

教育。在我国，职业教育是考试淘汰分流的结果，高等职业教育长期被认为是高等教育的低端，高职高专的地位、生源、师资和政府财政拨款远不如普通本科高校。所以，地方本科普通院校反对转为职业教育。而且，很多地方普通本科高校本身是从高职高专千辛万苦"升格"而来的，自然不愿再被打回职业教育。虽然政府和一些学者希望打破普通教育和职业教育的藩篱，建立纵横贯通的教育体系，但是现有的教育分流机制、教育资源分配制度和社会认识客观上加剧了职业教育与普通教育的差距，因此，如果不突破资源配置和社会认识的约束，多数地方普通本科高校不愿意转为职业教育。

将应用型教育划归为普通教育的思路是：从理论和应用二分的视角，把普通教育分为学术型教育和应用型教育，把人才分为注重知识创新的学术型人才和侧重知识应用的应用型人才，进而建议扩大和加强应用型教育，提高应用型人才的数量和质量，缓解高等教育与经济社会发展的脱节问题。这种思路符合地方普通本科高校的期待，却也暗含着一些困惑：其一，一些地方普通本科高校多年来实施的本就是应用型教育，何必转型？其二，许多研究型大学和高职高专在应用型教育方面成效卓著，如何避免应用型高校与它们趋同？其三，理论或应用是紧密联系的，学术型教育和应用型教育的边界和尺度在具体操作中很难厘定。

（二）定位于职业教育的挑战

从政府的教育政策和规划看，地方普通本科高校转型的目标在于发展本科层次的高等职业教育。《国务院关于加快发展现代职业教育的决定》提出，"采取试点推动、示范引领等方式，引导一批普通本科高等学校向应用技术类型高等学校转型，重点举办本科职业教育"。《现代职业教育体系建设规划（2014—2020年）》指出，"鼓励举办应用技术类型高校，将其建设为直接服务区域经济社会发展，以举办本科职业教育为重点，融职业教育、高等教育、继续教育于一体的新型大学"。

　　高等教育带有职业教育的基因,"中世纪大学在很大程度上是职业性学校。它们训练学生掌握一定的知识,以为以后从事法律、医学、教学这些世俗专业或献身教会工作所用"①。因此,地方普通本科高校转为职业教育,是一种教育的复归,能为我国高等教育和经济社会的发展注入新的活力。同时,在高等教育从精英教育通向大众化和普及化的进程中,大学将不能不逐渐重视满足受教育者的职业需求。然而需要注意的是,高等教育演变至今,其传统和系统已不同于以往,在不同国家和地区的发展和环境也各自相异,任何在高等教育中扩张职业教育的不适当或不谨慎的主张或行动,都可能招来质疑和挑战。

　　一方面,自由教育论者乃至其后的通识教育论者认为,职业教育是狭隘的、专门化的教育,在职业教育上花费太多的精力可能忽视其他有价值的活动,尤其是理智或理性的活动。而理智培育,在言行的礼貌、得体、优雅等方面证明了自身的价值,能使人如实地感知事物的本质,不纯粹被现象所迷惑,更是形成对事物合乎逻辑的看法或理解,并以此结合个体身上独特的素养和能力进而施展力量的基础。② 所以,高等教育及大学应以人的理性发展为目标,强调心智的训练和自由人的培养。"经过适当训练并养成适当习惯的智力,在任何领域都能发挥重要的作用。因此,培养理智方面优点的教育是最有用的教育,不管学生将来过思辨的生活或行为的生活。"③ 反之,高等教育的职业教育主义会导致浅薄和孤立,"它剥夺了大学唯一的生存理由,即在不受功利或'结果'的压力牵制的

---

　　① [美]伯顿·克拉克:《高等教育系统——学术组织的跨国研究》,王承绪等译,杭州大学出版社1994年版,第20页。
　　② J. H. Newman, *The Idea of a University: Defined and Illustrated*, London: Longmans, Green and Co., 1907: 9–12.
　　③ [美]罗伯特·赫钦斯:《美国高等教育》,汪利兵译,浙江教育出版社2001年版,第37页。

情况下，为追求真理提供一个天堂"①。

诚然，"作为一种古老的人文主义教育传统，自由教育理念在现代科学兴起之时遇到了严重挑战"②。随着现代社会的知识"爆炸"和高等教育大众化的推进，自由教育的普适性和影响力日渐式微。当今社会，高等教育如果一味地坚守自由教育而排斥某些为谋生所需的专门训练，就会出现某种不适应。

但需要警醒的是，自由教育作为一种教育理念仍然同高等教育难舍难分，复兴这种传统理念的教育改革——如赫钦斯倡导的"名著运动"、哥伦比亚大学的西方文明经典名著计划、耶鲁大学发布的《耶鲁报告》和哈佛大学的"通识教育计划"——从未消逝，"自由教育作为大学的一颗童心，尤其在一些世界著名大学依然完好保留"③。而且，在继承自由教育和批判专业教育（包括职业教育）基础上形成的通识教育，始终坚持培养完整的人，坚持在面向多数人的教育中关注人的心灵和智力的全面发展，不仅深深地扎根到世界高水平大学之中，也在我国的许多大学中得以开花结果。在自由教育不断地流变复苏并日益扩散的事实面前，在高等教育中扩张强调注重职业和经济而非人的心智发展的职业教育，必然会招致很多非议。调查问卷统计结果显示，25.1%的学校管理人员和36.2%的教师认为应用型高校应该侧重培养学生的"理性"，提高学生的心智水平。

另一方面，在高等教育中扩张职业教育的结果是否能实现《指导意见》所预期的目标，也疑点重重。这些目标包括促进产业优化升级，服务地方经济发展，扭转高等教育的同质化倾向，缓解大学生就业难和就业质量低等问题。

---

① ［美］罗伯特·赫钦斯：《美国高等教育》，汪利兵译，浙江教育出版社 2001 年版，第 25 页。

② 周光礼：《走向高等教育强国：发达国家教育理念的传承与创新》，《高等工程教育研究》2010 年第 3 期，第 66—77 页。

③ 张楚廷：《高等教育学导论》，人民教育出版社 2010 年版，第 58 页。

首先,这种"阿基米德式"的超乎实际的预期目标夸大了教育的价值,或赋予了教育过多的期望和责任。教育可以达成上述目标的论调,有着明显的"教育万能论"后遗症,其根本性的错误在于,把一个总体系统的社会问题简单地归因于单个的教育系统甚至教育方面。例如,大学生就业问题是教育市场和劳动力市场相互均衡的结果,影响教育市场均衡和劳动力市场均衡的因素大相径庭,单方面改革教育根本无法解决大学生就业问题。不少学者也指出,高校扩招及其衍生的教育过度,在催生大学生就业问题上扮演了重要角色。实际上,任何一种教育或任何一所大学都不能"担保"其毕业生能够找到工作或职业,包括坚信市场规则、具备较大灵活性和融合了多元化教育理念和教育目的的美国大学,即使美国拥有引以为傲的世界一流经济和教育。[①] 总之,任何一个和教育相关的或者教育系统之内的问题,可能是多方面因素复杂作用的结果,在社会协作日益深化的网络之中,仅仅依靠教育可以带来的改变,可能远远小于某些人或组织的期望。

其次,这种国家主义的预期目标一定程度上忽视了公众的教育需求。我国公众的教育需求主要是上"好大学"——综合性研究型大学或"985""211"大学,这类大学通常意味着更好的教育质量、就业岗位、社会地位、声誉和发展空间。虽然随着高等教育的高速大众化,公众的教育需求日趋多元,但是在高等教育资源配置不均衡、公众的教育观念固化和教育的筛选作用较强的情况下,公众对"好大学"的需求依然十分旺盛。现实来看,经过一系列层级式的教育选拔和淘汰,教育系统"成功地"把学习成绩差的学生,分流到了高职高专和应用型高校,因而从某种程度看,学生选择就读高职高专和应用型高校所表现出的多元教育需求,实际上是一种扭曲和无奈的教育需求。由此可见,地方普通本科高校转型的诸多预期目

---

① [美]谢尔顿·罗斯布莱特:《现代大学及其图新》,别敦荣译,北京大学出版社2013年版,第28—30页。

标带有浓重的国家主义色彩，它过多地关注了国家经济社会发展和劳动力市场的用人需求，一定程度上忽视了公众的教育需求或"买方市场"，不利于获得学生及其家长认可和支持。事实表明，一些高校被冠以应用技术类高校之名后，其招生数量和质量已经出现了下滑现象。

再次，这种自上而下形成的目标不利于调动地方普通本科高校转型的积极性。我国的职业教育长期在"低端"和"底部"徘徊，职业教育的质量及其毕业生的发展前景一直无法获得社会认可。在人们对普通教育和职业教育的认识和判断如此悬殊的中国语境下，推动地方普通本科高校发展职业教育，显然无法调动这些院校的积极性。此外，从教育管理体制看，普通高等学校和职业院校分别隶属于高等教育和职业教育的教育管理部门，应用型高校跳转职业教育还面临一系列体制障碍。

最后，这种带有激进色彩的预期目标低估了"干中学"价值和意义。大学走出象牙塔之后，与社会的关系越来越密切，与行业企业等生产组织的边界却越来越模糊——大学越来越多地直接地为行业企业或代替企业提供社会服务。大学更好地融入和服务社会，是一种时代的进步，但这并不代表大学和其他生产组织之间边界的消失，更不意味着仅仅通过政府的教育改革就能很快实现这种进步。

大学不能替代行业企业等生产组织的一个重要原因是"干中学"，所谓"干中学"是指人的某些能力、技术和经验只能在实际的生产工作中习得、积累和提高。大学是保守和创新的结合体，尽管大学是知识创新的高地，但大学的本科教学所讲授的多是相对陈旧的学科基础知识。正因为如此，本科生从学校获得的知识很难支撑他直接胜任其职位，用人单位才会安排入职培训或较长时期的岗位培训，并建立与工作时间和工作能力密切相关的职位晋升制度。

大学的知识和技术水平在很多方面是落后于行业企业的，所以大学的人才培养也难以代替行业企业的"干中学"。单就技术进步而言，企业的贡献和先进程度远远超过了大学。据统计，从17世纪到

20世纪70年代，被经济学家认为改变了人类生活的160种主要创新中，80%以上是由企业完成的。今天，全世界70%的专利和2/3的研究开发经费出自跨国公司。① 而且，随着教育技术的进步和推广，人类获取知识技能的途径日趋丰富，对学校教育的依赖性不断下降，学习和工作的界限已不那么泾渭分明，"干中学"对人类学习的作用将进一步凸显。同时，随着行业企业技术更新的加快，本科生从大学获得的知识技术，同胜任生产工作所需的知识技术间的差距不断扩大。除低端加工型企业和某些服务业外，很多企业甚至是低端的中小型企业都会对新招员工进行培训，而且这种培训的时间和频率还在不断增加。

基于"干中学"的不可替代性和不可跨越性，在我国高等教育和产业融合的一些条件还不太成熟的情况下，扩张职业教育实现诸多预期目标的计划，显得有些激进。其背后的逻辑是，用学校教育尽可能代替行业企业的"干中学"。这很容易出现"喊口号"和"浮夸风"的"大跃进病"，浪费大量的资源，伤害教育和学生的发展。正如赫钦斯指出的，"社区中每个有组织表达自己心声的团体都希望，大学的存在使他们没有必要再去培训自己的雇员，他们想从大学中得到尽可能现成的产品，从毕业那一刻起就能发挥尽可能大的作用，同时又非常廉价。但是，这种愿望的影响是，很快每个人上大学的目的将是为了得到某种培训。而且，想通过大学参与使某个专业年轻人的工作做得更好的愿望是非常虚幻的，将大学职业教育化对大学而言显然是有害的"②。

---

① 中央电视台《公司的力量》节目组编：《公司的力量》，山西教育出版社2011年版，第202页。

② ［美］罗伯特·赫钦斯：《美国高等教育》，汪利兵译，浙江教育出版社2001年版，第22页。

五 教育目的

教育目的是教育活动力图实现的目标和结果，它规定了通过教育过程把受教育者培养成什么质量和规格的人，规制了教育工作的方向，对教学制度、教学内容、教学方法起着制约作用。从内容结构看，教育目的一般由两部分组成：一是就教育所要培养的人的身心素质作出规定，即提出受教育者在知识、智力、品德、审美、体质诸方面的发展要求，以期受教育者形成某种个性结构；二是就教育所要培养的人的社会价值作出规定，即指明这种人符合什么社会的需要或为什么阶级的利益服务。[1]

应用型高校深化产教融合的教育目的，从身心素质角度看在于培养应用型技术技能型人才，从社会价值角度看在于服务地方经济社会发展。《指导意见》明确指出，"地方普通本科高校应主动适应我国经济发展新常态，主动融入产业转型升级和创新驱动发展，推动转型发展高校把办学思路真正转到服务地方经济社会发展上来，转到产教融合校企合作上来，转到培养应用型技术技能型人才上来"。应用型高校深化产教融合的教育目的无论在身心素质方面还是社会价值方面均面临着困惑和冲突。

（一）培养应用型技术技能型人才的困惑

将应用型技术技能型人才作为应用型高校深化产教融合的教育目的，给应用型高校深化产教融合造成了许多困惑。

第一，应用型技术技能型人才是一类人才还是两类人才？根据潘懋元等的研究，人才大致可分为学术型人才、应用型（或工程型）

---

[1] 王道俊、郭文安主编：《教育学》（第6版），人民教育出版社2009年版，第86页。

人才和技术技能型人才。① 其中，学术型人才是研究高深学问的高层次拔尖创新人才，其主要任务是研究客观规律并将客观规律系统为科学理论；应用型人才是各级各类、各行各业中的高级专门人才，其主要任务是将科学理论转化为可操作应用的工程方案或设计图纸；技术技能型人才是面向生产、管理、服务第一线的专门人才，其主要任务是依靠熟练的操作技能，将工程方案与图纸转化并具体化为产品。可见，应用型人才和技术技能型人才有所差别，不能将它们笼统划归为一类人才。此外，现有对人才的划分和定义，尤其是对应用型人才的内涵和外延，仍处于粗略描述阶段。到底人才该如何分类以及如何定义和培养应用型人才，仍需进一步探索和研究。

第二，什么是应用型人才？尽管学术界关于应用型人才的认识和定义已经比较丰富，也形成了一些相对公认的观点，但是到底什么是应用型人才这一问题仍悬而未决。通俗地讲，应用型人才的衡量标准和内涵是什么？什么样的人才算应用型人才？应用型高校在产教融合中一个重要的困惑就是，找不到一个可供操作参照的应用型人才标准，在实际的教育教学中，上至学校领导，下至教师，对应用型人才的理解千差万别，很少有人能真正说清什么是应用型人才。

第三，怎样培养应用型人才？假如可以给应用型人才确定一个明确的可操作标准，随之而来的一个关键问题便是如何培养应用型人才，即通过什么样的教育制度、教育内容、课程、教材、教学方法、教育评价等人才培养方式，才能培养出应用型人才。不得不说，目前关于怎样培养应用型人才的研究仍处于探索阶段，刚刚起步的应用型高校更是如此。

第四，应用型高校是否要培养技术技能型人才？一方面，根据上述人才划分并参见德国的高等教育系统，若对应我国的教育层级

---

① 潘懋元：《21世纪国家的核心竞争力——"教育—人才"的合理结构》，《中国高教研究》2005年第3期，第2—3页。

和类型，那么，高水平的研究型大学应力主培养学术型人才，应用型高校应负责应用型人才培养，高职高专和中职中专主要培养技术技能型人才。据此推论，技术技能人才还是不是应用型高校的人才培养目标？而且，应用型高校如果培养技术技能型人才，有被等同于职业院校的嫌疑，还会雷同于高职高专。另一方面，一个现实的问题是，应用型高校能不能或该不该放弃培养技术技能型人才？因为在具体的教育教学实践过程中，应用型人才和技术技能型人才的界限相当模糊，很多中西部地区的产业发展需要大量的技术技能型人才而非应用型人才。

第五，人能不能被划分为某一类人才？从学科分化、社会分工和职业需求的角度而言，将人才分门别类有利于教育按学科专业培养专门人才，有利于拉近教育与经济的距离，更进一步讲是教育与职业甚至岗位的距离。但是，人真的能够而且应该被划归为某类人才吗？

姑且不论人才划分的技术是否具备并达到基本完善的水平，单是人该不该被划分就饱受争议。其一，人（尤其是学生）是未完成的、不断发展变化的个体，在学生受教育之前给学生贴上某类人才的标签，无异于在否定人的发展变化的同时，为人的自由发展及其无限可能性戴上了镣铐。事实上，单单靠学校教育也不一定能培养好应用型人才，很多应用型人才恰恰是一些技术工人不断在工作实践中摸索、积累而发展起来的。其二，人是一个完全的整体，应用性是任何人都有的特性，以人的某一部分特性（如应用性、技能性）为类型去定义一个完整的人，本身就是对人的一种肢解和误读。事实上，理论和应用关联紧密，每个人都具备一定的理论知识和应用能力，应用型人才、应用型学科专业、应用型人才培养方式本身不容易界定清楚，因而很难将某个人绝对地划归为应用型人才。其三，教育是面向未来的，人才划分的目的却更多地指向于当前经济发展和职业岗位的需要而非人的未来的更好发展，这显然是一种短期的适应，不是一种面向未来的引领，也无益于教育和大学的自我突破与不断超越。

(二) 服务地方经济社会发展的冲突

应用型高校为谁培养人或基于什么样的需要培养人，事关教育目的的价值取向问题。基于个人需要的教育目的价值取向和基于社会需要的教育目的价值取向之间的紧张关系及其冲突，始终困扰着教育。教育应兼顾个人发展和社会发展已为人共识，但这并不能避免两种取向冲突在教育实践上的持续存在。复杂的是，作为一种特殊社会有机体的政府，在调适个人需要和社会需要的过程中，经常试图"代表"整体的社会和"绝对理性"来确立和影响现实的教育目的，这使教育目的价值取向牵涉的冲突越发扑朔迷离。在地方普通本科高校转型的框架内，这种冲突外显为三大方面：学生目标与国家目标的冲突、学校目标与国家目标的冲突、大学自治与大学服务社会的冲突。

第一，应用型高校侧重服务国家经济社会发展目标，可能伤害学生个人发展。教育改革欲实现个人发展目标与国家发展目标的统一，奈何二者之间横亘着巨大的鸿沟。现实来看，多数学生接受教育的首要目的，便是实现自己的人生幸福，这种幸福可能会通过市场或政府等协作机制扩展到整个社会，但它首先或最初主要指向个人。与此相对的是，代表集体利益和集体理性的国家，在管理和影响教育的过程中，往往考虑的是整个国家或社会的福利。这势必造成个人和国家的关系紧张：个人依照个人需求接受教育，国家基于社会需求举办和管理各级各类教育及学校，个人接受教育的目标和国家管办教育的目标有时并不一致甚至是冲突的。

学生个人目标与国家总体目标的冲突，在应用型高校深化产教融合中主要表现在"发展需要""报考专业"和"毕业发展"等方面。就发展需要看，应用型高校深化产教融合的重要目标是培养应用型人才，但应用型高校的不少学生根本不了解或不想成为应用型技术技能型人才。调查问卷统计结果显示，98.7%的学生表示自己对应用型人才不太了解或完全不了解，63.4%的学生想成为学术型人才和通才，而且学生希望未来从事的职业多种多样，预期或可能的就业区域和行业相当粗略，又遑论将自己定位为应用型技术技能型人才？就报考专业而言，国家希望应用型高校调整学科专业设置，为地方经济社会发展培养大量产业发展亟需的理工类应用型人才，但是，不少学生在个体条件和偏好的驱使下，倾向于选择应用性相对较弱的人文社科类专业，于是应用型高校便出现了学科专业设置调整在满足个人需求和社会需求上的冲突。由于生源是学校存在的基础，且攸关学费收入和政府对高校的经费划拨，而地方经济社会发展的目标比较宏大模糊，应用型高校在实际操作中更看重满足学生的报考需求，而非根据地方经济社会发展需求调整学科专业。从毕业发展看，国家希望应用型高校依据地方产业发展需求，培养能促进地方经济发展的应用型人才。然而，随着人类文明的推进和社会流动的加剧，地方普通本科高校的外省（市）籍学生不断增多，学生就业的区域流动性和职业岗位变换频率日益增大，学生选择升学深造的比例也渐趋上涨。在这样的形势下，应用型高校如果一味地瞄准地方经济社会发展，反而会伤害部分学生的自由发展。

第二，应用型高校注重国家经济社会发展，会忽视和损害应用型高校的目标和利益。经历了从中世纪大学到德国现代大学再到美国多元巨型大学之后，人才培养、科学研究和社会服务发展为现代大学的重要功能，也成为个人、国家和社会等教育资源投入主体借助教育实现其目标和利益诉求的途径。大学的三大功能可以相互补充和促进，存在范围经济效应，却也内含着冲突。当个人、国家和社会投入的教育资源经过一定的分配机制流入大学之后，大学在配置和使用这些资源的过程中，并不一定能完全遵照或满足资源投入主体的意愿和需要。

应用型高校深化产教融合一个重要思路和国家目标是，通过侧重应用型人才培养和应用研究，促进地方经济社会发展。然而，作为教育组织的应用型高校更关心学校的生源、经费、教育质量、社会声誉和排名，高校内部的管理者和教师也各有其目标，这些目标与上述的国家目标有所出入。比如，在应用型高校的评价体系尚未建立的情况下，刚升本的应用型高校始终不敢放弃通过争取研究生培养和发表科研成果来提高其排名和声誉。在应用型高校重奖科研成果的制度激励下，教师们仍然会紧盯着（不一定是应用研究的）科研，不愿意将精力倾注到应用型人才培养上。在研究型大学具备很强的应用研究能力，并能吸引大量行业企业与之合作的情况下，应用型高校也不敢贸然将其科研重心转向应用研究。更与上述国家目标背道而驰的是，中国的大学，无论其是否愿意，都不得不被研究型大学牵着走。这一事实背后的论断是，在当前的教育体制和社会观念下，要让大学更具影响力，走研究型大学之路是不二选择。

第三，应用型高校偏重服务地方经济发展，恐危害大学的自治传统。博克指出，强调大学为社会服务的"威斯康星观念"产生之后，现代大学陷入了进退两难的困境：一方面社会的发展要求以研究和传授高深学问为己任的大学，走出象牙塔并担负起服务社会的责任；另一方面，大学一旦走出象牙塔，其自治传统便会受到挑战。[1]

大学自治既是大学适应社会培养人才的核心基础，也是大学得以基业长青的不竭动力，更是大学依据其教育理念自由地促进学生发展的保护带。大学自治是最值得被倡导和珍视的高等教育传统。诚如赫钦斯所言："失去了自治，高等教育也就失去了精华。"[2]《指导意见》指出，应用型高校应建立学校、地方、行业、企业和社区共同参与的合作办学、合作治理机制。这种多元化的共同治理模式，一方面有利于大学利用各方力量，更好地服务社会；另一方面又会使外界力量威胁到大学自治，容易形成大学管理中的"多头领导"，

---

[1] 张斌贤主编：《外国高等教育名著研读》，高等教育出版社2010年版，第213—214页。

[2] [美]约翰·布鲁贝克：《高等教育哲学》，郑继伟等译，浙江教育出版社1987年版，第31页。

导致教育促进学生发展的目标被政府、行业企业和社区的多元目标所干扰,甚至令大学被动地成为掌握权力和金钱的群体,实现其野心或抱负的工具。

六 教育内容与方法

教育内容与方法属于教育教学的微观方面,是人才培养最为核心的内容,它包括教育内容选取、课程设置和教学方法选用三个问题。教学内容选取主要解决"教什么"的问题;课程设置主要解决"如何安排教育内容"的问题;教学方法主要解决"怎么教"的问题。

(一)教授何种知识:高深知识、应用知识还是技术技能

知识的传授是人才培养的基础。早在19世纪,英国哲学家、教育学家斯宾塞(Herbert spencer)便在其著作《教育论:智育、德育和体育》中,提出了"什么知识最有价值"的命题。在斯氏看来,任何知识都是有价值的,只是知识间有着不同的"比较价值"。判断知识价值的大小,主要看它"对生活某些部分的关系"以及在何种程度上"为完美生活做准备"。[①] 最终斯宾塞提出:科学知识最有价值,教育应力主传授科学知识。

目前来看,广义的知识可分为高深知识、应用知识和技术技能三类,这三类知识各有其价值和应用性。高深知识主要指高精尖的科学知识和广博深奥的人文知识,它主要回答"是什么"和"为什么"的问题,其应用性比较宽泛、广博。应用知识和技术技能主要解决"怎么做"的问题,其应用性相对专门、集中。只不过,应用

---

① 贺国庆、王宝星、朱文富等:《外国高等教育史》,人民教育出版社2006年版,第206页。

知识强调在掌握相关理论的基础上解决专门的实际问题，技术技能则注重如何直接动手或使用机器操作，较少观照理论。

直观来看，应用型人才的培养无疑要求应用型高校传授应用知识。实际上，应用型高校在传授高深学问、应用知识和技术技能之间存在着冲突，这种冲突还延伸到学科专业调整、课程设置、人才培养方案制定、教学模式改革和科学研究取向等多个方面。

研究型大学里包含着大量的应用学科专业，给应用型高校的应用知识传授和应用型学科专业发展带来了挑战。在我国普通高等教育的十三个学科门类中，经济学、法学、工学、农学、医学、管理学、艺术学、军事学都有着很强的应用特性，一些学科门类还对其下的一级学科和二级学科做了理论和应用的区分，比如，经济学只有两个一级学科——理论经济学和应用经济学，心理学包括三个二级学科——基础心理学、发展与教育心理学和应用心理学。这说明应用型学科专业广泛存在于大学（包括研究型大学）之中。不仅如此，研究型大学目前以领先的优势几乎垄断了培养高端（硕士和博士）应用型人才的专业学位研究生教育，这无形中钳制了应用型高校应用型人才培养的上升空间。可见，相对于在高等系统中占据中心地位的研究型大学，处于边缘地位的应用型高校，在发展应用型学科专业和培养高端应用型人才上处于不利地位。

应用型高校在训练学生的技术技能上面临两难困境。一方面，地方普通本科高校培养应用型人才的一个重要目标是，化解人才培养结构和经济产业结构的矛盾，缓解大学生就业难和就业质量低的问题。众所周知，我国区域经济发展不平衡问题突出，许多中西部地区的地方产业发展需要大量技术技能型人才，因此，应用型高校如果只传授应用知识而忽略训练学生的技术技能，仍旧无法满足许多行业企业的需要，无力缓解大学生就业难题。另一方面，研究型大学和普通教育在我国高等教育中占据主导地位，我国的普职分流基本采用依据学生考试分数而非学生发展意愿的"优胜劣汰"方式，这导致职业教育在有着"重学轻术"的传统文化的中国，长期处于高等教育的边缘和底层。而训练技术技能属于职业教育的范畴，应用型高校一旦强调技术技能训练，可能面临"沦为"职业教育的危殆，无法形成和高职高专的"错位"发展。而且，"随着社会发展、经济发展水平的提高，知识在经济中的含量与日俱增"[①]。相对于依靠简单劳动维持劳动生产率的基础教育而言，高等教育可以借助改善复杂劳动提高劳动生产率。知识经济时代，复杂劳动更多地关系高深知识而非技术技能，所以应用型高校训练技术技能有可能与时代潮流背道而驰。

应用型高校缩减甚至放弃传授高深知识的做法，可能会违背大学的传统和使命。高深知识是高等教育系统的逻辑起点，以高深知识为核心是高等教育系统的本质特征，创新和传播高深知识也一直是大学的使命和根基，大学更好地培养人才和服务社会都必须以高深知识为基础。斯坦福大学之所以能促进所在区域的经济产业发展，形成被世界大学争相模仿的"硅谷奇迹"，所依赖的正是其在高深知识上的创新。正如克拉克（Burton R. Clark）所言："（高深）知识是包含在高等教育系统的各种活动之中的共同要素：科研创造它；学术工作保存、提炼和完善它；教学和服务传播它。"[②]大学相对于包括中小学校在内的其他组织的高深之处在于，大学以其特有的方式在创造和传播高深知识。在具体的转型实践中，应用型人才培养需要缩减理论教学学时，增加实践（实验）教学学时，把教育内容的重心从高深知识转移到应用知识和技术技能上，这无疑会在挑战斯宾塞的知识价值论和自由教育理念的同时，侵蚀大学的根基和使命，削弱大学的人才培养质量和社会服务能力。

（二）课程设置的困惑

课程是由一定的育人目标、特定的知识经验和预期的学习活动

---

① 张楚廷：《高等教育哲学通论》，高等教育出版社2010年版，第307页。
② ［美］伯顿·克拉克：《高等教育新论——多学科的研究》，王承绪等译，浙江教育出版社1987年版，第107页。

方式构成的一种动态的教育存在。课程设置要解决两个基本问题：课程计划和教材选用。课程计划包括课程名称、课程安排以及学年编制、课程管理与课程评价的要求等。

应用型高校深化产教融合在课程设置上存在以下三方面困惑。

第一，课程设置如何对接产业发展？《指导意见》指出，应用型高校要创新应用型技术技能型人才培养模式，实现专业链与产业链、课程内容与职业标准、教学过程与生产过程的对接。应用型高校根据地方产业发展需求确定学科专业之后，首先面临的问题便是，如何安排课程支持对接产业发展需求的专门人才的培养。在这之中，如何为特色专业和新设专业配备合适的课程，给应用型高校造成不少困惑。

第二，如何安排理论课程和实践课程的课时、学时？《指导意见》要求应用型高校加强实验、实训、实习环节，实训实习的课时占专业教学总课时的比例达到30%以上。事实上，理论课程和实践课程（即实验、实训、实习课）的安排并不简单。一方面，学科专业之间存在着毋庸置疑的差异，不同学科专业的应用型人才培养对课程的要求也不尽相同。由于没有明确的理论指导，多数应用型高校在安排理论课程和实践课程的课时与学时比例之时，往往依靠的是主观的经验，至于比例是否合适，大家心里都没底。另一方面，实践课程对应用型高校的办学条件、教师的教学能力和学生学习的努力水平带来不小的挑战，如何根据现实条件确定实践课程的课时与学时的比例，困扰着许多应用型高校。

第三，如何选用教材？教材是学生获取系统知识的工具，也是教师进行教学的主要依据。应用型高校深化产教融合在课程方面最大的挑战是，找不到合适的教材支撑应用型技术技能型人才培养。因为，传统的教材注重知识体系的完整性和基础知识的灌输，无法有效支撑应用型技术技能型人才的培养，而现有的通用教材主要由影响力较大的出版社和专业领域的资深专家联合出版，应用型专业的教材建设问题还未能引起他们的重视。另外，由于师资力量和经费有限，应用型高校自主开发教材也存在一些难以突破的瓶颈。

（三）教学方法选择的困惑

教学方法是师生为实现教学目的和任务而开展教学活动的办法。教学方法不同，教师和学生所处的地位、构成的关系及其积极性发挥的状况大不一样，教学的效果与质量亦相差悬殊。教育发展至今，形成了丰富多样的单一型或综合型的教学方法。据不完全统计，现存可供使用的教学方法超过三十种。高等学校适合采用的教学方法包括讲授法、讨论法、自学研究法、实验法、练习法、发现法、案例教学法、暗示教学法、范例教学法等。[①]

应用型高校深化产教融合应该选用什么样的教学方法？在应用型人才、技术技能型人才的内涵和培养方式没有弄清楚的情况下，妄谈选择什么样的教学方法培养应用型技术技能型人才，可谓天方夜谭。

《指导意见》指出，深化人才培养方案和课程体系改革，全面推行案例教学、项目教学。这既有"一刀切"的味道，也忽略了其他应用型技术技能型人才培养的有效教学方法，比如，实验法、发现法、尝试教学法、情景教学法、设计教学法、程序教学法等。

更严重的是，多数高校教师，所掌握的教学方法十分有限，只会使用几种简单的教学方法，如讲授法和实验法。造成这种情况的原因：一是高等学校以高深知识的传授为基础，教师的学历及研究成果而非教学能力才是大学聘用教师的决定条件；二是科学研究在现代大学中的地位远胜教学，高校普遍关注教师的科研能力而非教

---

① 唐文中主编：《高等学校教学方法》，黑龙江教育出版社1994年版，第59—284页。

学能力；三是高校的教师来自不同学科专业，除教育学外，其他学科并不专门学习教学方法；四是高校缺乏对教师教学能力的严格培训和考核。

第 四 章

应用型高校产教融合动力的利益分析

利益是人类合作动力的根源。司马迁在《史记·货殖列传》中曰："天下熙熙，皆为利来。天下攘攘，皆为利往。"利益是人们一切活动的出发点和归宿，"是人们各种行为和行动的内在推动力"[①]。利益不仅仅指金钱或物质，它是人在生存和发展中产生的对一定对象的某种需求，有物质利益与精神利益、经济利益与政治利益、当前利益与长远利益、个人利益与集体利益等。充足的利益激励和公平的利益分配是人类合作的基本要求。因此，能否为产教融合主体提供足够的利益激励并协调好不同主体间的利益关系，直接从源头上决定着应用型高校产教融合动力的大小。

一 政府的利益分析

（一）政府关注民意和经济社会发展

政府代表人民利益并关注民意。从社会契约论看，政府是人类为维护自身利益自由契约而成的。人类最初所处的状态是每个人自

---

① 孙国华主编：《中华法学大辞典·法理学卷》，中国检察出版社1997年版，第283页。

由、平等的由自然法统治的状态。在这种自然状态下，个人可以按照他们认为合适的办法决定他们的行动，处理他们的财产和人身，而无须得到任何人的许可或听命于任何人。然而，这种自然状态主要通过战争和强力分配资源，缺少一个衡量是非的共同标准和一个公正的裁判者，因而是不稳定的。人们为了克服自然状态的这些缺陷，更好地保护自己的人身和财产，便同意自愿放弃自己的某些权利，交由他们指定的人来行使，于是便产生了作为公民权利代理者的国家。[1] 由此可见，公民选举产生政府，政府代表的是有益于所有让渡权利的选民的意志。

从马克思主义看，政府是社会生产力发展到一定阶段后社会分工的产物，它起源于社会公共管理的需要并以这种需要为其活动的边界。政府有两大职能：（1）社会管理职能：主要解决社会自身无力解决的问题，比如政府管理宏观经济。（2）政治（阶级）统治职能：政府掌握并使用国家机器对被统治阶级实行统治，以维护统治阶级的利益。在社会主义社会，无产阶级（工人阶级）应成为统治者，领导人民组建政府并履行政府职能。在建立社会主义初期，政治统治和武装斗争是政府的主要职能。随着社会局势的稳定，社会管理职能应成为政府的主要职能。

政府的职能是不断变化的。政府、市场和第三部门既是资源配置的三种不同方式，也是社会治理的三大制衡主体，这三大主体的权力边界以及力量对比，共同决定着政府在某一时空中的职能。以世界范围内政府和市场的关系在理论上的演化为例，15世纪到17世纪末的重商主义经济学，认为财富即金银且来源于对外贸易顺差，主张政府重视管理经济并积极开辟世界市场；18世纪到20世纪初的古典主义经济学指出，政府应充当"守夜人"，尽可能不干预经济活动。20世纪30年代，为化解经济危机等市场失灵问题所引发的灾

---

[1] 李岳龙：《民选政府与人民关系刍议》，《新疆社会科学》2016年第2期，第92—97、162页。

难，凯恩斯主义主张，政府积极干预经济，鼓励政府刺激投资和消费，实行赤字财政。20世纪70年代，政府干预出现了政府失灵（主要表现为经济"滞胀"），新自由主义开始提倡削弱政府在经济活动中的作用，市场化改革成为时代潮流。虽然，关于政府与市场关系的经济理论与经济的发展不是严格对应的，但这些理论基本上反映了历史上不同阶段世界经济活动的总体趋势。

现阶段我国政府的职能主要集中在经济社会的宏观管理。改革开放以来，经济社会管理成为政府的职能重心，积极转变职能，放松对经济活动的管制，建立社会服务体系，成为政府职能转变的趋势。十八届三中全会审议通过的《中共中央关于全面深化改革若干重大问题的决定》明确指出，经济体制改革是全面深化改革的重点，核心问题是处理好政府和市场的关系，使市场在资源配置中起决定性作用和更好发挥政府作用。必须积极稳妥从广度和深度上推进市场化改革，大幅度减少政府对资源的直接配置，推动资源配置依据市场规则、市场价格、市场竞争实现效益最大化和效率最优化。政府的职责和作用主要是保持宏观经济稳定，加强和优化公共服务，保障公平竞争，加强市场监管，维护市场秩序，推动可持续发展，促进共同富裕，弥补市场失灵。[1]

立足集体理性，关注民意和管理经济社会，是政府推动应用型高校深化产教融合的重要缘由。可以说，政府推动地方普通本科高校向应用型高校转变的直接缘由是解决大学生就业难问题和经济转型问题。2005年开始，高校扩招效应开始凸显，大学生就业难成为社会焦点问题。近年来，高等教育人才供给与劳动力市场的人才需求脱节问题突出，社会反响大，引起了政府的重点关注。2012年开始，中国GDP年增长率降落到6%—8%的中高速增长阶段，中国经

---

[1] 《中共中央关于全面深化改革若干重大问题的决定（2013年11月12日中国共产党第十八届中央委员会第三次全体会议通过）》，《求是》2013年第22期，第3—18页。

济进入了新常态阶段。新常态下，继续保证国民经济持续稳定发展，必须转变经济发展方式，调整经济结构，加快产业优化升级，坚持创新驱动发展战略，推进教育领域的综合改革。所以，从 2013 年起，政府开始推动地方普通本科高校向应用型高校转变，其主要目的在于，解决大学生就业问题（民意）和促进经济发展（履行经济社会发展职能）。

（二）政府官员倾向于追求个人效用最大化

从经济学角度看，建立政府的作用是生产公共产品和建立秩序。一方面，根据社会产品的消费形态和使用情况，可以将其分为私人产品、公共产品和混合产品（也称准公共产品或融合产品）。私人产品具有消费的排他性和竞争性，仅靠私人或私人部门的私心便能避免外部效应和"搭便车"行为，提供或生产能满足社会需求的私人产品。公共产品具有消费的非竞争性和非排他性，如果由私人或私人部门通过市场供给，则会产生外部效应和"搭便车"问题，造成公共产品供给不足或公共资源配置的低效率。因此，通过一系列政治契约或以强权的形式建立政府，由政府代表公众利益或集体理性生产公共产品，有利于提高公共产品的供给效率。

另一方面，个人大致通过两种方式最大化自己的利益：建立在力量优势上的掠夺或建立在分工基础上的自愿交换。自愿交换是人类最伟大的一项发明，也是最有效、最理想地增进人类福利的方式，因为掠夺最终会走向相互掠夺并形成两败俱伤的结果。为防止人们相互掠夺并鼓励人们相互交换，必须建立一种"秩序"——包括界定产权、防止外部掠夺和内部掠夺，而以一定群体为边界建立政府是建立这种"秩序"的前提条件。当然，从某种程度上看，"秩序"也是一种公共产品，其有效供给也需要人类的集体行动，只不过，相对于其他公共产品，"秩序"的地位更为基础和首要。

但是，现实中的政府由追求个人效用最大化的经济人组成，政府行为的动机并不一定追求公众利益，其结果也不一定实现公共产品的有效供给。① 传统的理念认为，政治家和官员受一种高尚的道德伦理制约，自觉地根据全体公民的利益提供所需要的公共产品。然而，以詹姆斯·布坎南（James M. Buchanan）为代表的公共选择论者则尖锐地指出，政治家和官员追求的不是公共利益，也不是公共产品生产的最大效率，而是其个人效用的最大化。人就是人，人的利己本性不会因为时空的改变而改变。在经济领域中追求个人效用最大化的经济人和在政府领域中被赋予代表公众利益期望的人是同一种人甚至同一个人。② 我们没有理由相信，经济领域的人受成本—收益理性计算的支配，而政治领域的人受不计报酬的献身精神支配，尽管政治领域中存在一些具有奉献精神的官员。从整个政治过程看，选民、政治家、官员都具有经济人的本性。选民的利益是提供能使个人最大效用的公共产品，政治家的利益在于获得选民的支持，官员的利益是从公共产品生产中获得最大的个人利益。

　　政府官员追求个人效用最大化，是造成公共政策失误、政府低效和寻租等政府"失灵"现象的重要原因。第一，政府政策实际上是由一些个人作出的，追求效用最大化的个人在制定政策的过程中，会照顾自己的偏好和利益，还要尽量权衡各方面的利益。所以，公共政策经常成为提高政府官员政绩或满足部分集团利益的工具，从而给社会的发展造成负面效应。第二，政府的资源是纳税人缴纳的，政府的行为结果是非市场化的产品，这种产品本身很难准确衡量，所以政府缺乏利润最大化的约束，不会主动降低生产成本，提高资源的配置效率。同时，为扩大政府官员的利益，政府通常会选择扩大权力并增设政府机构和人员，从而增加政府层级间的协调成本，

---

　　① 本书主要从经济学的角度，借用经济学中的公共选择理论分析政府的利益，难免引起不少人的不适和非议。毋庸赘言，公共选择理论在运用经济学分析政治问题中成绩斐然，十分现实有力地解释了许多的政治问题，其代表人物布坎南获得了1986年的诺贝尔经济学奖。

　　② 何正斌编著：《经济学300年》（第3版·下），湖南科学技术出版社2009年版，第211页。

降低政府的办事效率，引发教育政策制定和实施的"失灵"。第三，政府官员为增加自身利益，可能接受个人和利益集团的寻租或行贿。寻租是资源的转移，不创造任何社会价值，还会使政府的行为偏离社会的公共利益。一些政府官员还可能主动设租，诱使利益集团向其寻租，从中谋取利益。

（三）政府的利益获得和产教融合动力随其层级降低而减弱

就总体趋势看，政府推动应用型高校深化产教融合的动力，从中央政府到省级政府再到市级政府呈现依次递减之势。其主要原因在于，随着政府层级的下移，各级政府从推动应用型高校深化产教融合中获得的利益剩余是依次递减的。由于分工和职责的差异，其他行政部门（包括财政、发展和改革、人力资源和社会保障、商务等部门）推动应用型高校深化产教融合的动力弱于教育行政部门。

中央政府及其教育行政部门（教育部）推动应用型高校深化产教融合的动力非常充足。一方面，中央政府及其教育行政部门是应用型高校深化产教融合的策源地。2010年以来，为拉近教育和产业的关系并扭转地方普通本科高校的发展困局，中央政府开始积极倡导应用型高校深化产教融合。2013年起，教育部开始推动部分地方普通本科高校向应用型高校转变。2014年发布的《国务院关于加快发展现代职业教育的决定》将产教融合确立为发展现代职业教育的总体要求和基本原则。2015年印发的《关于引导部分地方普通本科高校向应用型转变的指导意见》（以下简称《指导意见》）指出："以产教融合、校企合作为突破口，引导部分地方普通本科高校转型发展，把应用型高校的办学思路真正转到产教融合、校企合作上来。"在中央政府及其教育行政部门的推动下，深化产教融合逐渐上升为地方普通本科高校向应用型高校转变的核心目标、关键途径和重要内容，也成为新常态下国家产业结构优化升级和经济社会发展的助推器。

另一方面，中央政府及其教育行政部门围绕产教融合采取了一系列措施。在政策方面，发布了一系列强调和推动应用型高校深化产教融合的文件。在具体的推进策略上，建立了一些联盟、研究中心、论坛和项目。2013年6月，在教育部推动下，中国应用技术大学（学院）联盟和地方高校转型发展研究中心成立。2014年春，在教育部领导倡议下，中国应用技术大学（学院）联盟会同有关地方政府和社会组织，举办了"产教融合发展战略国际论坛"，该论坛每年举行两次，在我国高等教育、职业教育领域影响卓著。2016年初，教育部学校规划建设发展中心启动了"高等学校产教融合创新实验项目"，该项目包括营口理工学院、兰州文理学院、河北民族师范学院、滇西科技大学和钦州学院五个试验基地，旨在以产教融合为核心和突破口，建设有区域影响力、特色鲜明的高水平应用型高校。随后，政府又面向全国推出了"'十三五'产教融合发展工程规划项目"和"数据中国'百校工程'产教融合创新项目"，其目的在于促进人才培养、科研创新、学科专业建设与产业发展相融合，全面增强教育服务经济社会发展的能力。此外，关于应用型高校产教融合的项目还包括"教育部—中兴通讯 ICT 产教融合创新基地"项目、"互联网＋中国制造2025"产教融合促进计划、"高校数字媒体产教融合创新应用示范基地"项目、中美应用技术教育"双百计划"等。

中央政府及其教育行政部门推动产教融合的动力比较充足的主要原因，在于认识到推动应用型高校深化产教融合对其收益较大。从经济动因看，一项新的政策或制度安排只有预期收益大于预期成本时，才会被作出。中央政府及其教育行政部门之所以大力推动应用型高校深化产教融合，正是基于应用型高校深化产教融合的预期净收益大于预期成本的认识。

从政府推进应用型高校深化产教融合的制度文本中可以看出，应用型高校深化产教融合的预期净收益包括：缓解高等教育的结构性矛盾，扭转高等学校发展的同质化倾向，解决大学毕业生就业问题，促进产业结构优化升级，服务地方经济社会发展和国家发展战略，等等。这些预期收益的实现可以增加政府官员的政绩，让政府获得人民的支持和拥戴。在实现这些收益的过程中，政府还可以扩大自己的权力，履行政府的经济社会管理职能，甚至让政府官员从中获取租金。

与此相对的是，中央政府组织应用型高校深化产教融合的成本非常之低，这些成本主要包括：组织专家进行论证的费用；出台政策的费用；宣传和推进政策的费用（此项费用相对较大）；监督和评价政策执行效果的费用（此项费用可大可小）。不仅如此，中央政府的经费源于纳税人，属于公共资金，政府官员推动应用型高校深化产教融合几乎无须自掏腰包。严重的是，很少有组织和个人有权利或者动力去监督政府的政策或制度效果，夸张地说，中央政府可以不受任何约束肆意颁布政策。可见，推进应用型高校深化产教融合对政府而言，可谓是"百利而无一害"，因而中央政府推动应用型高校深化产教融合的动力充足，这也是为什么政府政策层出不穷的重要原因。

省级（省、自治区、直辖市）政府及其教育行政部门（教育厅或直辖市教委）推动应用型高校深化产教融合的动力相对充足。在中央政府发布《国务院关于加快发展现代职业教育的决定》和《关于引导部分地方普通本科高校向应用型转变的指导意见》之后，各省级政府陆续出台了相应的政策文件，确定了省区内的转型试点高校，并响应中央政策，把产教融合、校企合作作为转型的核心目标。另外，《指导意见》提出由省级政府落实地方普通本科高校向应用型转变的统筹责任，这进一步以责任的方式为省级政府推动应用型高校深化产教融合增添了动力。也有少量省级政府推进应用型高校深化产教融合的动力并不充足。调查发现，一些省级政府推进应用型高校深化产教融合的时滞过长，部分省区至今尚未出台相关政策并采取相应措施，尽管这些省区内的一些地方普通本科高校已开始主动探索向应用型高校转变。

多数市级政府（市、直辖市的区）及其教育行政部门推动应用型高校深化产教融合的动力不太充足。很多应用型高校坐落于非省级政府所在地的市区，这些应用型高校转型发展并深化产教融合，首先考虑的是服务所在市区的产业发展和经济社会发展，其次才是服务所在省区或者周边省区，因为所在省区的其他市区和其他省区也有相应的应用型高校。据此来看，由市级政府推动应用型高校深化产教融合，其直接效果可能好于省级政府。然而，多数市级政府推动应用型高校深化产教融合的动力并不充足。其原因在于：一方面，《指导意见》提出"落实省级政府统筹责任"，没有对市级政府提供责任约束；另一方面，应用型高校由省级政府或省级教育行政部门主管，市级政府没有管理应用型高校的权力，自然没有推动应用型高校深化产教融合的动力。值得一提的是，一些市级政府（如驻马店市）由于其所在地区的应用型高校受到了中央政府及其教育行政部门和社会各界的重视，推动应用型高校深化产教融合的动力比较充足。

二 行业企业的利益分析

（一）企业通过生产和交易追求经济利益最大化

分析企业的利益需求的基础在于明确企业的本质。企业的本质，指企业作为一种经济组织或经济制度，区别于其他经济组织或经济制度的特殊性，它集中讨论企业的起源和企业的边界两大问题。

企业产生以来，人们对企业的性质进行了不懈的探索，形成了一些颇具时代色彩的观点。

古典经济学认为，企业是社会分工与协作的结果。社会经济逐渐从自给自足的自然经济发展到专业化的分工协作经济，从而衍生出了企业。亚当·斯密指出，劳动分工是经济增长的关键，企业是分工与专业化的产物。同时，企业的边界受制于市场范围，这也被称为"斯密定理"。马克思则指出，在自给自足的自然经济状态下，社会生产的基本形式是个体小生产或家庭生产，生产的目的是满足家庭的需要，其生产规模狭小，几乎没有社会联系，因而不构成企业组织。进入资本主义之后，由于社会分工的发展，协作得到了长足进步，分工协作的资本主义生产实际上是同一资本雇佣较多的工人，因而劳动过程是在扩大规模并提供大量产品之后才开始的。较多的工人在同一时间，同一空间或者同一劳动场所，为了生产某种商品，在同一资本家的指挥下工作，便构成了作为协作劳动组织的企业。[①]

新古典经济学认为企业是一个通过投入产出来追求利润最大化的专业化生产组织。新古典经济学将企业视为由土地、资本、劳动力等生产要素联系起来的一个生产函数或"黑箱"，企业通过生产将这些生产要素转换为一定的产出，实现利润最大化。新古典经济学的厂商（企业）理论，可以转换为一个生产函数式和一个目标函数式：

$$Q = Q(L, K) \tag{4—1}$$
$$\text{Max } \pi = R(Q, P) - C(Q) \tag{4—2}$$

其中 Q、P 和 C 分别代表企业产品的产量、价格和平均生产成本，L 和 K 表示企业生产所需的两大生产要素——劳动力和资本。π 表示企业的利润，它是产量、价格和成本的函数。公式（4—1）表示企业是包括两类要素投入的既定生产技术条件下的生产函数或生产组织形式。公式（4—2）表示企业行为的唯一目的是实现资本所有者或股东利润的最大化。把两个公式综合起来，新古典经济学厂商理论的核心观点可表述为，企业是以追求股东利益最大化为目标的专业化生产组织。

企业契约理论强调企业的"交易属性"，认为企业是市场机制的替代物。罗纳德·科斯在其 1937 年发表的《企业的性质》一文中提出疑问，既然市场这只"看不见的手"可以实现稀缺资源的有效配

[①]《资本论》（第一卷），人民出版社 1975 年版，第 385 页。

置，那为什么还存在企业？他给出的答案是，利用市场机制配置资源存在交易成本，当利用权威配置资源的成本小于市场机制通过价格配置资源的成本时就会形成企业。换言之，企业是对市场的替代，企业的产生是为了节约市场交易的费用。张五常则从契约的角度指出，企业和市场都只是一种交易契约，与其把企业看作要素市场对产品市场的取代（市场交易的对象是产品，企业内部交易的对象是生产要素），不如说企业是一种要素契约对产品契约的替代。①

企业能力理论强调企业的"生产属性"，认为企业的本质是能够生产"核心知识和能力"。企业能力理论包括资源基础理论、企业动力理论、企业知识基础理论、核心竞争力理论等一系列松散理论，主要从企业内含的"知识和能力"的角度分析企业的异质性，特别注意从隐含知识、技术、技能、生产过程、能力等内生性因素来理解企业自身的创新力及其竞争行为的多样性。如果说企业契约理论看到的是企业与外部组织在产品与服务方面的"交换"或交易，企业能力理论则看到了产品与服务在企业内部的"转换"或生产。②

利益相关者理论认为企业本质上是"生产"和"交易"的联合。利益相关者理论指称，企业的利益相关者是那些失去其支持企业就无法生存的个人或团体，企业存在的目的，必须综合权衡企业的众多利益相关者之间的利益关系，而不仅仅是为股东服务。企业的核心知识和能力的生产最大化的根本途径，是让企业的利益相关者参与企业的决策和管理，充分利用各方面的智慧和资源。较之股东单边治理，利益相关者共同参与企业治理，更有助于企业追求长期发展，减少员工的偷懒行为和企业的监督成本，降低企业的交易成本和代理成本。③ 由此看来，企业兼具对外交易资源、对内生产资

---

① 聂辉华：《企业的本质：一个前沿综述》，《产业经济评论》2003 年第 2 期，第 22—36 页。
② 杜晶：《企业本质理论及其演进逻辑研究》，《经济学家》2006 年第 1 期，第 115—120 页。
③ 同上。

源的双重属性,既是一个具备交易属性的"关系契约网络",又是一个拥有生产属性的"能力集合体"。

综上可见,企业是生产和交易的联合体,企业的目标在于最大化其利益相关者的利益。企业的利益相关者包括:企业内部的股东、经理人、员工,企业外部的政府、消费者和相关的竞争与合作组织。和其他利益相关者组织一样,企业的实际运营,往往追求权力最大的利益相关者(通常是股东、经理人等决策者)的利益最大化。企业是典型的经济组织,经济利益是企业的核心目标,尽管一些企业的利益相关者在企业中并不仅仅追求经济利益。所以,企业的核心利益在于,通过生产和交易最大化地满足其利益相关者的经济利益。

(二)行业协会代表同行企业利益和政府管理

行业协会属于非政府组织和第三部门的下位概念,是同行企业为增进其共同利益所组织起来的一种非营利性的、非政府性的、自律性的社团法人组织,其组织形式有行业协会、商会、同业公会、联合会等。行业协会的功能在于降低行业内企业间的交易成本,以政府和市场之外的第三方的角色参与社会治理,协调行业内成员、行业与行业、行业与政府的关系。

一方面,行业协会的基本价值导向聚焦于增进同行企业的共同利益。首先,建立行业本身就节约了同行企业间的交易成本,增进了行业会员的共同利益。从新制度经济学的角度看,建立行业协会的本质是为了减少交易成本,以协会内部的管理成本代替企业间经常发生的谈判、签约和履约的交易成本。[①] 其次,行业协会代表会员企业的利益。企业的本质追求是赚取利润,企业加入行业协会本能地出于增加自己利润的目的。加入行业协会,有助于企业获取本行业先进的管理方法和技术,了解同行企业的战略,提高自己的产品

[①] 张冉:《中国行业协会研究综述》,《甘肃社会科学》2007 年第 5 期,第 231—235 页。

生产能力和市场份额。再次，行业协会可以将同行企业联合起来，防止会员企业之间盲目、过度、不公平的竞争，增加企业和政府、同行企业博弈的力量。最后，行业协会的自律，可以提高产品质量，形成品牌效应，增强会员企业的信誉，扩大会员企业的利益。

另一方面，许多行业协会是政府管理的延伸，肩负着一定的行政管理职责。行业协会产生的基本模式可分为"水平模式"和"垂直模式"。前者是完全以企业自发组织和自发活动自下而上、由内而外形成行业协会，其典型样本是美国的行业协会；后者是由政府运用行政权力自上而下、由外而内地推动协会的成立和运作，大企业起主导作用，中小企业广泛参与，其代表是德国、日本等国的行业协会。[①] 受计划经济体制的惯性影响，我国多数行业协会的产生属于"垂直模式"，具有明显的"官民二重性"或"半官半民"特征：处于政府和企业中间的行业协会的行为受"自治机制"和"行政机制"双重支配，行业协会不仅要从企业获取资源并维护同行企业的共同利益，还要从政府获取资源，接受政府的干预和控制，一定程度上扮演政府宏观调控企业的"助理"。而且，中国政府是一个强势政府，这决定了行业协会不可能完全脱离政府的控制。实际上，行业协会要想增进同行企业的共同利益，不得不与政府合作，一定程度上满足政府的利益，充当政府社会管理的工具。

（三）行业企业从应用型高校产教融合中获利微薄

从应然状态或理论上看，高等学校和企业在人才培养、科学研究和社会服务方面的广泛合作，可以实现优势互补、互利共赢。企业在资金、场地、信息和社会资本等资源占有上处于优势，高等学校在知识技术创新、人力资本和社会服务方面具有优势。企业和高

---

① 谢增福：《行业协会功能研究》，中南大学博士学位论文，2008年，第17—18页。

等学校的合作，既有利于企业从高校获得人力资本、原创性知识技术和社会服务等资源，从而为企业带来产品创新、劳动力供给、咨询等利益，也有利于高校从企业获得办学资金、实习实践场地、生产实践经验等资源，从而拓宽高校的经费来源，提高人才培养质量。企业和高等学校的合作，是企业和高等学校生存和发展的共同诉求，也是知识经济时代经济发展的核心力量，因为科技是第一生产力，校企合作正好可以实现科技创新和技术转化的良性循环。

现实来看，企业和应用型高校合作并不一定能给企业带来理论上的丰厚收益，这是校企合作中出现"剃头挑子一头热一头冷"的根本原因。首先，一些劳动密集型的中小型企业和一些从事服务业的企业，基本不需要本科层次的大学毕业生和先进技术支撑，缺乏和高等学校合作的动力。这种情况，在中西部地区的非省会城市大量存在。其次，应用型高校对大企业没有吸引力。应用型高校的人才培养、科学研究和社会服务水平有限，很难吸引大企业的合作。一些大企业校企合作"门禁森严"，科学研究的合作对象基本为"985""211"大学，近十年来所招聘的人才也几乎是"985""211"大学的毕业生，甚至还不乏"海归"和博士。从国外应用技术大学的发展经验看，应用技术大学的校企合作主要针对中小型企业。再次，政府缺位。校企合作的结果存在外部性，政府的政策支持可以促使这种外部性内在化，甚至校企合作的长期收益需要政府的短期高投入激励。然而，部分地方政府在校企合作中的缺位，造成企业无法从校企合作中看到能激励其主动合作的收益。最后，应用型高校在校企合作中存在许多"败德"行为，如科研成果无法满足企业实际需求，学生毕业后不在实习单位就业等[1]，这直接导致企业的利

---

[1] 学生在企业实习过程中，前六七个月，企业要对学生进行培训等投资，只有学生在企业长期实习并最终在企业就业，企业才能转亏为盈。然而，许多应用型高校给学生的实习时间只有一个学期，而且由于就业地域选择、实习单位待遇等因素的影响，多数学生毕业后并没有到实习企业就业。所以，多数企业和学校联合培养人才，基本上是亏本生意。

益无法得到保障，很多校企合作成为"一次性博弈"。

从应然状态或理论上看，行业协会作为同行企业的代表和政府管理的延伸，应主动为政府和企业的合作搭桥建梁，这样既能为同行企业从高校中争取资源和利益，也可以弥补政府缺位，帮助政府促进校企合作。

现实来看，行业协会并没有促进企业与应用型高校合作的能力和动力。一方面，我国的行业协会发育不足，多为松散组织，没有能力在应用型高校和企业的合作中发挥实质作用。改革开放之前，我国实行的是高度集权的"部门管理体制"，行业发展规划和目标主要由行政手段确定和实施，企业是执行行政命令的机构，而不是自主的经济实体。在这种情况下，行业协会也丧失了存在的空间和必要。改革开放以来，各行各业纷纷组建了大量的行业协会。然而，行业协会管理体制的落后和企业利用行业力量的"消极"意识形成了恶性循环，导致现有的行业协会绝大多数是有名无实、形同虚设，根本没有能力协调企业和应用型高校之间的关系。另一方面，校企合作对行业协会来说，根本无足轻重。从行业协会的章程看，行业协会的主要职能在于协调企业和政府以及企业之间的利益关系，校企合作属于非必要公益事业和社会责任，是行业协会最不重要的职能之一。除非有政府的行政推动和行业内企业的利益驱动，否则行业协会根本没有时间和兴趣关心企业和应用型高校的合作。

以下以访谈材料为证：

问（校企合作处负责人）：校企合作中存在哪些利益冲突和困惑？

答：企业追求的是利润和利益。在学校与企业商谈实习事宜时，企业希望学生"顶岗实习"，且最少要在某一岗位上工作三个月以上。因为企业招募工人一般以三个月为最低周期，而且低于三个月的换人制度不能保证生产的连续性，也会增加企业招聘人员的成本。

然而，学校希望学生在实习中尽可能了解和从事多个生产环节的工作，甚至在对整个生产环节都有所把握的基础上，重点关注几个核心生产岗位的技术技能和生产经验，这才有利于应用型人才的培养。但是，这意味着学生在实习期间不能仅仅待在一个岗位，从事某项专门生产。而且，由于被安排的工作可能简单、重复、枯燥，如果让学生"顶岗实习"三个月，许多学生会逐渐失去热情和兴趣，严重的还可能出现反感和"罢工"。

三　学校管理人员的利益分析

（一）学校管理人员的利益需求分析

通过对应用型高校的学校管理人员问卷第一部分（利益需求）统计发现：如图4—1所示，相对于物质需求（31.07%）和社会需求（29.50%），学校管理人员更看重精神需求（39.43%）；如图4—2所示，在物质需求中，学校管理人员比较看重解决工资福利（34.77%）和住房问题（19.87%）；如图4—3所示，在精神需求方面，学校管理人员注重追求自我实现

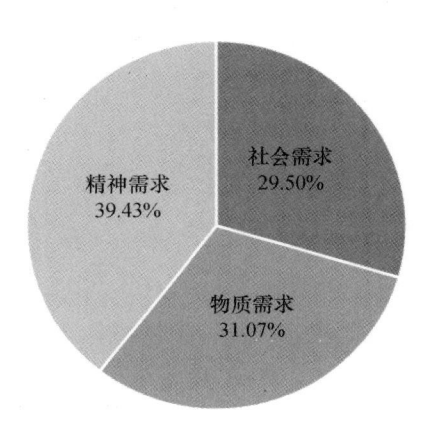

图4—1　学校管理人员最想实现的利益需求比例分布

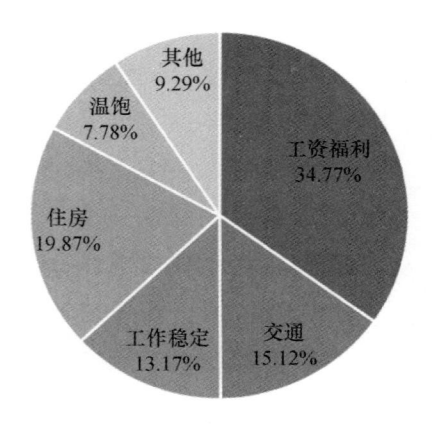

图4—2 学校管理人员最想实现的物质需求比例分布

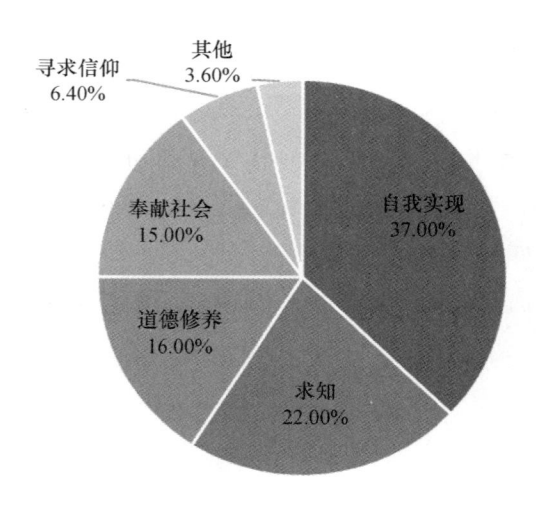

工资福利 34.77%
交通 15.12%
工作稳定 13.17%
住房 19.87%
温饱 7.78%
其他 9.29%

图4—3 学校管理人员最想满足的精神需求比例分布

自我实现 37.00%
求知 22.00%
道德修养 16.00%
奉献社会 15.00%
寻求信仰 6.40%
其他 3.60%

（37.00%）和求知（22.00%）；如图4—4所示，在社会需求方面，学校管理人员最关注职位晋升（38.4%）和领导认可（30.23%）；如图4—5所示，学校管理人员在应用型高校工作最想实现的利益需求是做好本职工作（33.27%）和为所在部门谋利益（31.27%）。

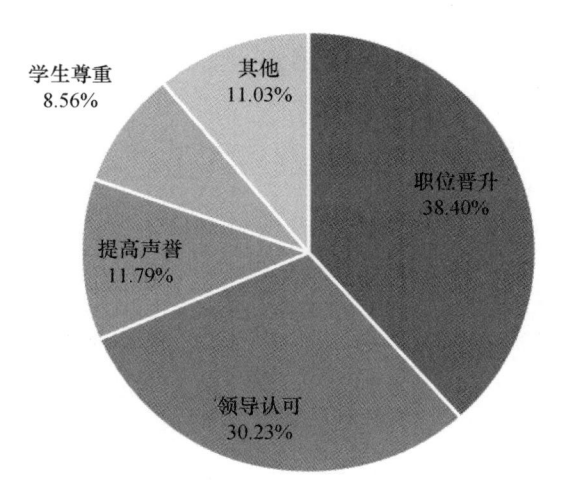

第四章　应用型高校产教融合动力的利益分析　213

学生尊重 8.56%
其他 11.03%
职位晋升 38.40%
领导认可 30.23%
提高声誉 11.79%

图 4—4　学校管理人员最想实现的社会需求比例分布

安身立命 7.19%
其他 2.80%
为学生服务 7.19%
做好本职工作 33.27%
为学校谋利益 18.28%
为所在部门谋利益 31.27%

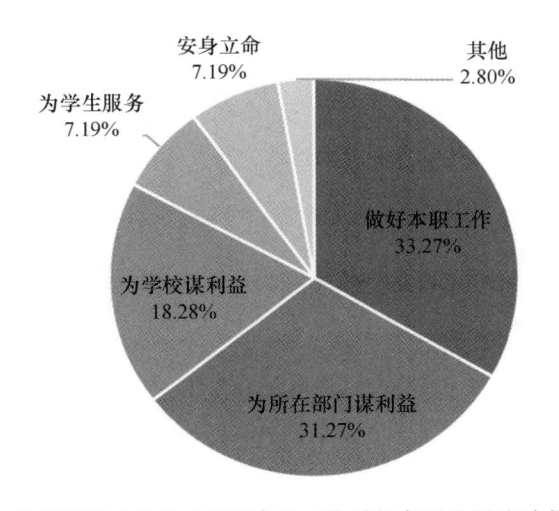

图 4—5　学校管理人员在应用型高校工作最想实现的利益需求比例分布

上述结果，既表露出学校管理人员的身份特征，又佐证了人的自私性。一方面，学校管理人员通常归属于一定部门或机构，在行政管理层级的驱动下，他们必须把上级的意志，而非其服务对象（学生）的意志，放在第一位，所以其更关注领导认可而非学生尊重。另一方面，学校管理人员同经济领域中的人一样具有自私性，他们关注自己的自我实现、工资福利、职位晋升和本职工作，关注所在部门的利益获得，希望通过扩大自己及其所在部门的利益，提升自己的人生幸福感。此外，应用型高校的学校管理人员比较注重精神需求的满足，这是因为绝大部分的处级学校管理人员，是学术水平和职称较高的中老年教师，基本解决了物质需求问题。

（二）学校管理人员的行政级别对其产教融合动力影响显著

通过方差分析行政级别与产教融合动力的关系发现，学校管理人员的行政级别对其产教融合动力影响显著。如表4—1中所示，科级和处级的学校管理人员的产教融合动力差异显著；科员和处级的学校管理人员的产教融合动力差异显著；科级和处级以上的学校管理人员的产教融合动力差异显著；处级和处级以上的学校管理人员的产教融合动力差异不显著；科员和科级的学校管理人员的产教融合动力差异不显著，科员和处级以上的学校管理人员的产教融合动力差异不显著。

表4—1　　　不同行政级别的学校管理人员的产教融合动力得分

	N	均值	标准差	标准误	均值的95%置信区间 下限	均值的95%置信区间 上限	极小值	极大值
0	55	2.0655	0.70899	0.09560	1.8738	2.2571	1.00	5.00
科员	92	2.1185	0.56858	0.05928	2.0007	2.2362	1.00	3.40
科级	53	2.2000	0.67738	0.09305	2.0133	2.3867	1.00	4.00
处级	26	1.6808	0.79851	0.15660	1.3582	2.0033	1.00	4.50
处级以上	9	1.7333	0.60208	0.20069	1.2705	2.1961	1.00	2.60
总数	235	2.0613	0.67088	0.04376	1.9751	2.1475	1.00	5.00

需要说明的是（见表4—2）：（1）科级与处级及处级以上的学校管理人员的产教融合动力差异显著，可能是由于科级和处级及处

级以上的学校管理人员在职位、权力等方面差异较大。实际上，应用型高校属于地方普通本科高校，其党委书记和校长为正厅级，副书记、副校长和纪委书记是副厅级，下设的职能部门（部、处、室、办）、教学机构（学院、直属系）和教辅机构（中心、馆、所、站、院）的级别是正处级，分设一个正处长和两到三个副处长，在这之下又分别设有科室的科长、副科长和职员。其中，科级同处级及处

表4—2 学校管理人员的行政级别对其产教融合动力的影响统计结果

	（I）行政级别	（J）行政级别	均值差（I－J）	标准误	显著性	95% 置信区间 下限	95% 置信区间 上限
LSD	0	科员	-0.05302	0.11197	0.636	-0.2736	0.1676
		科级	-0.13455	0.12645	0.288	-0.3837	0.1146
		处级	0.38469*	0.15635	0.015	0.0766	0.6928
		处级以上	0.33212	0.23622	0.161	-0.1333	0.7976
	科员	0	0.05302	0.11197	0.636	-0.1676	0.2736
		科级	-0.08152	0.11329	0.473	-0.3047	0.1417
		处级	0.43771*	0.14591	0.003	0.1502	0.7252
		处级以上	0.38514	0.22944	0.095	-0.0669	0.8372
	科级	0	0.13455	0.12645	0.288	-0.1146	0.3837
		科员	0.08152	0.11329	0.473	-0.1417	0.3047
		处级	0.51923*	0.15730	0.001	0.2093	0.8292
		处级以上	0.46667*	0.23685	0.050	0.0000	0.9333
	处级	0	-0.38469*	0.15635	0.015	-0.6928	-0.0766
		科员	-0.43771*	0.14591	0.003	-0.7252	-0.1502
		科级	-0.51923*	0.15730	0.001	-0.8292	-0.2093
		处级以上	-0.05256	0.25407	0.836	-0.5532	0.4480
	处级以上	0	-0.33212	0.23622	0.161	-0.7976	0.1333
		科员	-0.38514	0.22944	0.095	-0.8372	0.0669
		科级	-0.46667*	0.23685	0.050	-0.9333	0.0000
		处级	0.05256	0.25407	0.836	-0.4480	0.5532

注：*均值差的显著性水平为0.05。

级以上的学校管理人员在数量、职责和权力上有很大差距。(2) 处级和处级以上、科员和科级的学校管理人员的产教融合动力差异不显著,可能是因为处级和处级以上的学校管理人员同属于学校的高层管理人员,而科员和科级的学校管理人员同属于学校的低层管理人员,高层和低层的内部异质性不突出。(3) 科员和处级以上的学校管理人员的产教融合动力差异不显著,可能是由于样本中科员的问卷最多,而处级以上的学校管理人员的问卷最少,双方在数据分布上的差异不大。

(三) 学校管理人员的利益获得对其产教融合动力影响显著

通过对学校管理人员利益获得均分和其产教融合动力得分进行回归分析发现,学校管理人员的利益获得与其产教融合动力呈正相关关系,即利益获得越大,产教融合的动力越高。从表4—3 和表4—4 可见,学校管理人员的产教融合动力得分 = 0.518 × (学校管理人员的利益获得均分) + 0.846,其中回归系数 0.518 表明二者为正相关关系。

表4—3　　　　学校管理人员的产教融合动力和利益得分

	均值	标准差	N
动力分	2.0397	0.67670	242
利益获得均分	2.3027	0.65952	242

表4—4　　　学校管理人员利益获得对其产教融合动力的影响统计

模型		非标准化系数		标准系数	t	Sig.
		B	标准 误差	试用版		
1	(常量)	0.846	0.137		6.182	0.000
	利益获得均分	0.518	0.057	0.505	9.067	0.000

需要指出的是,应用型高校深化产教融合给学校管理人员带来

的利益获得并不是很大。调查问卷统计结果显示，63.1%的学校管理人员认为，应用型高校深化产教融合无法显著改善他们的物质需求、精神需求和社会需求的满足情况。相反，应用型高校深化产教融合还加重了许多学校管理人员的职责和工作量。这意味着，在学校管理人员利益获得与其产教融合动力呈正相关的情况下，学校管理人员有限的利益获得，将无法提升其产教融合动力。

四 教师的利益分析

（一）教师的利益需求分析

通过对应用型高校教师的利益需求（教师问卷的第一部分）的统计发现：如图4—6所示，相对于社会需求（29.20%），教师更看重物质需求（35.40%）和精神需求（35.40%）；如图4—7所示，在物质需求中，教师比较看重工资福利（31.10%）和住房问题（23.00%）；如图4—8所示，在精神需求方面，教师注重追求自我实现（33.80%）、求知（19.70%）和道德修养（18.50%）；如图4—9所示，在社会需求方面，教师最关注学生尊重（29.10%），比较关注职位晋升（22.00%）和提高声誉（22.00%）；如图4—10所

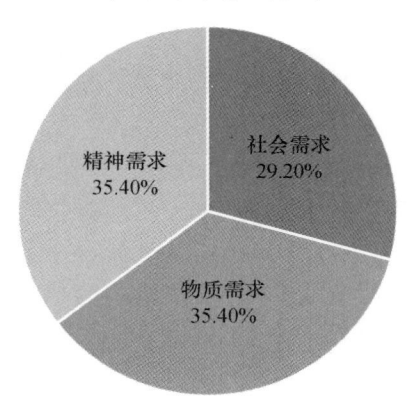

图4—6 教师最想实现的利益需求比例分布

示，教师在应用型高校工作最想实现的利益需求是做好本职工作（34.50%）和为学生服务（30.50%）。

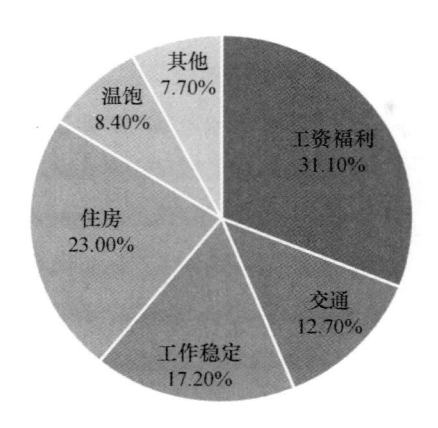

图 4—7　教师最想实现的物质需求比例分布

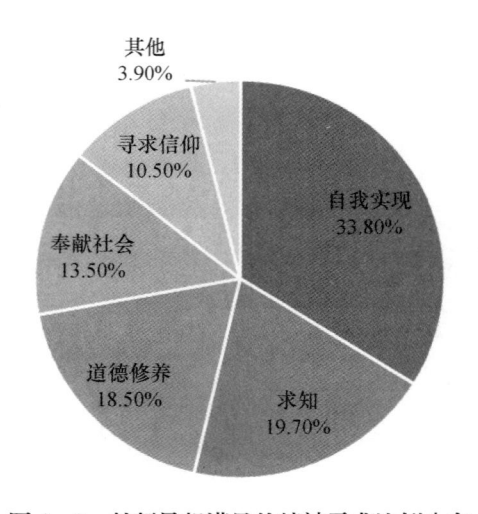

其他 7.70%
温饱 8.40%
住房 23.00%
工作稳定 17.20%
交通 12.70%
工资福利 31.10%

图 4—8　教师最想满足的精神需求比例分布

其他 3.90%
寻求信仰 10.50%
奉献社会 13.50%
道德修养 18.50%
求知 19.70%
自我实现 33.80%

上述结果，可能是由于教师身份和人的自私性的双重影响。从身份看，大学教师属于高层次知识分子，传播和创新知识以及提高精神境界是大学教师的职责与追求，所以比较注重求知和道德修养等精神需求的满足。同时，教师是教学的引导者，教师教学的对象

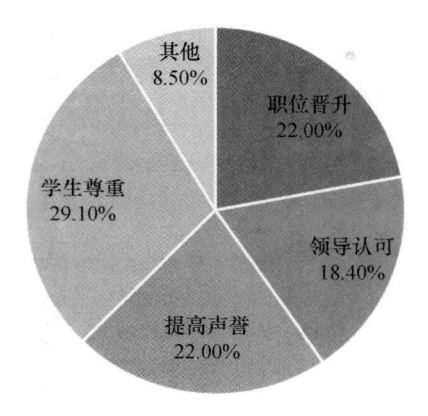

图4—9 教师最想实现的社会需求比例分布

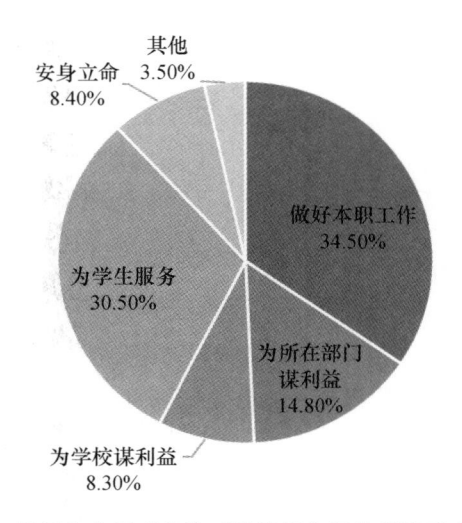

图4—10 教师在应用型高校工作最想实现的利益需求比例分布

是学生，教师在工作中接触最多的也是学生，教师理所当然希望获得学生的尊重。从人的自私性看，教师和其他行业企业的职员一样，追求基本的物质需求，也希望能自我实现、获得领导认可和职位晋升，同时履行好自己的责任。此外，由于应用型高校的教师的收入有限，所以他们比较看重物质需求的满足和个人利益的实现。

(二) 教师的利益获得对其产教融合动力影响显著

通过对调查问卷的教师的利益获得均分和其产教融合动力得分进行回归分析发现，教师的利益获得与其产教融合动力呈正相关关系，即利益获得越大，产教融合的动力越高。从表4—5和表4—6可见，教师的产教融合动力得分 = 0.322 × （教师的利益获得均分） + 1.399，其中回归系数0.322表明二者为正相关关系。

表4—5　　　　　　　教师的利益获得和产教融合动力得分

	教师身份	N	均值	标准差	均值的标准误
利益获得均分	普通教师	243	2.3930	0.66930	0.04294
	有行政职务的教师	77	2.4042	0.72488	0.08261
动力均分	普通教师	243	2.2022	0.51135	0.03280
	有行政职务的教师	77	2.0701	0.55492	0.06324

表4—6　　　　　教师的利益获得对其产教融合动力的影响统计

模型		非标准化系数		标准系数	t	Sig.
		B	标准 误差	试用版		
1	（常量）	1.399	0.095		14.730	0.000
	利益获得均分	0.322	0.038	0.410	8.414	0.000

(三) 应用型高校深化产教融合伤害了教师的短期利益

从教师的成本—收益分析看，应用型高校深化产教融合短期内增加了教师的教育教学成本，降低了教师的利益剩余，不利于调动教师深化产教融合的动力。

应用型高校深化产教融合大幅增加了教师的工作量，却没有相应地提高教师的薪酬。总体来看，应用型高校深化产教融合，改革的重点和难点在教师。应用型高校深化产教融合对教师提出四点要求：更新教学内容、改革教学方法、参加校外培训和侧重应用研究，这都会增加教师的成本。更新教学内容，意味着教师要根据产业发展和生产一线的实际重新备课，打破教材体系，自主构建教学内容。改革教学方法，意味着教师要很大程度上减少使用成本较低的讲授法，更多地使用一些耗费时间、精力且难度更大的案例教学法、发现教学法、程序教学法和实验教学法等。参加校外培训，意味着教师要适应新的环境，放弃假期的闲暇和收入。侧重应用研究，意味着教师要慎重选择研究问题，将研究与生产实践相结合。可以说，应用型高校深化产教融合的结果，让教师这份职业变得更不轻松，教师自然成为改革最大的反对者，这种反对的表现形式可能不是集会或者"发声"，而更多的是一种改革中的"不作为"或"假作为"。

严重的是，应用型高校深化产教融合直接关系到教师的"去留"。深化产教融合，要求应用型高校根据地区产业发展需求调整学科专业设置，缩减甚至取消部分不适应产业发展需求的专业。过去，应用型高校的学科专业不少是因教师而设，即因为学校聘请了某学科专业的教师，所以学校要报请教育主管部门开设相关的学科专业，进而再招收学生。现在，应用型高校的学科专业是因产业发展需求而设，专业的背后是教师，调整专业的潜台词是调整教师，让被调整的教师"转业"或"失业"。

虽然，从长期来看，教师与学生、学校休戚相关，教师深化产教融合有利于提高人才培养质量，促进学生就业，增强应用型高校的市场竞争力，从而增加自身的福利——包括获得尊重、稳定工作、晋升职位和增加薪酬等。但是，短期来看，应用型高校深化产教融合，增加了教师的成本，伤害了教师的利益，且没有为教师提供相应的奖励或补偿，难以激发教师的产教融合动力。问卷调查的统计结果也显示，86.3%的教师认为，应用型高校深化产教融合无法改善自己的物质需求、精神需求和社会需求的满足情况。

五 学生的利益分析

(一) 学生的利益需求分析

通过对应用型高校的学生利益需求（学生问卷第一部分）的描述统计发现：如图 4—11 所示，相对于社会需求而言（18.00%），学生更看重物质需求（44.00%）和精神需求（38.00%）；如图 4—

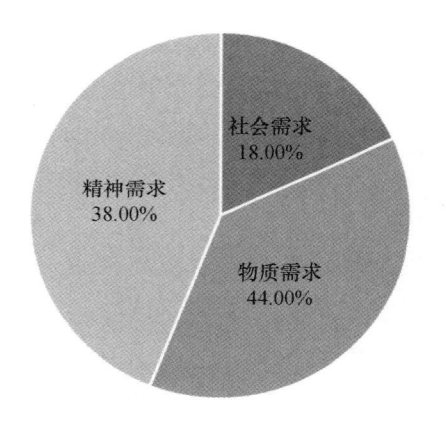

图 4—11 学生最想实现的利益需求比例分布

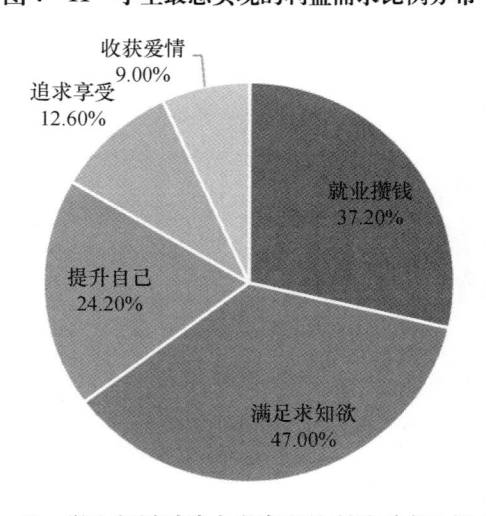

图 4—12 学生想通过读大学实现的利益需求比例分布

12 所示，学生读大学的目的主要是就业赚钱（37.20%）和提升自己（24.20%）；如图 4—13 所示，学生在读期间最想实现的利益需求是找到好工作（42.04%）和提升自己的能力（31.23%）。

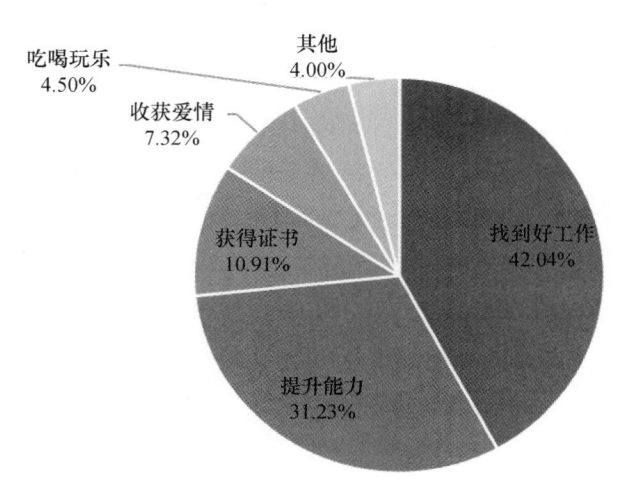

图 4—13　学生在读期间最想实现的利益需求比例分布

上述结果，可能是受大学生的特征和人的自私性的共同影响。一方面，大学生是拥有教育需求的求学者，有较强的求知欲，渴望通过学习提升自己的能力，促进自己的发展，所以比较关注精神需要的满足和自身能力的提升；另一方面，大学生也具有自私性，希望通过大学教育提高自己的收入进而过上幸福的生活，而且他们的物质需求相对迫切，所以比较关注工作、收入等基本生活需要。

（二）学生的利益获得对其产教融合动力影响显著

通过对学生的利益获得均分和其产教融合动力得分进行回归分析发现，学生的利益获得与其产教融合动力呈正相关关系，即利益获得越大，产教融合的动力越高。从表 4—7、表 4—8 和表 4—9 可见，学生的产教融合动力得分 = 0.544 ×（学生的利益获得均分）+ 0.960，其中回归系数 0.544 表明二者为正相关关系。

表4—7　　　　　　　　　学生的利益获得得分

	N	均值	标准差	标准误	均值的95%置信区间 下限	均值的95%置信区间 上限	极小值	极大值
大一	64	2.1745	0.57538	0.07192	2.0308	2.3182	1.00	3.67
大二	188	2.1613	0.44712	0.03261	2.0970	2.2257	1.00	3.33
大三	263	2.4094	0.50435	0.03110	2.3481	2.4706	1.00	3.83
大四	1	1.5000	.	.	.	.	1.50	1.50
研究生	1	1.5000	.	.	.	.	1.50	1.50
总数	517	2.2866	0.50930	0.02240	2.2426	2.3306	1.00	3.83

表4—8　　　　　　　　学生的产教融合动力得分

	N	均值	标准差	标准误	均值的95%置信区间 下限	均值的95%置信区间 上限	极小值	极大值
大一	64	2.1641	0.60293	0.07537	2.0135	2.3147	1.00	3.50
大二	188	2.1290	0.49224	0.03590	2.0582	2.1998	1.00	3.25
大三	263	2.2766	0.61684	0.03804	2.2017	2.3515	1.00	4.25
大四	1	1.5000	.	.	.	.	1.50	1.50
研究生	1	1.0000	.	.	.	.	1.00	1.00
总数	517	2.2050	0.57801	0.02542	2.1551	2.2550	1.00	4.25

表4—9　　　　学生利益获得对其产教融合动力的影响统计

模型		非标准化系数 B	非标准化系数 标准误差	标准系数 试用版	t	Sig.
1	（常量）	0.960	0.103		9.340	0.000
	利益获得均分	0.544	0.044	0.480	12.408	0.000

（三）应用型高校深化产教融合短期内无法显著增加学生的利益

应用型高校深化产教融合主要是通过学校变革促进学生的发展和地方经济社会的发展，学生是产教融合最主要的受益主体，本该具有较强的产教融合动力。然而，调查发现，不少学生对产教融合持漠不关心的态度。出现这种情况的原因有三。

应用型高校深化产教融合短期内无法显著提升学生的就业水平。1789 年，德国学者席勒（Friedrich Schiller）在耶拿大学的一次演讲中指出，在大学中存在两种类型的学生：一种为谋生而求学，另一种是为学术或学问本身而求学。① 在席勒看来，谋生型求学者学习的目的仅在于得到好的职业，改善其物质情况，满足其追逐名誉的需要。反对大学中功利观念的席勒提倡学生应追求学问及其探究与整合本身，而不是将其视为达到世俗目的的手段。然而，席勒的主张可能更多地适用于古典的研究型大学，在当下的应用型高校之中，大量学生是为谋生而求学，更直接地说为找到可以为其带来丰厚收入、名誉和社会地位的工作而选择读大学。但是，应用型高校的文凭价值有限，在高等教育劳动力市场供过于求的情况下，应用型高校深化产教融合很难在短期内提高其文凭价值，让学生找到好的工作。所以，不少学生对产教融合漠不关心，只希望尽快毕业。问卷调查的统计结果也显示，79.1%的学生认为应用型高校深化产教融合，无法显著改善学生的能力、就业水平和人生目标的实现情况。

学生在应用型高校产教融合中处于被动的地位。在应用型高校产教融合的诸多主体中，政府属于推动者，学校管理人员属于改革方，教师属于改革对象，行业企业属于配合方，学生属于改革的受益方和服从者。从理论上说，学生不应仅仅是改革的服从者，而应充分维护自己的受教育权，给产教融合的改革方施加压力，并发挥主观能动性积极参与产教融合。实际上，在教育生产者导向的推动下，学生及其家长几乎没有能力和权力监督学校提高教育质量，只能被动地接受教育的低质量或者学校变革或好或坏的结果。如此，学生也很难发挥自身的主观能动性，积极参与应用型高校深化产教融合。

学生也具有机会主义倾向，有着反对应用型高校深化产教融合

---

① 陈洪捷：《德国古典大学观及其对中国的影响》（修订版），北京大学出版社 2006 年版，第 17 页。

的一面。学生不是完美的天使，许多学生同样追求享乐和不劳而获，希望尽可能轻松地通过考试和毕业，学生在求学过程中偷懒、蒙混、作弊的现象也屡见不鲜。其实，学生的机会主义倾向早已被人所认识，为此还制造出一系列抑制学生机会主义行为的措施，如教育惩罚和道德教育。中国古代的《学记》有云，"夏楚二物，收其威也。"夸美纽斯则指出，教育要从一个无可争辩的命题开始，即犯了过错的人应当受到惩罚，而为了制止学生的邪恋倾向，必须适当使用纪律与惩罚。[①] 应用型高校深化产教融合增加了学生学习和考试的难度，要求学生更加勤奋和务实，这使学生的学业变得不那么轻松，一些学生受机会主义驱使反而变成了产教融合的反对者。

---

① ［捷］夸美纽斯：《大教学论》，傅任敢译，教育科学出版社1999年版，第198页。

第五章

应用型高校产教融合动力的资源分析

资源是人类合作动力的基础。人类的各类活动无不需要以资源为支撑，人类发展的历程从某种程度上也是石器、土地、青铜、铁器、煤、石油、电力、海洋等资源开发、利用和争夺的历程。资源是组织建立、运行和发展的钥匙，氏族、军队、教会、政府、企业、学校等各类组织皆是资源分散与集聚的结果。可以说，资源不仅是人类及其组织存在和发展的基础，也是解释人类及其组织的行为的关键。应用型高校作为一个有机体，是由教师、学生、学校管理人员、教学设施、经费等资源聚合而成的，同时它还和有机体外部的政府、行业企业、社区、其他高校进行着资源交换。充足的资源，是应用型高校深化产教融合的根基和前提。现实来看，应用型高校匮乏的经费、学科专业、师资、场地设备等资源，不利于其通过整合内部资源和吸收外部资源深化产教融合，极大地制约了应用型高校产教融合动力。

一 经费分析

经费是货币或钱的同义词，直接从源头上决定着资源的多寡。自从人类通过贸易来增进相互间的福利开始，货币就作为一般等价物成为各种资源交换的媒介,人类通过持有货币可以购买能满足自己需要的资源,也可以将自己的资源兑换成货币储存起来或借贷出去。近现代社会以来,经费逐渐在个人和组织的生存和发展中扮演越来越重要的角色,个人或组织一旦没了经费,就会丧失在现代社会生存的砝码。同样,没有足够的经费支持,应用型高校产教融合动力好似无源之水,无法流长。

(一)应用型高校办学经费有限

应用型高校办学规模小,服务社会的能力差,办学经费主要源于地方政府,办学经费有限,很难为深化产教融合提供充足动力。从表5—1可以看出,2016年,部属高校的经费预算动辄上百亿元,一些规模较小的人文社科类部属高校的经费预算也达到了10亿元左右。地方重点院校的经费预算一般在七八亿元,也有达到10亿元的,应用型高校的经费预算基本不超过7亿元,通常在两三亿元。经费从源头上决定着高校可以调动的人力、物力、技术等资源,应用型高校"囊中羞涩"的现实,直接导致其在深化产教融合的过程中被处处掣肘。调查问卷统计结果也显示,87.9%的学校管理人员认为应用型高校深化产教融合的经费不太充足。

表5—1　　　　　　　　2016年部分高校预算　　　　　　单位:亿元

类别	大学名称	2016年度预算数	年度收入合计	年度支出合计
部属高校	清华大学	182.17	139.03	142.17
	浙江大学	154.28	106.66	85.36
	北京大学	153.11	118.86	120.25
	西南大学	32.39	31.60	32.39
	中国传媒大学	11.92	11.08	11.03
	中国政法大学	9.91	9.77	9.91

续表

类别	大学名称	2016年度预算数	年度收入合计	年度支出合计
地方重点高校	重庆医科大学	10.22	9.53	10.22
	河北工业大学	9.85	9.85	9.85
	重庆交通大学	8.24	7.91	8.24
	西南政法大学	6.96	6.78	6.96
	山西大学	6.89	6.89	6.89
应用型高校	重庆科技学院	6.48	5.35	6.48
	重庆三峡学院	4.00	3.83	4.00
	黄淮学院	2.21	2.21	2.21
	遵义师范学院	1.64	1.64	1.64
	铜仁学院	1.07	1.07	1.07

数据来源：各高校官网。

（二）产教融合缺乏教育专项经费支持

《关于引导部分地方普通本科高校向应用型转变的指导意见》（以下简称《指导意见》）在高校转型的"配套政策和推进机制"中鲜明地指出，加大对高校转型试点的经费支持。各地可结合实际情况，完善相关财政政策，对改革试点统筹给予倾斜支持，加大对产业发展急需、技术性强、办学成本高和艰苦行业相关专业的支持力度。建立以结果为导向的绩效评价机制，中央财政根据改革试点进展和相关评估评价结果，通过中央财政支持地方高校发展等专项资金，适时对改革成效显著的省（区、市）给予奖励。

然而调查发现，很多应用型高校并没有获得相关的教育财政专项经费。有消息指出，河南省、山东省分别安排了2亿元和1亿元的高校转型发展专项经费，[1] 广西壮族自治区将筹措建设经费8亿多元，启动高校转型发展试点工作。[2] 但笔者调研的多数应用型高

---

[1] 董洪亮：《地方本科院校怎样转型》，《人民日报》2014年5月15日第18版。
[2] 《广西将启动高校转型发展应用技术大学试点工作》，http://www.gxedu.gov.cn/Item/2720.aspx。

校并没有获得政府的专项经费。

理论上讲，应用型人才的培养可能比学术型人才和技术技能型人才的培养更耗费资源，因而需要更多的经费支持。应用型高校多属于省市级政府举办的高校，其教育经费本就有限，现在要推进其深化产教融合，缺少经费的保障，何来深化产教融合的动力？

《指导意见》指出，鼓励应用型高校健全多元投入机制，积极争取行业企业和社会各界支持，优化调整经费支出结构，向教育教学改革、实验实训实习和"双师双能型"教师队伍建设等方面倾斜。许多应用型高校也通过项目立项等形式设立了专项经费，但这些经费数额有限，无法为应用型高校深化产教融合提供有效支撑。

应用型高校的二级学院是深化产教融合的改革试点和实施主体。深化产教融合，要求二级学院在学科专业调整、课程开发、教学改革、实验实训实习基地建设、"双师双能型"教师队伍建设等方面实施综合改革。不幸的是，经费的短缺使许多在改革之初意气风发、气倍辞前的二级学院，在真正推进改革之时往往步履蹒跚、半折心始。

以下以对某应用型高校二级学院负责人的访谈为证：

问（二级学院负责人）：学院在深化产教融合过程中有没有好的经费保障？

答：有一定的经费投入，但是还远远不够。

在教师队伍建设方面，因为拿不出较高的工资待遇，学校很难引进企业的优秀师资。教师培训也需要耗费大量费用，目前还没有这方面的专项经费。

在实验室建设和设备更新方面，我们学院的实验室是中央和地方共建项目，从2013年开始到现在投入近1000万元，基本上可以满足学生学习需要。

教学改革方面我们考虑采用翻转课堂，即把上课的时间交给学生，让学生自学、自己动手、相互交流，老师主要以组织学生学习并解答学生的疑难问题为主。但是，经费从哪里来？我们学院自己出钱以学校的名义设立了一批教改项目，一个项目的经费大约 4000 元，起到了一定效果。由于资金有限，学校有立项数量上的限制，这种教改项目最多能有十几个，非常不利于扩大教改规模，后续的教改经费也不敢保证。

（三）企业没享受到免税优惠

在推进校企合作方面，许多学者提出以免税的方式鼓励企业主动与高校合作。2007 年，国务院发布的《中华人民共和国企业所得税法实施条例》第五十三条规定：企业发生的公益性捐赠支出，不超过年度利润总额 12% 的部分，准予扣除。公益性捐赠，是指企业通过公益性社会团体或者县级以上人民政府及其部门，用于《中华人民共和国公益事业捐赠法》规定的公益事业（包括教育、科学、文化、卫生和体育事业）的捐赠。

然而调查发现，多数企业不知道或没有享受到免税优惠，应用型高校的学校管理人员也不了解免税政策，因而无法以此为切入点激励企业参与校企合作。出现这种情况的原因，一方面可能由于一些企业不了解免税政策或者笔者访谈的企业人员不了解公司的财务或免税情况；另一方面可能因为免税政策在具体的操作和实施层面宣传不到位或者存在一些运作困难。以下以两则访谈为证：

问（二级学院负责人）：如果企业和高校合作，政府对企业是否有免税等优惠？
答：听说有一定的免税优惠，但具体免多少，我们不清楚。
问（国有企业负责人）：如果企业和高校合作，政府对企业是否有免税等优惠？
答：没有。根本没有听说过。

二　学科专业分析

学科是知识分门别类的结果，学科的细化和交叉形成了专业。专业的设置与变更，主要受到两方面的影响：一是社会分工或职业发展变化；二是科学发展的综合与分化。① 以一个学科为基础可以设置若干个专业，一个专业可能需要两个或多个学科为支撑。我国高等教育的 13 大学科门类下设有 110 个一级学科，一级学科之下还有层级式的二级学科、专业和研究方向。学科建设水平决定着专业建设水平，学科建设可以为专业建设提供高水平的师资队伍、教学与研究的基地、包含学科发展最新成果的课程教学内容等。②

（一）应用型高校学科门类少、实力弱

学科数量和实力是应用型高校深化产教融合（主要是校企合作方面）的基础。高等学校是以高深知识的创新、传播和应用来服务社会的，建立在知识创新和应用基础上的科研技术水平（或产品研发能力）是校企合作的重要资本。可以说，一所高校的学科数量越多、实力越强，其科研技术水平和产品研发能力越高，越能为企业和社会提供好的服务，越能在校企合作市场上占据优势。根据目前的评价体制，如果某个一级学科具有博士学位授予权，则说明其学科实力较强。据此，可从高校的学科设置及其具有的一级学科博士学位授予权数量，大致估计其科研技术水平。

从重庆市的高等教育系统看，截至 2016 年，重庆市的研究型大学（重庆大学、西南大学和第三军医大学）的学科设置涵盖了除军

---

① 张楚廷：《高等教育学导论》，人民教育出版社 2010 年版，第 68 页。
② 孔繁敏等编著：《建设应用型大学之路》，北京大学出版社 2006 年版，第 85 页。

事学以外的 12 个学科门类，拥有数量庞大的具有博士学位授予权的一级学科（见表 5—2），几乎垄断了重庆市高等教育的高端学术市场，很容易获得企业的青睐。

表 5—2　　　　　　　　重庆市研究型大学学科发展概况

高校	具有博士学位授予权的一级学科	学科门类	优势学科
重庆大学	27 个：经济学（应用经济学）、法学（法学）、理学（数学、物理学、化学、生物学、生态学、统计学）、工学（力学、机械工程、光学工程、仪器科学与技术、材料科学与工程冶金工程、动力工程及工程热物理、电气工程、信息与通信工程、控制科学与工程、计算机科学与技术、建筑学、土木工程、化学工程与技术、矿业工程、环境科学与工程、生物医学工程、城乡规划学、风景园林学、软件工程、安全科学与工程）、管理学（管理科学与工程、工商管理公共管理）	涵盖除军事学、医学、农学以外的 10 个学科门类	理学、工学
西南大学	19 个：哲学（哲学）、教育学（教育学、心理学）、文学（中国语言文学、外国语言文学）、历史学（中国史）、理学（数学、化学、生物学、生态学、统计学）、农学（农业工程、食品科学与工程、作物学、园艺学、农业资源与环境、植物保护、畜牧学）、管理学（农林经济管理）	涵盖除军事学以外的 12 个学科门类	教育学、农学
第三军医大学	5 个：医学（基础医学、公共卫生与预防医学、护理学、临床医学）、理学（生物学）	医学为主，涉及少量人文社科	医学

资料来源：各高校官网。

相比于研究型大学，应用型高校主要以本科为主，拥有少量硕士点，学科实力和科研技术能力较弱（见表 5—3），很难得到大型企业的橄榄枝。调查问卷的统计结果显示，58.1% 的学校管理人员和 78.3% 的教师认为其学校的科研技术实力不（太）能吸引企业的合作。

表5—3　　　　　　　重庆市应用型高校学科专业发展情况

应用型高校	学科专业发展情况
重庆科技学院	2个专业硕士点，50个本科专业，涵盖7个学科门类
重庆三峡学院	3个学术硕士学位点，2个专业硕士点，55个本科专业，涵盖9个学科门类
重庆第二师范学院	74个本科专业，涵盖6个学科门类
重庆大学城市科技学院	23个本科专业，14个专科专业，涵盖6个学科门类
重庆邮电大学移通学院	29个本科专业，7个专科专业，涵盖5个学科门类
重庆人文科技学院	42个本科专业，1个专科专业，涵盖10个学科门类

资源来源：各高校官网。

从高校获得的企事业单位委托经费来看（如表5—4所示），2015年，"211"及省部共建高校平均获得的企事业单位委托经费为32658.8万元，而其他本科高等学校（多数是应用型高校）和高等专科学校平均获得的企事业单位委托经费仅分别为2073.5万元和42.1万元。同时，地方院校（包括地方重点院校和应用型高校）平均获得的企事业单位委托经费非常有限，仅分别为部委院校和教育部直属院校的5.9%和4%。

表5—4　　　　2015年各类高等学校企事业单位委托经费　　　　单位：千元

分类标准	学校类别	学校数	企事业单位委托经费	平均数
按学校规格分	"211"及省部共建高校	112	36577880	326588
	其他本科高等学校	630	13063050	20735
	高等专科学校	386	162522	421
按学校隶属分	部委院校	27	6283220	232712
	教育部直属院校	64	21730240	339535
	地方院校	1037	14222639	13715

数据来源：根据教育部科学技术司汇编的《2015年高等学校科技统计资料汇编》数据计算得出，http://www.moe.edu.cn/s78/A16/A16_tjdc/201605/t20160510_242690.html。

从高校和企业在人才培养和项目研发方面的合作看，相比于应用型高校，研究型大学利用其在学科、技术、设备、政策等方面的优势，获得了大型企业尤其是从事战略性新兴产业的大型企业的支持。这种以技术交换为支撑的校企互利合作，不仅能吸引大企业加盟，而且能切实推进产教融合，促进大学和企业在人才培养、学生实习实践、共建研发平台与合作研究等方面开展长期深入的合作。

下面以重庆大学与重庆智飞生物制品股份有限公司合作的新闻报告为证：

> 2016年4月15日下午，重庆市副市长吴刚和校党委书记周旬一行莅临重庆大学虎溪校区，见证智飞生物公司与重庆大学战略合作座谈暨签约仪式。重庆智飞生物制品股份有限公司2002年投入生物制品行业，注册资金8亿元，现有员工1000余人，资产25亿元，2010年9月在深交所挂牌上市。公司从事的疫苗行业为国家七大战略性新兴产业，当前正处于经济结构转型、行业市场化过渡和产业发展时期，市场潜力巨大，发展前景广阔。
>
> 吴刚副市长、智飞生物公司董事长蒋仁生一行在周旬书记、舒立春常务副书记的陪同下，考察了重庆大学电子显微镜中心、药学院、理科大楼和分析测试中心。电镜中心和分析测试中心是学校近年来重点建设的高水平大型实验仪器设备公共平台，电镜中心拥有18台电子显微镜和20余台（套）微观成分、结构和取向分析系统，设备价值约1.2亿元；分析测试中心拥有16台价值近3000万元的分析测试设备，分析测试范围覆盖结构与形貌、通用物性、无机成分、有机成分、生物医学等学科。这两个大型实验平台为学校高层次人才的培养与引进、高水平研究的开展与合作发挥了重大支撑作用。药学院是在原创新药物研究中心的基础上整合了学校相关资源而组建的新学院，学院将瞄准重庆市生物医药产业的发展，为其提供人才和技术服务。

随后，举行了智飞生物公司与重庆大学战略合作座谈暨签约仪式。双方经过多次磋商，决定在生物医药产业人才定制培养、学生实习实践、共建研发平台与合作研究、设立教育发展基金等方面开展长期深入的合作。双方就合作细节进行了详尽会谈，共同签署了《智飞生物—重庆大学战略合作协议》。①

不仅如此，研究型大学和许多大型企业建立了合作关系，几乎垄断了区域校企合作的高端市场，这增加了应用型高校和大型企业建立合作关系的市场准入难度。以重庆市医学领域的校企合作为例，重庆市二级及以上医院基本被研究型大学包揽：第三军医大学拥有的三所"三级甲等"附属医院（西南医院、新桥医院、大坪医院），不仅是具有招生权力和雄厚科研实力的教学单位，更是产教融合培养人才的高端实训实践基地。重庆医科大学拥有8所附属医院（多数是"三级甲等"医院），10所非直属附属医院，34所教学实习医院，基本覆盖重庆市的所有区县。此外，重庆大学、西南大学、重庆理工大学等高校也设有医药学院，它们依托研究中心和国家政策同重庆范围内的多家医院建立了合作关系。在这样的校企合作市场格局下，应用型高校只能找一些较差的医院合作，合作的范围也仅限于临床护理之类的教学实习，而且，这些医院的技术水平和医疗设备落后，给学生提供的食宿条件很差，不少学生在实习过程中频生抱怨。

以下以两段访谈材料为证：

问（某应用型高校护理学院负责人）：贵学院在与企业等用人单位的合作中存在哪些问题？

答：我们学院很难和好医院建立合作关系，现有与几所医院的合作主要依靠的是我个人以及学院一些教师的私人关系，

---

① 资料来源：http://news.cqu.edu.cn/newsv2/show-14-2077-1.html。

学校和政府的支持力度不是很大。而且，医院与学院合作是希望学院为其提供技术和经费支持。但是，我们这类院校经费本身就很紧缺，经费分配和使用的体制不太灵活，学校也没有给学院提供固定的预算，学院很难为医院提供长期稳定的经费支持。从技术上来说，我们的师资队伍和学科建设根本没有办法同第三军医大学、重庆医科大学相比，可能合作的医院几乎被重庆的几所医科大学垄断，没有经费和技术的支持，我们想挤也挤不进去。所以，学院只能找一些较差的医院合作，这些医院的医疗设备不够先进，给学生提供的住宿、吃饭条件很差，不少学生在实习过程中叫苦连天。

问（某大型国有企业管理人员）：请问贵企业目前和应用型高校是否有一些人才培养或项目研发方面的合作？

答：没有。我们公司在重庆范围内合作的高校主要是重庆大学、西南大学和重庆邮电大学。你所说的应用型高校几乎没有，暂时也没有考虑与这些高校合作。而且，我们接受的实习生和招聘的人员也主要是这三所学校的学生。

（二）师范类应用型高校学科设置偏重相对疏离产业的人文社会科学

学科和专业是高等教育培养人才的重要载体，应用型高校深化产教融合有必要依据产业发展需求调整学科方向和专业设置，"建立密切对接产业链、创新链的专业体系"[①]。但是，基于知识分化与社会分工的学科专业和基于经济分散与集聚的产业之间并不是严格对应的，很多专业尤其是人文社会科学的学科专业（如哲学、文学、社会学、史学等）和产业之间联系相对疏离和模糊，甚至横亘着不

---

① 《教育部、国家发改委、财政部关于引导地方普通本科高校向应用型转变的指导意见》，http：//www.moe.edu.cn/srcsite/A03/moe_1892/moe_630/201511/t20151113_218942.html。

小的鸿沟。这表明,应用型高校的学科专业设置越偏重人文社会科学学科,越没有和产业融合的空间,其深化产教融合动力也越小。

在中国应用技术大学(学院)联盟单位中,师范类学院包括长江师范学院、重庆第二师范学院、大庆师范学院、韩山师范学院、黔南民族师范学院、曲靖师范学院、天水师范学院、周口师范学院、吉林工程技术师范学院、天津职业技术师范大学等10多所院校,约占联盟单位的10%以上。受历史因素影响,这些师范类应用型高校的学科专业设置偏重人文社科,深化产教融合的动力先天不足。

我国的高等院校目前是依据学科专业划分的二级学院为建制,二级学院(在学校架构中通常被划归为与党政职能部门相区别的教学单位)的设置基本上说明了学校的学科专业设置情况。因此,可以选取人文社科类教学单位(二级学院)占高校总教学单位的比例这一指标,大致衡量应用型高校的学科专业设置情况。

下面通过师范类应用型高校(以曲靖师范学院、重庆第二师范学院和大庆师范学院为例)和理工类应用型高校(以黄淮学院、常熟理工学院和重庆科技学院为例)的比较,分析应用型高校的学科专业设置对其产教融合动力的影响。

表5—5　　　　　　　曲靖师范学院教学单位一览

人文学院	法律与公共管理学院	经济与管理学院
外国语学院	教师教育学院	数学与统计学院
物理与电子工程学院	化学与环境科学学院	生物资源与食品工程学院
信息工程学院	体育学院	音乐舞蹈学院
美术学院	马克思主义学院	继续教育学院
城市学院	国际学院	教师(教育)发展研究院
教师教学发展中心		

资料来源:曲靖师范学院官网。

经查阅,曲靖师范学院的19个教学单位中,继续教育学院主要承担全校的成人高等学历教育及各类非学历培训等办学任务,教师

（教育）发展研究院和教师教学发展中心属于研究机构和教师培训单位，故将这 3 个单位排除出教学单位的行列。城市学院的专业设置主要有工程造价、房地产开发与管理、地理科学、酒店管理、工程管理、人文地理与城乡规划，故将其归属于人文社会科学类教学单位。国际学院主要招收工商管理、会计、酒店管理、国际商务的学生，故将其归属于人文社会科学类教学单位。

据表 5—5 可以计算出，曲靖师范学院的 16 个教学单位中，人文社科类教学单位有 11 个（包括人文学院、法律与公共管理学院、经济与管理学院、外国语学院、教师教育学院、体育学院、音乐舞蹈学院、美术学院、马克思主义学院、城市学院、国际学院），占总教学单位的比例高达 68.75%。

表 5—6　　　　　　　重庆第二师范学院教学单位一览

教师教育学院（教师教学发展中心、思想政治理论与实践课教学科研部）		
学前教育学院	文学与传媒系	外国语言文学系
数学与信息工程系	生物与化学工程系	经济与工商管理系
旅游与服务管理系	美术系	

资料来源：重庆第二师范学院官网。

经查阅，重庆第二师范学院的教师教育学院的主要职能是培养、培训小学教育师资，现设有小学教育、初等教育及体育教育等本、专科专业，故将其归属于人文社会科学类教学单位。

据表 5—6 可以计算出，重庆第二师范学院的 9 个教学单位中，人文社会科学类教学单位有 7 个（包括教师教育学院、学前教育学院、文学与传媒系、外国语言文学系、经济与工商管理系、旅游与服务管理系、美术系），占总教学单位的比例高达 77.78%。

表 5—7　　　　　　　　大庆师范学院教学单位一览

教师教育学院	文学院	外国语学院
化学工程学院	机电工程学院	计算机科学与信息技术学院
生物工程学院	经济管理学院	法学院
音乐与舞蹈学院	美术与设计学院	体育学院
思想政治理论课教研部	继续教育学院	

资料来源：大庆师范学院官网。

经查阅，大庆师范学院的继续教育学院主要提供管理人员培训和高校成人学历教育，故将其排除出教学单位的行列。

据表5—7可以计算出，大庆师范学院的13个教学单位中，人文社会科学类教学单位有9个（包括教师教育学院、文学院、外国语学院、经济管理学院、法学院、音乐与舞蹈学院、美术与设计学院、体育学院、思想政治理论课教研部），占总教学单位的比例高达69.23%。

表 5—8　　　　　　　　黄淮学院教学单位一览

动画学院	国际教育学院	化学与制药工程学院
建筑工程学院	马克思主义学院	生物与食品工程学院
文化传媒学院	信息工程学院	艺术设计学院
机械与能源工程学院	护理学院	经济与管理学院
数学与统计学院	体育学院	外国语学院
音乐学院		

资料来源：黄淮学院官网。

经查阅，黄淮学院的国际教育学院设有软件工程、动画、艺术设计和计算机应用技术等理工类专业。因此，将国际教育学院划归为非人文社会科学类教学单位。

据表5—8可以计算出，黄淮学院的16个教学单位中，人文社会科学类教学单位有6个（马克思主义学院、文化传媒学院、经济与管理学院、体育学院、外国语学院、音乐学院），占总教学单位的比例只有37.5%。

表5—9　　　　　　　　常熟理工学院教学单位一览

人文学院	外国语学院	艺术与服装工程学院
生物与食品工程学院	计算机科学与工程学院	物理与电子工程学院
数学与统计学院	化学与材料工程学院	机械工程学院
电气与自动化工程学院	经济与管理学院	汽车工程学院
马克思主义学院	体育部	

资料来源：常熟理工学院官网。

据表5—9可计算出，常熟理工学院的14个教学单位中，人文社会科学类教学单位有5个（人文学院、外国语学院、经济与管理学院、马克思主义学院、体育部），占总教学单位的比例只有35.71%。

表5—10　　　　　　　　重庆科技学院教学单位一览

石油与天然气工程学院	冶金与材料工程学院	机械与动力工程学院
电气与信息工程学院	化学化工学院	建筑工程学院
安全工程学院	工商管理学院	法政与经贸学院
数理学院	外国语学院	人文艺术学院
体育部		

资料来源：重庆科技学院官网。

据表5—10可以计算出，重庆科技学院的13个教学单位中，人文社会科学类的教学单位有5个（工商管理学院、法政与经贸学院、外国语学院、人文艺术学院、体育部），占总教学单位的比例只有38.46%。

综上，从人文社会科学类教学单位占总教学单位比例看，理工类应用型高校一般不超过40%，师范类应用型高校多接近甚至超过70%。一般而言，理工类学科专业比人文社会科学类学科专业容易进行产教融合。师范类应用型高校偏重人文社会科学类的学科专业设置，导致其深化产教融合的限制较多、困难较大，产教融合的动力和水平较低。相反，学科专业设置偏向于理工类的应用型高校，深化产教融合的动力较为充足，产教融合的水平多居全国前列。

（三）研究型大学钳制着应用型高校的应用学科专业发展

研究型大学通常是在某一国家或地区比较有影响力的中心大学，它们是知识的创造者和国际知识系统的重要组成部分，获得了大部分研究经费，培养了绝大多数博士研究生，是公认的学术领袖。[1] 研究型大学不仅支配着处于边缘地位的应用型高校的发展，而且给应用型高校深化产教融合设置了诸多挑战，这种挑战在应用型高校学科专业调整方面表现得尤为明显。

一方面，研究型大学垄断了高端应用型人才的培养，限制了应用型高校在更高层次深化产教融合的动力。

根据目前的人才培养体系，如果把应用型高校培养的人才定位于区别与高职高专的高层次应用型人才，那么专业学位的硕士和博士研究生可谓高端应用型人才。截至2016年6月，我国全日制博士研究生专业学位类别有教育博士、兽医博士、临床医学博士、口腔医学博士、工程博士5种，全日制硕士研究生专业学位类别共39种（见表5—11），全日制学士专业学位类别1种——建筑学学士。

---

[1] ［美］阿尔特巴赫：《作为中心与边缘的大学》，蒋凯译，《高等教育研究》2001年第4期，第21—27页。

表 5—11 2016 年全日制硕士研究生专业学位类别及代码

代码	学位类别	代码	学位类别	代码	学位类别	代码	学位类别
0251	金融	0451	教育	0853	城市规划	1056	中药学
0252	应用统计	0452	体育	0951	农业推广	1151	军事
0253	税务	0453	汉语国际教育	0952	兽医	1251	工商管理
0254	国际商务	0454	应用心理	0953	风景园林	1252	公共管理
0255	保险	0551	翻译	0954	林业	1253	会计
0256	资产评估	0552	新闻与传播	1051	临床医学	1254	旅游管理
0257	审计	0553	出版	1052	口腔医学	1255	图书情报
0351	法律	0651	文物与博物馆	1053	公共卫生	1256	工程管理
0352	社会工作	0851	建筑学	1054	护理	1351	艺术
0353	警务	0852	工程	1055	药学		

资料来源：http://kaoyan.eol.cn/bao_kao/zhuanshuo/201508/t20150805_1298368.shtml。

专业学位是培养高端（硕士和博士研究生）应用型人才的主要通道。而且，相对于本专科层次，在研究生层次深化产教融合更有意义，遭受的阻力也相对较小。因为，本科层次比较强调通识，注重人的多学科学习和多方面发展，专业划分也比较粗略，专业和产业甚至职业之间的连接松散。研究生层次更强调学生在某一领域或某一专业的钻研，专业划分较细，高校在专业划分上的自主权和灵活性较强，更容易实现教育和产业的融合。

然而，我国的高端应用型人才已经被研究型大学垄断，应用型高校在资源和制度上均没有培养高端应用型人才的条件和资格，这无形中限制了应用型高校在更高层次深化产教融合的动力。调查发现，应用型高校根本没有培养专业博士的资格，只有少量的（一般不超过 3 个）硕士专业学位授权点，和研究型大学形成了鲜明反差。以重庆市为例，重庆市 6 所应用型高校中只有重庆三峡学院和重庆科技学院有不超过 2 个类别的专业硕士招生资格，招生类别为教育硕士、农业推广硕士和工程硕士。反观研究型大学，重庆大学拥有专业学位19种（含建筑学学士、工商管理硕士、2个工程博士领域、26个工程硕士领域），西南大学拥有1种专业博士学位，21种专业硕士学位。

另一方面，很多学科本身就是应用型的，研究型大学在这些应用型学科专业上的强势，弱化了应用型高校深化产教融合的动力。

人类认识世界和改造世界的过程，要经过理论、理论的实践性转化、实践应用三个具体阶段。与每一阶段相对应，人才类型可以划分为：学术型人才、工程型人才、技术技能型人才。[①] 据此，知识也可被分为理论知识、应用知识和技术技能。学科是知识制度化的分类与整合，除理论知识外，学科内部天然内含着应用知识和技术技能。从大学学科的发展看，中世纪大学所开设的文、法、医、神四个学科都有很强的应用特征。工业革命之后自然科学技术的迅猛发展，大大提高了大学内部应用知识和技术技能的比例，这不仅使医学、法学等强应用学科流传至今，而且使工学、农学、艺术学、管理学等强应用特性学科充实到大学之中。

根据1998年教育部颁布的《普通高等学校本科专业目录》和2011年国务院学位委员会及教育部颁布的《学位授予和人才培养学科目录（2011年）》，我国普通高等教育有13大学科门类，门类下设有相应的一级学科（见表5—12）。

表5—12　　　　　　　　学科门类及其一级学科目录

学科门类	一级学科
哲学	哲学
经济学	理论经济学、应用经济学
法学	法学、政治学、社会学、民族学、马克思主义理论、公安学
教育学	教育学、心理学（可授教育学、理学学位）、体育学

[①] 宋思运：《应用型本科人才培养模式的构建》，《徐州工程学院学报》2005年第S1期，第11—13页。

续表

学科门类	一级学科
文学	中国语言文学、外国语言文学、新闻传播学
历史学	考古学、中国史、世界史
理学	数学、物理学、化学、天文学、地理学、大气科学、海洋科学、地球物理学、地质学、生物学、系统科学、科学技术史（可授理学、工学、农学、医学学位）、生态学、统计学（可授理学、经济学学位）
工学	力学（可授工学、理学学位）、机械工程、光学工程、仪器科学与技术、材料科学与工程（可授工学、理学学位）、冶金工程、动力工程及工程热物理、电气工程、电子科学与技术（可授工学、理学学位）、信息与通信工程、控制科学与工程、计算机科学与技术（可授工学、理学学位）、建筑学、土木工程、水利工程、测绘科学与技术、化学工程与技术、地质资源与地质工程、矿业工程、石油与天然气工程、纺织科学与工程、轻工技术与工程、交通运输工程、船舶与海洋工程、航空宇航科学与技术、兵器科学与技术、核科学与技术、农业工程、林业工程、环境科学与工程（可授工学、理学、农学学位）、生物医学工程（可授工学、理学、医学学位）、食品科学与工程（可授工学、农学学位）、城乡规划学、风景园林学（可授工学、农学学位）、软件工程、生物工程、安全科学与工程、公安技术、网络空间安全
农学	作物学、园艺学、农业资源与环境、植物保护、畜牧学、兽医学、林学、水产、草学
医学	基础医学（可授医学、理学学位）、临床医学、口腔医学、公共卫生与预防医学（可授医学、理学学位）、中医学、中西医结合、药学（可授医学、理学学位）、中药学（可授医学、理学学位）、特种医学、医学技术（可授医学、理学学位）、护理学（可授医学、理学学位）
军事学	军事思想及军事历史、战略学、战役学、战术学、军队指挥学、军制学、军队政治工作学、军事后勤学、军事装备学、军事训练学
管理学	管理科学与工程（可授管理学、工学学位）、工商管理、农林经济管理、公共管理、图书情报与档案管理
艺术学	艺术学理论、音乐与舞蹈学、戏剧与影视学、美术学、设计学（可授艺术学、工学学位）

资料来源：http://www.chinadegrees.cn/xwyyjsjyxx/sy/glmd/272726.shtml。

从表5—12可以看出，我国13个学科门类中，经济学、法学、工学、农学、医学、管理学、艺术学、军事学都有着很强的应用特性，一些学科门类下设的一级学科还对理论和应用做了区分，比如经济学有两个一级学科——理论经济学和应用经济学。夸张地讲，凡知识皆有价值，任何知识都可以运用和应用到实际的生产生活之中。比如，很多人批判教育学只重视构建乌托邦式的理论，不注重应用，其实他们忽略了教育学不仅研究教育更研究如何解释和改变教育，我国多数师范类院校的教育学科都在培养教师而非培养教育学者。再例如，哲学算是公认的最"理论"的学科，谁敢说哲学无处应用或没有应用价值？

一个更为重要的事实是，非应用型高校和应用型高校的边界变得越来越模糊，很多大学相继成立了应用技术学院，这些应用技术学院有的已经独立为专门学院，有的仍旧仅是大学的二级学院。比如重庆邮电大学移通学院、重庆大学城市科技学院、苏州大学应用技术学院现已发展为独立学院，中国矿业大学、吉林大学、西南大学、重庆理工大学、西南科技大学、西安工程大学、大连海洋大学、南京林业大学等上百所大学仍以二级学院的形式设有应用技术学院。

可见，中国的大学基本上设置有应用型的学科专业，这本是好事。但如果放到应用型高校深化产教融合的语境下，则会出现一些负面效应，即研究型大学的应用型学科强势反而弱化了应用型高校深化产教融合培养应用型人才的动力。这从以下对某应用型高校教务处负责人的访谈中可见一斑：

问（教务处负责人）："985""211"高校有很多应用型学科和专业，这会不会限制贵校的应用型学科专业发展？

答：确实有不少限制。说实话，无论怎么努力，现实的条件决定我们很难赶上甚至超过"985""211"高校，因为差距太大了，经费、师资、生源、学科实力方方面面都有不少的差距。解决的一个重要思路是走出特色，但是，走出特色很难。现在人人都在谈创新、谈特色发展，但有多少真正的创新？能作出一点特色创新就很不错了。

无论是从高等教育分层分类的思想，还是国家政策的导向，抑或是地方普通本科高校发展的困境看，着力发展应用型本科教育似乎是地方本科院校摆脱发展困境的唯一出路。但是，现实的情况是，大学并没有夸张到一心培养学术型人才的地步，大学的基因中内含着应用的要素，应用型教育和应用学科专业在现代大学中占据着很大的比例，也有着不凡的规模和地位。在地方普通本科高校向应用型高校转变的过程中，研究型大学强势的应用学科专业，在继续支配和影响应用型高校的学科专业发展的同时，也为应用型高校这一命题的成立和应用型高校深化产教融合的动力戴上了一套"隐形的枷锁"。

三　师资分析

教育是教师培养学生的活动，没有好的师资，应用型人才的培养就好比没有专职园丁看管打理的果园，不可能结出人们预期的硕果。《指导意见》指出，加强"双师双能型"教师队伍建设。"双师双能型"教师是在以往"双师型"教师基础上对教师素养要求的进一步提升。"双师型"教师主要指"双证"或"双职称"教师，这类教师既具有工程师、工艺师等技术职务，又取得教师资格并从事教育教学工作。"双能型"教师则要求教师既具备理论教学能力，又具备实践教学能力。应用型高校深化产教融合迫切需要"双师双能型"师资的保障，但是应用型高校在短期内很难聘用或培养出"双师双能型"教师，这进一步削弱了应用型高校深化产教融合的动力。

（一）师资力量整体薄弱

应用型高校的师资相当薄弱，远逊于地方重点高校和部属高校。从表5—13可以看出，应用型高校的教职工数量、专任教师数量、高级职称教师数量、正高级教师占专任教师的比例、最高学历为博士的教师数量及其占专任教师的比例、享受国务院津贴专家的数量均低于地方重点高校，更别说部属高校。

表5—13　　　　　　　部分高校的师资情况统计　　　　　单位（人,%）

高校类别	高校名称	教职工数	专任教师数	正高教师数及占比		副高教师数	最高学历为博士的教师数及占比		享受国务院津贴专家数
应用型高校	曲靖师范学院	983	726	78	10.7	247	72	9.9	7
	重庆三峡学院	1032	787	103	13.1	211	134	17	1
	铜仁学院	928	571	83	14.5	187	95	16.6	1
	重庆第二师范学院	743	567	62	10.8	249	45	7.8	1
	宜宾学院	1013	716	85	11.9	264	104	14.5	*
	重庆科技学院	1548	1126	151	13.4	338	253	22.5	8
	湖南文理学院	1379	722	104	13.5	335	182	25.2	2
地方重点高校	重庆师范大学	2200	1776	244	13.7	513	450	25.3	13
	重庆工商大学	2010	1447	288	19.9	490	426	29.4	25
	西南政法大学	1421	1157	206	17.8	411	501	43.3	22

注：以上数据来源于各高校官网，并不一定是最新数据，也可能是近两三年的数据。部分高校的师资数据是根据其二级学院公布的数据加总而来的，在加总过程中对少量缺失数据进行了大致估算。所以，表中的具体数值并不完全准确，但能大致反映上述高校2015年前后的师资情况。

数据来源：各高校官网。

此外，应用型高校拥有的两院院士、"万人计划"入选者、"千人计划"入选者、"青年千人计划"入选者、"外专千人计划"入选者、国务院学位委员会学科评议组成员、"973"项目首席科学家、长江学者、"百千万人才工程"、"国家杰出青年基金"获得者等国家高层次人才屈指可数，远低于地方重点高校和部属高校。

应用型高校薄弱的师资力量，直接造成其在学科实力、科研能力、声誉和教学质量方面弱于地方重点高校和部属高校，无法吸引行业企业主动合作，不利于提高应用型人才的培养质量。问卷调查统计结果也显示，85.9%的学校管理人员和78.4%的教师认为其所在学校的师资力量不（太）能为学校深化产教融合提供支撑。

（二）专职教师实践教学能力差

应用型高校专职教师的实践教学能力亟待提高。调查发现，应用型高校的青年教师基本上是校园里走出的研究生，几乎没有工作经验，不了解一线的生产实践情况，实践教学能力很差。许多45岁以上的教师年轻时曾在行业企业工作过，改革开放后逐渐通过进修、读大学成为高校教师，有一定的实践经验，但这些实践经验已落伍于时代。许多教师教了十几年书，自己却从没进过工厂。

《指导意见》指出，应用型高校要积极引进行业公认专才，聘请企业优秀专业技术人才、管理人才和高技能人才，有计划地选送教师到企业接受培训、挂职工作和实践锻炼，加强"双师双能型"教师队伍建设。调查发现，应用型高校实际拥有的真正的"双师双能型"教师可谓少之又少，许多应用型高校的二级学院的"双师双能型"教师数量通常不超过5名。虽然，一些应用型高校号称其"双师双能型"教师占到学校总教师数量的1/3以上，但实际上真正既能讲好理论课又能上好实验实践课的教师可谓凤毛麟角。

以下以对某应用型高校二级学院和人事处负责人的部分访谈材料为证：

问（二级学院负责人）：贵学院在深化产教融合中是否有足够的师资力量保障？

答：我们学院的师资力量太需要增强了，学院尤其缺乏有实践能力的教师。很多教师讲了一辈子课，自己却从来没进过工厂。产教融合和应用型人才培养，教师跟不上，就是空谈。比如，鼓励学生参加全国、重庆市和学校的科技或技能等竞赛，是学院推出的提高应用型人才培养质量的重要计划，但是我们却没有足够的"双师双能型"教师给学生提供指导。

问（人事处处长）：请您介绍一下贵校的"双师双能型"

教师队伍建设情况。

答：实际上，关于"双师双能型"教师并没有明确的标准。目前关于"双师双能型"教师，教育部有一个界定，各个高校及其学院根据其实际情况也有不同的界定。虽然现在国家积极倡导加强"双师双能型"教师队伍建设，但是建设到何种程度或者"双师双能型"教师占到总教师数量的多少比例合适？是否应该达到50%或者更高？目前还不太清楚。前段时间，政府部门要求统计高校"双师双能型"教师的比例，我们根据自己的界定报了50%的比例，但是这其中很大一部分教师可能不是政府要求的"双师双能型"教师。如果真的按较高的要求界定"双师双能型"教师，我估计全国都没有多少。

（三）优秀行业企业师资难引进

由于工资待遇较低，应用型高校很难引进行业企业的优秀师资。调查发现，重庆市应用型高校讲师/助教的月收入平均在4000—6000元，除去"五险一金"之后，每个月实际到手的可支配收入在5000元左右。重庆市应用型高校的副教授月收入平均可达7500—8500元。民办应用型高校的教师待遇还要低于公立应用型高校。比较而言，重庆市中级工程师的月收入平均在8000—10000元，企业给工程师提供的平均工资远高于应用型高校（如图5—1所示）。

从人才培养的角度而言，应用型高校希望引进的企业师资往往是大型企业中的中年高级工程师，这个年龄段的工程师既有一定的理论和实践积累，也能掌握到本领域的核心技术和前沿问题，能更好地将产业需求和生产的尖端技术介绍给应用型高校的教师和学生，深化产教融合。但是，这个阶段的工程师往往又是企业的"顶梁柱"，企业给他们提供的工资往往高于行业的平均工资，通常在一两万元以上。在如此悬殊的工资待遇下，应用型高校当然吸引不到优秀的企业师资。

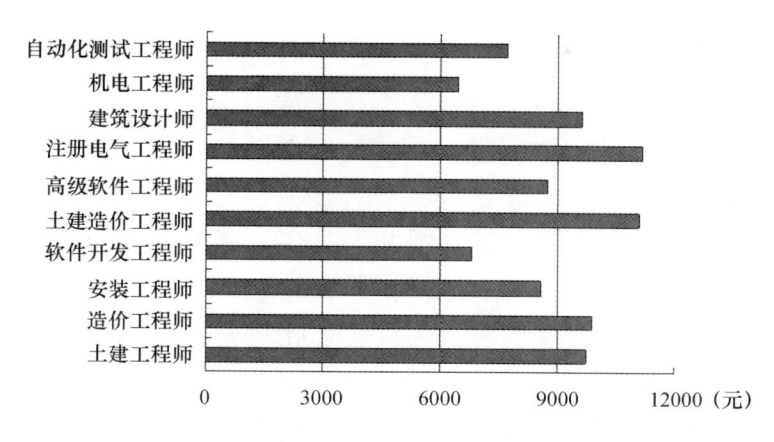

图5—1 重庆市部分企业工程师的月平均工资①

而且，学校并不敢贸然给企业师资提供较高的待遇，因为这容易引发整个高校内部薪酬分配的不公平，引起其他教师的不满。

更为严重的是，一些应用型高校给企业师资提供的工资待遇是非常低的，有时甚至还不如学校的讲师/助教，导致其很难从行业企业引进优秀的高级工程师。从以下材料可以窥见，应用型高校引进高级工程师的待遇远低于博士（进校后一般在一两年内成为讲师）和教授。

某应用型高校2016年引进人才待遇

1. 教授（且具有博士学历学位）

购房补贴25万元，安家费为7万元，科研启动费工科8万元，其他学科6万元；工作满五年的教授，一次性奖励5万元。

2. 博士

（1）工学类、艺术学类、新闻传播学类、经济学类（仅限金融学）、管理学类（仅限会计学、旅游管理）

购房补贴12万元，安家费5万元（具有副教授职务的博

---

① 数据来源：在职友集网站 http://www.jobui.com/查阅所得。

士、留学归国博士为7万元);科研启动费工学类6万元,其他4万元;工作满五年后,一次性奖励3万元,引进时具有副教授及以上职务的工作满五年后一次性奖励5万元。

(2) 其他学科专业

购房补贴10万元,安家费4万元(具有副教授职务的博士、留学归国博士为6万元);科研启动费理学类4万元,其他3万元;工作满五年的博士,一次性奖励3万元,引进时具有副教授及以上职务的工作满五年后一次性奖励5万元。

3. 高级工程师

购房补贴5万元,安家费3万元(其中具有研究生学历、硕士学位者安家费4万元);科研启动费4万元。具有博士学位的高级工程师,享受同专业博士引进待遇。

(四) 教师培训阻力大

教师培训是提高应用型高校教师实践教学能力的重要途径。目前可操作的教师培训方式有三种:教师到企业挂职学习;教师到国外应用技术大学考察学习;教师到国内较好的应用型高校交流学习。但是,资金短缺、教师培训意愿不高、评价制度、观念等现实条件的束缚给应用型高校的教师培训带来一系列阻力。尤其是教师培训增加了教师的工作量,在薪酬没有相应增加的情况下,多数教师习惯于过去的以讲授课本知识为主的教学方式,并认为按照现有的教学方式照样可以完成教学工作,所以不愿意去企业参加培训。

从以下访谈材料可反映出教师培训方面的一些阻力:

问(二级学院负责人):贵学院在提高教师的实践教学能力方面是否有所动作?

答:有,学院目前很难引进到优秀的企业师资,所以在学院未能和企业实现深度合作之前,我们只能依靠自己的教师,通过教师培训提高教师的实践教学能力。但是,教师培训实施起来却阻力重重。

第一，由于教师总量的缺乏，学院只能把教师到企业培训的时间安排在寒暑假，其他时间教师一旦离开就可能没人上课。但是，寒暑假属于教师的惯常休息期，教师们都有自己的安排，学院在假期还给教师安排了大量工作，于是好多教师不愿意假期到企业培训。

第二，学院希望教师到德国或者国内转型比较好的学校交流学习，但受制于经费和上级思维，学院目前只争取到一个派遣教师外出交流的名额。

第三，多数教师认为在现有的教育模式下，不参加教育培训依然可以完成教学任务，而且参加培训不仅不会增发工资，还会损失自己的时间及收入，所以很多教师对学校要求其到企业挂职培训的安排怨声载道。

（五）外聘兼职教师不实用

在校内教师实践教学能力不强和优秀的行业企业师资难引进的情况下，应用型高校只好外聘一些兼职教师来弥补"双师双能型"教师的不足。兼职教师主要在企业工作，学校只能要求他们定期或不定期地以讲座、报告、教授少量实践课程的方式参与教学工作，并提供一定的报酬。在如此零散的教学方式下，学生的收获非常微弱。

以下以对二级学院负责人和学生的访谈为证：

问（二级学院负责人）：外聘兼职教师是否能有效促进学院的人才培养？

答：有一定作用，但效果不是很理想。因为外聘兼职教师是我们通过私人关系请过来的，他们平时在企业工作很忙，我们也只能请他们抽空来给学生做个讲座、汇报或者讲一两节课，并给一点报酬。讲座或报告的主题总体上是跟本学科或专业相关的，但我们也不能严格控制。通常一个学期请外聘兼职教师做一两个报告，讲多了别人会觉得很烦。总体来说，外聘兼职教师的教学时间有限，对教学的投入不够，和学生交流互动的机会少，效果不是很理想。

问（学生）：外聘兼职教师的教学让你收获大不大？

答：前两次听感觉挺新鲜，因为想到是企业的成功人士来讲企业的实际生产经验。但听了几次后，感觉收获不是很大。一些人讲的都是网上可以查到的东西，或者是一些工作感言等，而且讲的时间也很短。时间长了，好多学生都不愿意去听，感觉没多大意思。但是，学院要点名，所以学生必须去听，听的时候不少人在玩手机。

四　场地设备分析

教育教学的场地设备是影响教育质量的重要因素。应用型高校深化产教融合，需要实训实践基地、实验（试验）室和教育教学设备的支撑。《指导意见》指出，"加强实验、实训、实习环节，实训实习的课时占专业教学总课时的比例达到30%以上。按照所服务行业先进技术水平，采取企业投资或捐赠、政府购买、学校自筹、融资等多种方式加快实验实训实习基地建设"。调查发现，应用型高校有关实训实践实验的场地设备相当匮乏，81.6%的学校管理人员和87.5%的教师认为学校的场地设备不（太）能够为学校深化产教融合提供良好条件。"巧妇难为无米之炊"，应用型高校连"炊具"的供给都不足，又何谈深化产教融合？

（一）校内实训基地数量有限

实训基地也称实训中心，是学生实习（实践）和培训的主要场所，既包括学校自己筹办建立的校内实训基地，也包括学校和企业合作建立的校外实训基地。实训基地是提高应用型人才实践能力和职业素养的重要场所，一般为真实或仿真度较高的生产车间或场所，配备有一系列可供学生操作的设备和仪器。

调查发现，应用型高校的校内实训基地较少，一所高校通常不超过 5 个。这是因为实训基地占地面积大，仪器配备数量多，很多基地必须装备一些完整的操作系统而非一两套仪器，需要投入大量的经费，一般的应用型高校很难有此财力。

应用型高校的校外实训基地较多，只要和企业建立合作关系，企业基本可以成为学生的实训基地，尽管一些企业只允许学生在企业的特定部门或车间实习。较之校内的实训基地，教师和学生在校外实训基地进行教学的交易成本很大。其原因在于，学生到企业实训的交通费、住宿费花销较大，学校和学生都不愿意承担这笔花销。因为，一则学生缴纳了学费，按规定已经缴纳了参加实训等人才培养的费用，不应该再缴纳其他费用；二则应用型高校的学费收入和办学经费本就紧张，自然不愿拿太多的钱支持学生到校外实训，况且高校的学费还被政府规制着。此外，高校和行业企业的沟通成本也不小，尤其是一旦学生出了安全问题，双方极容易出现"扯皮"现象。

（二）实验室条件和运行维护困难

实验（试验）室，也称实验教学中心，是理工类学科培养人才的重要载体，也是应用型技术技能型人才培养的重要教学设备。实验室是应用型高校在校内培养人才的重要场所，其经费来源渠道一般为学校自筹、政府专项财政支持和企业募捐等。

应用型高校实验室的经费投入有限。受办学经费的限制，应用型高校很难自筹经费建设大型实验室。以重庆三峡学院为例，其计算机实验教学中心、三峡库区水环境演变与污染防治实验室的建设经费，很大部分源自"中央与地方共建高校基础实验室项目"。

应用型高校实验室的数量少，条件一般，多数实验室处于基本可以支持人才培养的水平。应用型高校几乎没有国家级重点实验室，省级重点实验室数量一般不超过 5 个，实验室的条件还相对简陋。

应用型高校实验室的运行和维护经费有限。实验室的运行和维护包括购置教学仪器设备和实验教学软件，改造实验室环境，安排专门的管理人员。受经费限制，应用型高校很少更换教学设备和实验教学软件，很多实验室建成后几乎没有装修过。由于实验室管理人员没有编制、工资低、工作时间长（很多实验室是 24 小时开放），且要具备一定的专业知识（如化学实验室管理员就必须掌握一定的化学知识），学校很难招聘到好的实验室管理人员。为此，不少应用型高校只好安排教师轮流值班或者高年级学生轮流值日，维持实验室的运行。

（三）实践教学设备购买和募捐难

大学的一些教学设备非常昂贵，一台仪器、一块材料、一些药剂的价格动辄上万。应用型高校经费有限，教育教学设备本就短缺。雪上加霜的是，应用型高校深化产教融合，需要购买大量生产一线的教学设备。应用型人才的培养需要让一批又一批的学生长期反复实践学习，校企合作成效不好也反过来要求学校购买较多的实践教学设备，这两方面的现实加剧了应用型高校教学设备的紧缺。

《指导意见》建议，"按照所服务行业先进技术水平，采取企业投资或捐赠、政府购买、学校自筹、融资等多种方式加快实验实训实习基地建设"。捐赠是希望应用型高校激发企业的善心去"空手套白狼"。企业是有善心，但更需要利益或好处，没有现实利益的激励，企业的善心既相当有限，也无法持续。

以下以部分访谈材料作进一步论证和补充：

问（应用型高校二级学院负责人）：贵学院的教学条件能否支撑应用型人才培养？

答：条件可以说勉强合格，但要想培养好应用型人才可能还需要不少教学设备方面的投入。我们学院主要有机械设计制造及自动化、汽车服务工程、机械电子工程三大专业。机械设计制造及自动化专业需要几台工业机器人，但一台工业机器人要 20 万—30 万元左右，学院没有那么多钱。汽车服务工程专业需要学院购买一些二手或者报废的汽车，收购一些大型货车一般要二三万元，一些私家车更贵。机械电子工程专业去年购买了 3D 打印机，打印机的材料费特别贵，打印一次就要几千元，一般不敢轻易使用。

问：贵学院能否从企业获得一些捐赠？

答：得到过一些。从 2013 年开始，我们就通过熟人关系和××机械厂沟通，希望他们将生产的不合格或者即将报废的产品发给我们，但是对方都是口头答应没有实际行动。经过多次磋商，××机械厂今年上半年给我们发了一批零件，说是下半年还发一批，不知有没有戏。这个我们也理解，企业要的是好处，我们没有办法给他们提供好处，他们能给我们捐赠一点就不错了。

问（企业负责人）：是否可以为高校提供一些产品用于人才培养？

答：可以提供，我们有的是产品。但是，高校要首先给我们提供一些好处，否则根本无法签订合作协议，没有合作协议我们的产品是无法发出去的。我们跟一些高校接触过，他们一心要求提供产品，但是说实话，没有好处，企业怎么会提供，即便提供也是应付一下。

第六章

应用型高校产教融合动力的制度分析

制度是人类合作动力的关键。制度是人类在长期的生产生活中构建和演化而来的一系列规范人们行为的博弈规则。制度不仅可以通过激励约束改变人的行为，还潜移默化地塑造着人，对经济发展和人类的分工合作具有决定性影响。好的制度可以最大化人性的"善"，降低人类合作的生产成本、交易成本和关系成本，提高资源的配置效率，增进整个社会的福利。坏的或不完善的制度，会纵容人性的"恶"，造成租值的耗散、群体福利的损失甚至经济社会的停滞或倒退。制度创新是增强应用型高校产教融合动力的关键。无奈的是，应用型高校产教融合制度——主要包括人事制度、薪酬制度、教学制度、科研制度、治理结构和非正式制度——的不完善和创新难，桎梏了应用型高校产教融合动力。

一 人事制度分析

人事是指社会劳动过程中或社会劳动组织中人与事的关系，以及在此基础上共事人之间的相互关系。人事制度是关于用人以治事的行动准则、办事规程和管理体制的总和，一般包括工作人员的任职资格制度、选拔录用制度、培训制度、分配制度、晋升制度等。高校人事制度既包括国家对高校人事进行宏观管理的制度，也包括高校内部的人事管理制度。① 目前而言，应用型高校的人事制度制约了应用型高校产教融合动力。调查问卷的统计结果显示，63.1%的学校管理人员和79.3%的教师认为其所在学校的人事制度不利于激励其深化产教融合。

（一）教师编制短缺与职称转换难

1. 教师编制短缺

编制指一定单位（机构或部门）的内部机构设置与人员配备的有关规划与限制。② 编制可分为企业编制、行政编制和事业编制等，高等学校在我国属于满足人民科技、教育、文化、卫生需要的事业编制。编制的确定，通常由主管部门按照单位工作职能、任务、性质等制订计划，报编制管理部门审批。超过编制用人与任职，是违反劳动人事法规的行为。

引进行业企业的优秀师资是应用型高校深化产教融合的重要内容和支撑。然而，应用型高校却没有足够的教师编制用于引进行业企业师资。一方面，应用型高校的教师编制总体短缺。1999年高校扩招以来，应用型高校发展迅猛，学生规模大幅上涨，但与此同时，政府分配给高校的教师编制却没有同比增长，甚至变化不大。据统计，很多应用型高校的本科生规模都在2万人左右，师生比在1∶50以上，远远高于政府规定的1∶18。教师编制严重制约着应用型高校教育教学质量的提升，增加教师编制也成为应用型高校的普遍诉求。另一方面，在现有的高等教育评价体制下，科研成果是决定高校排名的核心要素。为维持和提高学校排名，应用型高校须将本就短缺

---

① 肖兴安：《中国高校人事制度变迁研究》，华中科技大学博士学位论文，2012年，第6—7页。

② 苑茜等主编：《现代劳动关系辞典》，中国劳动社会保障出版社2000年版，第331—332页。

的教师编制中的很大一部分用于引进各类高层次学术型人才，还要预留一部分编制作为机动指标和学校后续发展指标。如此一来，应用型高校可供引进企业行业师资的教师编制显得非常短缺。

2. 行业企业职称与高校职称之间转换难

职称是由相应权力机关授予具备一定程度专业知识、实际工作能力和工作实绩的人担任一定职级、职务的称号。我国的人事制度按照专业技术职、行政职、军职、司法职4个系列设置职称，每个系列内部又划分若干较小的系列，系列内部又有高级、中级和初级之分。[①] 1986年开始，我国统一实行了专业技术职务聘任制，不再实行"职称"制。现在通常所讲的"职称"实际是指专业技术职务。我国部分专业技术职务的名称见表6—1。

表6—1　　　　　　　　部分专业技术职务名称

系列	专业技术职务名称			
	高级	中级		初级
高等学校教师	教授	副教授	讲师	助理讲师
科学研究人员	研究员	副研究员	助理研究员	研究实习员
实验技术人员		高级实验师	实验师	助理实验师	实验员
工程技术人员	教授级高级工程师	高级工程师	工程师	助理工程师	技术员
经济专业人员	教授级高级经济师	高级经济师	经济师	助理经济师	经济员
农业技术人员	高级农艺师		农艺师	助理农艺师	农业技术员
卫生技术人员	主任医师	副主任医师	主治医师、主管医师	医师	医士
律师	一级律师	二级律师	三级律师	四级律师	律师助理

行业企业职称和高校职称之间的转换问题，是应用型高校引进

---

① 苑茜等主编：《现代劳动关系辞典》，中国劳动社会保障出版社2000年版，第606—607页。

行业企业师资的一个重要制度障碍。职称是专业部门选用人才和计核报酬的依据。然而，从表6—1中可以看出，不同的单位属于不同的专业技术职务系列，其评价标准和报酬待遇也大相径庭。应用型高校想从企业引进师资面临一系列职称转换问题，包括是否对应职称级别引进教师，是否用高校的教师评价体系衡量行业企业师资的绩效，如何在制度或证书层面实现其他系类专业技术职称和高等学校教师职称的转化。不突破这些制度问题，应用型高校引进企业师资只能是有心无力。

（二）政府管控着学校的人事权

政府是我国高等教育的举办者、管理者和评价者，一定程度上管控着高等学校的人事权。中国的大学在产生之初就有着浓厚的政府干预色彩，早期的北洋大学、南洋大学、京师大学堂都是政府建立和主管的。新中国成立后，政府对高等教育进行了全面接管和公立化改造，并将高等学校作为事业单位进行管理，使高校人事制度表现出明显的集权、计划、固定、统一、政治性强等特点。1985年《中共中央关于教育体制改革的决定》拉开了教育体制改革的序幕，随后，高校在教师聘任、职称评审、薪酬分配上获得了基本自主权，但政府仍对高校的人员编制总数、预算总额、各级职称总数有所控制。

目前，政府通过控制总量、审批、备案、监管、任命学校领导等方式管控着学校的人事权。2011年国务院办公厅印发的《关于创新事业单位机构编制管理的意见》指出，严格控制事业单位编制，政府对事业单位的编制实行总量控制，根据经济社会发展和人民群众公益服务需求，统筹研究、合理规划一定时期内本地区事业单位机构编制总量。对公益一类事业单位继续实行机构编制审批制，完善管理制度，简化审批程序，切实管住管好。对公益二类事业单位，在制定和完善相关编制标准的前提下，逐步实行机构编制备案制，建立并规范备案程序。① 同时，加强事业单位机构编制监督管理。②更为严重的是，不少公立高校的书记、校长不是校内民主选举的，而是政府直接下派或者调任的。这样，政府通过给高校安排校级领导，直接控制了高校包括人事权在内的众多决策权。

政府对应用型高校人事权的管控，削弱了应用型高校人事制度在产教融合等改革中的效力。政府对应用型高校人事权的管制，导致应用型高校无法自由、自主地调整学校管理人员和教师的编制规模、职称、职务，激励学校内部成员主动深化产教融合。同时，公立学校的领导尤其是由政府任命的领导，更关注政府及其官员的偏好，不太关注学生和学校的发展，一定程度上造成部分应用型高校的产教融合完全照搬政府政策，不能按照学校改革的既定目标，长期因地制宜地推进产教融合改革。更重要的是，政府对应用型高校人事权的控制还衍生出高校行政化、教育监督乏力（包括政府监督学校管理人员、学校管理人员监督教师）等问题，造成应用型高校深化产教融合阻力重重。

（三）事业编制成产教融合改革桎梏

我国的公立高校包括应用型高校均为事业单位，采用的是事业单位的编制和管理方式。事业单位是指国家以社会公益为目的，由国家机关举办或者其他组织利用国有资产举办的，从事教育、科技、文化、卫生等公益活动的社会服务组织。事业单位管理体制是计划经济时期逐步建立并发展起来的，事业单位的组织与管理体制具有典型的计划特征：各类事业机构都为公立机构，资产属国有；政府

---

① 《中共中央国务院关于分类推进事业单位改革的指导意见》指出，从事公益服务的事业单位细分为两类：承担义务教育、基础性科研、公共文化、公共卫生及基层的基本医疗服务等基本公益服务，不能或不宜由市场配置资源的，划入公益一类；承担高等教育、非营利医疗等公益服务，可部分由市场配置资源的，划入公益二类。

② 《国务院关于创新事业单位机构编制管理的意见》，http://www.360doc.com/content/16/0417/17/32515487551406760.shtml。

决定事业单位的设立、注销以及编制，并对事业单位的各种活动进行直接组织和管理；各类事业单位活动所需的各种经费都来自政府拨款。对事业单位来说，编制是岗位设定、核定收支和财政补助的依据。事业单位可分为全额拨款、差额拨款和自收自支三种情况。其中，全额拨款、差额拨款是国家财政全部或者部分负担"人头费"。

公立应用型高校的事业单位编制对应用型高校深化产教融合等改革的负面影响相当突出。首先，事业编制导致高校难以依据时势调剂人员余缺。应用型高校在深化产教融合的过程中，需要根据地方产业发展调整学科专业设置，这必然关联到教师的引进和去留问题。然而，事业单位的编制由政府管控，其调整面临诸多制度障碍，所以，如何安排被调整学科专业的教师，成为摆在应用型高校深化产教融合面前的一道重大难题。

其次，事业编制降低了人事制度的激励和约束效应。事业编制和公务员编制属于传统的"铁饭碗"，个人一旦被聘用入编，如果不出大的问题或是自己主动请辞，一般能终生就职于固定的事业单位，享受相关的待遇。换言之，事业单位解聘职工的概率很低，解聘的交易成本较高。"铁饭碗"式的事业编制，不仅造成应用型高校的一些职工丧失了锐意进取的动力，而且使学校难以有效约束和惩处应用型高校中比较"劣质"的职员，造成应用型高校运行和改革的效率低下。

再次，事业编制是造成高校行政化等问题的重要源头，不利于应用型高校推进产教融合。事业编制是政府管控公立高校的重要手段，很大程度上加重了高校的行政化。应用型高校的行政化，一方面让应用型高校在成为政府附属机构的同时，染上了政府机构的弊病——包括机构臃肿、效率低下和寻租频发；另一方面让应用型高校的部分管理人员成了"官老爷"，官僚主义在大学的运行中肆意蔓延，各项改革难以推进，甚至许多应用型高校的管理者就是应用型高校深化产教融合中最大的"钉子户"。

最后，事业编制有损公平，不利于应用型高校的编外人员积极深化产教融合。应用型高校的编外人员在工作的稳定性、职称评定、收入、社会保障、福利待遇等方面和编内人员有着不小差距。可以说，编制内、外是同工不同酬：有编制的少干活多拿钱，没编制的多干活少拿钱。在这种不公平的人事制度下，编内人员人浮于事，编外人员愤愤不平，很难会全身心支持学校的各项改革工作，不利于应用型高校深化产教融合。

庆幸的是，2016年7月，人力资源和社会保障部明确表示，将"研究制定高校、公立医院不纳入编制管理后的人事管理衔接办法"。① 不纳入编制管理，即取消事业单位编制，全面实施合同聘用制，但保留事业单位性质。之所以保留事业单位性质，主要因为高校、公立医院提供公共产品性质的服务，不能完全推向市场化，还要由财政予以差额拨款。可以说，高等学校取消事业编制，将进一步扩大高等学校的用人自主权和人力资源配置效率，有利于应用型高校激励其内部成员积极深化产教融合。需要警惕的是，高等学校取消事业编制，需要防范高等学校学费上涨、加剧教育不公平、教育质量下降等一系列风险。

二 薪酬制度分析

薪酬制度，又称工资制度，是指与工资决定和工资分配相关的一系列原则、标准和方法。薪酬制度的形式主要有岗位制、技能制、结构制、绩效制等。政府和高校内部的人事部门是高校薪酬制度的直接制定者。自2011年《中共中央国务院关于分类推进事业单位改革的指导意见》及配套政策（包括《关于深化事业单位工作人员收

---

① 《高校和公立医院或将取消事业编制》，http://money.163.com/16/0801/13/BTCS17I200253B0H.html。

入分配制度改革的意见》等9个配套政策）提出"事业单位实施绩效工资"以来，我国各类高校的薪酬制度基本采用了绩效工资制。①薪酬获得是应用型高校的学校管理人员和教师，愿意加入应用型高校并努力从事教育管理工作和教育教学工作的重要动机，因此，薪酬制度的激励效果直接决定着应用型高校的学校管理人员和教师深化产教融合的动力。

（一）无法有效激励教师加强实践教学

应用型高校深化产教融合有必要变革一线教师的薪酬制度。教学活动和生产活动的融合，要求一线教师创新教育内容和教学方法，加强实践教学。毋庸置疑，创新教育内容和教学方法会增加教师的工作量，从薪酬方面给予教师相应的激励可以有效提高教师的产教融合动力。

然而，应用型高校当前的薪酬制度却不利于调动教师深化产教融合的动力。调查问卷的统计结果显示，88.2%的教师认为其所在学校的薪酬制度不利于激励其深化产教融合。应用型高校的绩效工资分为基础性绩效工资、奖励性绩效工资和津贴三部分。基础性绩效工资主要体现地区经济发展水平、物价水平、岗位职责等因素，在绩效工资中所占比重较大。奖励性绩效工资主要体现工作量和实际贡献等因素，根据绩效考核结果发放，采取灵活多样的分配方式和办法。津贴主要是补偿职工在特殊条件下的劳动消耗及生活费额外支出的工资补充形式，主要包括职级津贴、职务津贴、绩效津贴、科研奖励津贴。

调查发现，应用型高校的薪酬制度对教师改进教学内容和教学方法的动力的制约表现为四个方面。（1）教师工资水平较低，教师投入教学工作的机会成本大。总体而言，应用型高校教师的工资同

---

① 《中共中央国务院关于分类推进事业单位改革的指导意见及配套文件》，http://www.360doc.com/content/16/0417/17/32515487551406760.shtml。

所在地区的其他职业人员的工资水平相比，处于中下层次，副高及以下的专业技术级别的教师月收入均在 6000 元左右。可以说，应用型高校的教师努力从事教学工作的机会成本非常大，所以，许多教师选择保持中低水平的教学工作努力水平，而将其他的时间和精力用于科研，或者从事其他事务（包括外出代课、开培训班、开商店等）赚取额外收入。（2）奖励性绩效工资占比低，激励效用不显著。应用型高校主要通过奖励性绩效工资激励教师。应用型高校的基础性绩效工资主要与教师的职称、工龄、课时相关，奖励性绩效工资主要与教师的科研成果、专业技术岗位级别、教学成果（主要针对教改项目和各级政府的教学成果奖）相关。但是，应用型高校教师的奖励性绩效工资仅占总工资的 20% 左右，这意味着教师努力投入教学工作的边际收益很低，而教师努力投入教学工作的边际成本却很高，所以奖励性绩效工资很难为教师努力改进教学工作提供激励。（3）绩效工资与教师工作努力程度并不严格挂钩。在实际操作中，同一专业技术职务级别的教师从教学中获得的收入差距很小，很多应用型高校的绩效工资基本上是"假绩效"，即高校不是严格根据教师的教学投入水平及其效果决定教师的教学薪酬，而是对同一专业技术职务的教师采用大致相当的奖励性工资。（4）严格的财务制度降低了教师工作的积极性。近年来，政府在规范行政单位和事业单位作风问题上抓得很紧，高校财务制度也更为严格、复杂，这些新举措从某种程度上降低了教师的总收入，缩小了高校运用薪酬杠杆调动教师积极性的空间。

以下以两段在应用型高校的访谈材料为证：

问（二级学院负责人）：贵学院在深化产教融合中教师方面的阻力大不大？

答：为深化产教融合培养应用型人才，我们在课程、教学、教师培训等方面都做了较大改革，这给教师的压力非常大。比如，现在增加了实践教学课的学时，要求教师做设计性、创新性、验证性的实验，倡导教师围绕案例教学等形式重新编制教学计划和更新教学方式，这样，教师的工作量可能增加了一倍以上。但是，教师的工资并没有增加，因为学校有统一的绩效工资发放标准，不可能随便调整。我们只能给教师发一点补助，但是现在的报账程序卡得很死，钱不好发。虽然不少教师也在完成学院安排的任务，但总体的积极性不是很高。

问（教师）：贵校在转型深化产教融合过程中有没有提高或承诺增加教师工资？

答：没有，应该不可能增加。工资就那么一点，每年可能会根据物价或者国家政策增加几百块钱，基本不可能有大幅度增加。本来上课的钱就少，一节课就四五十块钱，还让教师投入那么多的时间和精力去备课、搞实验设计、改变教学方式。现在科研奖励蛮大的，很多教师就说，与其这样，还不如集中精力发两篇文章。

（二）对学校管理人员寻求行业企业合作的激励较弱

一定的薪酬激励，是应用型高校的学校管理人员主动寻求行业企业合作的重要条件。然而，应用型高校的薪酬制度对学校管理人员寻求行业企业合作的影响很小。调查问卷的统计结果显示，43.7%的学校管理人员认为其所在学校的薪酬制度不利于激励其深化产教融合。

出现以上情况的原因有三：（1）薪酬制度激励效果差。一般而言，学校管理人员的总体收入一般低于同级别的教师收入。而且，学校管理人员没有教学、科研等任务，其奖励性工资和工资上升空间要远远低于教师，基本上等同于固定工资，难以激励学校管理人员的高水平投入。（2）高层学校管理人员对增加薪酬收入需求不够旺盛。一般来说，从事管理工作的科员多处于青年（40岁以下）阶段，生活压力大，对工资收入需求旺盛，但他们的权力和能力有限，很难在寻求企业行业合作中发挥关键作用。高层学校管理人员多处于中年（45—59）阶段，具备一定的地位、资历和人脉，在寻求企业行业合作中处于中间力量，但他们多数已解决基本生活问题，比较关注职位晋升和社会声誉，对工资收入的小范围变化不太敏感。（3）学校管理人员寻求企业行业合作主要出于执行行政命令和履行岗位职责。在工资激励效果不佳的情况下，应用型高校主要通过行政命令和部门分工（如成立产教融合统筹机构、确立专门的分管领导和工作人员）激励学校管理人员主动寻求企业行业合作。然而，由于应用型高校职位晋升制度的复杂性、管理工作考核难度大等因素的影响，非薪酬式的激励方法无法对管理人员产生很好的激励效果。而且，如果长期用非薪酬制度激励底层的学校管理人员，会使他们的工资需求得不到满足，伤害其工作的积极性。

（三）薪酬制度变革的成本和风险过大

鉴于现有薪酬制度有限的激励效果，改革薪酬制度，无疑是激励应用型高校的学校管理人员和教师积极深化产教融合的一个非常有效的方法。然而，薪酬制度变革的成本和风险非常大，应用型高校不敢轻易推进薪酬制度变革，也不太愿意仅仅为深化产教融合改革薪酬制度。

薪酬制度变革的程序复杂、交易成本大。薪酬制度变革关系着全校教职工的利益，其变革必然需要经过一系列复杂的程序。薪酬制度变革的一般程序为：（1）学校发展目标的变化、学校经费甚至是物价的变化，使学校领导或学校人事部门意识到薪酬制度需要变革；（2）学校领导经过与人事、财务等部门沟通确定变革薪酬制度；（3）人事部门进行调研，根据教师需求和学校需求，设计出新的薪酬制度，公布薪酬制度变革草案；（4）广泛征求教职工意见，由学校党委会、校长办公会、教职工代表大会等机构讨论新的薪酬制度的合理性和可行性；（5）学校将调整后的薪酬制度上报省级单位教育委员会，经批准、备案后，方可执行。不难看出，薪酬制度关系着学校每一个单位及其人员的切身利益，其变革不仅需要获得学校多数单位和成员的"一致同意",还须得到政府的认可。如此大范围、长时间的制度变革,必然要经过大量的讨论、沟通、修正,耗费大量的交易成本。

薪酬制度变革面临很大的风险。薪酬收入是学校职工最为基础性、根本性的利益,薪酬制度变革一旦处理不好,就容易形成突发矛盾,给制度变革者带来巨大风险。薪酬制度变革风险较大的原因为:第一,高校内部学科间、部门间的差异很大,很难制定出一个完全公平、科学、合理的薪酬分配方案;第二,薪酬制度变革的实质是利益的调整,这种调整在现实中很难达成可以增进每个人福利的"帕累托改进",经常会不可避免地伤害部分人的利益,这些利益受损者是阻碍和反对改革的主要力量;第三,薪酬制度变革实行的是一种新的薪酬分配方案,由于思维惯性和理解偏差,许多在薪酬制度变革中利益增加的人也会误解或者不解改革的目的,进而反对改革;第四,反对者为维护其利益,会通过"聚众闹事""举报"等方式攻击制度改革者,最终可能的结果是,薪酬制度的改革者成为制度变革成本的承担者。以下以相关访谈材料为证:

问(某应用型高校人事处负责人):您认为是否应该从改革工资制度方面调动学校管理人员和教师深化产教融合的动力?

答:这是个好想法,但不好做。绩效工资是个很麻烦的东西,2012年的绩效工资改革方案我们2013年才做出来,绩效工资改革有一个很复杂的程序。它要经过学校一个长期的设计,经过学校党委会、校长办公会、教代会同意,最后上报教委批准才能实施。绩效工资是个很敏感的问题,搞不好就会出问题,前不久,某大学的绩效工资的设计理念出了问题,没有设计给老师惩罚,后面出了问题,事情闹得非常大。我们的绩效工资设计都是在给大家画饼,这个饼大家看得到却不一定拿得到,老师看到的饼最大,在实际操作过程中老师还是拿到最多的。

所以绩效工资不是一个简单的问题，这需要整个领导班子下定决心去做的。

三 教学制度分析

教学是应用型高校深化产教融合微观层面的关键环节，也是应用型人才培养的核心环节。教学制度的优劣直接决定着产教融合的动力和应用型人才培养的效果。调查问卷的统计结果显示，71.4%的学校管理人员和63.8%的教师认为其所在学校的教学制度不利于激励其深化产教融合。以下从人才培养目标、课程设置、教学方法和教学评价四个教学的关键方面，探讨应用型高校的教学制度问题，及其对应用型高校深化（微观层面的）产教融合动力的影响。

（一）人才培养目标和课程设置脱离地方发展

应用型高校深化产教融合的目的是培养应用型人才，服务地方产业结构优化升级和经济社会发展的新增长点。《关于引导部分地方普通本科高校向应用型转变的指导意见》（以下简称《指导意见》）明确指出，应用型高校要适应、融入、引领所服务区域的新产业、新业态发展，瞄准当地经济社会发展的新增长点，形成人才培养和技术创新新格局，同时建立紧密对接地方产业链、创新链的专业体系，建立产教融合、协同育人的人才培养模式，实现专业链与产业链、课程内容与职业标准、教学过程与生产过程对接，深化人才培养方案和课程体系改革。因此，应用型高校在制定人才培养方案、确定人才培养目标与教学目标和进行课程设置的过程中，应紧密围绕地方经济发展。

然而，调查发现，应用型高校的人才培养目标和课程设置，基本上没有瞄准地方经济社会发展。应用型高校的人才培养目标和课程设置都体现在其人才培养方案之中。以下选取某应用型高校人才培养方案中的部分专业的人才培养目标和课程设置予以佐证。

某应用型高校 2016 年部分本科专科的人才培养目标

1. 过程装备与控制工程专业的人才培养目标

本专业培养具备过程装备、过程控制等方面基本理论知识，具有较强工程实践动手能力和一定创新意识，能在化工、石油、能源、轻工、环保、医药、食品、机械等行业从事过程装备的研究开发、设计制造、安装调试、运行维护、管理及科研等工作的高级应用型人才。

2. 化学工程与工艺专业的人才培养目标

本专业培养具备化学工程与化学工艺方面的基本理论知识，具有较强工程实践动手能力和一定创新意识，能在化工、能源、材料、冶金、轻工、制药、食品、环保和军工等行业从事操作、设计、管理、开发及科研等工作的高级应用型人才。

3. 旅游管理专业的人才培养目标

坚持德、智、体、美全面发展，培养适应社会主义现代化建设需要，具有较高文化素质修养，敬业精神和社会责任感，具备扎实的管理学、经济学和旅游管理方面的专业理论基础和较强的知识运用能力，能在各级旅游行政部门、旅游企事业单位从事管理工作的具有创新精神和较强实践能力的应用型高级人才。

4. 机械设计制造及其自动化专业的人才培养目标

本专业旨在培养德、智、体、美全面发展，知识结构合理、个性突出、具备较强竞争力的高级技术应用型专门人才。通过本专业学习能够掌握数控原理、数控编程与加工、数控设备的使用与维护等方面专业知识及操作技能；了解机械设计制造领域的新技术、新工艺、新设备的发展趋势；具有良好的职业素质和文化修养，能够从事机械设计制造、数控设备的操作、数控系统的开发等工作；具备新技术、新工艺、新设备的应用能力。

5. 电子信息工程专业的人才培养目标

坚持德、智、体、美全面发展，培养适应社会主义现代化建设需要，具有较高文化素质修养，敬业精神和社会责任感，掌握坚实的电子信息工程及相关理论知识，具备较高的工程实践能力和创新精神，能从事电子系统和设备的研发、维护、运营的应用型高素质人才。

某应用型高校2016年部分本科专科的课程设置

1. 过程装备与控制工程专业的课程设置

	第一学期	第二学期	第三学期	第四学期	第五学期	第六学期	第七学期	第八学期
公共基础课	中国近代史纲要 形势与政策 大学英语I 大学体育I 大学计算机基础	思想道德修养与法律基础 形势与政策 大学英语II 大学体育II 高级计算机语言	毛、邓和"三个代表" 形势与政策 大学英语III 大学体育III	马克思主义基本原理概论 形势与政策 大学体育IV 公选课	公选课	公选课		
专业基础课	高等数学(上) 机械制图 普通化学	高等数学(下) 大学物理(A) 化工CAD 工程材料	工程数学 电工电子技术 理论力学 材料力学 机械设计	化工技术经济与企业管理	工程流体力学	文献检索与论文写作	就业指导 专业英语	毕业论文设计
专业骨干课	过程装备与控制工程概论			化工原理 自动控制原理	化工设计 过程流体机械 过程装备控制技术及应用 过程装备设计	过程装备腐蚀与防护 过程装备制造技术 过程控制工程设计 过程装备成套技术	设备安全技术	
实验实践教学	军训及入学教育 普通化学实验	大学物理实验 金工实习 设备及仪表认识	机械原理实验 认识实习 电工电子实验	工程测绘与绘图 生产见习	过程装备与控制工程实验上 化工原理实验 化工原理课程设计 过程成套设备设计	无损检测实验 自动控制课程设计 过程装备与控制工程实验下	大学生创新项目 毕业实习	

第六章　应用型高校产教融合动力的制度分析　　273

2. 化学工程与工艺专业的课程设置

3. 给排水科学与工程专业的课程设置

应用型高校的人才培养目标和课程设置之所以没有关照地方产业发展和经济社会发展，其原因可能在于：很多专业，如计算机、数学、统计、体育、新闻、工程等专业，属于"放之四海而皆准"的专业，其应用在任何一个地区和领域中大同小异，根本没必要突出地方特色；许多专业设置本身和地方经济社会发展脱节，只是由于惯性或路径依赖，这些专业短期内难以调整或取消；由于信息的有限性和信息搜寻成本的限制，二级学院在制定人才培养计划以及教务处在审核二级学院提交的人才培养计划时，根本无法全面掌控到地方产业发展和经济社会发展的相关信息；应用型高校深化产教融合可能只是"喊口号"或"一阵风"，在激励和监督制度不健全的情况下，二级学院在推进和实施产教融合中出现了"道德风险"；二级学院将专业特色融于教学之中，由教师在教学中自行融入地方特色，并没有在课程上予以体现，但这种思路会增加教师的机会主义倾向和教学质量监管机构的监督成本，影响最终的教学质量。

（二）实践课程的学分和学时占比低

应用型人才的培养需要加强实践课程。应用型人才和学术型人才的重要区别，是应用型人才具备较强的解决实际问题的实践创新能力，而加强实验、实训、实习等实践课程是提高人才实践创新能力的重要途径。《指导意见》指出，应用型高校应建立以提高实践能力为引领的人才培养流程，加强实验、实训、实习环节，实训实习的课时占专业教学总课时的比例达到30%以上，并以社会经济发展和产业技术进步驱动课程改革，整合相关的专业基础课、主干课、核心课、专业技能应用和实验实践课，更加专注培养学习者的技术技能和创新创业能力。

调查发现，应用型高校的实践课程学时占课程总学时的比重偏低。2014年以前，应用型高校的实践课程占总课程的学分比例和学时比例一般不超过25%，2014年这两个比例均调整到了30%以上，而且一般不超过35%。这主要是由于《指导意见》作出了"实训实习的课时占专业教学总课时的比例达到30%以上"的规定。从下面的材料可以看出，应用型高校的实践课程占总课程的学分比例和学时比例均在30%—35%之间，实践课程中超过一半的学分属于课内实践，课外实践课的占比较低，而且，真正的专业实习、实训实践课程均集中在大三下半学期，一般不超过三个月。

某应用型高校2016年部分本科专科的课程结构与学分（学时）分配

1. 过程装备与控制工程专业的课程结构与学分（学时）分配

课程结构与类别		学分	学时	理论	实践	上机	学分比例（%）
通识课程模块	校级公共基础课	37.5	660	616	0	44	20.83
	校级公选文化素质课	6	0	0	0	0	3.33
专业课程模块	专业基础课	47	800	776	0	24	28.61
	专业主干课	24.5	392	384	16	0	13.61
	专业方向课	8	128	64	0	0	4.44
集中实践环节	课内	34	488	0	440	0	18.89
	课外	23	0	0	0	0	12.78
合计		180	2468	1840	456	68	100

2. 化学工程与工艺专业的课程结构与学分（学时）分配

课程结构与类别			学分	学时	理论	实践	上机	学分比例（%）
素质模块	公共基础模块	公共基础课	41	656	616	8	32	22.78
		校级公选课	6	96	96	0	0	3.33
	专业理论模块	专业基础	17	272	272	0	0	9.45
		专业主干课	40	640	516	60	64	22.22
		安全与管理	4	64	62	2	0	2.22
		专业方向课	6	96	96	0	0	3.33

续表

课程结构与类别		学分	学时	理论	实践	上机	学分比例（%）
术质模块	课内 实验技能	18	288		288		10.00
	课内 工程实践	17	272		272		9.45
	课内 工程设计	23	128		128		12.78
	课外	8					4.44
合计		180	2512	1658	758	96	100

3. 给排水科学与工程专业的课程结构与学分（学时）分配

课程结构与类别		学分	学时	理论	实践	上机	学分比例（%）
通识课程模块	校级公共基础课	34.5	612	508	76	28	19.2
	校级公选文化素质课	6	96	96	0	0	3.3
专业课程模块	专业基础课	55.5	904	848	24	32	30.8
	专业主干课	29	464	428	36	0	16.1
	专业方向课	6	96	96	0	0	3.3
集中实践环节	课内	27	376	0	376	0	15
	课外	22					12.2
合计		180	2548	1976	512	60	100

出现以上问题的原因可能是，实践课程要比理论课程耗费更多的资源，给教师带来更大的负担，增加学校和企业行业的交易成本。因此，在地方普通本科高校转型之初，选择30%左右的实践课程比例，这种"小步调"改革的策略，既达到了政府要求，也不至于给学校及其教师带来难以承受的压力。

（三）教学方法实践性不强

应用型人才的培养要求突出教学方法的实践性。应用型人才是将现代科学技术创造性地应用于生产实践并形成现实生产力的重要载体，因此，实践性是应用型本科院校教学应遵循的基本原则。从教学方法的角度而言，案例教学法、示范教学法、模拟教学法、项目教学法、发现教学法等具有较强实践性的教学方法，可以通过课内外的练习、实验、实习、社会实践、研究性学习等以学生为主体的实践性活动，帮助学生巩固、丰富和完善所学知识，培养学生解决实际问题的能力和多方面的实践能力，是应用型人才培养应该大力倡导的教学方法。

然而调查发现，应用型高校所采用的教学方法主要是讲授法和示范教学法，教学方法的实践性不强。以下以对应用型高校的学生访谈为证：

> 问（学生）：老师在上课时一般采用什么样的教学方式或方法？
>
> 答：一般都是以老师讲为主，多数老师是PPT教学，根据课程内容以章节或专题的形式做好PPT，然后根据PPT给我们讲，有的老师会在课程开始时进行一些问题式讨论，课程结束时推荐一些相关资料。
>
> 问：上实验课和操作课的时候也是这样吗？
>
> 答：当然不会，实验课上老师一般会演示一遍，随后就让大家自己动手，老师在一旁随机走动，遇到不懂的问题可以随时咨询老师。

造成上述问题的原因可能是：案例教学法、模拟教学法、项目教学法、发现教学法等实践性较强的教学方法，对教师和教学条件的要求较高，使用起来比较复杂，一般的教师不会将其作为经常性的教学方法；现有的教师多数是讲授法培养出来的学生，除教育学出身的教师外，多数其他学科出身的教师基本没有掌握到丰富的教学方法，在教学中，他们自然会模仿传统的讲授式教学方法；现有的学生评价制度和教学监督制度，注重的不是学生实践能力的提高和教师教学方法的运用及其教学效果的考核，而是学生的成绩和教师上课的出勤情况，而且教师在教学方法的选取和使用上拥有很大的自主权，没有外在的激励和监督，教师通常会采用对自己来说成本最小的讲授式教学法。

（四）教学评价制度粗略

应用型高校的教学评价制度比较粗略，难以有效激励和监督教师改进教学内容和教学方法，不利于提高教师深化产教融合的动力。主要表现为：第一，课时而非教学质量是衡量教师工作绩效的主要指标。教师的工资发放和职称评定，主要依据教师完成的课时量、教学年限和教师获得的各种教学成果奖，而非教师的教学努力水平和教学效果。第二，教学评价流于形式。应用型高校的教学评价一般采用学生评教、教师自评和学校（教务处）评价"三位一体"的教学评价模式。该模式表面上看比较全面客观，但在实际操作中，学生、教师和学校给出的教学评价水平多数在中上等水平，教学评价的结果几乎不会对教师形成实质影响。第三，教学督导不力。应用型高校的教学督导主要由教务处的教学质量管理科或教育督导（或评估）部门的教学督导科具体实施。调查发现，这些教学督导部门人员少（一般不超过3人），他们除负责研究教学规律、改进教学方法、提高教学质量之外，还承担着教学改革课题的组织立项、审核、管理、检查与验收，以及专业建设、课程建设、实习基地建设的监督和评价等工作。所以，教学督导部门根本不可能对全校教师的所有教学情况进行监督和指导。在实际操作中，教育督导部门将其工作重心集中于督导新入职教师，并将督导责任下派到二级学院。这虽然可以调动更多的力量实施教学督导，却延长了教学督导的委托—代理链条，增加了教学督导中的交易成本和机会主义行为，造成很多教学督导成为"走过场"。粗略的教学评价制度，既没有为教师提供改进教学内容和教学方法的激励，也无法形成有效监督，自然无法增强教师深化产教融合的动力。

　　导致教学评价制度粗略的原因有三。第一，教学产出很难衡量。教育生产的成品是学生，教学的产出主要表现为学生各项素质和能力的提升。某一阶段的教学产出不仅是多方面的，而且是潜在的和长期的。所以，我们几乎不可能精确判断教师的教学产出。这导致教育督导部门很难建立起全面、客观、公正的教学质量评价体系。第二，教师的人力资本投入水平监管困难。人力资本天然地由其载体个人占有，无论其投资和使用主体是国家还是学校，教师都是其人力资本的实际支配者。虽然，国家和学校通过支付教师工资等形式购买了教师的人力资本产权，但由于教师对其人力资本的天然占有性，以及巨额监督成本的存在，教育督导部门很难准确判断教师的人力资本投资水平并对之进行监督。第三，学校管理追求高效率和低成本。学校管理的目的在于高效率、低成本地实现学校发展目标，由于经费、人员、信息、知识、交易成本等资源的限制，教育督导部门作为学校中的一个非常小的科室，基本上不可能保障教学评价的全面、客观，为了完成教育督导任务，他们也只好选取一些粗略的指标和低成本的评价方法。

四　科研制度分析

　　科学研究是现代大学的重要使命之一，它和人才培养的结合共同构筑了现代大学的本质。科学研究也是大学培养人才和服务社会的基础。应用型高校深化产教融合培养应用型技术技能型人才和服务地方经济社会发展，显然离不开科学研究的支持。应用型高校的科研制度影响着应用型高校产教融合动力。然而，调查问卷的统计结果显示，36.1%的学校管理人员和64.6%的教师认为其所在应用型高校的科研制度不利于其积极深化产教融合。应用型高校的科研制度对应用型高校产教融合动力的制约表现如下。

（一）对科研的奖励高于教学

在洪堡之前，大学一直遵循着纽曼的"英国传统"，即"大学是一个教授普遍知识的地方，它以传播和增长知识而非增扩知识为目的"①。换言之，对大学而言，教学或教化人是第一位的，做学问或科学研究是第二位的。洪堡之后，重视科学研究的"德国传统"风靡世界，大学被看作最高级最好的学问和科学的家园，科学研究成为人才培养的基础和大学引以为傲的职责。当然，"英国传统"并没有被完全取代，而是同"德国传统"共存于现代大学之中。

共存并不代表均衡和共容。科研有利于创造和发展新的知识，提高人才培养质量，但大学的制度天平过度倾向科研，使学校和教师将大量的资源（如时间、经费、精力）投放到科研上，从而忽视教学，伤害大学培养人才的使命。

从下面的《某应用型高校 2016 年科研成果奖励办法》和表 6—2 中可以看出，应用型高校对科研的奖励远远高于教学，这非常不利于其深化产教融合培养应用型人才。正如潘懋元所述，由于种种原因，研究型大学甚至一般高等院校普遍存在"重科研，轻教学"的现象。教育主管部门主要以科研成果的数量与奖项和课题经费的多寡来评估一所高校；高校的领导管理部门以论文的数量和所发表的刊物级别来考核教师的业绩，并将之作为晋升、加薪、评奖的主要依据；各种各样的"排行榜"更助长了这种风气，导致教师有关科研的工作负担过重，教学的时间、精力投入不足，质量得不到保证。②

---

① ［英］纽曼：《大学的理想》，徐辉、顾建新、何曙荣译，浙江教育出版社 2001 年版，第 1 页。

② 潘懋元：《从"回归大学的根本"谈起》，《清华大学教育研究》2015 年第 4 期，第 6—7 页。

某应用型高校 2016 年科研成果奖励办法（摘录）

一、奖励标准

（一）关于科研项目立项、完成成果的奖励和项目配套方案

1. 国家级重大重点科研项目：在立项通知书规定时间内完成（完成时间以项目管理机构签发的成果鉴定通知时间为准），鉴定合格者，到账自控科研经费在 25 万元以上（含 25 万元）的，给予 2 万元奖励；不足 25 万元的按其自控科研经费的 7% 给予奖励。

2. 国家级项目：国家级重大重点项目的分课题及专题（总课题有学校为合作单位）、国家自然科学基金项目、国际合作基金项目（含港澳台各类基金项目）、国务院各部委重大项目、国家社会科学基金项目（含西部项目）等，在立项通知书规定时间内完成（完成时间以项目管理机构签发的成果鉴定通知时间为准），鉴定合格者，到账自控科研经费 10 万元以上（含 10 万元）的，给予 1 万元奖励；不足 10 万元的按其自控科研经费的 8% 给予奖励。

3. 部、省（直辖市）级重大重点及攻关项目：在立项通知书规定时间内完成（完成时间以项目管理机构签发的成果鉴定通知时间为准），鉴定合格者，到账自控科研经费 6 万元以上（含 6 万元）的，给予 8000 元奖励；不足 6 万元的按其自控科研经费的 7% 给予奖励。

4. 部、省（直辖市）级项目：在立项通知书规定时间内完成（完成时间以项目管理机构签发的成果鉴定通知时间为准），鉴定合格者，到账自控科研经费 1.5 万元以上（含 1.5 万元）的，给予 2000 元奖励；不足 1.5 万元的按其自控科研经费的 6% 给予奖励，不足 500 元以 500 元奖励；指导性项目、规划性自费项目给予 300 元奖励。

5. 为了保证项目的顺利完成，凡争取到以下项目的，学校在经费上按到账金额的一定比例配套资助。国家级重大重

点项目按1:2配套,但配套经费最多不超过10万元;国家级项目、省部级重大重点及攻关项目按1:1配套,但配套经费最多不超过2万元;省部级项目按1:0.5配套,但配套经费最多不超过1万元;配套经费主要用于实验室建设和科研业务费。

6. 国家、省(部)级指导性项目、规划性自费项目,学院根据学科建设和申硕工作等具体情况给予相应的配套经费,国家级项目配套经费0.5万—1.5万元、省(部)级项目配套经费0.2万—0.5万元。

(二)学术论文奖励标准(各类增刊、专辑除外)

1. 在美国《SCIENCE》或《NATURE》上发表的论文(第一作者为本单位,以下同),每篇一次性奖励10万元。

2. 在《中国科学》和《中国社会科学》发表的,每篇奖励10000元;在《人民日报》(理论版)、《光明日报》(理论版)和《新华文摘》(全文摘登)发表的,每篇奖励6000元。

3. SCI(科学引文索引)光盘版每篇奖励10000元、扩展版每篇奖励6000元(以国际联机检索结果为准)。EI(工程索引)每篇奖励5000元;ISTP(科学技术会议录索引)每篇奖励3000元、扩展版每篇奖励2000元(EI、ISTP以国际联机检索结果为准)。CSSCI(中文社会科学引文索引)来源期刊的论文,每篇奖励3000元。

4. 凡在"国内权威学术期刊"(由学校学术委员会确定)上发表的论文,每篇奖励6000元。在国外学术期刊发表的论文,每篇奖励1000—1500元。

5. 凡在"重要学术期刊"(由学校学术委员会确定)上发表的论文,每篇奖励2000元。

6. 凡在核心刊物发表的论文,每篇奖励1500元。

7. 一般刊物发表的论文每篇奖励300元(限中级和初级职称

者)。

(三) 学术专著统编教材奖励标准

1. 在著名出版社公开出版的学术专著或国家统编教材, 奖10000元/本。

2. 在中央直属出版社公开出版的学术专著, 奖8000元/本。

3. 在省级出版社公开出版的学术专著或国家统编教材, 奖6000元/部。

4. 公开出版的学术译著, 奖4000元/部。

5. 学校资助出版的专著或教材不给予奖励。

(四) 科研获奖成果奖励标准

1. 国家级: 国家科技突出贡献奖、国际科学技术合作奖奖励50000元; 国家自然科学奖、国家技术发明奖、国家科技进步奖、国家社会科学基金项目优秀成果奖等, 一等奖50000元; 二等奖30000元; 三等奖10000元。成果以颁奖文件与获奖证书为依据。

2. 省部级: 国家各部委 (直辖市) 自然科学奖、技术发明奖、科技进步奖、社会科学优秀成果奖、社会科学基金项目优秀成果奖和高校人文社科奖等, 一等奖5000元; 二等奖4000元; 三等奖3000元; 省 (市) 科技突出贡献奖、国际科学技术合作奖奖励5000元。成果以颁奖文件与获奖证书为依据 (省级奖励仅限于省级人民政府的奖励, 不含省级各部门的奖励)。

(五) 专利

1. 获国外专利, 每项奖8000元;

2. 获国家发明专利, 每项奖5000元;

3. 获国家实用新型专利, 每项奖2000元;

4. 获国内外观设计专利, 每项奖1000元;

表6—2　　　　　　　某应用型高校课时费发放标准　　　　　　单位：元

	助教	讲师	副教授	教授
150个课时以内及超课时	40	50	60	70
150个课时以上及超课时	30	40	50	60

注：需要说明的是，应用型高校给教师规定有一定的教学工作量，这个工作量和教师的收入紧密相关，而且教学收入在多数教师的工作收入中占据较大份额。

（二）没有突出应用研究

强化应用研究是应用型高校深化产教融合的应有之义。相对于以创新知识为目的的基础研究，应用研究偏向于直接解决生产生活的实际问题，促进经济社会的发展。《指导意见》指出，应用型高校要提升以应用为驱动的创新能力，积极融入以企业为主体的区域、行业技术创新体系，以解决生产生活的实际问题为导向，广泛开展科技服务和应用性创新活动，促进先进技术转移、应用和创新。

然而，当前多数应用型高校的科研制度并没有突出应用研究导向。尽管应用型高校的科研制度在科研成果统计上做了基础研究和应用研究的划分，但是在科研成果的奖励上并没有予以差别对待，学校仍是以论文发表期刊级别和课题项目级别确定奖励。

应用型高校科研制度没有突出应用研究导向的原因有三。第一，政府和社会机构的科研评价制度并不倾向于应用研究，应用型高校的科研制度是政府和社会科研评价制度贯彻和影响的结果，自然不会突出应用研究。应用型高校只是高等学校中的一部分，我国没有建立起高等教育分类评价体系，政府和社会建立的高等学校评价制度自然不会专门针对应用型高校调整科研奖励制度。《国家科学技术奖励条例实施细则》《中华人民共和国专利法实施细则》《中华人民共和国自然科学奖励条例实施细则》等国家层面有关科研奖励的政策法规，均没有倾向于应用研究。同时，艾瑞深研究院（中国校友会网）、《中国大学评价》课题组（武书连为组长）、中国社会科学研究评价中心（南京大学）、中国科学评价研究中心（武汉大学）等第三方教育评价机构，在评价高校时也没有强调应用研究。

第二，基础研究和应用研究的界限和价值不好衡量。一方面，基础研究、应用研究和技术开发之间具有交叉的网状关联，很难将其精确地分离开来。

目前，关于基础研究和应用研究的关系的代表性理论主要有科学研究的"扩展型模式"和"二维象限模式"。1970年，OECD在修改1962年由英国决策家布鲁克斯（Harvey Brooks）起草的弗拉斯卡蒂指南（Frascait Manual）时，提出了科学研究的扩展型模式（如图6—1所示），该模式把基础研究定义为"获得新科学知识……而不主要直接指向任何特定的实际目标的研究"；把应用研究定义为"获得新科学或技术知识……而不主要直接指向一个特定的实践目标的研究"。

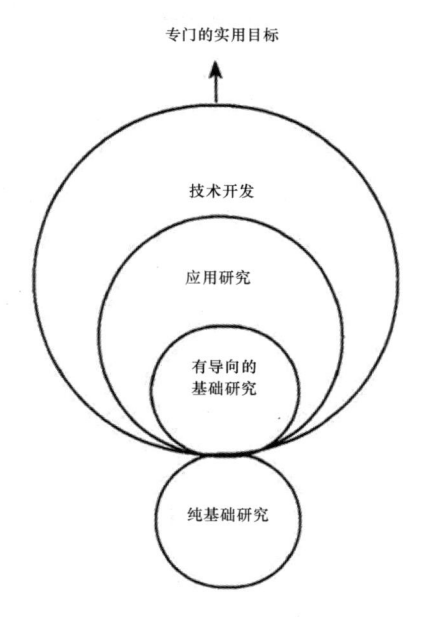

图6—1　1970年弗拉斯卡蒂指南中基础研究和应用研究的概念图解

扩展型模式强调基础研究与应用研究和技术发展之间的双向促进作用，把含有实用成分的所有研究看成相关于基础研究的相互包含的扩展关系，而不是相互依赖的前后推动关系。

20世纪90年代，美国学者斯托克斯（E. Stoke）提出了科学研究的二维象限模式（如图6—2所示）。在此模式中，"求知"主要指揭示自然的奥秘，"实用"主要指面向市场的技术开发。

	以实用为目标 否	以实用为目标 是
以求知为目标 是	Ⅰ 纯基础研究（玻尔）	Ⅱ 应用激发的基础研究（巴斯德）
以求知为目标 否	Ⅲ 技能训练与经验整理	Ⅳ 纯应用研究（爱迪生）

图6—2 科学研究的象限模式

第Ⅰ象限代表单纯由求知欲引导而不考虑应用目标的基础研究。以丹麦物理学家玻尔（Niels Bohr）为代表的原子物理学家对原子结构的探索，典型地代表了求知的研究类型。

第Ⅳ象限代表只由实用目标引导而不追求科学解释的研究。爱迪生领导的研究组织重视具有商业利益的各种发明，很少有兴趣追问发明项目背后所隐含的科学内涵，更不注重用物理学的基本原理对新技术作出解释。

第Ⅱ象限代表既寻求拓展知识又考虑应用目标的基础研究。法国微生物学家巴斯德（L. Pasteur）的狂犬病疫苗研究、凯恩斯的主要工作、曼哈顿计划和朗缪尔的表面物理学的研究都属于这种类型的研究，主要特点是将纯基础研究与纯应用研究有机地结合起来。

第Ⅲ象限的研究，既不由求知欲望引导也不考虑实用目标，主要强化研究者的研究技能，并对已有经验进行分析与整合，为研究者能够尽快地胜任新领域内的工作打下良好的基础。①

可以看出，基础研究和应用研究虽然存在目标上的差异，但二者没有绝对的界限，很难绝对将一项研究划定为基础研究或应用研究。而且，基础研究、应用研究和技术开发三者之间存在着相互影响、前后促进的复杂关系。

另一方面，就我国科学研究的现状而言，多数高校的研究成果属于应用研究，因为真正重大的基础研究和理论创新在世界范围内长期处于"低产"状态。基础研究上的突破比应用研究需要更多的条件支撑，应用型高校的科研条件和科研水平决定了其80%以上的研究成果属于应用研究。所以，从科研制度看，应用型高校可能没必要强调应用研究。就价值而言，基础研究和应用研究在价值上不存在孰优孰劣。基础研究是应用研究的根，根繁方能叶茂，基础研究蕴含着不可估量的价值。应用研究直面社会生产生活的实际问题，可以带来直接的经济社会效益。

第三，大学教师重视发表研究成果而非做研究。做研究和发表研究成果（包括论文、专著、专利、作品等）本是一体的，研究成果只是研究结果的表达或者研究的某一阶段和部分。然而，学术精神的不兴和学术生态的恶化，使很多教师根本无须做研究就可以发表成果，这些成果可以是侃侃而谈，也可以是抄来的、买来的、偷来的、抢来的，研究成果的发表过程也隐藏了太多广为人知的猫腻。加之现在的科研评价体系过分重视数量、成果发表级别，所以很多教师只关心可以为自己赢得报酬的成果，至于是否认真深入研究更多地要看教师的兴趣和良心。

（三）轻视横向项目

科研项目也称课题，按照项目来源，可分为纵向项目和横向项

---

① 成素梅、孙林叶：《如何理解基础研究和应用研究》，《自然辩证法通讯》2000年第4期，第50—56页。

目。纵向项目是从国家、部委和省市纳入财政计划的科研拨款中直接获得经费的项目，如国家自然科学基金项目、国家社会科学基金项目、教育部人文社会科学项目、"973"计划、"863"计划等。横向项目指地方政府、企事业单位、兄弟单位委托的各类科技开发、科技服务、科学研究等方面的项目，以及政府部门非常规申报渠道下达的项目。申请文件的承担单位中没有本单位署名的纵向项目，由承担单位转拨本单位的子课题或者外协经费，一般也按横向项目对待。

相比于纵向项目，横向项目比较贴近应用型高校深化产教融合的要求。横向项目一般是委托方委托研究机构解决其在现实工作中遇到的亟须解决的实际问题，具有应用性强的特点，它在经济社会发展中的作用越来越大。因此，横向项目比纵向项目更能够体现产学研的结合，更能促进科研成果的转化，更能有的放矢地解决生产和生活中的实际问题。① 实际上，横向项目是产教融合的重要形式，高校获得的横向项目的数量、经费，很大程度上代表着其校企合作的水平。

然而，应用型高校的科研制度却"重纵向项目，轻横向项目"。从《某应用型高校2016年科研成果奖励办法》可以看出，应用型高校科研制度的奖励对象主要围绕国家自然科学基金、国际合作基金、国务院各部委重大项目、国家社会科学基金项目等纵向项目，奖励的方法是根据纵向项目的级别和经费进行配套资助和发放奖金。对于横向项目，应用型高校几乎不予奖励。

这一方面是因为纵向项目是评价科研机构、高校和研究者科研水平的通用标准。横向项目来源广泛，经费数额大，其评审多基于委托方和代理方的信任与合约，比较容易获得。纵向项目数量有限，获准难度较大，申报、检查和评审较为规范、公正、严格。所以，

---

① 高仲飞：《纵向课题与横向课题比较研究》，《经济研究导刊》2013年第15期，第264—265页。

即使横向项目的研究内容可能更贴近社会需求，更有利于应用型高校深化产教融合服务地方经济社会发展，但是纵向项目的层次和数量，往往被视为衡量高校的科研水平和研究者的学术水平的极其重要的标准。

另一方面是由于政府而非社会主导着应用型高校的管理和评价。从我国的高等教育管理体制看，政府无论在举办高等学校还是管理和评价高等学校中都居于主导地位。2015年，教育部发布了《关于深入推进教育管办评分离促进政府职能转变的若干意见》，提出要"深入推进管办评分离，厘清政府、学校、社会之间的权责关系，构建三者之间良性互动机制，促进政府职能转变"。[①] 但显而易见的是，政府在（无论是民办还是公办）应用型高校的设立、资源投入、"升格"和发展中仍发挥着重要作用，许多应用型高校不希望也不可能摆脱政府的干预。政府是应用型高校非常重视的评价者，顺理成章，政府设立的项目（即纵向项目）也自然被各类高校作为主流评价标准。

五 治理结构分析

大学治理结构形式上体现为一种对大学进行管理和控制的体系，其实质是大学决策权力的制度安排问题，既表现为大学内部权力的分配、协调与行使的制度，也表现为大学与其外部环境——如外部的政府和社会——相互作用的规则。[②] 不同的大学治理结构意味着不同的权力分配方式，也会形成不同的激励效应和办学绩效。调查问

---

① 《教育部关于深入推进教育管办评分离 促进政府职能转变的若干意见》，http://www.moe.gov.cn/srcsite/A02/s7049/201505/t20150506189460.html. 2015-05-06。

② 刘向东、陈英霞：《大学治理结构剖析》，《中国软科学》2007年第7期，第97—104页。

卷的统计结果显示，77.3%的学校管理人员和51.4%的教师认为其所在学校的治理结构不利于其积极深化产教融合。治理结构对应用型高校深化产教融合动力的影响如下。

（一）政府干预存在"越位"和"缺位"

政府如何对待大学，以及大学如何对待政府，是大学治理结构中历久弥新的重大话题。大学与政府的关系是大学与社会的关系的一部分，只不过，相对于其他社会组织，政府是非常特殊的一部分，它代表着集体利益并握有足以改变组织和个人命运的政治权力。作为公权力的代表的政府，赋予大学恰当的权力和责任，同时为大学的发展提供必要的支持和适宜的环境，对于大学的发展尤为重要。

应用型高校深化产教融合对政府和大学的关系提出了更高的要求。一方面，应用型高校深化产教融合要求大学拥有更大的办学自主权。从大的方面说，应用型高校深化产教融合是一场高等教育领域的重大变革，如何让应用型高校拥有自主变革的权力和动力，直接关系着此次变革的成败。从小的方面说，应用型高校只有在招生、学科专业设置、人事、经费分配方面拥有一定的自主权之后，才有足够的动力和能力深化产教融合。比如，根据变动的地方产业发展需求及时调整学科专业设置和人才培养模式，是应用型高校深化产教融合的基本要求。就学科专业设置调整而论，教育部制订与修订的《普通高等学校本科专业目录》和《普通高等学校本科专业设置管理规定》，以及国务院学位委员会颁布的《授予博士、硕士学位和培养研究生的学科、专业目录》，指出"高校的专业设置和调整实行备案或审批制度，备案或审批工作每年集中进行一次"。[①] 教育主管部门对高校专业设置的批准和备案，限制了应用型

[①] 《教育部关于印发〈普通高等学校本科专业目录（2012年）〉〈普通高等学校本科专业设置管理规定〉等文件的通知》，http://www.moe.gov.cn/srcsite/A08/moe_1034/s3882/201209/t20120918_143152.html。

高校的办学自主权，也某种程度上增加了应用型高校调整学科专业设置的交易成本。

另一方面，应用型高校深化产教融合要求政府承担更多的责任。应用型高校深化产教融合，政府是主要推动者，政府在协调教育系统和产业系统的关系以及促进应用型高校建设上，拥有不可推卸的责任。应用型高校深化产教融合涉及政府、行业企业、高校等多方利益主体的博弈与合作，政府不只要扮演好"桥梁"和"润滑剂"的角色，促进博弈主体间的合作，还要承担起"监督者"的责任，为博弈主体间的合作制定规则，约束博弈主体的机会主义行为。

无奈的是，在中国，政府和大学的关系早因异化严重而饱受诟病，又遑论满足应用型高校深化产教融合的"高要求"。

政府对大学管得过多、过死，或曰政府在教育管理过程的"越位"，一直是高等教育发展和大学治理的顽疾。1985 年《中共中央关于教育体制改革的决定》指出，我国教育体制的主要问题是，"在教育事业管理权限的划分上，政府有关部门对学校主要是对高等学校统得过死，使学校缺乏应有的活力；而政府应该加以管理的事情，又没有很好地管起来"[①]。经过三十多年的教育改革，政府对大学管得过多、过死的情况有所改善，但扩大和落实高校办学自主权依然任重道远。教育行政部门原来管的东西——大学的招生、考试、专业设置、教师职务、课程、后勤、财务，现在仍然在管，只不过，管的方式由直接管理换成了评选（如名师）、项目（精品课程）等间接影响。

政府对大学管得过多、过死，滋生出了大学行政化、大学自主性丧失等问题。大学行政化表现为政府对大学管理的行政化和学校内部管理的行政化。前者指政府部门以行政指令（包括行政命令、指示、制度、规定、条例及规章制度等措施）的

---

① 《中共中央关于教育体制改革的决定》，《中华人民共和国国务院公报》1985 年第 15 期，第 467—477 页。

方式干预学校的工作，造成学校的工作围着政府和管理转，而不是为着学生和教育的发展；后者指大学内部的行政权力压制学术权力，以致教授治学、学术自由和大学自治等大学精神不彰。大学自主性的丧失意味着，政府对大学管得越多，大学越依赖和顺从政府，越没有生机和活力，越没有自由，越没有创新和超越的能力与勇气，越无法适应和引领社会发展。

政府的"缺位"是应用型高校深化产教融合的薄弱环节。现代大学的健康发展离不开政府的支持和保障。政府在推进教育公平、促进教育立法、培育第三方组织、沟通并协调教育与政治、经济、文化等社会子系统及其组织间的合作等方面负有不可推卸的责任。然而，由于理念、制度和利益上的分歧和冲突，政府往往倾向于在扩大自己权力和权益的同时，逃避或转嫁其教育管理责任。以应用型高校的产教融合为例，政府是校企合作的桥梁，政府的优惠政策可以激励企业积极参与校企合作。遗憾的是，一些地方政府对校企合作的提倡仅停留在政策层面，政府在出面统筹校企合作、联合办学、制定区域人才发展规划等方面的"缺位"，致使校企合作的运行机制、体制和模式未能真正建立，多数校企合作关系的建立与维系主要还是靠人脉和信誉。同样，多数地方政府鼓励和推动产教融合的奖励拨款制度和财政拨付机制还没有落实到位，这直接制约了产教融合的深入。[①]

（二）产教融合的统筹与实施机构缺失

组织内部的机构是组织任务分工和权力分解的产物。比如大学教学的任务分工和权力分解衍生出了教务处和研究生院，大学的科学研究功能衍生出了大学的社科处、科技处、学术委员会。一般而言，针对某一项大学功能或大学常规任务设立专门的机构，可以表

---

① 贺耀敏、丁建石主编：《职业教育十大热点问题》，中国人民大学出版社2015年版，第68—69页。

示大学对该功能和任务的重视,也有利于该项功能的发挥和任务的完成。所以,应用型高校是否设立负责产教融合的专门机构,从某种程度上可以反映和影响应用型高校的产教融合动力。

全国有相当一部分应用型高校尚未设立负责统筹和实施产教融合的专门机构,这非常不利于产教融合的推进。从表6—3到6—8中可以看出,截至2016年9月,重庆市的6所应用型高校中,只有重庆三峡学院和重庆大学城市科技学院(只占应用型高校总量的1/3)设有专门负责统筹和实施产教融合的机构,如地方服务与合作处、校企合作办公室,而且这些机构均组建于学校被列为重庆市转型试点高校(即2014年)之后。经查阅,全国尚有超过1/3的高校未设立产教融合的专门机构。这表明不少应用型高校对产教融合的重视不够,同时由于没有专门的机构及人员去负责产教融合的相关事务,应用型高校的产教融合失去了重要"推手"。

在尚未设置产教融合机构的高校,其产教融合一般由教务处或学校层面推动,不利于产教融合的深化。其一,教务处事务非常繁杂,其常规业务包括教学管理、考务与课务安排、实习实训、实践基地建设、专业建设、课程与教材建设、教学督导与评价等。由教务处负责产教融合,容易导致产权不清,使产教融合工作被教务处的琐碎事务干扰。第二,由学校层面统筹,则容易造成学校关于产教融合的规划和战略无法切实实施,影响产教融合的推进效果。

表6—3　　　　　　　重庆人文科技学院机关部门一览

党政办公室	党群工作部	团委	教务处(科研处)	学生工作与就业处
财务处	招生工作处	干部人事处	审计监察处	国际合作与交流处
后勤基建处	资产处保卫处	图书馆		

资料来源:重庆人文科技学院官网。

表6—4　　　　　　重庆邮电大学移通学院机关部门一览

党委办公室	学院办公室	组织部	宣传部	纪检部
人力资源处	教务处	学生处	团委	英才教育委员会
招生处	国际交流处	财务处	图书馆	资产管理处
后勤处	保卫科			

资料来源：重庆邮电大学移通学院官网。

表6—5　　　　　　重庆第二师范学院行政部门一览

国际交流合作处	财务处	社科处	发展规划处	后勤与资产管理处
教务处	通识教育部	科研处	港澳台事务办公室	高等教育研究所
招生就业处	人事处	基建处	教育质量评价处	采购中心
离退休工作处				

资料来源：重庆第二师范学院官网。

表6—6　　　　　　重庆三峡学院行政部门一览

审计处	科研处	人事处	教务处	国有资产管理处
招生就业处	计财处	离退休处	基建处	住房建设办公室
国际合作与交流处	研究生处	保卫处	学生处	教学质量监控与评估处
百安校区管理办公室	发展规划处/高等教育研究所	地方服务与合作处/校友会办公室		

资料来源：重庆三峡学院官网。

表6—7　　　　　　重庆科技学院管理部门一览

党政办公室	组织部	宣传部	纪委办公室	学生工作部
研究生工作部	保卫部	合作与发展处	人事处	教务处
科研处	计划财务处	教学质量与评估办公室	审计处	信息化处
基建处	后勤处	资产与实验设备管理处	校团委	校工会

资料来源：重庆科技学院官网。

表6—8　　　　　　重庆大学城市科技学院机关部门一览

学院办公室	宣传处	人事处	教务处	学生处
团委	招生就业处	发展规划处	督导办公室	国际交流中心
校企合作办公室	财务处	实验设备处	资产管理处	后勤处
招标办公室	工程处	保卫处		

资料来源：重庆大学城市科技学院官网。

（三）统筹产教融合的交易成本巨大

应用型高校深化产教融合的动力与其交易成本成反比。应用型高校在深化产教融合过程中，面临高昂的交易成本。这些交易成本包括，学校调动外部力量（政府、行业企业、社区、社会公众）深化产教融合耗费的成本，以及学校调动内部力量（职能部门、二级学院、教师等）深化产教融合耗费的成本。过高的交易成本，会增加应用型高校产教融合的难度，降低应用型高校产教融合动力。

应用型高校产教融合涉及的交易对象过多，造成其交易成本过高。从某种程度上看，应用型高校的产教融合部门的职责是协调教育和产业的关系，这意味着产教融合部门除了要想方设法和高校外部的政府、行业企业进行博弈与合作，还要调动并协调高校内部的诸多的行政部门、学院，以及各类学术组织（如学术委员会、学位委员会、教学指导委员会、专业指导委员会、职称评定委员会等）和民主管理与监督组织（如教职工代表大会、工会、学生会、科学技术协会、社会科学联合会、民族党派和共青团组织等）的关系。显而易见，调动如此多怀揣不同目的和利益的组织及其人员支持产教融合，其交易成本必然不菲。

应用型高校进行外部合作的谈判砝码有限，增加了其深化产教融合的外部交易成本。谈判砝码（也称威胁点）指如果谈判破裂，各合作方可以得到的利益。[①] 从高等教育系统结构看，应用型高校在

---

① 张维迎：《博弈与社会》，北京大学出版社2013年版，第107页。

高等教育系统中处于边缘地位，在经费、师资、生源、学科、科研能力、声誉甚至行政级别等方面均处于劣势，这导致其在同地方政府、行业企业、社区、公众等产教融合的外部主体的沟通博弈中的谈判砝码不足。换言之，由于应用型高校的边缘地位，应用型高校产教融合的外部主体从和应用型高校的合作中收益很小，应用型高校根本无法有效威胁产教融合外部主体主动寻求合作。既如此，应用型高校不得不主动出击，从广阔的市场上寻求合作对象。由于信息不对称、谈判砝码有限、政府缺位等原因，应用型高校不得不广泛寻求合作对象、频繁磋商谈判、大力监督契约实施，这大大增加了应用型高校深化产教融合的交易成本。

应用型高校内部产权不清，造成其深化产教融合的内部交易成本激增。一方面，应用型高校统筹产教融合的机构权力有限，导致其产教融合工作很难推进。就产教融合统筹机构看，多数学校由教务处或校企合作处等处级职能部门推进产教融合。然而，仅从行政级别看，产教融合统筹机构和其他职能部门、二级学院均属于处级单位，二级学院和其他部门完全可能不服从或敷衍产教融合统筹机构的命令或改革方案。可见，如果没有校级领导或领导小组负责推进，产教融合统筹机构可能需要和其他职能部门、二级学院反复沟通，且难以实施监督和问责，交易成本很大。更为严重的是，很多应用型高校的产教融合统筹机构几乎都是新设部门，基本没有实权，也不是学校的核心部门，很难有力量调动其他单位。另一方面，应用型高校内部机构之间的产权划分不够清晰、有效，产生的交易成本很大。高校内部部门林立，学科差异大，利益关系复杂，在高校实施任何一项计划和改革，都需反复交流、协调，耗费大量的交易成本。在高校内耗较大的状况下，如果各个部门之间的责权利关系不清，很可能出现扯皮、弄虚作假、败德等机会主义行为。例如，就产教融合工作而言，校企合作处、教务处、发展规划处都承担着部分产教融合工作，同时各二级学院又拥有很大的自主权，如果产权不清，很容易出现各自为政或相互推诿的现象。

（四）行业企业参与学校治理不足

建立多方参与的大学（董事会或理事会）治理体系是现代大学制度建设的重要组成部分。大学治理的核心在于由大学的利益相关者——主要包括外部的政府、行业企业、校友和内部的教师、学生和行政人员——通过民主协商的机制共同治理大学。大学董事会或理事会是大学的多方利益相关者参与学校治理的机构和途径，也是现代大学制度的重要组成部分。不同国家的董事会制度在现代大学制度中的地位和功能有所不同：在英、美，大学董事会是大学的最高权力机构，其中校外参与较多；在德、日，大学董事会的权力和校外参与都相对有限；我国高校实行的是党委领导下的校长负责制，大学董事会的职责主要是支持和监督学校发展。《国家中长期教育改革和发展规划纲要（2010—2020年）》指出，"完善中国特色现代大学制度，探索建立高等学校理事会或董事会，健全社会支持和监督学校发展的长效机制"。需要指出的是，民办高校董事会的权力实际上远远大于公办高校。

董事会制度或行业企业参与高校治理的制度，是应用型高校深化产教融合的重要保障。《指导意见》指出，"建立学校、地方、行业、企业和社区共同参与的合作办学、合作治理机制，建立有地方、行业和用人单位参与的校、院理事会（董事会）制度、专业指导委员会制度，支持行业、企业全方位全过程参与学校管理、专业建设、课程社会中、人才培养和绩效评价"。事实上，应用型高校通过产教融合服务地方经济社会发展，必须借助和吸收行业企业的力量、资源和智慧。从生产和消费的关系来看，消费是生产的目的，高校属于人才培养和社会服务的生产者，行业企业处于人才培养和社会服务的消费端，行业企业如果不参与高校治理，为高校的专业调整、人才培养方案设计、科学研究和社会服务提供需求信息，其结果必定导致供需脱节或生产过剩。从大学与行业企业的合作看，大学和许多行业企业之间存在合作红利，二者的合作可以共享资源、互利互惠，有利于促进教育和产业的协同发展。

然而，现有应用型高校的治理结构中却鲜有行业企业参与。以重庆市的 6 所应用型高校为例，重庆市应用型高校的董事会或理事会大致有"未设""设而未参"和"参而无为"三类，行业企业参与严重不足。（1）未设。重庆三峡学院尚未设立董事会或理事会，这从其大学章程和学校组织架构中可以看出。重庆三峡学院的行业企业参与主要由教务处、二级学院和地方服务与合作处组织会议的方式进行。（2）设而未参。作为民办高校的重庆人文科技学院和重庆邮电大学移通学院，分别由民办教育投资集团和西南大学、重庆邮电大学举办，现已发展为独立学院，其董事会类似于企业董事会或英美的大学董事会，具有很大的权力，且融合了党委领导下的校长负责制和公司董事会制，其董事会成员职务既包括党委书记、校长、副校长，也包括董事长、CEO（首席执行官）、CFO（首席财务官）等。但是，除教育投资集团所在行业企业外，很少有其他行业企业人员进入民办高校的董事会。（3）参而无为。《重庆科技学院章程》指出，重庆科技学院实行党委领导下的校长负责制和校院两级管理体制，并依法依规设立理事会，理事会是学校实现科学决策、民主监督、社会参与的重要组织形式和制度平台，其成员中来自地方政府及行业企业等校外代表不少于 30%。重庆第二师范学院于2014 年 5 月组建了由 38 个国内外企业、科研院所、学术团体、相关政府机构等组成的董事会机构。《重庆第二师范学院章程》指出，学校董事会是学校实现科学决策、民主监督、社会参与的重要组织形式和制度平台，是支持学校发展的咨询、协商、审议与监督机构，依据董事会章程开展活动，对学校发展战略规划、学科专业建设、人才培养模式、办学质量保障、对外合作交流、协同创新等重大事项进行指导和提供咨询。然而笔者调查发现，这两所院校的理事会或董事会多是"虚设"的非正式机构，其权力有限，工作没有形成常态化，在学校官网上找不到相关机构信息，存在应付之嫌。

六 非正式制度分析

非正式制度是以非成文的形式存在的,或虽有成文形式,却没有权威机构保证执行的制度。一个社会内部存在的非正式制度有:社会规范、宗教信仰、文化、习俗惯例、道德伦理、意识形态等,这些非正式制度对社会的存续极其重要,它将生物的人变成社会的人,并将分散的人凝结成合作群体和有序社会。① 应用型高校的产教融合归根结底是一种产教融合参与人的博弈与合作行为,与之相关的非正式制度作为一种博弈规则潜移默化地影响着产教融合主体的动力及其效果。

(一) 习惯依赖严重

习惯是非正式制度的重要内容。学校的正常教育教学活动离不开习惯的帮助,因为面对庞大的信息量和有限的计算能力,学校的成员不可能对其行为的所有方面都进行深思熟虑,他们往往是按照习惯,在某种程度上不假思索地作出决策。习惯沉淀了人们以往实践的成功经验,遵从习惯处理问题往往是最佳选择。

习惯经常成为改革和创新的对立面。习惯等非正式制度是人们在长期的工作和生活中形成的,一旦形成就很难改变,即使改变也需要付出较大的成本和较长的时间。

应用型高校深化产教融合面临多种习惯的阻滞。(1) 习惯于传统的办学模式。深化产教融合,要求应用型与行业企业共建教育集团、共建共管二级学院,联合地方、行业和用人单位进行学校管理。但是,传统的高等学校办学模式主要是政府或社会力量直接出资举办的二元模式,高等学校的管理主要由政府或学校内部成员实施。

---

① 罗必良:《新制度经济学》,山西经济出版社2005年版,第91页。

(2) 习惯于传统的教学内容和教学方式。深化产教融合，要求应用型高校依托地方产业发展调整学科、专业和课程，创新教学内容和教学方式，加强实践教学。然而，传统的教学方式主要以书本讲授为主，教师根据选用的教材备课，以讲授的方式向学生讲解书本知识，考试的内容也以教材和教学内容为主。(3) 习惯于传统的制度安排。深化产教融合，要求建立高校分类评价体系，从学生实践能力、就业情况、技术应用和服务地方等方面，改革应用型高校内部的人才培养、科学研究、社会服务等制度，这对习惯于旧制度并按照旧制度从事了多年教育教学工作的学校成员而言，无疑是一种不小的挑战。

（二）民办应用型高校文化凝聚力弱

应用型高校深化产教融合需要靠学校文化来凝聚学校内部的力量。文化是由一定的地域范围内或组织内部的人们长期交往形成的，可以起到凝聚社会力量和组织力量的作用。应用型高校的产教融合是一个高校内部诸多单位及其人员和产业组织及其人员长期合作的过程，只有高校内部的职能部门、二级学院和不同成员之间率先形成良好的合作氛围，才能积极向外寻求产教融合。

然而，学校管理人员和教师不一定有深化产教融合的动力，其中一个重要的原因是，一些高校部门林立、权责分配复杂、目标利益多元，很难形成具有凝聚力的学校文化。这无疑会增加应用型高校内部深化产教融合的交易成本，削减应用型高校深化产教融合的动力。调查问卷统计结果显示，74.3%的学校管理人员和58.5%的教师认为其所在学校的学校文化不利于其积极深化产教融合。

调查发现，民办应用型高校的学校文化凝聚力要弱于公立应用型高校。产生这种情况的原因有三。

第一，民办高校的企业性质突出，这削弱了"以高深知识为逻辑起点的大学"的学术凝聚力①。《中华人民共和国高等教育法》第二十四条规定,"设立高等学校,应当符合国家高等教育发展规划,符合国家利益和社会公共利益,不得以营利为目的"。不可否认的是,营利是社会力量举办高校的重要动机,这种办学目的已成为民办学校内部众所周知的"非公开秘密"。追求人才培养与高深知识同追逐利润之间有着不小的冲突,民办应用型高校关注短期经济利益,容易冲淡其学校管理人员和教师在育人和学术研究方面的凝聚力。

第二,民办高校的教师和工作人员流动性大,比较注重短期利益。民办高校的教师中专职教师比例低,很多教师属于临时聘用的兼职教师或"跳板"教师,他们没有在民办高校长期发展的打算,往往更关注眼前的现实利益,也不想主动融入学校的制度和文化之中。调查发现,民办应用型高校的教师队伍稳定性差,教师队伍中退休返聘教师和临时教师占比高达70%以上,较高层次(副处级以上)的学校管理人员流动性较低,低层次行政管理人员(包括辅导员)的流动性较高。可以说,民办应用型高校普遍流露出一种人心未定的症候,给学校文化的凝聚力造成了不小的破坏。

第三,民办应用型高校出资人权力大,学校文化效力有限。民办应用型高校更多地类似于古典企业(家族企业)而非所有权和经营权分离的现代企业,少数出资人(一般是董事会成员)在很大程度上掌握着民办应用型高校各方面的决策权。民办应用型高校的古典企业性质,使其客观上很难形成具有凝聚力的学校文化。因为,在少量出资人(主要是董事长)控制应用型高校的情况下,学校运营的决策权和剩余索取权集中在个别人手中,容易产生"唯出资人至上"的文化氛围(表现为一切都是董事长说了算,其他董事或职能部门负责人权力有限,且作出的决策可能被随时更改),削弱教师

---

① 美国教育家伯顿·克拉克指出,高深知识是整个高等教育系统的逻辑起点,大学是控制高深知识和方法的社会机构。参见[美]伯顿·克拉克《高等教育系统——学术组织的跨国研究》,王承绪等译,杭州大学出版社1994年版,第11—12页。

的向心力，让学校文化成为"空中楼阁"。

（三）"熟人社会"文化泛滥

费孝通先生曾把中国农村称为"熟人社会"，他说："乡土社会在地方性的限制下，成了生于斯死于斯的社会……这是一个熟悉的社会，没有陌生人的社会。"在"熟人社会"里，血缘和地缘合一，所谓沾亲带故或者非亲即故，其自然地理的边界和社会生活的边界都是清晰的，同时也往往是重叠的，属于封闭的社会空间。熟人社会的社会结构是"差序格局"，行事注重亲情和礼俗规约，但讲究亲疏远近有别。"熟人社会是'以己'为中心，像石子一般投入水中，和别人所联系成的社会关系，不像团体中的分子一般大家立在一个平面上，而是像水的波纹一般，一圈圈推出去，愈推愈远，也愈推愈薄。"[1] 背景和关系是熟人社会的典型话语，"熟人社会的行为逻辑包括舆论压人、'面子'有价、'社会资本'可累积等等"[2]。

熟人社会相对的是生人社会，与生人社会依靠制度办事不同，熟人社会的文化基本上是人治，办事多凭人情关系，责权利界限较为模糊，他人的权利容易被侵犯，在公共事务中则容易发生论资排辈、任人唯亲、徇私舞弊的现象。

熟人社会是中国乡村文化甚至中国传统文化的一个缩影，这种文化仍或多或少地存在于中国的各个层面，大学也没有幸免。中国的大学属于事业单位，大学内部的人员流动性非常小，这使得大学甚至大学内部的二级学院和职能部门形成了一个相对封闭的空间，也滋生出一个类似于费孝通先生描绘的中国乡村的熟人社会[3]。似乎不可否认，越是办学水平不高的大学——恰恰包含应用型高校，其

---

[1] 费孝通：《乡土中国》，北京大学出版社1998年版，第27页。
[2] 吴重庆：《从熟人社会到"无主体熟人社会"》，《读书》2011年第1期，第19—25页。
[3] 从20世纪80年代开始，中国的乡村也在城市化进程中发生了深刻变革，很多乡村也从熟人社会发展到了半熟人社会甚至生人社会。

熟人社会的文化影响力愈盛。熟人社会文化重人情关系轻制度的特性，导致应用型高校在依靠制度变革深化产教融合的过程中，多了一道很难逾越的隐性门槛。

在对应用型高校的调查和观察过程中发现，人情而非制度是维系应用型高校运行的重要纽带，人与人之间的关系往往决定着事情的成败。在平级人员之间，比如在平级的职能部门和二级学院之间，如果是熟人，办事则会热情细心，反之则多是应付了事。有时候在上下级之间也有类似现象，因为不同领导的职责和分管单位不同，如果是一些非"顶头上司"安排的事务，多半会偷工减料。

由于人情的关系，制度在应用型高校的作用显得有些被动。许多学校管理人员和教师在工作中，往往首先想到的是人情，甚至总想靠人情去突破制度。

（四）官僚作风严重

科层权力（也称行政权力）和学术权力是并存于高等学校之中的两股重要力量。克拉克认为，高等教育系统的特性决定了无论在院校层次还是学术基层，二元权力模式的存在都具有普遍性的现象和规律，即松散结合式的学术权力模式与等级森严的金字塔式的科层权力模式并存。[1]

应用型高校的科层权力远远大于学术权力。中国的大学是政府举办并管理的，政府对大学的干预和大学的行政化倾向，使大学的科层权力压制了学术权力，官僚气息在大学里肆意蔓延。这种状况在应用型高校更为突出，因为相对于研究型大学，应用型高校的教学要重于学术研究，而且其学术研究队伍和水平有限，二元权力模式在应用型高校内部出现了严重失衡，即等级森严的行政权力凌驾于松散的学术权力之上。

---

[1] 张斌贤主编：《外国高等教育名著研读》，高等教育出版社 2010 年版，第 200 页。

失去了学术权力的制衡和约束，又加之"中国特色"的官场做派，应用型高校的官僚化越发明显，以致其内部的许多人和事，不是围着学校规划、学校章程和制度转，而是围着校领导转；学校管理和教育教学考虑的不是学生和市场的需求，而是领导的兴趣和喜好。于是乎，学校成了这样一种机构：处长和院长围着校长转，科员和管理人员围着处长和院长转，教师围着管理人员转，学生围着教师转。比如，大学中流行这样的话语体系，"某某领导在会上指出……，大家一定要引起重视，我们单位必须……"；"某某领导吩咐的，你尽快去办一下"；"制度上是这个程序，关键要看领导的意思"。

这样的学校运行方式反映出两个问题：第一，大学没有自主权并不意味着大学校长的权力太小，相反校长在大学内部的权力大得惊人；第二，大学校长权力之所以大，背后既有行政和科层权力作支撑，也有制度不兴的纵容。

应用型高校深化产教融合是一场大范围的大学变革，大学变革要靠校长的"企业家精神"，更要倚重综合的制度变革。校长权力大对应用型高校深化产教融合是优势，但是如果让这种权力成为校长独断专行的"帮凶"或者成为不受制度约束的"专权"，应用型高校如何会有充足稳定的动力深化产教融合？

第七章

研究结论与对策建议

科学研究的实质是探明现象背后的事物之间的因果关系，并根据"因"预测"果"，或通过改变"因"来改变"果"。① 前文已提出了有关应用型高校产教融合动力的因果关系的"猜想性"研究假设，围绕研究假设作了研究设计，并对研究设计实施所收集到的研究材料进行了整理和分析。以下将根据前文的分析，进一步证明研究问题的存在，验证所构建的研究假设，形成相关结论，讨论和反思研究结论形成的深层原因，据此提出增强应用型高校产教融合动力的对策建议。

一　假设验证结果

（一）修正假设1：应用型高校产教融合动力总体不足

政府推动应用型高校深化产教融合的动力比较充足。政府的产教融合动力，从中央政府到省级政府再到市级政府呈总体递减之势。

---

① 解决问题必须以因果关系为依据。因果关系的论证既要以现实经验为支撑，又要经过理性逻辑的检验。因果关系经常是链条性的、多方面的，因此在解释因果关系时，抓住事物的主要矛盾和根本原因尤为重要。

其他行政部门（包括与产教融合有关的财政、发展和改革、人力资源和社会保障、商务等部门）的产教融合动力弱于教育行政部门。

行业企业深化产教融合的动力不足，表现为应用型高校在和行业企业合作中的"剃头挑子一头热"，应用型高校获得的企事业单位委托经费少，应用型高校的教师和学生到行业企业实习困难。

学校管理人员深化产教融合的动力比较充足。从表7—1中可以看出，学校管理人员比较支持地方普通本科高校转型发展、培养应用型技术技能型人才、深化校企合作、加强实践教学等产教融合活动，对应用型高校根据产业需求调整学科专业设置和侧重应用研究等产教融合活动的支持力度较弱，对产教融合的精力投入比较充足。多数教师和学生认为学校管理人员的产教融合动力处于中等偏上水平。

表7—1　　应用型高校学校管理人员产教融合动力情况一览　　（单位：%）

	指标	非常支持 非常充足	比较支持 比较充足	中立 一般	比较反对 不太充足	非常反对 非常不足
学校管理人员自评	地方普通本科高校转型发展	53.7	43.1	3.2	0	0
	培养应用型技术技能型人才	38.1	42.2	2.8	8.6	9.6
	深化校企合作	57.6	40.6	1.8	0	0
	根据产业需求调整学科专业设置	37.6	37.3	7.5	11.9	5.7
	侧重应用研究	11.8	47.8	20.3	13.2	6.9
	加强实践教学	43.9	47.5	5.8	2.8	0
	精力投入	8.9	48.6	23.1	16.7	2.7
教师评价	学校管理人员的产教融合动力	17.6	33.5	34.7	16.4	2.3
学生评价	学校管理人员的产教融合动力	17.8	35.4	26.7	19.2	0.9

教师深化产教融合的动力不够充足。从表7—2可以看出，教师比较支持地方普通本科高校转型发展、校企联合培养人才、加强实践教学等产教融合活动，比较反对应用型高校培养应用型技术技能型人才、根据产业需求调整学科专业设置和侧重应用研究等产教融

合活动,产教融合的精力投入处于中等水平。多数学校管理人员认为教师的产教融合动力处于下等水平,多数学生认为教师的产教融合动力处于中等偏下水平。

表7—2　　　　应用型高校教师的产教融合动力情况一览　　　（单位:%）

	指标	非常支持 非常充足	比较支持 比较充足	中立 一般	比较反对 不太充足	非常反对 非常不足
教师自评	地方普通本科高校转型发展	37.8	50.8	2.6	2.1	6.7
	培养应用型技术技能型人才	11.4	36.5	3.4	33.1	15.6
	校企联合培养人才	43.9	46.3	2.7	7.1	0
	根据产业需求调整学科专业设置	22.3	32.6	1.7	38.1	5.3
	侧重应用研究	10.7	22.1	8.5	38.9	19.8
	加强实践教学	40.9	37.7	6.4	13.2	1.8
	精力投入	6.7	38.6	43.1	11.6	0
学校管理人员评价	教师的产教融合动力	1.9	9.6	18.9	38.9	30.7
学生评价	教师的产教融合动力	1.1	13.2	33.1	40.3	12.3

学生深化产教融合的动力比较充足。从表7—3可以看出,学生比较支持地方普通本科高校转型发展、到企业实习、加强实践教学等产教融合活动,比较反对应用型高校培养应用型技术技能型人才,其产教融合的精力投入处于中等水平。绝大多数学校管理人员和教师认为学生的产教融合动力处于中等偏上水平。

表7—3　　　　应用型高校学生的产教融合动力情况一览　　　（单位:%）

	指标	非常支持 非常充足	比较支持 比较充足	中立 一般	比较反对 不太充足	非常反对 非常不足
学生自评	地方普通本科高校转型发展	13	41.9	23.7	11.6	9.8
	培养应用型技术技能型人才	13.5	25.1	14.3	39.4	7.7
	到企业实习	61.6	32.5	1.2	2.9	0.8

续表

	指标	非常支持 非常充足	比较支持 比较充足	中立 一般	比较反对 不太充足	非常反对 非常不足
学生自评	加强实践教学	54.1	39.7	1.2	4.5	0.5
	精力投入	20.6	18.7	38.5	12.9	9.3
学校管理 人员评价	学生的产教融合动力	23.9	40.8	25.4	8.6	1.3
教师评价	学生的产教融合动力	21.3	38.4	28.8	7.6	3.9

综上，本研究接受修正研究假设 1（应用型高校产教融合动力不足），并得出结论：应用型高校产教融合动力总体不足，其中，中央政府、学校管理人员和学生的产教融合动力比较充足，地方政府、行业企业和教师的产教融合动力不够充足。

（二）修正假设 2："形而下"的教育理念对产教融合动力影响显著

直观来看，"形而下"的教育理念的困惑和疑虑是制约应用型高校产教融合动力的重要因素。"形而下"的教育理念，包括应用型高校的教育类型、人才培养目标、教育内容、课程设置、教学方法等，对应用型高校深化产教融合的制约表现为：教育类型上，应用型高校定位于高等职业教育，不同于学术界将其定位于普通教育的主张，有违大学的自由教育和通识教育传统，也不符合地方普通本科高校转型发展的预期；人才培养目标上，何谓应用型人才仍需深入研究，政府将应用型技术技能型人才确定为应用型高校的人才培养目标，人才培养目标模糊，可能会雷同于研究型大学和高职高专。教育内容上，应用型高校在传授高深知识、应用知识和技术技能方面存在冲突。课程设置和教学方法上，应用型高校在如何更新课程并增加实践课程，以及进行教材建设和选用教学方法上均面临困惑。此外，如何界定和评价应用型人才、"双师双能型"教师、应用型高校，也制约着应用型高校产教融合的推进和实施。

"形而上"的教育理念，如地方普通本科高校转型发展的是非、教育和产业的关系、大学与社会的关系等，对应用型高校产教融合动力影响不太显著。这表现为，绝大多数应用型高校的学校管理人员、教师和学生，对地方普通本科高校向应用型转变、应用型高校深化产教融合、应用型高校适应和服务地方经济社会发展等方向性问题基本持支持态度，关于这些"形而上"的教育理念的认识几乎不会制约其深化产教融合。

出现以上反差的原因在于："形而下"的教育理念贴近实践和经验，属于教育改革中相对浅层的实际操作范畴，关系着应用型高校产教融合主体的切身利益，是应用型高校产教融合的核心主体（学校管理人员和教师）普遍关心的问题。与此相对，"形而上"的教育理念则比较宏观和深层，属于教育改革中相对深层的顶层设计范畴，一般不会引起应用型高校产教融合的核心主体的关注，对此讨论和研究较多的基本上是学界的资深教育研究者。

"形而上"的教育理念对应用型高校产教融合动力的影响不太显著的结果，是一种现实的遗憾，更是一种无奈的悲哀。如果说，一般的学校管理人员和教师不讨论或忽视应用型高校产教融合的"形而上"的教育理念是可以接受的，那么，大学的高层领导、政府官员和教育政策的制定者忽视这些深层次的"形而上"的教育理念则值得省思。事实上，之所以政府关于应用型高校产教融合的"指导意见"以及诸多教育政策会面临诸多的质疑和问题，很大程度上是因为，许多教育政策的制定和实施都是"拍脑袋"的结果，缺乏高瞻远瞩的顶层设计和深层思考，也没有经过切实的调查和论证。当然，"形而上"的教育理念在从思维层面转化到实践层面的过程中，也总会伴随着对"形而上"教育理念的偏离以及"形而上"教育理念和"形而下"教育理念的持久冲突。

综上，本研究修正研究假设2（应用型高校产教融合主体的教育理念对其产教融合动力影响显著），并得出结论："形而下"的教育理念对应用型高校产教融合动力影响显著，"形而上"的教育理念对应用型高校产教融合动力影响不显著,"形而下"的教育理念困惑是制约应用型高校产教融合动力不足的先导因素。

(三) 接受假设 3：利益不足和不相容是产教融合动力不足的根源

利益是影响应用型高校产教融合动力的基础性因素。应用型高校深化产教融合可以增进相关主体的共同利益。然而,这些主体在应用型高校产教融合活动中的利益获得大小不一,相互之间还存在着利益冲突。

政府关注民意和经济社会发展,本该有足够的动力推动应用型高校深化产教融合。但是,现实的政府由追求个人效用最大化的"经济人"构成,政府官员追求个人利益,容易导致政府"失灵"。随着行政级别的降低,政府官员从应用型高校产教融合中获得的利益逐渐降低,其产教融合动力也随之下降。

企业是通过生产和交易追求经济利益最大化的经济组织。行业协会代表同行企业的利益并负责帮政府履行部分社会管理职能。许多行业企业从应用型高校产教融合活动中获利微薄,利益激励不足是应用型高校深化产教融合经常出现"剃头挑子一头热"的根本原因。

学校管理人员看重自我实现等精神需要,比较关注职位晋升和领导认可。学校管理人员的行政级别对其产教融合动力影响显著。学校管理人员的利益获得对其产教融合动力影响显著,利益获得越多,学校管理人员的产教融合动力越大。然而,应用型高校深化产教融合并没有显著增加学校管理人员的利益获得,因而也无法有效提升学校管理人员深化产教融合的动力。

教师看重物质需要和精神需要,在物质需要中更看重工资福利和住房,在精神需要中更看重自我实现。教师的利益获得对其产教融合动力影响显著,且利益获得越多,产教融合动力越大。应用型高校深化产教融合一定程度上增加了教师工作的难度和数量,甚至危及教师的工作，降低了教师的产教融合动力。

学生看重物质需要和精神需要，多数学生就读应用型高校的目的是提升自己的能力和就业赚钱。学生的利益获得对其产教融合动力影响显著且呈正相关。应用型高校深化产教融合短期内无法提升学生的就业水平，还会增加学生的学习和毕业难度，降低了学生的产教融合动力。

此外，应用型高校产教融合的主体之间既存在共容利益，也存在利益冲突。一个突出的表征是，行业企业追求经济目的，高校追求教育目的。应用型高校产教融合主体之间的利益冲突或不相容，弱化了行业企业等主体的产教融合动力。

综上，本研究接受研究假设3（应用型高校产教融合主体的利益获得对应用型高校产教融合动力影响显著），并得出结论：应用型高校产教融合主体的利益获得不足和利益不相容，是应用型高校产教融合动力不足的根源。

（四）接受假设4：应用型高校的资源禀赋削弱了其产教融合动力

资源禀赋的劣势极大地削弱了应用型高校产教融合动力。应用型高校在我国的高等教育资源分配结构中处于边缘地位，在经费、学科专业、师资、场地设备、技术、声誉等资源占有上处于劣势。资源是应用型高校吸引行业企业合作、提高应用型人才培养质量和调动产教融合主体积极深化产教融合的基础。应用型高校匮乏的资源，使其很难吸引行业企业合作，在"双师双能型"教师队伍建设、实验实训实习基地建设等方面缺乏经费，无法有效激励应用型高校的产教融合主体积极深化产教融合。

从经费投入看，应用型高校办学经费有限，许多应用型高校尚未获得政府的专项经费支持，导致应用型高校的二级学院和教师在深化产教融合中失去了保障和激励。行业企业因为没有获得政府的免税等经费优惠，主动寻求应用型高校合作的动力不强。

从学科专业看，和研究型大学相比，应用型高校的学科门类少、实力弱，科研技术水平有限，只能从企事业单位获得少量的项目经费支持，也无法和大型行业企业展开深入合作。许多应用型高校尤其是师范类应用型高校的学科专业设置偏重人文社会科学，产教融合的动力先天不足；研究型大学对高端应用型人才（专业硕、博士）培养的垄断及其在应用学科专业上的强势，在限制应用型高校发展的同时为其深化产教融合套上了"隐形的枷锁"。

从师资队伍看，应用型高校师资力量薄弱，教授和具有博士学历的教师占专职教师的比例偏低。专职教师缺乏企业经历，实践教学能力差，"双师双能型"教师数量少。校内专职教师参与教育培训面临学校经费和学校制度方面的双重阻力。应用型高校的工资待遇远低于行业企业，导致其很难引进优秀的行业企业师资。外聘兼职教师参与学校教育教学的时间短、效果差。

从场地设备看，应用型高校的校内实训基地数量有限，校外实训基地交易成本大；实验（试验）室的实验条件跟不上，运营经费有限；很多实践教学设备买不起，募捐难。

综上，本研究接受研究假设4（应用型高校产教融合主体的资源对应用型高校产教融合动力影响显著），并得出结论：应用型高校有限的资源削弱了应用型高校产教融合动力。

（五）接受假设5：制度桎梏了应用型高校产教融合动力

制度是激励应用型高校产教融合主体积极深化产教融合的关键。一项好的制度或制度体系，必然是产权清晰、有效的制度，它可以降低交易成本，约束人的机会主义行为，激发人的利他行为，促使外部效应内在化，为人们合作创造良好的条件。应用型高校在深化产教融合中遭遇的理念困惑、资源匮乏、利益冲突等问题，可以通过制度创新予以缓解或解决，甚至从短期看必须从改变制度安排入手。

然而，制度供给不足反而让制度成为应用型高校深化产教融合的最大桎梏。好的制度安排作为一种广义的稀缺资源，其供给在应用型高校深化产教融合过程中十分匮乏。囿于应用型高校内、外部多种因素的影响，应用型高校的产教融合制度包括人事制度、薪酬制度、教学制度、科研制度、治理结构和非正式制度，非常不利于应用型高校的产教融合主体积极深化产教融合，而且其制度创新的难度和风险较大，制度变迁中的"路径依赖"现象严重，"时滞"长，应用型高校很难通过制度创新深化产教融合。

人事制度方面，应用型高校的教师编制短缺，在将其他行业企业的职称转换为高等学校的职称中面临制度障碍，不利于其引进行业企业师资。政府通过控制总量、审批、备案、监管、任命学校领导等方式管控着应用型高校的人事权，造成应用型高校的产权权能不完备，削弱了应用型高校人事权功能的发挥；公立应用型高校采用的事业编制，使其难以依据产教融合目标调剂人员余缺，降低了人事制度的激励和约束效应，滋生出高校行政化和同工不同酬问题，不利于应用型高校的学校管理人员和教师积极深化产教融合。

薪酬制度方面，部分应用型高校教师工资水平较低，奖励性绩效工资占总工资比例低，绩效工资与教师工作努力程度并不严格挂钩，财务制度过于严格，降低了教师深化产教融合的动力。薪酬制度对应用型高校的学校管理人员激励不足，学校管理人员产教融合的动力主要来自上级的命令和权威，而非预期的边际收益，这降低了学校管理人员深化产教融合的动力。薪酬制度变革的成本和风险非常大，应用型高校不敢轻易通过薪酬制度变革增加其内部成员的产教融合动力。

教学制度方面，应用型高校的人才培养目标和课程设置没有瞄准地方经济社会发展的新增长点，实践课程的学分和学时占总课程的比例低，教学方法的实践性不强，不利于应用型高校深化产教融合。教学评价制度粗略，无力督促教师改进教学内容和教学方法，积极深化产教融合。

科研制度方面，对科研的奖励远高于教学，导致教师将其工作重心放在发表（不一定是应用研究）论文上，忽视了学校职能与企业生产的对接。科学研究没有突出应用研究，不利于应用型高校扩大应用研究深化产教融合。科研评价制度轻视横向项目，不利于应用型高校积极寻求和行业企业在科学研究方面的合作，服务地方经济社会发展。

治理结构方面，政府对应用型高校管理存在"越位"（政府很大程度上限制了应用型高校在招生、学科专业设置、人事、经费分配等方面的自主权）和"缺位"（政府没有很好地为应用型高校与行业企业合作搭建桥梁并提供政策优惠），抑制了应用型高校产教融合动力。部分应用型高校内部产教融合统筹与实施机构缺失，使其产教融合失去了重要"推手"。应用型高校治理结构中产权不清，增加了产教融合主体间合作的交易成本，降低了应用型高校产教融合动力。行业企业参与应用型高校治理不足，外部力量的"低利用"和"假利用"，不利于应用型高校深化产教融合。

非正式制度方面，应用型高校内部成员对传统习惯依赖严重，高校内部"熟人社会"文化泛滥，官僚作风明显，造成制度"失效"和制度变迁的路径依赖现象严重，不利于应用型高校通过制度变革提升产教融合动力。民办高校的文化凝聚力弱，导致其产教融合动力弱于公立应用型高校。

综上，本研究接受研究假设5（应用型高校产教融合的制度对应用型高校产教融合动力影响显著），并得出结论：应用型高校产教融合相关制度的不完善及其制度创新困难，桎梏了应用型高校产教融合动力。

二　讨论与反思

（一）无需求不动力：行业企业的产教融合动力取决于应用型高校产品的效用

需求会自己创造供给。一旦认识到某种资源可以满足自己的需求，只要具备获取这一资源的客观条件——如知识、技术等，个人便会受自利的动机驱使，而无需政府的引导和其他力量的强制与诱骗，自然而然地去努力获取这种资源。这既是人性使然，也是国民财富增长的源泉。相反，如果一项行动的结果被人们认为无益于满足自己的多方面需求，那人们必然没有采取此项行动的内在动力。在内在动力不足的情况下，依靠外在的强制和监督来迫使人们采取某项无益增进自身福利的行动，其结果往往只有三种：弄虚作假、偷懒和反抗。坦白来讲，行业企业之所以产教融合动力不足，很大程度上是因为行业企业根本没有和应用型高校合作的需求，很多校企合作都是政府在"拉郎配"。

行业企业支持应用型高校深化产教融合的动机是增加自己的利益。除公益性行业外，一般的行业企业属于经济组织，侧重追求经济利益，遵循的是经济逻辑，它们和应用型高校合作的首要目的是获得一定的利益。合作源于利益的共享或对共容利益的追求，这种利益可以是物质的，也可以是非物质的。任何行业企业和应用型高校深化产教融合，首先考虑的问题便是，合作能为自己带来何种收益或满足自己的哪方面需求。

行业企业之所以寻求同应用型高校合作，看重的正是应用型高校提供的人才、技术、设备、社会服务等产品对其的效用，或者说是这些产品能满足行业企业需求的能力。行业企业和应用型高校联合培养人才，可以利用应用型高校的廉价劳动力——到行业企业实习的大学生和到企业挂职的大学教师，节约行业企业到市场上挑选人才和自主培育人才的成本。行业企业和应用型高校联合开展项目研究，可以利用高校的科研设备、科研技术和科研成果，促进企业产品开发和创新，减小其项目研发经费支出。行业企业和应用型高校合作，可以以较低成本获取应用型高校直接提供的如决策咨询、科技推广、继续教育等社会服务。

应用型高校所提供的产品的效用取决于四个因素：产品的被替代性、产品的价格、交易成本和企业的自生产能力。

应用型高校所提供的产品的被替代性越强（或曰特色越不鲜明），行业企业深化产教融合的动力越弱。生活中的多数产品（包括商品和劳务等）都具有被替代性，总可以找到一些类似的产品来代替另一种产品，满足人们的某种需要。在非完全垄断的市场上，产品具有很强的供给替代性，总有一些其他竞争者或潜在竞争者能够供应类似产品。多数应用型高校提供的人才、技术、设备、社会服务等产品具有较强的替代性，行业企业可以通过市场购买获取，而无须求助于应用型高校。比如，行业企业所需的应用型技术技能型人才基本可以从劳动力市场上获得，劳动力市场上有大量的具有丰富经验的工程师、技师，也有毕业于研究型大学的综合素质较高的大学毕业生。行业企业所需的科研技术和咨询等社会服务，也可以从科研机构、企业和研究型大学获得。

应用型高校所提供的产品的价格越高，行业企业深化产教融合的动力越弱。在一定的预算约束下，如果两种产品之间存在替代关系，消费者会增加购入市场价格较低的产品，减少购入市场价格较高的产品。因此，在市场产品对应用型高校产品存在替代关系的情况下，应用型高校所提供相同产品的价格越低，越能吸引行业企业的合作。同时，在相同价格下，应用型高校所提供的产品的质量越好，越能吸引行业企业的合作。

行业企业从应用型高校购买（或获取）产品的交易成本越高，其深化产教融合的动力越弱。交易成本和价格共同构成行业企业从应用型高校购买产品的成本。在相同价格条件下，如果行业企业从应用型高校购买产品的交易成本低于从市场上购买替代性产品的交易成本，行业企业就会寻求与应用型高校合作。反之，则会拒斥与应用型高校合作。一般来说，应用型高校对所在地方的行业企业来说，合作的交易成本较低，容易得到它们的青睐。

行业企业生产应用型高校所能提供的产品的能力越强，其深化产教融合的动力越弱。企业的规模和边界取决于企业的边际生产成本和边际交易成本。简言之，企业是一种生产要素的配置组织，并不只生产特定的产品，企业会根据自己的生产成本和交易成本调节自己的生产规模和经营范围。所以，如果企业的生产能力很强，且从市场购买或同应用型高校合作的方式获取应用型高校所能提供的产品的交易成本较高，在外部获取相应产品的成本（包括价格和交易成本）大于企业自己生产相应产品的成本（包括生产成本和管理成本）时，企业会自己组建学校、科研机构或培训机构。例如，中国联通公司自筹组建了中国联通学院，主要承担中国联通公司领导力发展和员工知识、素质、技能提升的教学研究和培训工作，并同时具有一定的科学研究和社会服务职能。2016年5月，中国联通学院重庆分院入驻重庆，这既是中国联通自己建立其人才培训机构的措施，也是中国联通与重庆市政府联手推动中国联通学院在重庆建立基于"互联网+"人才培训分院的一项具体措施。此外，华为等高新科技企业都设有自己的研发机构。

行业企业是否选择同应用型高校合作还取决于行业企业的类型和地方的经济社会发展水平及产业结构。一个不可忽略的事实是，很多中西部地区的一些从事低端制造业、服务业的行业企业，以及东部经济发达地区的许多高新技术产业发展滞后的市场，几乎没有对高新技术和高层次人才的需求，自然没有动力寻求和应用型高校合作。

（二）无危机不动力：应用型高校的产教融合动力取决于高等教育机会市场的供求关系

危机或风险从经济学角度看，意味着一种行为的预期成本的增加或净收益的减少。在没有危机或危机很小的情况下，个体可以采取以往的行动得到预期的净收益。在危机增大的情况下，如果个体不调整或改变以往的行动策略，很可能遭受巨大的损失。可见，危机程度与行为改变的动力成正比。

应用型高校产教融合动力不足的根本原因，在于应用型高校还没有濒临不深化产教融合就会危及生存或遭受淘汰的"险境"。换言之，高等教育机会市场供不应求的现状或充足的生源，形成了有利于应用型高校的"卖方市场"，让应用型高校即使不深化产教融合，也有足够的资源得以生存和发展。①

我国高等教育机会市场长期供不应求。改革开放以来，经济社会的快速发展对人才的素质提出了更高要求，我国居民的高等教育需求也大幅上涨。同时，1977年的"恢复高考"和1999年的"高校扩招"，在增加高等教育供给的同时，很大程度上解放了居民被教育体制一度压抑的高等教育需求。2002年我国高等教育毛入学率达到15%，2015年我国的高等教育毛入学率已飙升至40.0%。② 尽管我国高等教育大众化的推进速度迅猛，但仍远远不能满足人民的高等教育需求。2015年我国约有60%的高中生（约959.24万人）未能获得接受高等教育的机会③，这些学生多数有着旺盛的高等教育需求，只不过他们被高等教育的选择机制和现实的约束条件（比如上大学的昂贵费用）排挤到了高等教育的大门之外。

高等教育的个人预期收益率居高不下、高等教育的筛选效应强劲和政府的扶持是我国高等教育机会市场长期供不应求的主要原因，甚至可以说是中国大学"基业长青"的法宝。

其一，高等教育的个人预期收益率居高不下，刺激了居民的高等教育需求。改革开放的三十多年中，我国各级教育的个人收益率

---

① 仅从人才培养角度看，高等教育主要包括两个市场：一个在高等教育入口，即高等教育机会市场，指受教育者的高等教育需求和高等学校的教育供给所形成的市场；一个在高等教育出口，即高等教育劳动力市场，指高等学校的劳动力供给和社会的劳动力需求所形成的市场。对高等教育市场作此区分，可以将学生、高等学校、社会的供需关系联系起来，进而有利于全面客观地分析个人的发展、高等教育的发展和社会的发展的关系。

② 《2015年全国教育事业发展统计公报》，http://www.moe.gov.cn/srcsite/A03/s180/moe_633/201607/t20160706270976.html。

③ 2012年全国普通高中招生1598.74万人，按三年的高中学制推算，他们应该在2015年接受高等教育。2015年高等教育毛入学率为40%，据此可以大致推算，2015年未接受高等教育的人数 = 1598.74 ×（1－40%）= 959.244（万人），约为959.24万人。

持续上升，高等教育的个人收益率上升显著且远高于其他教育阶段。研究显示，我国各级教育的收益率在 20 世纪 90 年代经历了一个显著的增长过程，多接受一年教育的收益率水平从 1991 年的 2.95% 提高到了 2000 年的 8.53%。2000 年我国城镇劳动力中各级教育的明瑟收益率，初中为 4.86%，高中为 6.53%，大学专科为 9.97%，大学本科 13.1%。① 2003 年以来，高校扩招和高等学校的同质化发展，导致高等教育劳动力市场出现了失衡，大学生就业难问题凸显，高等教育的个人收益率有所下降，个人接受高等教育的收益风险增大。相关研究显示，近年来高等教育投资的风险逐渐加大，农民工家庭子女的高等教育投资收益风险明显高于城镇家庭子女。② 尽管如此，囿于中国"唯有读书高"的传统观念，以及劳动力市场对学历要求的水涨船高，居民旺盛的高等教育需求仍有增无减。

其二，高等教育的强筛选效应，造成居民高等教育需求"水涨船高"。高等教育有很强的筛选效应。20 世纪 70 年代，美国学者斯宾塞（Spence）和索洛（Solow）等人提出了筛选假设理论（也称教育信号理论或文凭理论），对人力资本理论所宣扬的教育可以提高劳动生产率、促进国民经济发展和缩小社会不平等的观点做了质疑性回应。该理论认为，教育在很多时候只是一种帮助雇主筛选或识别不同能力的求职者，以便将他们安置到不同工作岗位上的信号和手段。"教育提高个人和国家的劳动生产率和教育会带来经济地位的变动，都不过是一种可能性。这些作用可能发挥了，也可能没有发挥。"③

高等教育的强筛选效应，意味着人们必须不断地增加其受教育

---

① 陈晓宇、陈良焜、夏晨：《20 世纪 90 年代中国城镇教育收益率的变化与启示》，《北京大学教育评论》2003 年第 2 期，第 65—72 页。

② 舒强、张学敏：《农民工家庭子女高等教育个人投资的收益风险》，《高等教育研究》2013 年第 12 期，第 50—59 页。

③ 《西方教育经济学流派》，曾满超等译，北京师范大学出版社 1990 年版，第 246 页。

水平。一旦高等教育提供的劳动力数量和水平超过劳动力市场的需求之后，教育的筛选效应就会增强：雇主越来越倾向于以高学历作为教育信号来辨别和招聘人才，学生和求职者不得不提高自己的学历以应付劳动力市场的竞争。"当受过教育的劳动力的供给增加时，人们发现，即使仅仅为了维持他们现有的收入状况，他们也必须提高自己的教育水平。如果他们不这样做，而别人却这样做了，那么，他们将会发现，他们现有的职业岗位不会再对他们敞开大门了。"①在这种局势下，学历作为一种信号会发生贬值和膨胀，目前学历在我国的"通膨"现象严重，连一些大城市的推销员、幼师、保姆，都要求毕业于重点大学。

其三，政府对高等学校的扶持，加剧了"市场失灵"和"政府失灵"，扭曲了高等教育的供求关系。政府是教育服务供给或教育资源配置的主导力量，政府对高等学校的过度扶持，一定程度上改变了高等教育的供求关系。一方面，政府扶持扩大了居民的高等教育需求，加剧了高等教育机会市场的供求矛盾和"市场失灵"。2013年，全国高等学校教育经费总收入为81786147.5万元，其中，国家财政性教育经费收入为49333906.8万元，约占高等学校教育经费总收入的60.3%；学杂费收入为20483943.2万元，仅占高等学校教育经费总收入的25.0%。②政府对高等教育的大力投入，分担了受教育者的教育成本，提高了个人接受高等教育的净收益，刺激了居民的高等教育需求。同时，政府的扶持和高等教育的强筛选效应相互促进，在加剧高等教育机会市场供求矛盾的同时，隐匿了高等教育劳动力市场失衡的风险——高等教育机会市场的供求关系没有根据高等教育劳动力市场的失衡作出改变，直接造成了"市场失灵"。

另一方面，"政府失灵"扭曲了高等教育劳动力市场的供求关

---

① 《西方教育经济学流派》，曾满超等译，北京师范大学出版社1990年版，第247页。

② 根据《中国教育经费统计年鉴（2014）》全国各级各类教育机构教育经费收入情况数据计算得出。

系。众所周知，政府在教育资源配置中存在低效、寻租等"失灵"问题。我国政府在高等教育资源配置中的主导地位，对保障高等教育资源的充足投入非常必要，但同时也造成政府在调节高等教育机会市场和高等教育劳动力市场的供求关系方面效率低下，进一步加剧了"市场失灵"，以致高等学校的劳动力供给数量和结构脱离了劳动力市场的实际需求，这反过来又虚涨了居民的高等教育需求。

综上，高等教育机会市场供不应求的状态，加强了高等教育的生产者导向，使应用型高校在几乎无须关注产业需求的情况下，便能获取充足的生源和经费维持运营。在生产者导向的驱动下，高等学校的学科专业"卖方市场"特性突出，高等学校的学科专业设置基于的是学校的发展规划和师资配置，学生为了拿文凭，只好暂时放下自己的兴趣和志向，服从学校的调剂和安排，高等学校的学科专业设置根本无须根据产业发展需求和学生发展需求进行调整。这样，应用型高校自然没有深化产教融合的危机和动力。

（三）无资源不动力：高教系统的"中心—边缘"结构限制了产教融合动力

资源是个体和组织生存发展的基础条件，也是不同主体相互合作的砝码。个体和组织所拥有的资源越多，越能够以合作的形式从外部获取资源以满足自己的需求，个体和组织才越有相互合作的动力。应用型高校产教融合动力不足的重要原因在于，我国高等教育系统的结构导致应用型高校资源匮乏，从而使应用型高校深化产教融合失去了资源保障。

美国比较高等教育专家阿特巴赫通过对不同国家高等教育的广泛考察和国际比较发现，世界高等教育系统形成了两种不同地位的大学（学院）："有影响力的"中心大学和"依附性的"边缘大学。发达国家的大学凭借其在"历史传统、语言、知识的生产与交流、教师与学生的流动"等方面的优势，居于国际高等教育的中心，与此相反，第三世界的大学基本上处于边缘地位，成为"中心的外围存在"。①更严重的是，边缘大学在语言、学术基础设施、科研实力、知识交流途径等方面的种种不利，导致其在不断边缘化的同时，越来越依赖于中心大学。

阿氏认为，"中心—边缘"的高等教育系统结构，不仅存在于发达国家与发展中国家之间，也存在于同一个国家、同一区域或大学组织的内部。在美国，哈佛、耶鲁等为数不多的常青藤大学主宰着绝大部分高校；在英国，牛津大学与剑桥大学一直是众多中学后教育机构的风向标；在法国，巴黎大学则主宰着整个国家的高等教育系统。② 在大学中，科研骨干控制着知识的分配体系，科研成就突出的教授始终占据着学科领域的中心，而具有突出成就的学科领域又往往与社会机构的社会等级结构相结合，成为大学、地区、国家甚至国际知识体系的中心。

我国的高教系统具有明显的"中心—边缘"结构特征。我国的高等教育系统，按照由中心至边缘的向度，可大致划归为"985"大学、非"985"的"211"大学、地方重点院校、地方非重点（普通本科）院校、高职高专五个层级（如图7—1所示），这五个层级的高校在排名、办学经费、影响力、教育质量、学术产出、社会服务、生源、声誉甚至行政级别等方面，呈现出由中心向边缘逐渐递减的趋势。

需要说明的是，上述关于我国高等教育系统的结构划分，采用了"985"大学和非"985"的"211"大学的角度，并不完全准确。一些地方重点大学——如山西大学、河南大学、河北大学、第三军医大学等——虽未被列入"211工程"，却在其所在地区乃至全国有很大影响力，学校排名也不亚于某些"211"大学。但总体来看，"211工程"实施以来，这些数量不多的非

---

① ［美］阿特巴赫：《比较高等教育：知识、大学与发展》，人民教育出版社教育室译，人民教育出版社2000年版，第33—36页。

② 张斌贤主编：《外国高等教育名著研读》，高等教育出版社2010年版，第269页。

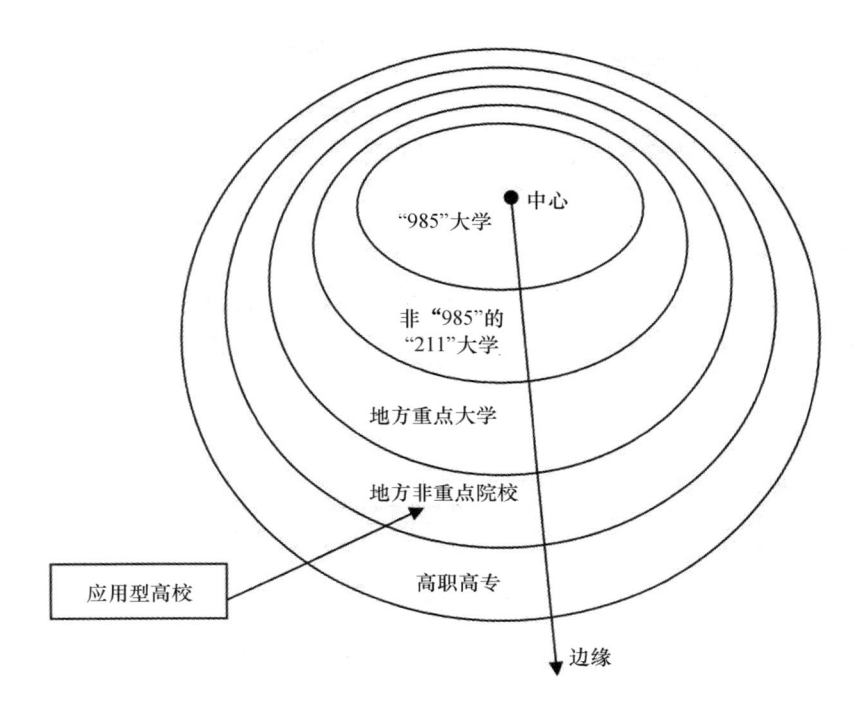

图7—1　我国高等教育系统的"中心—边缘"结构

"211"的地方重点大学的经费投入和影响力被不断削弱，与此同时，一些办学水平较低的"211"大学的经费投入和影响力得到加强，因此从统计意义上看，非"985"的"211"大学基本可以代表仅次于"985"大学的一类高校。值得关注的是，国家正在加强"双一流"建设，淡化"985""211"等概念及其影响。然而不难预见，"985""211"的概念及其背后所隐含的高校间差距短期内无法消除。

另外，本书对高等学校作出的"中心—边缘"划分，并非有意扩大高校之间的差距，抑或忽视不同类型和层次的高校的特殊性，而是为了说明高校间的资源差异，进而探究高等教育系统结构对应用型高校产教融合动力的影响。毋庸置疑，依附性和"中心—边缘"结构是"正常的、规范的"，它反映了世界上权力和财富的普遍模式①,存在于任何国家的高等教育系统之中,这是不可回避的事实。

为进一步明确和具化我国高等教育系统的"中心—边缘"结构,本书暂以重庆市为例分析高等教育系统的"中心—边缘"结构。据教育部发布的《2016年全国普通高等学校名单》统计,重庆市共有高等学校63所,其中本科院校26所,专科院校37所。按照上文的分析,重庆市高等教育系统的"中心—边缘"结构大致如图7—2所示。

```
                    中心
                     │
         ①           ▼
                  重庆大学
              西南大学 第三军医大学
           西南政法大学 重庆医科大学
         ②  四川外国语大学 重庆交通大学
            重庆邮电大学 重庆工商大学
            重庆师范大学  ……
            重庆科技学院 重庆大学城市科技学院
         ③  重庆三峡学院 重庆人文科技学院
            重庆第二师范学院 重庆邮电大学移通学院……
            重庆电子工程职业学院 重庆电力高等专科学校
   边缘  ④ 重庆工程职业技术学院 重庆工业职业技术学院
            重庆机电职业技术学院
```

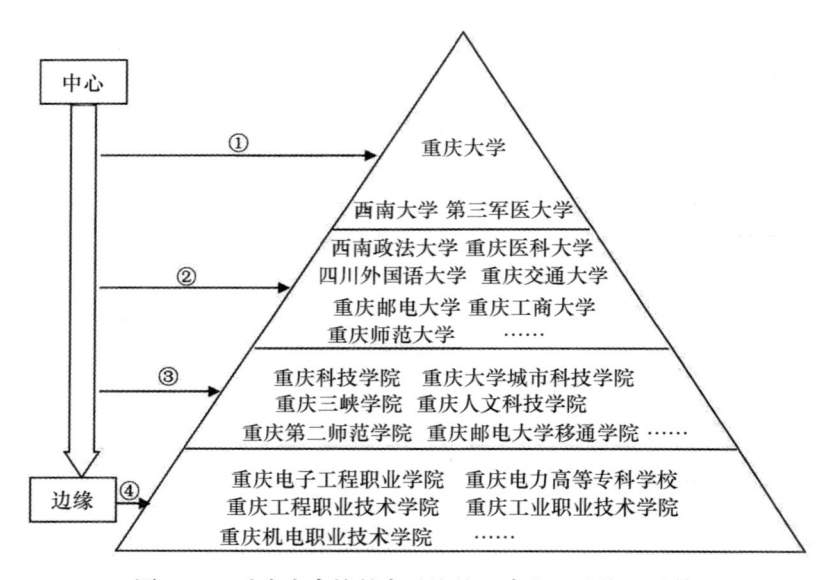

图7—2 重庆市高等教育系统的"中心—边缘"结构

第①类高校为中心大学,主要是"985"大学、"211"大学和在全国有较大影响的大学,包括重庆大学、西南大学和第三军医大学。② 重庆大学和西南大学为教育部直属研究型大学、"211"大学,

---

① 王长纯:《超越"边缘与中心"促进中国比较教育理论的新发展:阿尔特巴赫依附论的因革观分析(论纲)》,《外国教育研究》1999年第6期,第8—13页。

② 由于全国只有39所"985"大学,每个省级行政区的"985"大学很少,故在分析重庆市的高等教育结构时将上文的"985"大学和非"985"的"211"大学一并视为中心大学。

重庆大学还是"985"大学。第三军医大学隶属中国人民解放军总后勤部，是"2011 计划"成员。根据中国校友会网发布的《2016 年中国大学排行榜》[1]，重庆大学全国排名第 29 位，办学类型为中国研究型大学，办学层次是中国一流大学；西南大学全国排名第 52 位，办学类型为区域研究型大学，办学层次是中国高水平大学；第三军医大学全国排名第 70 位，办学类型为行业特色研究型大学，办学层次是中国一流大学。

第②类高校为次中心大学，其主体是地方重点大学，主要包括西南政法大学、重庆医科大学、重庆交通大学、重庆邮电大学、重庆工商大学、四川外国语大学、重庆师范大学等。这类高校基本由重庆市举办，在《2016 年中国大学排行榜》中处于第 120—300 名之间，办学层次多为区域高水平大学。

第③类高校为边缘高校，主体是一些地方非重点普通本科院校，包括重庆科技学院、重庆三峡学院、重庆第二师范学院、重庆大学城市科技学院、重庆邮电大学移通学院、重庆人文科技学院、重庆文理学院、长江师范学院等。这些高校部分由重庆市教委举办，部分属于民办高校，在《2016 年中国大学排行榜》中处于 400 名往后，办学层次多为区域知名大学。特别指明，目前重庆市确定的 6 所应用型高校——重庆科技学院、重庆三峡学院、重庆第二师范学院、重庆大学城市科技学院、重庆邮电大学移通学院和重庆人文科技学院，均属此列。

第④类高校为次边缘高校，主体是职业教育和专科层次的高职高专院校，包括重庆航天职业技术学院、重庆电力高等专科学校、重庆工业职业技术学院、重庆三峡职业学院、重庆工贸职业技术学院、重庆机电职业技术学院、重庆电子工程职业学院等 37 所院校。这些高职高专专门负责培养面向生产一线的技术技能人才，其举办

---

[1] 《2016 中国大学排行榜 700 强》，http://edu.sina.com.cn/gaokao/2016-01-11/doc-ifxnkkuy7869726.shtml。

者既有重庆市政府、重庆市教委,还有民间力量。

我国高等教育系统的"中心—边缘"结构,限制了应用型高校深化产教融合的条件和基础,进而限制了应用型高校产教融合动力。应用型高校在我国的高等教育结构层级中属于处于边缘地位的地方非重点院校,在办学经费、师资力量、学科实力、科研水平等资源占有上处于劣势,这使应用型高校在经费投入、"双师双能型"教师队伍建设、高端应用型人才培养、校企合作、为行业企业提供科研技术和社会服务等产教融合活动中举步维艰。打铁还需自身硬。应用型高校薄弱的资源,极大地限制了应用型高校深化产教融合的"底气"和"魅力",造成行业企业、政府、应用型高校等产教融合主体的产教融合动力不足。

高等教育的"中心—边缘"结构很难打破。其一,政府对研究型大学的长期重点投入和支持,造成应用型高校和研究型大学的差距越拉越大。处于中心地位的研究型大学,从政府手中获得了大量的经费投入和政策支持,反过来又吸引了大量优秀的师资、生源和项目,获得了良好的社会声誉。应用型高校办学经费和政策支持有限,无法吸引优秀的师资、生源和项目,导致其与研究型大学的差距逐渐扩大。其二,高等教育的资源分布和其所在地区的经济社会发展水平密切相关。从区位看,我国东部地区的中心大学多,中西部地区的中心大学少。从城市级别看,中心大学多处于一线城市和二线城市,应用型高校多位于三线城市和四线城市。[①] 受制于三、四线城市的资源禀赋和发展水平,以及经济文化领域的"中心—边缘"结构,应用型高校吸引和汇聚资源的能力短期内难有显著改善。其三,"中心—边缘"结构本身具有自我强化机制。"中心—边缘"的金字塔结构容易形成富者愈富穷者愈穷的"马太效应"。而且,边缘

---

① 根据城市的发展水平及其在全国政治、经济等社会活动中的地位和影响力,可以将城市分为五个类型的城市。我国大陆的一线城市为北京、上海、广州、深圳,二线城市主要为省会城市和沿海城市,三线以下城市多为各省的非省会城市。

大学在模仿和依附中心大学的过程中，会不自觉地对中心大学产生"心理上的依附"。由此可见，应用型高校与研究型大学在教育上的控制和被控制关系很难消除。正如阿特巴赫所言："消除不平等的目标看起来简单，但它却格外难以实现。"[①]

（四）无权力不动力：政府过度干预消减了应用型高校产教融合动力

权力是行动的前提。权力的不足，将直接导致行为的能力不足，进而导致行为的动力不足。政府对应用型高校办学自主权的过度干预，伤害了应用型高校的自主性和积极性，消减了应用型高校深化产教融合的动力。

政府干预大学是我国高等教育乃至世界高等教育的惯例。根据公共产品理论，私人产品完全由市场供给是有效率的，市场供给公共产品会产生外部性和"搭便车"问题，所以公共产品的供给应由政府承担。教育服务是兼具公共产品性质和私人产品性质的融合产品，需要由市场和政府共同供给。现实来看，政府不仅是我国高等教育的举办者和重要的资源投入主体，同时也是高等教育的管理者和评价者。而且，现代大学已走出"象牙塔"，成为社会的"轴心机构"，政府不愿意也不敢放弃干预大学。

政府干预大学不能伤害大学的办学自主权。一定的政府干预对于大学的健康发展是必要的、有益的，过度的政府干预则会戕害大学自治和学术自由，泯灭大学的创造精神和生命力。大学和政府关系张力的均衡点在于，政府在不伤害大学自主权的前提下，支持和管理大学，发展高等教育事业。

大学办学自主权包括大学的法律地位和具体的办学权力：确定大学的法律地位是处理大学与国家、社会的关系以及大学内部各种

---

① ［美］阿尔特巴赫：《作为中心与边缘的大学》，蒋凯译，《高等教育研究》2001 年第 4 期，第 21—27 页。

关系的前提。《中华人民共和国高等教育法》第三十条确定了高等学校的法人资格和民事权利与责任。大学应该具有保证其功能发挥和目标实现的具体办学自主权。《中华人民共和国高等教育法》第三十二条至三十八条指明高等学校具有七个方面的办学自主权：制定招生方案，自主调节系科招生比例；设置和调整学科、专业；制订教学计划、选编教材、组织和实施教学活动；开展科研活动，技术开发和社会服务；开展与境外高等学校之间的科学技术文化交流与合作；设置组织机构、配备人员、调整津贴及工资分配；管理和使用学校财产。

政府对应用型高校办学自主权的过度干预，削减了应用型高校的产教融合动力。政府过度干预大学一直是我国高等教育改革和发展的顽疾。1998年颁布的《中华人民共和国高等教育法》明确规定了高等学校的法人地位和办学自主权，但直到现在，政府仍然以显性或隐性的形式（包括制定政策和规划、发布通知和命令、进行检查和评估等）干预着高等学校的办学自主权，严重弱化了高等学校的自主性和灵活性。政府对应用型高校的过度干预，是应用型高校产教融合动力不足的深层原因。以专业和产业的融合为例，政府对高等学校专业设置的硬性规定（专业设置应遵循教育部发布的《普通高校本科专业目录》）、审核、备案和审批，在很大程度上侵害了应用型高校专业设置的自主权，导致应用型高校在调整专业设置方面交易成本较高、灵活性差、无法突出特色[1]，消减了应用型高校依据产业发展需求动态调整专业的动力。

政府过度干预大学的顽疾长期无法根治的主要原因有四。

（1）历史惯性。新中国成立后，国家逐步建立起计划经济体制以及与之配套的中央集权化管理方式，造成中国大学的办学权和管

---

[1] 在《普通高等学校专业目录》框架下设定专业，不利于（并不是不可能）应用型高校根据地方经济社会发展需求和学校资源禀赋设置有针对性和冲击力的特色专业。

理权长时间归属中央政府，大学失去了办学自主权，变成了政府的附属机构。改革开放以来，我国的政治经济体制和教育体制有了很大的变化，但是计划经济的思维和惯性，以及计划经济所形成的一系列制度顽疾在短时期内根本无法完全消除。大学自治和政府强权是此消彼长的，在计划经济残留的社会治理体系中，大学的弱势和被干预状态还将不断被"传承"。

（2）社会观念。在传统的集权体制及其相应的意识形态和社会观念下，"全能政府"固化到了许多国人的观念之中。大学和教育一旦出现问题，公众首先想到的是靠政府解决，而不是靠大学和市场去解决，殊不知大学解决不好的一些问题，政府更解决不好。这种思维范式和中国"极强政府—极弱社会"的结构在某种程度上形成了互为因果关系：公众对政府的依靠，扩大了政府的权力和"魔力"，抑制了大学的主动性，进而又使大学不得不越来越依靠政府。

（3）民主社会的"政治过度"。政治过度，即政治理想和行为超过了它的内在规定性，或者说政治多做了它所不应当做的事情。①人类生产和发展所需的资源永远是相对匮乏的，为缓解这种匮乏，人类必须通过契约的形式利用群体的力量，而群体必须有其主权者（包括个人或政府），这样一来，主权者或政府有责任保护其治下民众的安全，民众又有义务服从主权者。在建立政府的很长一段时间里，战争始终是建立政府的主要驱动力。近现代社会以来，为更好地对抗资源的匮乏，人类社会逐渐过渡到民主国家。民主国家的契约关系表现为：国家要致力于化解民众在安全感和权利上的匮乏，但民众也要为国家的存在、政治共同体的有效有力运行提供人力物力支持。民主具有两面性，在民主普遍不足的时代，可以凝聚国家实力；但在民主普遍普及的时代，却也容易

---

① 程亚文：《匮乏、政治过度与文明危机》，《读书》2017年第2期，第15—18页。

演变为民粹主义，使民众对国家产生无度需求。由此造成一个直接问题：公众对国家提出的要求使政府日益庞大，反而有了控制公民的更强能力。现代社会的政府，已在政治家的野心和民众的欲望共同推动下，加紧扩大自己的规模和权力。这样，政治过度就泛滥到社会的各个方面，其中就包括政府对大学的干预。试问，政府要尽可能满足公众的教育需求，"办好人民满意的教育"，怎能不牢牢地控制住大学？

（4）高校的自主性。高校的自主性存在两个问题：一是高校没能很好地自律其自主性。我国政府曾三次下放教育管理权，① 结果是"一放就乱"。"当办学自主权因垄断和滥用引起'民怨'时，政府本能的反应就是加强集权控制，把下放的权力重新收回。"② 二是高校不敢为自己争取自主权。很多权力是争取来的而不是被赋予的。当德国纳粹党决定取消大学的自治地位，并在大学内部推行"领袖原则"时，马克斯·韦伯（Max Weber）、斐迪南·滕尼斯（Ferdinand Tönnies）等德国教授站出来公开责骂政府对大学的侵害；当美国新罕布什尔州的州政府试图控制其管辖范围内的达特茅斯学院时，著名法学家和律师丹尼尔·韦伯斯特（Daniel Webster）挺身出庭辩护，最终使联邦最高法院判决：州政府不得违反宪法对私立学校采取监督、干涉、侵权等措施。③ 当国民政府要以战争为由管制西南联大时，上至校长梅贻琦，中至陈序经、潘光旦等教授和教授会，下至学生，都争相抗议，这才保住了西南联大的独立、自主和

---

① 中华人民共和国成立后，政府曾三次下放教育管理权，三次的标志性文件分别是：1958 年国务院发布的《关于教育事业管理权力下放问题的规定》，1969 年中共中央印发的《关于高等学校下放问题的通知》，1985 年发布的《中共中央关于教育体制改革的决定》。

② 周光礼：《中国大学办学自主权（1952—2012）：政策变迁的制度解释》，《中国地质大学学报》（社会科学版）2012 年第 3 期，第 78—86 页。

③ 达特茅斯学院诉讼案的判决，保持并维护了大学自治，结束了州政府试图控制私立大学的努力，使美国公、私立高等院校相互分离，整个美国高等教育系统进一步朝着多元化、多样化的方向发展。

尊严。① 所以，大学自主权的丧失很大程度上是因为，大学的校长和教师失去了知识分子的"风骨"，更或者说是知识分子和政府联合形成了利益集团，才使大学丢失了自主权的阵地。

（五）无责任不动力：无须担责的教育契约关系弱化了产教融合动力

保证应用型高校深化产教融合有充足的动力，必须保证责任到"人"，这里的"人"可以是个人、群体或组织。合作或有组织的行动面临两大问题：指定任务和分配成果。② 只有每个合作的主体完成好自己的任务或曰履行好自己的责任，才能保证合作的剩余及其分配。责任是一种制度约束，它既包括受损也包括受益，是一切目标得以实现的基础。明晰责任意味着产权的清晰，意味着个体的成本和收益不存在外部性，意味着责任人有足够的动力提高自己实现目标的投入水平，并激励和监督其他利益相关者提高投入水平，除非目标带给责任人的边际效用太低（也就是说实现目标的意义和价值不大）。

对企业来说，出资人是企业行为的最终责任人，并有足够的动力去改进生产、提高产品质量、激励和监督工人努力工作，这样，企业才会追求效率，为社会提供好的产品，进而为自己赚取利润。简单的企业如古典企业，通常由少量的出资人（企业老板）雇佣一定数量的工人并向工人支付一定的报酬，通过生产某一种或几种产品来赚取利润。在这里，工人生产的产品质量不高或无法为企业带来利润，最终受损或负责的主要是企业的出资人，尽管工人可能要付出因企业破产而重新寻求就业机会的费用，但这些费用相对于出资人的损失通常微不足道。同时，企业出资人拥有企业的剩余索取

---

① 《这所只存在8年的大学，何以成为中国教育史上的珠穆朗玛峰》，http://learning.sohu.com/20160926/n469226299.shtml。

② [美]弗兰克·奈特：《风险、不确定性与利润》，郭武军、刘亮译，华夏出版社2011年版，第46页。

权，可以拥有和支配企业的利润。所以，作为责任人的企业出资人有足够的动力去激励和监督工人努力工作，比如采用效率工资（企业工资高于劳动力市场的平均工资）、亲自或雇佣专员监督工人工作等。复杂的企业如现代企业，实现了所有权和经营权的分离，企业的出资人（分散的股东）并不直接经营企业，出资人代表团体（股东大会）选出的经理人负责激励和监督工人努力工作。为激励和约束经理人，出资人会将一部分剩余索取权分给经理人。这样，出资人和经理人作为企业的核心利益相关者，共同为企业的失败承担责任，尽管如此，出资人仍是企业的主要责任人。所以，企业的出资人有精心选拔和监督经理人的动力。可见，责任人明确是企业等组织不断追求效率进而不断发展和超越的基础。

那么，谁为应用型高校深化产教融合的失败负责？更或者说，谁为教育的失败负责？答案是受教育者（学生）自己，而非举办和管理教育的政府，亦不是组织资源提供教育服务的学校，也不是直接从事教育教学的教师，更不是学校外部的较少受政府管制的行业企业。

首先，政府不会为应用型高校深化产教融合的失败或教育的失败负责。从委托—代理关系看，政府是受全体公民委托负责举办和管理学校的最高权力机构，本应该受全体公民的激励和监督，努力深化产教融合。但是，作为全体公民的委托人和作为代理人的政府之间并没有签订明确的契约界定各自的权利和义务，单个的公民也没有动力、能力和权力监督政府的行为，致使全体公民委托人的身份被"虚化"了，政府可以不为教育的失败负责。

事实上，政府推行了大量的教育改革，却从没承担过相应的教育改革失败的责任。例如，1993年发布的《中国教育改革和发展纲要》和1995年颁布的《中华人民共和国教育法》先后提出，确保各级政府教育投入的"三个增长"，到20世纪末实现国家财政性教育经费支出占国民生产总值（GDP）的比例达到4%。然而，4%的目标直到2012年才在中央政府的勒令下勉强实现，"三个增长"的实现情况更不容乐观。但是，从来没有官员因未实现4%或"三个增长"受到惩处。同样，各类教育改革及其教育政策的失败，小到伤害个别学生的发展，大到政治事件对教育的毁灭性破坏，政府（尤其是短期内）基本没有承担相应的责任，最多也就问责了几个分管的官员。

其次，学校（包括应用型高校在内的高等学校）不会为教育的失败负责。早期的学校（包括现代的家教服务）的委托—代理关系相对简单，由学生及其家长（初始委托人）和教师及其组成的学校（最终代理人）直接签订契约提供教学服务，校长只是教师的总代言人，其他的学校管理人员基本属于校长的助手。在这样的委托—代理关系下，教育失败的责任人是教师及其组成的学校。如果某学校提供的教育服务质量低于其他学校，如果学费、交易成本和交通等条件允许，学生可以重新选择和教育服务质量较高的教师、学校签订契约，因而学校和教师都有努力工作的动力。当然，学校也有选择学生和教师的权利，毕竟生源和师资是影响教育质量和学校声誉的关键，学校自由选择学生和教师也是学校不断提高教育质量的基础条件。

学校在发展演变过程中，其委托—代理关系日益复杂，教育失败的责任人也日趋模糊。随着学校的发展和社会的演进，政府逐渐介入教育，并直接改变了原初的教育契约模式。意识到教育对个人发展和社会发展的作用之后，政府开始介入教育，成为学校主要的举办者和管理者。公立学校均由政府出资举办和管理，民办学校也由政府审核批准设立和管理，这样政府成了为全体公民提供教育服务的代理人。同时，非义务教育阶段的公立学校和民办学校还收取学生的学费，成为学生的直接代理人。这样学校同时受政府和学生委托提供教育服务，并受二者监督。

必须注意的是，政府的介入很大程度上改变了教育契约的模式：（1）教育服务从自由购买变成了选拔分配。不是说公民有教育需求（需求必须兼备意愿和能力）就可以自由地接受教育，而是说公民必须有接受教育的权利并达到政府划定的条件（如分数线），才能接受相应层次和类型的教育。（2）政府财政拨款成为学校办学经费的重要来源，学校更多地向政府而非学生负责。我国高等学校的办学经费来源，主要包括财政补助收入（国家的一般预算拨款和项目预算拨款等）、事业收入（培养费、学费、住宿费、函授费等）、事业单位经营收入（指事业单位在专业的活动及辅助活动之外开展非独立核算经营活动取得的收入，如食堂收入等）和其他收入。其中，事业收入和事业单位经营收入相当于无政府介入时学校的经费来源，在学校的经费收入中一般仅占1/3左右。如果单论办学经费来源，学校应更多地向政府而非学生负责。（3）学校从消费者导向变为生产者导向。换言之，学校提供何种教育服务，根据的是作为生产者的学校的师资配备、学科专业设置和学校发展规划情况，而非作为消费者的学生的教育需求。其所凸显的是生产者主权——由学校挑选学生，而不是消费者主权——由学生挑选学校。① 在生产者主权下，作为消费者的学生只能被动地接受学校提供的教育服务，除同行竞争和政府监督外，学校几乎没有提高教育服务的效率和质量的动机。

政府介入所带来的教育契约模式的改变，直接导致学校无须为教育的失败负责。教育契约模式改变以后，只有政府才有能力和权力追究学校的责任。同时，学校教育只是对人的发展起作用的一个重要方面，教育效果的潜在性和长期性，教育服务质量与学生发展水平很难准确衡量，这三方面原因造成政府和学生很难追究学校及其教师的责任。如果说中小学还可以根据考试成绩来追究教师或学校的责任的话，那么大学只能通过政府统计就业率来问责学校，尽管就业率并不是一个好的反映教育质量的指标。然而，只要能招收到学生进而获得政府财政拨款，就业率对于学校来说则无关紧要，

---

① 学生与学校之间的合理关系，既不是生产者导向，也不是消费者导向，而是二者双向自由的多阶段选择。

更何况就业率的数据是学校自主上报，里面本身掺杂着"水分"。2011年《关于做好2012年全国普通高等学校毕业生就业工作的通知》规定："对就业率连续两年低于60%的专业，调减招生计划直至停招。"[①] 直至目前，全国所有高校公布的初次就业率均在70%以上，很少有高校的某个专业的招生计划被调节或停招。换个角度，假如将就业率视作一个合格的指标，上述政策隐含的意思则是，学校实际上可以对60%之外的学生中因学校教育服务问题而未就业的学生不承担负责。由此可见，学校无须为教育的失败承担相应的责任，"聪慧"的学校凭借一些操作完全可以将责任推卸"干净"。

同样，应用型高校产教融合得不好，应用型高校亦无须担责。从某种程度上看，应用型高校深化产教融合只是政府的阶段性倡导，政府并没有规定产教融合在某个期限内达到何种水平，应用型高校也无所谓必须积极深化产教融合。夸张地说，应用型高校深化产教融合所能依赖的，只有学校高层领导的态度和学校成员的良心。我国高等教育的供求关系和契约制度，足够使应用型高校在不深化产教融合情况下照旧运行，而且不会受到政府和学生及其家长的追究。

既然政府和学校都不为应用型高校产教融合的失败或教育的失败担责，学校的教师和学校外部的行业企业更不会为此担责。因为，公立学校教师的工资是国家（包括教师工资福利在内的学校的事业性经费支出主要来源于国家财政性教育经费中的教育事业费拨款）和学校（学校会将除财政拨款之外的收入部分用于教师的津贴或补贴）发的，教师只需对政府和学校负责。况且对许多大学教师而言，工资收入占其总收入的比例相当有限，这些教师甚至只需要对自己负责。行业企业独立于教育系统之外，它们需要的人才和技术可以从国内市场甚至国际市场上购买或自主培训研发，更没必要对教育负责。

---

① 《关于做好2012年全国普通高等学校毕业生就业工作的通知》，http：//www.chrm.gov.cn/Content/922/2011/11/60805.html。

最终的结果是，学生成为应用型高校产教融合失败的最大责任人。简言之（如图7—3所示），从教育服务契约的委托—代理关系看，学生及其家长向政府缴纳了提供教育服务的税，给学校交了学费。政府将纳税人缴纳的教育服务税拨给了学校。学校将政府和学生的钱，用于聘用教师，组织教育教学，提供教育服务。这样的教育问责的结果是，学校的教育服务提供得不好，学生无法问责学校，因为学校是政府举办和管理的；政府没有动力问责学校，因为政府的钱是纳税人出的；纳税人没有动力和能力监督政府，政府变成了一个可以肆意许诺和行为的"无责任"的无限责任公司；学生无法问责教师，因为教师的钱是政府和学校发的；学生及其家长也没有理由问责政府，因为政府是全体公民选举出来的。

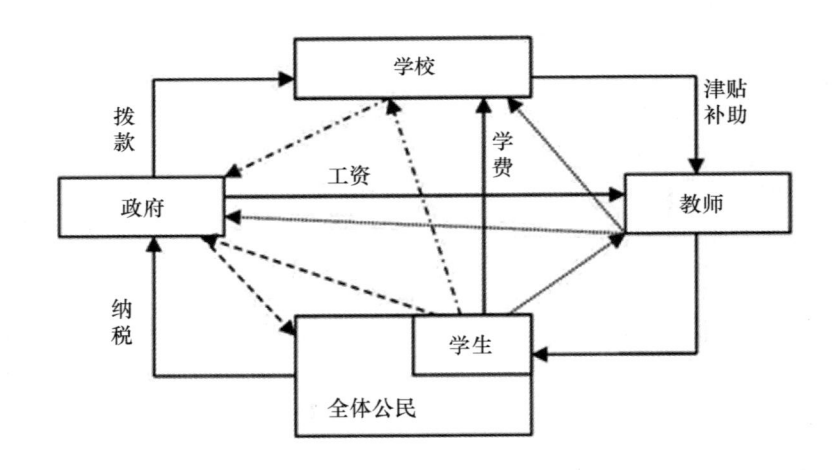

图7—3 学校教育失败的问责图

说明：图中的实线箭头表示教育服务契约的委托—代理关系以及资金的投入和使用去向，虚线表示教育问责的对象以及问责对象转嫁或推诿责任的方向。

当然，出现以上情形，既是历史发展的必然过程，也是人类合作中无法避免的困境。可以说，人类要兼顾教育效率和教育公平，并通过委托代理的合作方式提供教育服务，满足受教育者的教育需求，出现一些机会主义行为和责权不清的现象是必然的。通过不断的研究和探索，完善人类在提供教育服务中的合作契约，是一项需要长期攻关的课题，这项课题的解决尤其要注意责任的明确和竞争机制的建立。

（六）无市场不动力：政府主导高教治理是产教融合动力不足的根源

我国高等教育产教融合治理机制经历了由政府治理向以政府为中心的共治的历史转变。中华人民共和国成立后，政府"仿照"苏联计划经济体制，按照国家规划发展经济和管办教育，对我国的企业和高等学校进行了系统改造，建立了一批隶属特定部门并服务特定产业的专门学院及学科，根据区域产业发展计划调整高校布局，实行学生免费统招统分政策，制定全国高校专业统一教育计划，通过法规和行政命令管理学校的教育教学工作，构建起政府根据计划协调产教关系的治理模式。这种政府治理模式，在社会主义建设初期，较好地实现了教育和产业的协同发展以及学校和企业的深度联合，几乎消除了失业现象，为社会主义建设提供了坚实的人力和智力支撑。但是，随着经济社会的快速发展，教育系统和产业系统及其之间的关系日益复杂化，政府治理产教融合的管理成本不断上涨，政府在一元化把握社会需求、负担教育投入以及激励和协调产教融合主体相互合作方面变得越发困难，高教系统出现了条块分割、部门分割、体制僵化、高校办学自主权缺失、重复建设、效益低下等问题，产教之间也出现了大范围的供求矛盾。

改革开放以来，在市场经济、教育体制改革和社会共治理念的推动下，我国高等教育治理机制逐渐转变为以政府为中心的共治。其运行机理如图 7—4 所示：政府、市场、公民及其自组织共同举办高等教育，政府对公办和民办的高等院校进行差异化资助。这种资助主要出于举办教育以满足经济社会发展需求和公众受教育需求的目的。此外，教育成本分担、弥补教育的外部性和基于教育公平的学生资助也是政府资助教育的重要缘由。政府组织考试分配高等教育机会，考试成绩在教育机会分配中起决定作用，学费则居于次要地位。高等院校和企业等用人单位主要通过市场机制进行交易合作，各类市场（主要是服务市场、技术市场和劳动市场）信号会影响校企双方的合作需求，劳动市场的信号会影响个人及家庭的教育预期收益及教育需求。政府主要通过四种方式促进产教融合：系统干预高等院校的举办、招生、培养等环节，通过供给侧改革让高等院校积极适应和引领产业发展；利用政策项目对企业等用人单位进行宏观调控，通过需求侧改革激励其深化产教融合的合作动力；通过统计高等院校就业率及教育质量、发布企业需求信息、防止市场垄断、破除市场分割等方式矫正市场失灵；引导组建并参与产教联盟（包括产教融合联盟、产学研联盟、校企合作联盟等），注重发挥各类教师团体、学生团体、家长团体、家校合作联盟和社群等自组织的力量，利用自组织治理弥补政府失灵与市场失灵。其中，供给侧改革是政府解决高等教育产教融合问题的主要手段。此外，各类自组织在产教融合中扮演着特定角色，不少高等学校的校企合作是靠董事会、理事会、校友会甚至学校管理者的人际关系得以建立并发挥作用的。

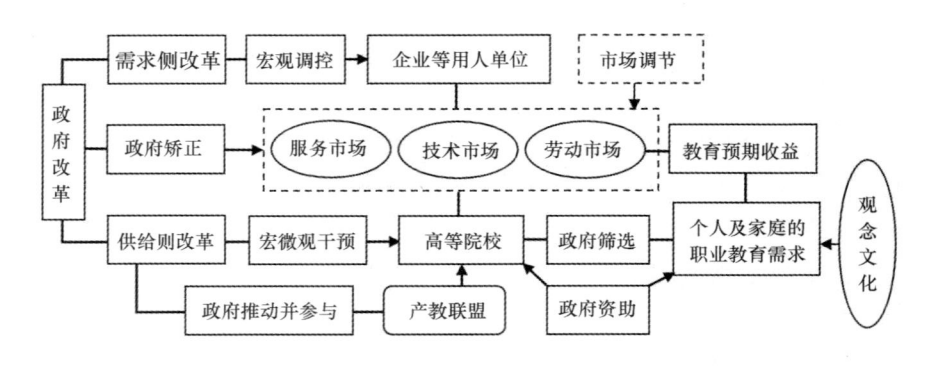

图7—4 以政府为中心的高等教育产教融合共治机制

以政府为中心的共治无法有效激发应用型高校产教融合主体的合作动力。第一，很多行业企业缺乏合作动力，校企合作"剃头挑子一头热"积弊难除。造成此现象的原因有：应用型高校主要由政府管办，向政府负责，学校的管理者更关注获得政府的认可和支持，而不是直接面向市场，满足企业的需求；多数应用型高校办学历史短，办学经费和水平有限，科研实力较弱，获得的政策支持较少，经由高考分流来的生源质量不高，在高等教育系统中处于边缘地位，无法满足企业对技术、服务和劳动力的需求；很多企业（尤其是劳动密集型企业和服务类企业）对高水平的劳动力和技术需求并不高，进行校企合作的兴趣不大；在学生自由择业的前提下，校企合作的结果经常是，企业为学生提供了实习岗位，耗费了材料成本和培训费用，但学生毕业后却不愿意留在实习企业工作；政府长期禁止应用型高校的商业性质，以追求利润为首要目的的企业参与应用型高校办学的积极性不高。第二，从成本收益角度看，深化产教融合要求应用型高校增加教育支出、调整学科专业设置、变革人才培养方案及相关制度、建设"双师双能型"教师队伍、寻求企业合作，要求教师到企业学习培训、开发课程、更新教学内容、改变教学的方式方法，在缺少足够的内在收益激励和严格的外在监督约束的情况下，应用型高校及其教师很难产生足够的合作动力。第三，深化产教融合是中央政府基于"集体理性"作出的顶层设计，部分地方政府受认识、资源、权力等因素的限制，缺乏推进应用型高校深化产教融合的动力，在激励应用型高校供给侧改革、为校企合作搭建平台、给企业提供政策优惠过程中存在责任缺位现象。

以政府为中心的共治无法有效协调产教融合主体间的合作关系，这一定程度上制约了应用型高校产教融合动力。首先，随着经济社会的发展和高等教育规模的扩大，企业和应用型高校的数量、类型和规模变得非常庞大，公众的教育需求、企业的用人需求、应用型高校的教育供给越发多样化，政府治理高等教育产教融合的管理成本变得非常巨大，但政府对应用型高校和企业的干预力却由于市场力量的扩张逐渐削弱，政府的有限理性和计划干预实际上已经无力协调好产教融合主体间的合作关系。其次，在政府的行政干预的合理性不断受到拷问和行政指令的力量逐渐削弱的情况下，政府不得不通过系列政策项目和宏微观干预主要从供给侧改革入手激励应用型高校深化产教融合。但是，有限的财政投入、事业编制的人事制度和巨大的监督成本共同弱化了政府的政策效用，一些应用型高校的专业及课程设置、教师教学方式和教育评价制度改革进展缓慢，出现了较大范围的"政策带不动"现象。事实上，尽管政府对应用型高校存在过度干预，但"政府调不动高校""高校管理者调不动教师"的行政治理失灵现象已然相当明显。为了获取政府的财政支持或应付政府的检查考核，一些应用型高校在"双师双能型"队伍建设、实习实训课程改革和校企合作中出现了不少"华而不实""上有政策下有对策"的现象。再次，受政府力量的限制，以及在高等教育机会市场长期供不应求的态势下，市场对应用型高校的影响有限，应用型高校即使无法满足产业的用人需求和学生及家庭的教育需求，也能获得足够的生源和相应的政府拨款。多数应用型高校是政府举办并管理的，政府几乎不可能淘汰教育质量长期低下的应用型高校。而且，在高等教育多层委托代理关系下，作为教育服务购买者的学生及其家长几乎没有权力和能力去追究地方政府和应用型高校的教育责任。最后，产教融合自组织是在政府主导下建立的，自组织成员之间缺乏关系网络和信任，参与学校治理的权力和动力有限，很难在应用型高校的办学改革中发挥作用。

最重要的是，我国高等教育的招生和培养主要靠政府治理，高等教育的学生就业和校企合作主要靠市场治理，这两种同时并存并天然具有深层差异的治理方式破坏了高等教育机会市场（入口端）和高等教育劳动力市场（出口端）的供求合作关系，形成了两种相互矛盾并难以有效联结的合作动力激发机制和合作关系协调机制，最终造成基于个体理性的产教融合主体的行为同基于集体理性的产教融合目标之间出现了背离，高等教育供给链和产业需求链之间衔接困难。

综上，应用型高校产教融合动力不足的根源在于，基于制度惯性的政府主导的高等教育治理在市场经济大范围扩展的社会中无法有效激发产教融合主体的合作动力并协调好主体间的行为关系。更严重的是，经过长期积累，高等教育产教融合出现了难以跨越的治理陷阱：以政府为中心的共治是造成高等教育和产业无法深度融合的重要缘由，政府又不得不通过以政府为中心的共治推动应用型高校深化产教融合。

三 对策建议

（一）厘清理念：开放中把握产教融合的形而上尺度和形而下手段

应用型高校深化产教融合必须秉持开放多元的高等教育理念。高等教育的理念是随历史发展而变化的，并不存在一种永世可靠的、单一的、不变的、理想的高等教育理念。具有行会或教会性质的中世纪大学，更多的是一种职业性的满足社会需要的服务机构，它为满足世俗和教会的管理及统治的多方面需要，培养官员、牧师、法官、教师、学者等。文艺复兴和宗教改革之后，极富人文主义色彩的自由教育观念盛行于大学之内，以纽曼理念为代表的英国式学院成为高等教育的主流。紧随启蒙运动的19世纪，则是德国现代大学和洪堡理念的时代，因为它使科学研究在大学获得了合法地位。19世纪后半期，与实用主义并进的赠地学院运动，成功地把为社会服务的"威斯康星观念"带入了大学。20世纪后半叶以来，随着高等教育大众化的迅速推进和教育与社会关系的日益紧密，高等教育遭遇了包括职业化、追逐金钱、大学自治与学术自由被削弱、教育公平等一系列所谓的"合法性危机"。可以说，高等教育的理念和大学的发展始终在传承和创新的激荡中不断超越，从前、过去和将来永不停歇。

经验或现实而非逻辑推论决定着高等教育的发展。大学自治、学术自由、教授治学等高等教育传统，或者是布鲁贝克指称的高等教育认识论，对高等教育的发展至关重要。但是，"教育是一种实践性的艺术，它无法按哲学家规定的意见设计教育理论、政策和实践"①。教育政策不可能完全遵从学者的主张和理想。大学已经无法有效地将政府、行业企业、社会公众的目标和利益拒之门外，在象牙塔中坚守自己的教育教学和学术研究。事实上，大学自治、学术自由和教授治学等高等教育的精华，从来都不是绝对的，政治的、经济的、文化的力量无时无刻不在影响和干预着教育的发展。因此，无论学者和教育工作者们多么向往和呼唤他们理想中的高等教育和大学，都不得不正视这样一个事实，即高等教育不是空中楼阁，它既真实地处于社会诸力量的影响之下，又必须积极地回应社会的变化和需求，尽管在一些学者的逻辑里，它必须恪守教育和学术研究的规律，在警惕和批判社会的过程中寻求对社会的超越。

应用型高校深化产教融合必须坚持以产教融合为核心的中国特色应用型高校发展之路。建设（中国特色的）应用型高校是高等教育发展的应然和必然之举。主动服务甚至融入地方经济社会发展是应用型高校存在和发展的价值基础。自中世纪大学产生以来，高等教育及其机构的目的、内涵、理念、性质、类型、功能、制度都在传承中不断地发生着新的改变。高等教育发展的历史清晰地表明，高等教育从来没有固定不变的模式，大学适应和引领社会的发展一直是高等教育的生命力和合法性基础。20世纪中后期以来，国外应用型高校的崛起和兴盛，在满足高等教育大众化时代公众的多元教育需求，促进国家经济社会的转型跨越发展，丰富高等教育的类型和体系方面，表现得相当成功。就国内情形看，高等教育的分层分类发展、满足人民的多元教育需求和国家的经济社会发展，迫切需要形成和催生一系列应用型高校。如此来看，建设中国特色的应用

---

① ［美］约翰·布鲁贝克：《高等教育哲学》，郑继伟等译，浙江教育出版社1987年版，第10页。

型高校，虽然面临一系列困难、困惑和非议，却是一条通向高等教育和国家共同繁荣的必由之路。

　　深化产教融合是应用型高校的立足之本和应有之意。教育和产业是密切联系并可以相互促进的两大系统，二者的互动结合可以产生巨大的经济社会效益，增进人类的福利。因此，拉近教育和产业的关系，是教育组织和产业组织共同的内生需求和重要责任，尽管有相当一部分——主要是较低层次的——教育组织和产业组织，对拉近教育和产业的关系的需求并不强烈。应用型高校是高等教育的一种特殊类型，其在处理教育和产业的关系上也不同于研究型大学。如果说研究型大学主要凭借知识生产和精英教育来拉近教育和产业的关系，那么应用型高校则是通过知识应用和应用型本科教育，打破教育和产业的边界，努力实现教育和产业的深度融合。在国外，应用型高校是顺应产业发展需求而生的，不少国家的政府在许多应用型高校的建立以及衔接应用型高校和产业的互动中居功至伟。在国内，得益于政府的推动，部分地方普通本科高校正在积极深化产教融合，培养应用型人才，服务地方经济社会发展。

　　由此，要发展地、开放地看待高等教育的发展，不能固守某种旧的教育理念，更不能以传统为借口反对高等教育转型改革。马丁·特罗（Martin Trow）的高等教育阶段发展理论指出，当高等教育入学率达到一定程度时，高等教育的一些结构特征包括功能、课程与教学形式、制度特点、学术标准和教育理念，会随之转变。[1] 随着我国高等教育大众化的推进，传统的精英教育和学术型人才培养模式已经很难适应我国的经济社会发展。因此，虽然传统的高等教育理念，如自由教育、通识教育、大学自治与学术自由，具有无可替代的价值，但是我国的高等教育发展不能固守传统，无视或否定高等教育的变革，反对地方普通本科高校深化产教融合，向应用型

---

[1] ［美］马丁·特罗：《从精英向大众高等教育转变中的问题》，王香丽译，《外国高等教育资料》1999年第1期，第1—8页。

高校转变。

应用型高校深化产教融合，必须处理好"形而上"的教育理念和"形而下"的教育理念的衔接关系，审慎把握教育和产业关系的"形而上"尺度，同时注意拉近产教关系之"形而下"手段和方法的合理性。

一方面，应用型高校深化产教融合必须厘清教育和产业的关系。拉近教育和产业的关系可以增进人类的福利。然而，教育和产业毕竟有各自的目标、特殊性和实践逻辑，不同的教育组织和产业组织在对产教关系的需求和程度上都有所差异。如果教育和产业走得过远，可能无法实现教育和产业互动结合所产生的经济社会效益。如果教育和产业走得过近，可能会使教育完全产业化，造成产业的经济逻辑伤害应用型高校的教育逻辑。因此，应用型高校在深化产教融合过程中，如何恰当地把握教育和产业关系的尺度，在满足各方利益的同时保障教育的目的，需要进行审慎的权衡和探索。

另一方面，应用型高校深化产教融合目的的实现是建立在恰当、合理的手段和方法之上的。增强应用型高校产教融合动力，必须明确应用型高校产教融合的具体手段和方法，例如，如何界定、培养和评价应用型人才，如何界定"双师双能型"教师，如何安排课程和选择教学方法，等等。在手段和方法方面，不仅要加强理论研究、明确方法导向，更要尊重高等教育的发展规律以及高等学校自身的个性与自主性。每所高校都拥有自己独特的传统、资源禀赋、个性和价值，让每所应用型高校在不脱离政策导向的框架下自主地深化产教融合，是应用型高校积极多样地深化产教融合的基础。

必须指出，改革应用型高校办学模式，调动行业企业举办或参与应用型高校办学的积极性，让应用型高校更直接地面向和对接市场，是应用型高校深化产教融合须重点探索和改革的关键问题。

（二）增添资源：促进高等教育资源向应用型高校倾斜

资源是应用型高校深化产教融合不可或缺的保障。资源是生命体和各类组织得以生存发展并相互合作的基础。应用型高校的边缘地位及其在产教融合中遭受的诸多不利，很大程度上是因为应用型高校在经费、师资、生源、政策、学术能力、社会资本等资源占有上处于劣势地位，以及这种劣势地位所引发的"马太效应"。因此，扭转应用型高校的边缘地位并推进其深化产教融合，首先要促进各类资源向应用型高校倾斜。

加大经费投入，拓宽经费来源。严格保证地方政府对应用型高校的经费投入，依法确保其经费投入的"三个增长"。各省应尽快设立地方普通本科高校转型和应用型高校深化产教融合的专项经费。中央政府应采取配套性转移支付的形式，适当增加对应用型高校的投入，激励地方政府和应用型高校深化产教融合。同时，应用型高校应瞄准地方产业发展需求，突出办学特色和服务特色，吸引地方行业企业等社会力量的经费投入。改革高校内部的经费分配和使用制度，充分调动校友会、基金会的力量，激励应用型高校多渠道筹措教育经费。

为应用型高校的学科专业建设提供政策支持。建立针对不同类型和层次高校的评价体系，单独建立应用型高校评价体系，强化应用型高校的应用学科专业。避免各种国家教育发展规划和政策对应用型高校的忽视，鼓励应用型高校发展研究生层次的专业学位教育，扶持一批应用型高校以应用学科（侧重二级学科）为主参与"一流学科"建设。应用型高校要主动依托研究型大学，利用自身比较优势形成特色学科专业，在"依附性发展"中寻求突破。

加强师资队伍建设。适当打破应用型高校的用人制度和薪酬分配体制，积极吸引行业企业的高级工程师和高端人才到应用型高校就职。鼓励研究型大学的高级专家和行业企业的工程师定期到应用型高校挂职交流。

政府主导建立多方合作交流机制，拓宽应用型高校的社会资源。强化地方政府责任，建立地方政府教育系统和其他行政系统的交流协商机制，提高地方政府推动应用型高校深化产教融合的能力，强化行业协会的主动合作意识和责任精神，建立应用型高校、行业企业、政府之间的定期交流与协商机制。

（三）扩大权力：以专业设置权为突破口落实应用型高校的办学自主权

大学既需要政府的支持和管理，也必须具备一定的办学自主权。大学自治是高等教育的精华。大学不同于企业，政府举办大学并不是政府干预大学的理由。柏林大学虽然是由国王批准、国家兴办、国家出资，但它并不是从属于国家的机构，用其创始人洪堡的话说，大学是"独立于一切国家的组织形式"。[①] 同时，"人类的智慧至今尚未设计出任何可与大学相比的机构"[②]，因此，赋予大学相应的办学自主权，让智慧超群的大学发挥自己的才能，并以自己的方式促进人和社会的发展，不失为明智之举。当然，政府不应该也不可能任由大学自由发展，完全把大学的权力交给可能同样具有"经济人"属性的大学教师是不明智的，也是不现实的。因此，必须找到大学自主发展和政府干预大学的均衡点，并以此为界，厘定大学办学自主权的范围和限度。笔者认为，《中华人民共和国高等教育法》中对政府与大学权力的划分，可以作为当前厘定大学办学自主权的依据。

一定的办学自主权是应用型高校深化产教融合的前提，也是应用型高校保持活力和灵活性的必要条件。政府对高校的人事、学科专业设置、财物、科研等权力的控制，使应用型高校在引进行业企业师资、调整学科专业设置、激励教师改进教学内容与方法方面力不从心。一定的办学自主权也是应用型高校扭转其生产者导向进而深化产教融合的关键。因此，必须认真落实《中华人民共和国高等教育法》规定的高等学校在招生、学科专业设置、教学、科研、人

---

① 陈洪捷：《德国古典大学观及其对中国的影响》（修订版），北京大学出版社 2006 年版，第 17 页。

② [美] 弗莱克斯纳：《现代大学论——英美德大学研究》，徐辉、陈晓菲译，浙江教育出版社 2001 年版，第 10 页。

事、财务和国际交流方面的自主权，为应用型高校深化产教融合清除权力障碍。

政府放松对应用型高校专业设置权的管制，是提高应用型高校产教融合动力的突破口。产教融合的关键在于应用型高校根据所在地方产业发展的需求及其变化调整专业设置，政府以备案和审批的形式管制高校的专业设置和调整权，会增加高校调整学科专业设置的成本和困难，降低其深化产教融合的动力和灵活性。目前，应用型高校的专业设置，遵循的是 2012 年教育部印发的《普通高等学校本科专业目录（2012 年）》和《普通高等学校本科专业设置管理规定》，《普通高等学校本科专业设置管理规定》规定，高校的专业设置和调整以及相关的备案与审批等管理均要遵照教育部文件。这在限制高等学校专业设置与调整自主权的同时，一定程度上固化了高等学校发展的同质化倾向，因为无论是研究型大学还是应用型高校设置专业皆要遵循教育部编制的专业目录。

值得警惕的是，虽然党和国家积极倡导简政放权，但教育行政部门近年来依然没有放松对高校的专业设置及其调整权的干预。教育部每年都会对高校申报的需要开设或调整的专业进行备案、审核和审批，并公布普通高等学校本科专业备案和审批结果。《教育部高等教育司关于 2016 年度普通高等学校本科专业设置工作有关问题的说明》指出，高等学校调整专业设置要经过校内审议和公示、网络申报与公示、确认申报（7 月 1—31 日）、正式报送材料（9 月 30 日前）、公布备案和审批结果（3 月份左右）五大程序。[①] 也就是说，高校调整本科专业，要经过繁杂的程序和审批，从申报到获批可能要一年多的时间。2015 年，教育部又印发了新修订的《普通高等学校高等职业教育（专科）专业目录（2015 年）》和《普通高等学校

---

① 《教育部高等教育司关于 2016 年度普通高等学校本科专业设置工作有关问题的说明》，http://www.moe.gov.cn/s78/A08/A08gggs/A08_sjhj/201606/t20160614267549.html。

高等职业教育（专科）专业设置管理办法》，进一步加强了对高职高专专业设置的控制。可见，扩大和落实高等学校办学自主权还有很长的路要走，而走好这条路，不仅需要政府主动放权，而且需要高校去积极争取。

（四）强化责任：为政府和应用型高校制定相应的责任约束

一定的责任约束是激励政府和应用型高校深化产教融合的重要条件。一方面，要强化政府在应用型高校深化产教融合中的责任。要在促进政府简政放权的同时，提高政府的服务水平和治理能力，全面履行政府在深化产教融合中的教育职能。另一方面，政府要在赋予应用型高校适当自主权的同时，为其提供相应的责任约束。全世界的高等教育都在与被称为"自主权与责任义务的交易"的情形作斗争。[①] 政府在制定政策，为应用型高校更加独立自主和更加企业化提供机遇和动力的同时，也要让应用型高校为其办学绩效担负责任。否则，应用型高校很可能浪费政府配给的资源，隐没高等教育的公共利益，伤害应用型高校深化产教融合的目标。

第一，明确责任清单。以契约的形式建立责任清单，能明确政府和应用型高校在深化产教融合中的责任。责任要落到实处，必须明文规定，开具相应的责任清单。政府和应用型高校的责任清单不能完全由政府单方面制定，而要在充分利用国家"智库"的基础上，由中央政府制定责任框架，由省级政府和各应用型高校根据责任框架协商决定具体的责任条款。这样，既尊重了高校的办学自主权，也可以避免"一刀切"和应用型高校发展的同质化。责任清单必须附明评价体系和奖惩措施，以便清算责任。

第二，建立问责机构。责任的落实关键要建立相应的监督问责机构，否则再清楚的责任清单也会沦为一纸空文。首先，教育部和

[①] ［美］弗兰克·纽曼等：《高等教育的未来：浮言、现实与市场风险》，李沁译，北京大学出版社 2012 年版，第 110 页。

省级政府要建立相关的问责机构，包括监督应用型高校的问责机构和监督政府的问责机构（可以考虑成立专业委员会），或者由相应的部门承担问责任务。其次，应用型高校自己要建立问责机构，或由教职工代表大会、董事会（或理事会）等学校组织承担问责任务。再次，政府和应用型高校必须公开其责任清单，发布推动应用型高校深化产教融合的信息，接受社会和相关问责机构的监督。最后，问责机构必须切实追求政府和应用型高校的责任履行情况，切实奖优惩劣。

第三，加强市场竞争约束。让应用型高校在产教融合中更具责任感，除了政府的赋责和监督，市场的竞争约束也尤为重要。[①] 市场的竞争约束，是应用型高校由于市场竞争的压力——竞争失败会给应用型高校的排名、招生和资源筹集（包括政府投入和社会投入）带来负面效应，自主强化责任，深化产教融合。加强市场竞争约束，需要规范政府的权力边界，充分发挥市场在高等教育资源配置中的作用，尤其要积极建立学校间的竞争机制，扩大学生的教育选择权。

（五）创新制度：以人事制度和评价制度改革为核心创新制度体系

增强应用型高校产教融合动力须以人事制度和评价制度改革为核心变革相关制度体系，其中人事制度改革是制度体系创新的根本，评价制度改革是切入点。制度是影响应用型高校产教融合主体的行为及其产教融合动力的重要因素，人事制度、薪酬制度、教学制度、科研制度、治理结构和非正式制度的低效和不完善，制约着应用型高校产教融合动力，所以多方面的制度变革或制度体系的创新是增强应用型高校产教融合动力的关键。人事制度僵化，导致应用型高

[①] 学校间竞争包括政府主导下的学校间竞争和市场作用下的学校间竞争。考虑到政府主导下的学校间竞争的主要机制在于，学校想讨好政府或争取政府资源而竞争，可能不利于扩大和落实学校的办学自主权，所以本书鼓励市场作用下的学校间竞争，即学校通过提高办学质量和服务水平来争取经费、生源等资源。

校无法根据产业发展需求自由灵活地调整人员配备，更无法通过行使降薪、停职、解聘等人事权激励和约束学校成员主动深化产教融合。可以说，高等学校的人事制度是造成高等学校低效和教育改革无法有效推进的"源头性"因素，所以人事制度改革是创新应用型高校产教融合制度体系的根本。评价不仅暗含着目标标准，也决定着最终的资源配置和利益分配结果，对产教融合主体的行为有直接的导向和激励作用。在人事制度短期内难以变革的情况下，评价制度改革无疑是应用型高校产教融合制度体系创新的切入点。

人事制度变革主要靠政府推动。高等学校属于事业单位，是政府举办的公益服务机构，高等学校的人事制度也由政府供给和变革。政府应积极推动高等学校人事制度变革，使应用型高校人事制度变革实现政事分离、改变政府管理方式、扩大高校人事自主权、弱化编制管理等目标，让应用型高校自主、灵活地深化产教融合。庆幸的是，政府近年来正在积极深化事业单位人事制度改革。2011年，中共中央国务院出台的《关于分类推进事业单位改革的指导意见及配套文件》，提出转变政府职能和建设服务型政府，分类推进事业单位改革，提高事业单位公益服务水平，并指出高等教育等二类公益服务，可部分由市场配置资源。2016年，人力资源和社会保障部表示，将研究制定高校、公立医院不纳入编制管理后的人事管理衔接办法。[①] 然而，同高等学校人事制度改革的迫切性相比，政府在深化高等学校人事制度改革方面还需加快进度。

三方面改革评价制度：（1）建立应用型高校评价标准。高等学校分层分类评价和管理是高等学校从同质化发展走向多样化发展的必然要求。现有应用型高校沿用研究型大学的评价标准非常不利于其深化产教融合和实现特色发展，必须根据应用型高校的使命和特殊性建立单独的评价标准，强化对应用型高校产教融合、校企合作、

---

① 《人社部将"研究制定高校、公立医院不纳入编制管理后的人事管理衔接办法"》，http://news.blhbnews.com/2016/guizhang0731/60431.html。

应用型人才培养、应用研究、服务地方经济社会发展等方面的考察。（2）改革应用型高校内部的评价体系。从人事制度、薪酬制度、教学制度、科研制度和社会服务制度等方面综合改革评价体系，充分发挥评价制度的导向和激励功能，让应用型高校的人才选拔、薪酬发放、人才培养和社会服务聚焦于产教融合、校企合作、应用型人才培养和服务地方经济社会发展。（3）完善评价方式。积极推进"管办评"分离，培育社会评价机构并扩大政府购买，发挥社会评价和学生评价在应用型高校评估中的作用，同时，政府要依据社会机构、学校、学生和专家委员会的多方评价结果，奖惩应用型高校。

此外，还需通过薪酬制度、教学制度、科研制度、治理结构和非正式制度多方面协同变革相关制度体系。就薪酬制度而言，要科学合理地制定薪酬制度，增加绩效在薪酬中的比例，规范"假绩效"行为。就教学制度而言，要激励教师改进教学内容和教学方法，强化实践教学和人才培养的应用性，完善教学评价制度，积极落实教学质量评估和教学督导。就治理结构而言，要扩大和落实应用型高校办学自主权，建立产教融合的统筹与实施机构，建立行业企业参与的理事会或董事会制度，扩大董事会在学校管理、专业建设、课程设置、人才培养和绩效评价方面的权力和责任。就非正式制度而言，应用型高校的校训和大学精神要贴近应用型高校的目标和使命，并以校训和大学精神统领应用型高校的学校发展规划制定、制度创新和学校文化建设。

（六）内外结合：倡导和培育支持教育发展的教育情怀

情怀是充满着某种感情的心境。教育情怀主要指一个人在感情层面对教育的热爱、关心、支持和奉献，这种情怀是不计回报的，非理智层面的，甚至是潜意识的。不同个体的教育情怀表现多样：教师的教育情怀表现为对教育教学工作与学生的热爱和无私奉献；校长的教育情怀表现为，追求好教育，办好学校，关心教师和学生；教育研究者的教育情怀表现为，积极发现教育问题，认真严谨地探索教育规律，审慎地提出解释和解决教育问题的办法；企业家的教育情怀表现为，支持教育事业发展和履行教育责任；政府的教育情怀表现为，保证教育资源投入，制定好的教育政策，管理和促进教育事业的发展。

教育情怀是对自私和他律的补充，更能彰显人性的光辉。一方面，教育情怀强调无私奉献，缓解人们因自私所引发的利益冲突。自私或人类私欲的膨胀又会增加人类合作的机会主义倾向、利益冲突和社会的不平等，这些自私的"恶果"需要人的利他精神来矫正。利他是人性"善"的彰显，是一种不计利益或回报的行为，利他能给他人送去人性的关怀，也能给自己带来幸福和愉悦，甚至能产生更大的利益回报和社会效益，促进人们彼此合作。

另一方面，教育情怀注重内在的感情自律，有助于以降低人的欲望的方式化解教育资源稀缺的矛盾，低成本地弥补外在的正式或非正式的制度等他律方法的局限。人始终面临人的欲望与资源稀缺的矛盾。化解此矛盾思路有二：一是降低人的欲望；二是提高资源的生产、分配和使用效率。经济学主要选择了后一条路向。如果要双管齐下，还必须通过人的自律来降低人的欲望。教育情怀恰恰内含着自律，可以有效缓解教育资源的稀缺性和教育资源需求的无限性之间的矛盾。此外，人类的行为有善有恶，促进人类合作和增进人类幸福，需要防恶扬善。防恶扬善的方法无外乎内部的自律和外部的他律。法律、社会规范、习俗等制度属于他律，人的境界、感情、观念等精神性的激励和约束属于自律。一般来说，他律的制定、实施和监督成本较高，自律几乎不耗费任何成本。教育情怀属于一种高尚的精神性自律，它能激发人为教育事业的无私奉献，也能约束人在外在监督缺失或乏力的情况下履行基本的教育责任，可以用"零成本"的方式弥补他律的不足。

在利益、资源和制度无法为应用型高校产教融合提供充足动力的情况下，在全社会倡导和培育教育情怀就成为推动应用型高校深化产教融合的重要力量。有了教育情怀，教师可以在不依赖报酬激励和制度约束的情况下自觉改进教育内容和教学方法，促进教学过程与生产过程的融合；学校管理人员可以在不依赖政府监督和利益激励的情况下主动寻求企业合作，根据产业需求调整学科专业设置和课程内容，变革人才培养模式；行业企业可以在不依赖利益回报和政府政策优惠的情况下主动和应用型高校合作，为其提供一定的经费、实习实训场地、师资培训等工作；政府可以在不依赖上级命令和人民监督的情况下，为行业企业和应用型高校的合作"牵线搭桥"，为应用型高校的专业调整和学生就业提供相关信息，并主动同应用型高校协商处理二者之间的权责关系。

倡导和培育教育情怀需要从多方面努力。（1）提升教育工作者的人生境界。冯友兰先生将人生境界从低到高分为自然境界、功利境界、道德境界和天地境界，其中道德境界和天地境界更多地意味着人的利他精神（即为社会和宇宙谋利益），需要更多的觉解（即自觉和理解）。应用型高校深化产教融合，要注重通过培训、自我学习、体悟自省等形式提升教育工作者的境界。（2）兴大学精神。大学精神是一种非实体性的精神文化，是大学的核心价值取向和信仰，更是大学及其内部成员的精神追求。应用型高校深化产教融合，确立相应的符合应用型高校使命的大学精神尤为必要。（3）倡导教育奉献。利用媒体等宣传途径，言明教育之重要性，表彰教育奉献者，倡导政府和行业企业支持教育发展。

总体而言，增强应用型高校产教融合动力，须坚持"一分为三"的方法论，处理好人的利己性和利他性的关系以及自律与他律的关系，不能偏执一端或非此即彼，要尽量寻找利己与利他、自律与他律对立两极的中介状态或最佳关系。[①] 本研究主要基于人的自私和外在的制度约束，分析应用型高校产教融合动力和人类的博弈与合作行为，这是因为目前以及未来一段时间内，人类社会的发展水平和多数人的人生境界，仍主要处于冯友兰先生所说的"功利境界"。但

---

① 庞朴：《对立与三分》，《中国社会科学》1993年第2期，第79—94页。

也不能忽视，人是精神性的存在，人类社会中的利他行为非常普遍，培育和激发人性的"善"是促进人类合作最美好的方法，建立利他性的教育性和社会制度需要我们去不断探索。

教育情怀是真实存在的，每个人都可以具备。教育情怀的养成和提升是复杂的、反复的，它是一种感情或信仰，遇见或拥有它有时候要讲求缘分。毋庸置疑，增强应用型高校产教融合动力，促进学生的发展、教育的发展乃至社会的发展，都需要一些拥有教育情怀的人来担当脊梁。

（七）治理机制变革：建立以市场为中心的高等教育共治机制

在我国市场经济持续快速发展、坚持社会主义市场经济改革方向和加快完善现代市场体系的经济背景，以及世界高等教育全球化、市场化和我国高等教育将步入普及化阶段且市场力量不断扩展（表现为高等教育资金来源、学校经营和学生就业的市场化）的教育背景下，破解以政府为中心的治理下应用型高校产教融合动力不足的困境，需要借助以市场为中心的共治，实现高等教育入口端和出口端治理机制的统一，主要依靠共同利益和市场竞争激发产教融合主体的合作动力，利用市场机制"倒逼"应用型高校进行供给侧改革，主要通过分散决策和供求规律协调产教融合主体间的合作关系，促进产教融合主体达成个体理性与集体理性的统一，并通过政府治理和自组织治理弥补市场失灵。

以市场为中心的高等教育产教融合共治机制运行机理如图7—5所示：在宏观层面，通过成千上万的产教融合主体的自主决策、自由竞争，以及决策结果的市场信息反馈与行为决策的持续调整，利用各类市场的均衡及其相互作用，通过优胜劣汰让不符合产教融合要求的个人及家庭、应用型高校和企业为自己的行为决策承担代价，促进高等教育和产业协同发展。政府负责提供适量的教育投入和教育补贴，保障实现特定的教育目的和基本的教育公平，并运用宏观调控矫正因不完全市场、信息不完善、市场分割等导致的市场失灵。

产业类协会、教育类协会和产教联盟等自组织进行社会捐赠，通过建立网络信息平台，搜集、发布和传递市场信息，弥补市场失灵。

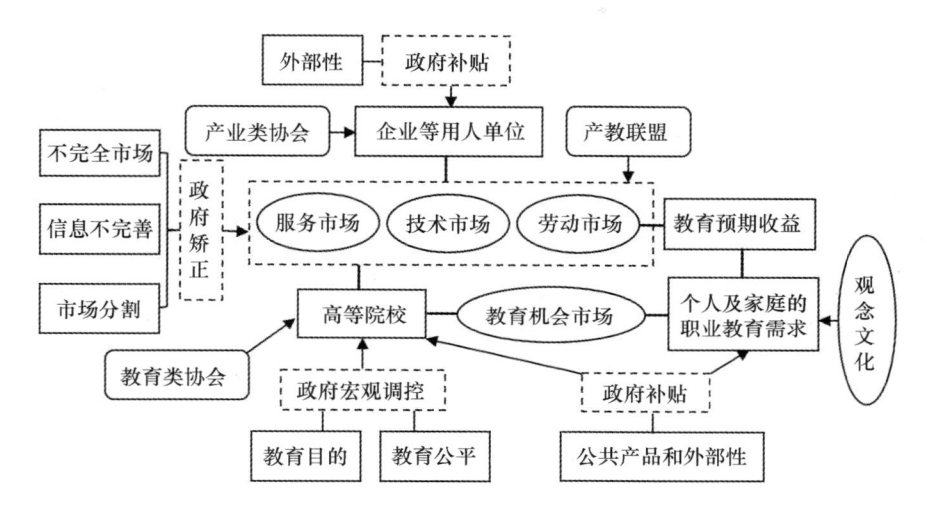

图7—5　以市场为中心的高等教育产教融合共治机制

在中观层面，应用型高校和企业根据各自诉求和利益回报自主自由地合作。如果应用型高校无法满足企业发展诉求，但又想获得企业支持，就必须以市场交易的方式为企业提供相应的合作回报。应用型高校和企业的合作，既可以是低水平的学校和企业相互独立并简单地参与对方的生产活动，如企业为学校提供实习实训场所、学校承担企业的研发项目等，也可以是中等水平的校企有机联合，如引企入教、工学结合、校企互聘、订单培养等，还可以是高水平的校企一体化，如学校直接举办（含控股）企业或企业直接举办学校。政府基于校企合作的外部性对应用型高校和企业进行资助，立法约束校企合作契约签订与执行中的机会主义行为，并在双方寻求合作对象过程中"牵线搭桥"。自组织通过教育评价、教育质量认证、信息披露等方式弥补校企合作中的信息不对称，利用信任和关系降低校企合作的交易成本。

在微观层面，应用型高校的教育教学活动主要根据地区企业发展需求和学生教育需求决定，并在供求规律驱动下及时调整要素配置，优胜劣汰。企业在应用型高校办学中居于重要地位，对应用型高校的办学定位、管理决策、专业设置、师资队伍建设、人才培养方案制定具有重大影响。除对应用型高校的直接资助外，政府还以教育券的方式将部分教育经费发放给学生及其家庭，让学生自主选择学校，以保障教育公平，激发应用型高校的变革动力和办学活力。政府基于政策目标等对应用型高校进行适当资助，并与应用型高校签订绩效拨款契约，激励其面向产业需求提升教育质量。学校理事会、校友会、教代会、学生会等自组织从自身的利益和目标出发，积极为应用型高校的发展与改革建言献策、贡献力量。

简言之，以市场为中心的共治核心在于依托市场机制激发产教融合主体的合作动力、协调产教融合主体间的合作关系，并辅之以政府治理和市场治理。在以市场为中心的共治机制下，各主体既能够自由选择，也必须承担自由选择不可避免地带来的风险和责任，努力实现各主体行为的风险、收益和成本的对等。其中，应用型高校主要面向市场依法办学，在市场竞争中优胜劣汰；企业等用人单位根据自身需求自由选择校企合作，自行承担合作的成本以及"合作剩余"损失；学生及其家长自主进行教育选择、（学生）自由择业、自担风险；政府仅负责保证办学方向，支持教育发展，为市场立法，并通过必要的、科学的宏观调控矫正市场失灵；产教融合自组织自主组建并发挥作用，弥补市场失灵和政府失灵。

以市场为中心的共治之所以能够破解应用型高校产教融合动力困境的理由有四：（1）教育活动和产教融合本质上属于市场交易合作，教育活动是教师和学生及其家庭围绕教育服务的交易合作，产教融合是产业组织和教育组织基于共同利益的交易合作，这两种合作应该主要通过市场治理；（2）政府的优势是集中力量办大事，产教融合表面上是关系重大的国家战略，实际上是成千上万的教育组织和产业组织根据自身需求进行的以分散决策为特征的小范围合作，依靠政府去治理"小合作"是不明智的;(3)市场在激发应用型高校的办学活力方面优势明显。市场意味着更大的自由选择、更清晰的产权和更激烈的竞争,更有利于形成办学特色,激励学校主动变革,从而满足产业发展的多样化需求;(4)自私或曰利己性是人性最为重要的特征。正视人自私的一面,并将个人的利己之心通过交易合作转化为群体福利的增进正是市场的魔力所在。政府治理经常会有意无意地忽视或背离产教融合主体的利己性,这是诸多产教融合政策低效的根源。

以市场为中心的共治的核心是推进高等教育有底线地市场化。高等教育市场化是建立以市场为中心的高等教育共治机制的重要基础。高等教育市场化包括以市场协调为基础实现应用型高校与行业企业合作的外部市场化和以竞争效率为管理导向促进应用型高校内部主体分工合作的内部市场化。虽然,以市场为中心的高等教育共治和教育的独立性、公益性并不矛盾,也符合我国政治经济体制改革及教育体制改革的走向。[1] 但是,高等教育市场化的确存在伤害教育发展的可能,因此有必要守住高等教育市场化的底线,这条底线是保证高等教育市场化不违背教育的目的和规律并保证基本的教育公平。

目前来看,由于种种原因,要迅速形成以市场为中心的高等教育产教融合治理共识并将之付诸实践面临着重重阻碍。跨越这些障碍,走向以市场为中心的共治,可以从以下几方面着手。

第一,减少政府政策项目推动,注重市场机制的引入与完善。完善教育机会市场、技术市场、服务市场、劳动市场和资金市场,主要依靠共同利益和市场竞争而非政府政策激励产教融合主体的合作动力。探索将部分办学效益低的公办应用型高校改为民办,支持民办应用型高校发展,探索发展营利性应用型高校。政府加快法律

---

[1] 陈星:《以市场为中心的共治:高职教育产教融合治理机制改革探析》,《教育发展研究》2019年第23期,第56—63页。

制度供给，规范产教融合主体的行为，通过制度创新降低交易成本，为市场机制运行提供良好的制度环境。尤其要注意，很多欠发达地区的经济发展水平有限，还没有形成高等教育与地方产业深度融合的经济基础，因此不必要求或者通过政策刺激让这些应用型高校去迅速实现深度的产教融合。一定要认识到，政府不可能全知全能，各类产教融合主体也不是"傻子"，产教融合主体在多数情况下可以识别出潜在的合作红利，并会主动运用自己的智慧采用多种合作方式去获取合作红利。

第二，政府下决心放权，注重应用型高校面向市场依法办学。政府要加快取消对应用型高校办学自主权的控制。政府还要切实履行教育投入等职责，努力降低政府服务的管理成本，扩大绩效拨款、间接拨款、竞争性拨款，促进政府对应用型高校管理的间接化和宽松化，同时下决心推动事业单位改革，让其面向市场依法办学，提升办学品质，在竞争激励下自主深化产教融合。

第三，为自组织成长创造条件，注重基于自愿原则的自组织治理。政府力量和市场力量、自组织力量是此消彼长的。只有在政府力量适度并得到制度约束的情况下，人们才能自由地借助市场进行交换合作，或者基于共同目标缔结自组织。因此，以市场为中心的共治，首先要限定政府的职能并管住政府之手对经济社会的过度干预，为各类产教融合自组织的产生创造良好的条件，还要塑造社会信任体系，努力降低自组织治理的关系成本。自组织是基于信任和关系自行演化而来并形成秩序的，政府不应过多主导建立并参与自组织。否则会将自组织变成他组织，扭曲自组织治理的作用。

第四，警惕多中心的教育共治，注重构筑教育共治的市场基础。应用型高校深化产教融合需要追求教育共治，让教育利益相关者们关心教育发展，协力解决教育问题。但有效的教育共治要抓住事物的主要矛盾，既不能是无中心、无责任的，也不能是缺乏现实基础和实践路径的理想化模型。目前，高等教育多中心共治无论在理论层面还是在实践层面均面临不少危机，多中心共治在激发产教融合主体的合作动力并协调其行为关系方面的边界和责任尚不清晰。而且，教育共治的普遍性是有限度的，教育共治的五种实践形态——包括战略联盟共治、理事会或董事会共治、家校共治、官民共治、师生共治——目前均面临内在逻辑和外在条件的限制。[①] 所以，应用型高校产教融合治理机制改革，关键要形成以市场为核心的合作动力激发与行为协调机制及其制度体系，同时利用好政府辅助机制和自组织补充机制。

此外，在以市场为中心的共治实践中，如何正确地认识教育领域的市场治理及其失灵（尤其是教育的市场治理与教育公平、教育的公私属性、教育目的与规律的关系），如何合理地划定政府治理、市场治理和自组织治理的边界，如何让政府主动放权并减少过度干预，如何循序渐进地引入并完善市场治理，如何扩大并规范自组织治理，还有待进一步探索。当下最重要的是要解放思想，认识到政府治理产教融合的局限性，转变"以政府为中心"的治理思维方式，逐步尝试建立"以市场为中心的共治"改革试点。

---

① 陈星、张学敏：《教育共治的限度及其超越》，《国家教育行政学院学报》2019年第5期，第29—36页。

结　　语

一　主要结论

1. 动力是应用型高校深化产教融合的源头。应用型高校深化产教融合需要高校内部的学校管理者、教师、学生以及高校外部的政府、行业企业等多方主体的跨系统深层次合作，这些主体深化产教融合的动力，直接从源头上决定着应用型高校深化产教融合的改革进程和最终效果。

2. 理念、利益、资源、制度是影响应用型高校产教融合动力的主要因素。其中，理念和利益属于内部影响因素，资源和制度属于外部影响因素。理念是动力的先导、利益是动力的根源、资源是动力的基础、制度是动力的关键，四者及其相互作用共同构成应用型高校产教融合动力的分析框架。

3. 理念的困惑、利益的冲突、资源的匮乏和制度的低效共同造成应用型高校产教融合动力不足。具体表现为：应用型高校在教育类型、人才培养目标、教育内容与方法等"形而下"教育理念方面的困惑，产教融合主体的利益获得不足和利益不相容，应用型高校在经费、学科专业、师资、场地设备、信息等资源占有上的劣势，应用型高校的人事制度、薪酬制度、教学制度、科研制度、治理机构和非正式制度的供给不足和低效，共同限制了应用型高校产教融合动力。

4. 造成应用型高校产教融合动力不足的主要原因包括应用型高校办学特色缺失、高等教育机会市场供求失衡、高等教育"中心—边缘"结构固化、政府对高校办学自主权的控制和高等教育"责任模糊"的教育契约关系。应用型高校产教融合动力不足的根源在于，以政府为主导的高等教育治理体制在市场经济大范围扩展的社会中根本无法有效调动应用型高校产教融合主体的合作动力。

5. 增强应用型高校产教融合动力的关键是建立以市场为中心的高等教育共同治理机制，推进高等教育有底线地市场化。"以市场为中心的共治"指主要依靠市场治理机制激发应用型高校产教融合主体的合作动力，政府治理和自组织治理起辅助和补充作用。"市场化"包括以市场协调为基础实现应用型高校与行业企业合作的外部市场化和以竞争效率为管理导向促进应用型高校内部主体分工合作的内部市场化。"底线"特指高等教育的市场化不能违背教育的目的与规律和基本的教育公平。

6. 增强应用型高校产教融合动力的具体政策建议为：厘清教育理念，审慎把握应用型高校深化产教融合的"形而上"尺度和"形而下"手段；优化教育资源配置，促进高等教育资源向应用型高校倾斜；以应用型高校的人事制度和评价制度改革为核心，多方面变革制度体系；以政府下放专业设置权为突破口，扩大应用型高校办学自主权；制定责任清单与问责机制，依法监督政府和应用型高校履行教育责任；倡导教育情怀，培育产教融合主体的自律意识和利他精神。

二 创新之处

1. 研究视角创新

以往研究主要从应然的角度分析应用型高校产教融合动力，或者通过归纳应用型高校产教融合存在的多方面问题直接提出解决策略，缺乏明确的研究视角，研究的范围和对象庞杂，研究结果的说服力和解释力不强。

本研究选取合作视角分析应用型高校产教融合动力问题，将产教融合视为一个现实的多方主体的博弈与合作过程，而非一个理想的教育目标，探讨各主体间的合作关系、合作困境及其突破策略，从而分析产教融合动力不足的深层原因。

2. 分析框架创新

基于合作理论构建了"理念—利益—资源—制度"四位一体的合作动力分析框架。人类达成合作的两个条件是具备合作动力和找到正确的合作方法，其中动力是源头性因素。合作动力主要受人性约束（人的有限理性、自私和机会主义行为倾向）和资源约束（信息不完全或不对称、资源匮乏和合作成本）的制约。基于两大约束的理念、利益、资源和制度是影响合作动力的主要因素，其中理念是合作动力的先导，利益是根源，资源是基础，制度是关键，四者的强弱及其相互关系共同决定个体及集体的合作动力。

3. 部分观点创新

有一定创新性的观点包括：（1）理念的困惑、利益的冲突、资源的匮乏和制度的低效共同限制了应用型高校产教融合动力；（2）应用型高校的产教融合动力取决于高等教育机会市场的供求关系；（3）高等教育系统的"中心—边缘"结构限制了应用型高校产教融合动力；（4）权责模糊的教育契约关系弱化了应用型高校产教融合动力；（5）受计划经济体制影响的政府管办高等教育与基于产教融合的高等教育市场化之间的矛盾，是造成应用型高校产教融合动力不足的根源；（6）增强应用型高校产教融合动力的关键在于建立以市场为中心的高等教育治理机制，推进高等教育有底线地市场化。

三 研究不足与展望

1. 较少涉及国内成功案例

由于绝大多数应用型高校的产教融合开展得不太理想，本研究集中论述了这些应用型高校的产教融合动力问题，这有可能让人形成全面否定国内应用型高校产教融合成效的错误印象。

其实，尽管国内成功案例数量不多，但也有一些产教融合开展得比较好的应用型高校。在2013年政府着手推动应用型高校建设之前，一些地方本科院校已经开始探索向应用型高校转变，并在深化产教融合方面有所建树。一些由高水平高职高专升格而来的地方本科院校或者办学水平较高的地方高水平大学，其产教融合成就相对较好。一些国家控制的行业（如航空航天、军工、石油、基础教育）及行政领域的产教融合总体上表现不错。近些年，得益于政府的积极引导和学校的自主探索，一些应用型高校的产教融合正在逐渐改善。

接下来，有必要转换思路，以案例分析为主研究国内应用型高校产教融合的典型经验，为应用型高校深化产教融合提供本土化的理论支撑。

2. 国外经验借鉴有限

本研究虽然参考了《欧洲应用技术大学国别研究报告》《外国职业教育通史》《外国高等教育史》《美国高等教育》等一系列国外应用技术大学深化产教融合的相关研究，也对英国、美国、德国、澳大利亚、日本、芬兰、俄罗斯等国的应用型本科教育及其产教融合的典型模式有所阐述，但并没有专门论述可以为我国应用型高校产教融合提供借鉴的国外应用技术大学的典型经验。这样做的主要原因有二：一是不同国家的高等教育系统及其治理存在明显差异，其他国家的经济发展水平、政治经济体制和高等教育系统及其治理同我国有着不小的差异，试图将国外的差异化经验运用到环境独特的国内实践中是相当危险的；二是多数介绍国外经验的文献，过多关注了国外应用型高校产教融合的成功，将其作为我们学习的典范，甚至将其"神化"，忽视了其可能存在的问题。虽然没能亲自到国外调研，但笔者深知做好产教融合是非常困难的，书本上得来的经验未必可信。

弥补上述不足，既要求教于国内知名专家，也要组建研究团队，到国外进行全面的调研考察。目前，笔者正在准备到德国考察学习，希望可以对德国应用型高校产教融合的运行模式、治理机制和问题与成效做出比较深入的客观研究，为我国应用型高校深化产教融合寻找"他山之石"。

3. 对产业组织调研研究不足

产教融合是教育系统及其组织和产业系统及其组织之间的合作与融合。产教融合得不好，既有教育系统的问题，也有产业系统的问题。受时间、能力等因素限制，本研究侧重调研并研究了产教融合中教育系统及其组织存在的问题，对产业系统及其组织的情况研究相对有限。其实，产业系统存在的一些问题，如产业结构不合理、产业分布相对集中、高新技术产业发展滞后、自主创新能力不足、行业企业社会责任意识缺失，在很大程度上制约了产教融合的深化。

在后续的研究中，需要加大对产业系统及其组织的调研和分析，进一步从产业角度分析应用型高校产教融合动力不足的原因并提出相应的改善建议。完成此项任务，特别需要经济学研究者的合作。

参考文献

［美］阿克塞尔罗德:《合作的复杂性:基于参与者竞争与合作的模型》,梁捷等译,上海人民出版社2016年版。

［美］阿克塞尔罗德:《合作的进化》(修订版),吴坚忠译,上海人民出版社2016年版。

［美］阿特巴赫:《比较高等教育:知识、大学与发展》,人民教育出版社教育室译,人民教育出版社2000年版。

［美］埃莉诺·奥斯特罗姆:《公共事物的治理之道:集体行动制度的演讲》,余逊达、陈旭东译,上海译文出版社2012年版。

［美］艾尔·巴比:《社会研究方法》(第11版),邱泽奇译,华夏出版社2009年版。

［美］奥尔森:《集体行动的逻辑》,陈郁等译,上海三联书店、上海人民出版社1995年版。

［美］弗莱克斯纳:《现代大学论——英美德大学研究》,徐辉、陈晓菲译,浙江教育出版社2001年版。

［美］弗里德曼:《自由选择》,张琦译,机械工业出版社2008年版。

［美］格兰诺维特:《社会与经济:信任、权力与制度》,罗家德、王水雄译,中信出版社2019年版。

［美］克拉克·克尔:《大学的功用》,陈学飞等译,江西教育出版社1993年版。

［美］罗伯特·赫钦斯:《美国高等教育》,汪利兵译,浙江教育出版社2001年版。

［美］罗杰·盖格：《大学与市场的悖论》，郭建如、马林霞等译，北京大学出版社 2013 年版。

［美］罗纳德·科斯等：《财产权利与制度变迁》，刘守英等译，格致出版社、上海人民出版社 2014 年版。

［美］马丁·诺瓦克、罗杰·海菲尔德：《超级合作者》，龙志勇、魏薇译，浙江人民出版社 2013 年版。

［美］何维·莫林：《合作的微观经济学：一种博弈论的阐释》，童乙伦、梁碧译，格致出版社 2010 年版。

［美］诺斯：《制度、制度变迁与经济绩效》，杭行译，格致出版社、上海人民出版社 2008 年版。

［美］斯蒂格利茨：《信息经济学》，纪沫等译，中国金融出版社 2009 年版。

［美］威尔逊：《社会生物学：新的综合》，阳河清编译，四川人民出版社 1985 年版。

［美］威廉姆森、温特编：《企业的性质：起源、演变和发展》，邢源源、姚海鑫译，商务印书馆 2007 年版。

［美］威廉姆森：《资本主义经济制度》，段毅才、王伟译，商务印书馆 2002 年版。

［美］约翰·布鲁贝克：《高等教育哲学》，王承绪等译，浙江教育出版社 1998 年版。

［美］朱·弗登博格、让·梯若尔：《博弈论》，黄涛等译，中国人民大学出版社 2002 年版。

［英］道金斯：《自私的基因》，卢允中、张岱云译，科学出版社 1981 年版。

［英］哈耶克：《个人主义与经济秩序》，贾湛、文跃然等译，上海人民出版社 2003 年版。

［英］哈耶克：《通往奴役之路》，王明毅等译，中国社会科学出版社 1998 年版。

［英］亚当·斯密：《国富论》，张兴、田要武、龚双红译，北京出版

社 2007 年版。

曹丹：《从"校企合作"到"产教融合"——应用型本科高校推进产教深度融合的困惑与思考》，《天中学刊》2015 年第 1 期。

陈星、张学敏：《依附中超越：应用型高校深化产教融合改革探索》，《清华大学教育研究》2017 年第 1 期。

陈星、张学敏：《转型的忧思：地方普通本科院校向应用型转变的理念冲突》，《湖南师范大学教育科学学报》2016 年第 6 期。

陈星：《以市场为中心的共治：高职教育产教融合治理机制改革探析》，《教育发展研究》2019 年第 23 期。

高飞、姚志刚：《产教融合的动力与互动机制研究》，《淮南职业技术学院学报》2014 年第 6 期。

葛道凯主编：《职业教育办学模式改革》，高等教育出版社 2012 年版。

龚小庆、范文涛：《合作·演化·复杂性》（第 2 卷），浙江工商大学出版社 2018 年版。

龚小庆：《合作·演化·复杂性》（第 1 卷），浙江工商大学出版社 2017 年版。

顾永安等：《新建本科院校转型发展论》，中国社会科学出版社 2012 年版。

顾志良主编：《应用型大学教育的改革实践与创新》，知识产权出版社 2009 年版。

何正斌编著：《经济学 300 年》，湖南科学技术出版社 2009 年版。

和震：《建立现代职业教育治理体系推动产教融合制度创新》，《中国职业技术教育》2014 年第 21 期。

贺国庆、王宝星、朱文富等：《外国高等教育史》，人民教育出版社 2006 年版。

贺国庆、朱文富等：《外国职业教育史》，人民教育出版社 2014 年版。

贺星岳等：《现代高职的产教融合范式》，浙江大学出版社 2015

年版。

贺耀敏、丁建石主编：《职业教育十大热点问题》，中国人民大学出版社 2015 年版。

孔繁敏等编著：《建设应用型大学之路》，北京大学出版社 2006 年版。

柳友荣、项桂娥，王剑程：《应用型本科院校产教融合模式及其影响因素研究》，《中国高教研究》2015 年第 5 期。

卢现祥主编：《新制度经济学》（第 2 版），武汉大学出版社 2011 年版。

罗必良主编：《新制度经济学》，山西经济出版社 2005 年版。

罗家德：《自组织——市场与层级之外的第三种治理模式》，《比较管理》2010 年第 2 期。

茅于轼：《中国人的道德前景》（第 3 版），暨南大学出版社 2008 年版。

潘懋元、石慧霞：《应用型人才培养的历史探源》，《江苏高教》2009 年第 1 期。

潘懋元主编：《应用型人才培养的理论与实践》，厦门大学出版社 2011 年版。

杨善江：《产教融合：产业深度转型下现代职业教育发展的必由之路》，《教育与职业》2014 年第 33 期。

张斌贤主编：《外国高等教育名著研读》，高等教育出版社 2010 年版。

张楚廷：《高等教育哲学通论》，高等教育出版社 2010 年版。

张德江：《应用型人才培养的定位问题及模式探析》，《中国高等教育》2011 年第 18 期。

张维迎：《市场的逻辑》（修订版），上海人民出版社 2012 年版。

张维迎：《博弈与社会》，北京大学出版社 2013 年版。

张维迎：《大学的逻辑》（第 3 版），北京大学出版社 2012 年版。

张学敏、陈星：《资源与目标：现代大学制度建设的矛盾及其化解》，

《高等教育研究》2015 年第 9 期。

张学敏、叶忠:《教育经济学》（第 2 版），高等教育出版社 2014 年版。

《国务院关于加快发展现代职业教育的决定》，http：//www. moe. gov. cn/jyb_xxgk/moe_1777/moe_1778/201406/t20140622_170691. html. 2014 – 05 – 02。

《教育部、国家发展改革委、财政部关于引导部分地方普通本科高校向应用型转变的指导意见》，http：//www. moe. gov. cn/srcsite/A03/moe_1892/moe_630/201511/t20151113_218942. html. 2015 – 10 – 21。

《现代职业教育体系建设规划（2014—2020 年）》，http：//baike. sogou. com/v85292966. htm. 2014 – 06 – 16。

中国应用技术大学（学院）联盟、地方高校转型发展研究中心:《地方本科院校转型发展实践与政策研究报告》，2013 年 11 月。

中国教育科学研究院课题组:《欧洲应用技术大学国别研究报告》，2013 年 12 月。

《国务院办公厅关于深化产教融合的若干意见》，http：//www. gov. cn/zhengce/content/2017 – 12/19/content_5248564. htm. 2017 – 12 – 19。

《关于印发国家产教融合建设试点实施方案的通知》，http：//zfxxgk. ndrc. gov. cn/web/iteminfo. jsp? id = 16431. 2019 – 09 – 25。

《国家发展改革委 教育部关于印发〈建设产教融合型企业实施办法（试行）〉的通知》，http：//www. moe. gov. cn/jyb_xxgk/moe_1777/moe_1779/201904/t20190404_376681. html. 2019 – 03 – 28。

《国务院关于印发国家职业教育改革实施方案的通知》，http：//www. gov. cn/zhengce/content/2019 – 02/13/content_5365 341. htm? from = singlemessage&isappinstalled = 0. 2019 – 02 – 13。

附　　录

附录1　调查问卷

应用型高校产教融合基本情况调查问卷
（学校管理人员卷）

您好：

　　本问卷旨在了解贵校开展产教融合的基本情况，为分析高等学校的产教融合困难及其解决提供材料。本问卷采用匿名填答，所有填答信息将严格保密，并仅限于课题研究，请您放心作答。非常感谢您的支持和帮助！

填答说明

　　1. 产教融合：既包括宏观层面的教育与产业的融合——主要涉及学校的学科专业结构与产教结构发展的适应问题，也包括微观层面的教育教学活动和生产活动的融合——主要涉及学校与生产组织（主要是企业）的协同育人问题。

　　2. 高校转型：目前国家正在积极引导部分地方普通本科高校（包括贵校）向应用型高校转变，以培养应用型技术技能型人才，为区域经济社会发展服务。

　　3. 请根据自己的情况在选项序号上打"√"，并在____线上填写相关内容。

基本信息：

1. 您所在学校名称：_____
2. 您所属职能部门：_____
3. 您所在二级学院：_____
4. 您的行政级别：① 科员　② 科级　③处级　④处级以上

第一部分：

1. 您目前最想实现的目标是？（可多选）

①解决自己的基本生活问题（如吃、穿、住、行等）

②满足自己的精神需要（如实现人生理想、奉献社会、自我实现等）

③实现自己的社会目标（如提高社会地位、增加声誉或获得尊重等）

2. 您目前最想解决的基本生活问题是？（可多选）

①温饱　②住房　③交通　④工资福利　⑤工作稳定　⑥其他

3. 您目前最想满足的精神需要是？（可多选）

①奉献社会　②道德修养　③求知　④自我实现　⑤寻求信仰　⑥其他

4. 您现在最想实现的社会目标是？（可多选）

①职位晋升　②提高声誉　③领导认可　④学生尊重　⑤其他

5. 您在贵校工作最想实现的目标是？（可多选）

①安身立命　②做好本职工作　③为学生服务　④为所在部门谋利　⑤为学校谋利　⑥其他：_____

第二部分：

题　项	较大改善	有所改善	无影响	有所恶化	较大恶化
1. 贵校的转型对解决您的基本生活问题的影响？	①	②	③	④	⑤
2. 贵校的转型对满足您的精神需要的影响？	①	②	③	④	⑤
3. 贵校的转型对实现您的社会目标的影响？	①	②	③	④	⑤

续表

题 项	较大改善	有所改善	无影响	有所恶化	较大恶化
4. 贵校深化产教融合对解决您基本生活问题的影响？	①	②	③	④	⑤
5. 贵校深化产教融合对满足您精神需要的影响？	①	②	③	④	⑤
6. 贵校深化产教融合对实现您社会目标的影响？	①	②	③	④	⑤
7. 贵校深化产教融合对您的正常工作的影响？	①	②	③	④	⑤
8. 贵校深化产教融合对您的人生发展的影响？	①	②	③	④	⑤

第三部分：

1. 您认为以下高等教育的哪个功能最重要？

①促进学生的发展　②促进经济社会的发展　③二者同样重要

2. 您认为贵校的发展定位应该是？

①发展为国内一流大学

②发展为地方重点大学

③向应用型高校转型，培养应用型技术技能型人才，服务地方经济社会发展

3. 您认为贵校应侧重于培养哪类人才？

①学术型人才：研究高深学问的人才

②应用型人才：将科学理论转化为工程方案或从事产品研发的人才

③技术技能型人才：面向生产、管理、服务等第一线的专门人才

④通才：发展较全面、知识面较宽广、活动领域较宽的人才

4. 您认为贵校应侧重于培养学生的哪种能力？

①培养人的"理性"：形成人的心智或理智，增进人的思维

②教人专业知识：教授给学生某一学科或专业的知识

③教人谋生技能：训练学生的技术技能

5. 您认为贵校该如何培养人才？

①面向专业：根据学科专业设置培养人才

②面向产业：根据产业发展需求培养人才

③面向职业：根据具体的社会职业培养人才

④兼顾上述三者

6. 您认为贵校应该如何处理与社会的关系？

①远离社会：避免外界力量对高校的干扰

②关注社会：关注社会动态，批判社会

③贴近社会：积极服务社会

7. 您认为应该如何处理高等教育发展与产业发展的关系？

①高等教育发展不应该关注产业发展

②积极深化产教融合、校企合作

③以高等教育自身发展为主，适当适应产业发展

8. 您认为贵校应该大力发展哪类学科？

①人文学科：文学、历史学、哲学、艺术学

②自然学科：数学、物理学、化学、生物学等基础科学和天文学、农学、医学、材料学、工程学等实用科学

③社会学科：经济学、政治学、法学、社会学、教育学、管理学等

④兼顾上述三者

9. 您认为贵校在科学研究方面应该侧重以下哪方面？

①基础研究：为了新知识、新理论，不关注特定的应用或使用

②应用研究：围绕特定目标研究，为解决实际问题提供科学依据

③开发研究：利用应用研究的成果和现在的知识与技术，创造新技术、新方法和新产品。

10. 您认为贵校向应用型转型有利于促进所在区域的经济社会发展吗？

①非常有利　②比较有利　③无影响　④比较有害　⑤非常有害

第四部分：

1. 贵校的人事制度（职位晋升制等）是否有利于您积极深化产教融合？

①非常有利　②比较有利　③无影响　④比较不利　⑤非常不利

2. 贵校的薪酬制度是否有利于您积极深化产教融合？

①非常有利　②比较有利　③无影响　④比较不利　⑤非常不利

3. 贵校的教学制度（人才培养方案、教学安排、检查和评估制度等）是否有利于您积极深化产教融合？

①非常有利　②比较有利　③无影响　④比较不利　⑤非常不利

4. 贵校的科研制度是否有利于您积极深化产教融合？

①非常有利　②比较有利　③无影响　④比较不利　⑤非常不利

5. 贵校的治理结构（权力分配结构）是否有利于您积极深化产教融合？

①非常有利　②比较有利　③无影响　④比较不利　⑤非常不利

6. 贵校的学校文化是否有利于您积极深化产教融合？

①非常有利　②比较有利　③无影响　④比较不利　⑤非常不利

第五部分：

1. 贵校是否具备充足的经费深化产教融合？

①非常具备　②比较具备　③合格　④比较欠缺　⑤非常欠缺

2. 贵校的学科专业设置是否适合对接地方产业发展？

①非常具备　②比较具备　③合格　④比较欠缺　⑤非常欠缺

3. 贵校是否具备强大的师资力量深化产教融合？

①非常具备　②比较具备　③合格　④比较欠缺　⑤非常欠缺

4. 贵校是否具备足够的教学设施和设备深化产教融合？

①非常具备　②比较具备　③合格　④比较欠缺　⑤非常欠缺

5. 贵校是否具备足够科研水平吸引企业深化产教融合？

①非常具备　②比较具备　③合格　④比较欠缺　⑤非常欠缺

第六部分：

1. 您对贵校向应用型高校转型的态度？

①非常支持　②比较支持　③中立　④不太支持　⑤非常反对

2. 您对贵校主张培养应用型技术技能型人才的态度？

①非常支持　②比较支持　③中立　④不太支持　⑤非常反对

3. 您对贵校要积极深化校企合作的态度？

①非常支持　②比较支持　③中立　④不太支持　⑤非常反对

4. 您对贵校根据产业发展需求调整学科专业设置的态度？

①非常支持　②比较支持　③中立　④不太支持　⑤非常反对

5. 您对贵校未来侧重于应用研究的态度？

①非常支持　②比较支持　③中立　④不太支持　⑤非常反对

6. 您对贵校加强实践教学的态度？

①非常支持　②比较支持　③中立　④不太支持　⑤非常反对

7. 为推动贵校深化产教融合，您愿意投入多大的精力？

①非常充足　②比较充足　③一般　④不太充足　⑤非常不足

8. 您认为贵校教师深化产教融合的动力如何？

①非常好　②比较好　③一般　④比较差　⑤非常差

9. 您认为贵校学生深化产教融合的动力如何？

①非常好　②比较好　③一般　④比较差　⑤非常差

10. 您认为政府推动贵校深化产教融合的动力如何？

①非常好　②比较好　③一般　④比较差　⑤非常差

11. 您认为行业企业参与贵校深化产教融合的动力如何？

①非常好　②比较好　③一般　④比较差　⑤非常差

开放式问题：

1. 您有没有动力推进贵校深化产教融合？为什么？

_____

2. 贵校现行的学校管理人员评价体制能否促使您支持产教融合？为什么？

_____

应用型高校产教融合基本情况调查问卷
（教师卷）

您好：

　　本问卷旨在了解贵校开展产教融合的基本情况，以期为分析高等学校的产教融合困难及其解决提供材料。本问卷采用匿名填答，所有填答信息将严格保密，并仅限于课题研究，请您放心作答。非常感谢您的支持和帮助！

填答说明

　　1. 产教融合：既包括宏观层面的教育与产业的融合——主要涉及学校的学科专业结构与产教结构发展的适应问题，也包括微观层面的教育教学活动和生产活动的融合——主要涉及学校与生产组织（主要是企业）的协同育人问题。

　　2. 高校转型：目前国家正在积极引导部分地方普通本科高校（包括贵校）向应用型高校转变，以培养应用型技术技能型人才，为区域经济社会发展服务。

　　3. 请根据自己的情况在选项序号上打"√"，并在＿＿＿线上填写相关内容。

　　基本信息：

　　1. 您所在学校名称：＿＿＿＿＿＿＿＿＿＿

　　2. 您所属学院：＿＿＿＿＿＿＿＿＿＿＿＿

　　3. 您在学校属于：① 普通教师　　② 有行政职务的教师

　　第一部分：

　　1. 您目前最想实现的目标是？

　　①解决自己的基本生活问题（如吃、穿、住、行等）

　　②满足自己的精神需要（如实现人生理想、奉献社会、自我实现等）

　　③实现自己的社会目标（如提高社会地位、增加声誉或获得尊重等）

2. 您目前最想解决的基本生活问题是？（可多选）

①温饱　②住房　③交通　④工资福利　⑤工作稳定　⑥其他

3. 您目前最想满足的精神需要是？（可多选）

①奉献社会　②道德修养　③求知　④自我实现　⑤寻求信仰　⑥其他

4. 您现在最想实现的社会目标是？（可多选）

①职位晋升　②提高声誉　③领导认可　④学生尊重　⑤其他

5. 您在贵校工作最想实现的目标是？（可多选）

①安身立命　②做好本职工作　③为学生服务　④为所在学院谋利　⑤为学校谋利　⑥其他：_____

第二部分：

题　项	较大改善	有所改善	无影响	有所恶化	较大恶化
1. 贵校的转型对解决您的基本生活问题的影响？	①	②	③	④	⑤
2. 贵校的转型对满足您的精神需要的影响？	①	②	③	④	⑤
3. 贵校的转型对实现您的社会目标的影响？	①	②	③	④	⑤
4. 贵校深化产教融合对解决您的基本生活问题的影响？	①	②	③	④	⑤
5. 贵校深化产教融合对满足您的精神需要的影响？	①	②	③	④	⑤
6. 贵校深化产教融合对实现您的社会目标的影响？	①	②	③	④	⑤
7. 贵校深化产教融合对您的正常工作的影响？	①	②	③	④	⑤
8. 贵校深化产教融合对您的人生发展的影响？	①	②	③	④	⑤

第三部分：

1. 您认为高等教育的哪个功能最重要？

①促进学生的发展　②促进经济社会的发展　③二者同样重要

2. 您认为贵校的发展定位应该是？

①发展为国内一流大学

②发展为地方重点大学

③向应用型高校转型，培养应用型技术技能型人才，服务地方经济社会发展

3. 您认为贵校应侧重于培养哪类人才？

①学术型人才：研究高深学问的人才

②应用型人才：将科学理论转化为工程方案或从事产品研发的人才

③技术技能型人才：面向生产、管理、服务等第一线的专门人才

④通才：发展较全面、知识面较宽广、活动领域较宽的人才

4. 您认为贵校应侧重于培养学生的哪种能力？

①培养人的"理性"：形成人的心智或理智，增进人的思维

②教人专业知识：教授给学生某一学科或专业的知识

③教人谋生技能：训练学生的技术技能

5. 您认为贵校该如何培养人才？

①面向专业：根据学科专业设置培养人才

②面向产业：根据产业发展需求培养人才

③面向职业：根据具体的社会职业培养人才

④兼顾上述三者

6. 您认为贵校应该如何处理与社会的关系？

①远离社会：避免外界力量对高校的干扰

②关注社会：关注社会动态，批判社会

③贴近社会：积极服务社会

7. 您认为应该如何处理高等教育发展与产业发展的关系？

①高等教育发展不应该关注产业发展

②积极深化产教融合、校企合作

③以高等教育自身发展为主，适当适应产业发展

8. 您清楚培养应用型技术技能型人才应该选择什么的教学内容和教学方法吗？

①非常清楚　②比较清楚　③一般　④不太清楚　⑤完全不清楚

9. 您认为贵校应该大力发展哪类学科？

①人文学科：文学、历史学、哲学、艺术学

②自然学科：数学、物理学、化学、生物学等基础科学和天文学、气象学、农学、医学、材料学、工程学等实用科学

③社会学科：经济学、政治学、法学、社会学、教育学、管理学等

④兼顾上述三者

10. 您认为贵校在科学研究方面应该侧重以下哪方面？

①基础研究：为了新知识、新理论，不关注特定的应用或使用

②应用研究：围绕特定目标研究，为解决实际问题提供科学依据

③开发研究：利用应用研究的成果和现在的知识与技术，创造新技术、新方法和新产品

第四部分：

1. 贵校的人事制度（职位晋升制等）是否有利于您积极深化产教融合？

①非常有利　②比较有利　③无影响　④比较不利　⑤非常不利

2. 贵校的薪酬制度是否有利于您积极深化产教融合？

①非常有利　②比较有利　③无影响　④比较不利　⑤非常不利

3. 贵校的教学制度（人才培养方案、教学安排、检查和评估制度等）是否有利于您积极深化产教融合？

①非常有利　②比较有利　③无影响　④比较不利　⑤非常不利

4. 贵校的科研制度是否有利于您积极深化产教融合？

①非常有利　②比较有利　③无影响　④比较不利　⑤非常不利

5. 贵校的治理结构（权力分配结构）是否有利于您积极深化产

教融合？

①非常有利　②比较有利　③无影响　④比较不利　⑤非常不利

6. 贵校的学校文化是否有利于您积极深化产教融合？

①非常有利　②比较有利　③无影响　④比较不利　⑤非常不利

第五部分：

1. 贵校是否具备充足的经费深化产教融合？

①非常具备　②比较具备　③合格　④比较欠缺　⑤非常欠缺

2. 贵校的学科专业设置是否适合对接地方产业发展？

①非常具备　②比较具备　③合格　④比较欠缺　⑤非常欠缺

3. 贵校是否具备强大的师资力量深化产教融合？

①非常具备　②比较具备　③合格　④比较欠缺　⑤非常欠缺

4. 贵校是否具备足够的教学设施和设备深化产教融合？

①非常具备　②比较具备　③合格　④比较欠缺　⑤非常欠缺

5. 贵校是否具备足够科研水平吸引企业深化产教融合？

①非常具备　②比较具备　③合格　④比较欠缺　⑤非常欠缺

第六部分：

1. 您对贵校向应用型高校转型的态度？

①非常支持　②比较支持　③中立　④不太支持　⑤非常反对

2. 您对贵校主张培养应用型技术技能型人才的态度？

①非常支持　②比较支持　③中立　④不太支持　⑤非常反对

3. 您对贵校要积极深化校企合作的态度？

①非常支持　②比较支持　③中立　④不太支持　⑤非常反对

4. 您对贵校根据产业发展需求调整学科专业设置的态度？

①非常支持　②比较支持　③中立　④不太支持　⑤非常反对

5. 您对贵校未来侧重于应用研究的态度？

①非常支持　②比较支持　③中立　④不太支持　⑤非常反对

6. 您对贵校加强实践教学的态度？

①非常支持　②比较支持　③中立　④不太支持　⑤非常反对

7. 为推动贵校深化产教融合，您愿意投入多大的精力？

①非常充足　②比较充足　③一般　④不太充足　⑤非常不足

8. 您认为贵校学校管理人员深化产教融合的动力如何？
①非常好　②比较好　③一般　④比较差　⑤非常差

9. 您认为贵校学生深化产教融合的动力如何？
①非常好　②比较好　③一般　④比较差　⑤非常差

10. 您认为政府推动贵校深化产教融合的动力如何？
①非常好　②比较好　③一般　④比较差　⑤非常差

11. 您认为行业企业参与贵校深化产教融合的动力如何？
①非常好　②比较好　③一般　④比较差　⑤非常差

开放式问题：

1. 您有没有动力推进贵校深化产教融合？为什么？

_____

_____

2. 贵校的教师评价体制能促使您积极支持产教融合吗？为什么？

_____

_____

应用型高校产教融合基本情况调查问卷
（学生卷）

您好：

本问卷旨在了解贵校开展产教融合的基本情况，以期为分析高等学校的产教融合困难及其解决提供材料。本问卷采用匿名填答，所有填答信息将严格保密，并仅限于课题研究，请您放心作答。非常感谢您的支持和帮助！

填 答 说 明

1. 产教融合：既包括宏观层面的教育与产业的融合——主要涉及学校的学科专业结构与产教结构发展的适应问题，也包括微观层面的教育教学活动和生产活动的融合——主要涉及学校与生产组织（主要是企业）的协同育人问题。

2. 高校转型：目前国家正在积极引导部分地方普通本科高校（包括贵校）向应用型高校转变，以培养应用型技术技能型人才，为区域经济社会发展服务。

3. 请根据自己的情况在选项序号上打"√"，并在____线上填写相关内容。

基本信息：

1. 您所在学校名称：_____

2. 您所属学院：_____

3. 您所处年级：① 大一　② 大二　③ 大三　④ 大四　⑤ 研究生

第一部分：

1. 您目前最想实现的目标是？

① 解决自己的基本生活问题（如吃、穿、住、行等）

② 满足自己的精神需要（如实现人生理想、奉献社会、自我实现等）

③ 实现自己的社会目标（如提高社会地位、增加声誉或获得尊重等）

2. 您想通过读大学实现哪些目标？（可多选）

①提升自己　②就业赚钱　③满足求知欲　④追求享受　⑤收获爱情

3. 您将来想成为哪类人才？

①学术型人才：研究高深学问

②应用型人才：将科学理论转化为工程方案或从事产品研发

③技术技能型人才：面向生产、管理、服务等第一线的专门技术人才

④通才：发展较全面、知识面较宽广、活动领域较宽的人才

4. 您将来计划从事的职业：＿＿＿＿＿＿＿＿＿＿＿＿＿＿

5. 您在学校最想实现的目标是？（可多选）

①获得证书　②找到好工作　③收获爱情　④提升能力　⑤吃喝玩乐

⑥其他：＿＿＿＿＿＿＿＿＿

6. 本科毕业后你会选择报考研究生吗？

①会　②不会　③可能会　④不知道　⑤已经报考

第二部分：

1. 贵校转型培养应用型技术技能型人才对您将来就业的影响？

①较大改善　②有所改善　③无影响　④有所恶化　⑤较大恶化

2. 贵校转型培养应用型技术技能型人才对您的能力提高的影响？

①较大改善　②有所改善　③无影响　④有所恶化　⑤较大恶化

3. 贵校转型培养应用型技术技能型人才对您的人生目标实现的影响？

①较大改善　②有所改善　③无影响　④有所恶化　⑤较大恶化

4. 贵校与企业合作培养人才对您将来就业的影响？

①较大改善　②有所改善　③无影响　④有所恶化　⑤较大恶化

5. 贵校与企业合作培养人才对您的能力提高的影响？

①较大改善　②有所改善　③无影响　④有所恶化　⑤较大恶化

6. 贵校与企业合作培养人才对您的人生目标实现的影响？

①较大改善　②有所改善　③无影响　④有所恶化　⑤较大恶化

第三部分：

1. 您认为以下大学教育的功能哪个最重要？

①促进学生的发展　②促进经济社会的发展　③二者同样重要

2. 您认为贵校应该侧重于培养哪类人才？

①学术型人才：研究高深学问

②应用型人才：将科学理论转化为工程方案或从事产品研发

③技术技能型人才：面向生产、管理、服务等第一线的专门人才

④通才：发展较全面、知识面较宽广、活动领域较宽的人才

3. 您认为贵校应侧重于培养学生的哪种能力？

①培养人的"理性"：形成人的心智或理智，增进人的思维

②教人专业知识：教授给学生某一学科或专业的知识

③教人谋生技能：训练学生的技术技能

4. 您认为贵校该如何培养人才？

①面向专业：根据学科专业设置培养人才

②面向产业：根据产业发展需求培养人才

③面向职业：根据具体的社会职业培养人才

④兼顾上述三者

第四部分：

1. 您是否了解国家关于促进地方普通本科院校向应用型高校转变的政策？

①非常了解　②比较了解　③一般　④不太了解　⑤完全不了解

2. 您是否了解贵校向应用型高校转变的相关信息？

①非常了解　②比较了解　③一般　④不太了解　⑤完全不了解

3. 您是否了解产教融合、校企合作？

①非常了解　②比较了解　③一般　④不太了解　⑤完全不了解

第五部分：

1. 您对所在学校向应用型高校转型的态度？

①非常支持　②比较支持　③中立　④不太支持　⑤非常反对

2. 您对所在学校主张培养应用技术型人才的态度？

①非常支持　②比较支持　③中立　④不太支持　⑤非常反对

3. 您觉得到企业实习的收获如何？

①非常大　②比较大　③一般　④比较小　⑤非常小

4. 您是否愿意到企业实习？

①非常愿意　②比较愿意　③一般　④不太愿意　⑤不愿意

5. 如果到企业实习，您愿意在企业实习多长时间？

①1个月以下　②三个月左右　③一个学期　④一年以上　⑤两年以上

6. 如果到企业实习，您愿意投入多大的精力？

①80%以上　②60%—80%　③40%—60%　④20%—40%　⑤20%以下

7. 您认为贵校学校管理人员深化产教融合的动力如何？

①非常好　②比较好　③一般　④比较差　⑤非常差

8. 您认为贵校学生深化产教融合的动力如何？

①非常好　②比较好　③一般　④比较差　⑤非常差

开放式问题：

1. 您认为贵校深化产教融合有助于提高您的能力吗？为什么？

_____
_____

2. 您认为贵校深化产教融合有助于您找到好的工作吗？为什么？

_____
_____

3. 您是否愿意到企业实习？为什么？

_____
_____

附录2 访谈提纲

一 访谈提纲（学校管理人员）

1. 现在国家正在引导部分地方普通本科高校向应用型高校转变，您怎样看待高校转型问题？您认为该不该转型？为什么？

2. 贵校是中国应用技术大学联盟单位，也正在推进转型，请您谈谈贵校计划如何推进转型？为推进转型做了哪些工作？

3. 贵校在推进转型中主要面临哪些困难和问题？贵校的教师对贵校转型的反应如何？

4. 贵校的学科专业设置中的应用型专业大概占多大比例？贵校的学科专业设置是否适应所在区域的产业发展需求呢？

5. 贵校通常如何掌握所在区域的产业发展需求信息？是否曾与行业企业有过合作交流？在向行业企业获取信息的过程中存在哪些困难？

6. 如果贵校根据区域产业发展需求调整学科专业设置，可能遇到哪些困难？

7. 您如何理解应用型技术技能型人才，贵校的人才培养模式是否有利于培养应用型技术技能型人才？

8. 为提高应用型技术技能型人才培养质量，您认为应如何改进贵校的人才培养模式？

9. 贵校在和企业合作培养人才方面存在哪些问题和困难？您认为应该如何解决这些问题和困难？

10. 就您个人而言，积极支持高校转型和产教融合能给您带来什么好处？您有积极推进高校转型和产教融合的动力吗？

二 访谈提纲（教师）

1. 您是否了解和支持地方普通本科高校向应用型高校转变？

2. 您觉得学校是否应该根据所在地区的产业发展需求，调整学科专业设置和人才培养模式吗？

3. 您怎样理解应用型技术技能型人才？您认为应该如何培养应用型技术技能型人才？

4. 就从培养应用型技术技能型人才这一目标看，您觉得您所在学院的学科专业设置和人才培养模式存在哪些问题？

5. 如果学校根据所在地区的产业发展需求调整学科专业设置和人才培养模式，这会对您造成哪些影响？

6. 如果学校要求您与企业的工作人员合作培养学生，您觉得会对您造成哪些影响？

7. 就您个人而言，积极支持高校转型和产教融合能给您带来什么好处？您有积极推进高校转型和产教融合的动力吗？

8. 您觉得贵校的评价制度是否能调动应用型技术技能型人才培养和产教融合的动力？为什么？

三 访谈提纲（学生）

1. 你想通过读大学实现哪些目标？

2. 你将来想从事何种工作？现在所学的学科专业能为自己将来的工作提供支撑吗？

3. 你是否了解贵校向应用型高校转变的信息？您觉得应该转变吗？

4. 你想不想去用人单位实习？为什么？

5. 你认为当前学校的人才培养方法存在哪些问题？

6. 通过产教融合活动能提高你的能力吗？能否改善自己的就业状况？

四 访谈提纲（企业管理人员）

1. 您是否考虑过与地方本科院校进行一些合作？

2. 您为什么想和地方本科院校合作？

3. 如果双方合作，您可以为地方普通本科高校提供哪些资源？

4. 与地方普通本科高校合作会给您个人和所在单位造成哪些影响？

5. 如果合作您将采取哪些措施来保证合作效果？

五 访谈提纲（企业职员）

1. 您认为企业是否应该和学校联合培养人才？

2. 如果部门领导允许，您是否愿意与高校的教师一起培养学生？这会给您的工作和生活带来哪些影响？

3. 您一个月能花多少时间指导学生？

4. 您认为您可以教给学生哪些东西？

5. 在企业教授学生的过程中存在哪些问题？该如何解决？

索　引

阿克塞尔罗德　57，59，109，117，118
阿特巴赫　1，321，327
奥斯特罗姆　57，80，82
产教融合　1，7—13，17，20—22，27—38，45—47，51—55，123—134，136—143，145，149，152，163—165，167—169，184，185，187，188，193，194，196，198，201—204，208，214—217，219—221，223—230，232，235—238，242—244，246，247，249，250，254，256，258，259，262—270，274，278—280，284，288—293，295—297，299，300，303—318，321，323，326—328，331，332，335—364
产教融合动力　12，13，27，28，35，52—55，123—126，130，132，136，138，139，142，196，201，214—217，219—221，223，224，227，228，238，258，259，265，270，279，290，293，295，305—315，317，321，323，326—328，331，337，339，340，344，347，349，353，354，356，360—364
颤抖手　108，109，118
搭便车　79，84，87，88，99，100，199，327
道德风险　85—87，94，95，116，124，274
德里克·博克　1
地方普通本科高校转型发展　6，9，39，44，142，143，145—147，149，151，156，157，176，201，306—309
非正式制度　55，104，105，108，130，258，298，299，

313，314，349，351，360
弗莱克斯纳　172，175，346
弗里德曼　61，62，71—73
高等教育机会市场　317，318，320，321，340，361，362
高等教育市场化　357，362
高等教育系统结构　49，295，322，323
格兰诺维特　57，80，81
共治　45，156，337—339，341，354—359，361
供给侧改革　338—340，354
关系成本　81，100，103，104，114，116，258，358
关于加快发展现代职业教育的决定　5，8，20，21，143，163—165，178，201，203
关于引导部分地方普通本科高校向应用型转变的指导意见　5，164，165，201，203，229，270
管理成本　74，78，79，100，102—104，114，116，126，207，317，337，339，358
哈耶克　71，72，75，91，115
赫钦斯　150，168，179，180，183，189
机会主义行为　64，79，80，83，86，92，94，95，107，114，116，118，120，121，226，278，291，296，312，336，355，362
凯恩斯　71，74—76，82，197，286
凯恩斯主义　71，76，82，197
新凯恩斯主义　76，82
科斯　60，78，95，100—102，205
克拉克·克尔　175
马丁·诺瓦克　26，57，58，69，70
马丁·特罗　343
马克思　8，24，59，61，74，75，157—159，197，204，238—241，244
逆向选择　84，85，94，95，124
诺斯　67，105，106，108，115
欧洲应用技术大学国别研究报告　6，7，14，143，150，363
潘懋元　2，6，14，15，38，40，169，170，176，177，184，280
囚徒困境　65，80，83，84，92，106，110，111，117，118，122
权威指令合作　70，74，78—80，100，102—104

索　引

市场交易合作　63，70，74，78，81，100，101，104，356

威廉姆森　60，79，80，95，96，101，102

委托—代理关系　332，333，336

校企合作　8，11，12，15，20—22，29，31，33—37，41，43，48，49，124，132—134，138—140，148，149，152，155，162—165，184，201，203，209，210，231，232，236，256，288，292，293，295，296，306，315，326，338—340，350，351，355，356

新自由主义　76，82，198

薪酬制度　55，258，264，265，267—269，313，349，351，360

信息不对称　76，80，83—86，93，94，112，114，116，296，355

信息不完全　92，93，95，121，362

亚当·斯密　27，56，60，61，64，70，71，78，96，204

以市场为中心的共治　354，356—359，361

应用型高校产教融合动力　12，13，27，28，53—55，123—126，130，132，136，138，142，196，227，228，258，259，279，295，305，308—312，314，317，321，323，326—328，339，340，344，347，349，353，354，356，360—362，364

应用型技术技能型人才　15，124，184，187，188，193，194，255，279，306—308，316

应用型人才　2，8，9，14—16，38，47，51，124，125，133，141，143，145，146，149，151，176，178，185—189，191—194，211，230，242，243，246—249，255，256，266，270，271，274，276，277，280，308，311，312，326，343，344，350，351

有限理性　80，83，86，90—93，95，101，107，112，114，116，121，122，124，339，362

约翰·布鲁贝克　189，342

张楚廷　173，174，180，192，232

张维迎　25，26，57，62，73，

89，90，93，110，295
政府治理　77，337，339，340，354，356，357，359，361
治理结构　37，55，101，132，156，258，289，290，298，313，314，349，351
中国应用技术大学（学院）联盟　4，15，16，132，202，238
重复博弈　67，110，111，117
自组织治理　79—81，338，354，358，359，361
最后通牒博弈　89

后　　记

2019年5月22日，远在重庆的导师微信发给我2019年国家社会科学基金后期资助项目申报公告的链接，建议我以博士论文申请资助并争取出版。抱着试一试的心态，我提交了申报材料。9月27日晚，我收到项目有幸立项的消息。10月中旬，国家社会科学基金下达立项材料，转达了评审专家的修改意见，并建议年底交稿，2020年5月出版。经过3个多月的修改，终于勉强定稿，完成了学术生涯的处女作。

根据评审专家意见、应用型高校产教融合的最新进展和本人近两年的研究，我对博士论文做了大幅修改。第一，增加了新章节"理论基础：合作理论及分析框架"，为研究假设提出和研究资料分析奠定了理论基础。合作是社会科学研究的经典话题，是近些年经济学、生物学、心理学、社会学研究的前沿问题，也是我毕业以来重点关注的研究领域。本书关于合作理论的概述和合作分析框架的构建有一定创新，细心的读者可能会有所收获。第二，将本人近两年的研究成果，如产教融合的内涵、产教融合治理机制改革、高等教育有底线地市场化等，融入了原有体系之中。这些问题在博士学位论文中有所涉及，但没有展开论述。第三，在不影响总体论证的情况下，对文献综述、问卷的信效度检验、文献资料收集、结束语、参考文献等内容进行了精简和省略，对这些内容有需要的读者可以到中国知网等资源库检索我的博士论文《应用型高校产教融合动力研究》。

近年来，政府持续推动产教融合，出台了《国务院办公厅关于深化产教融合的若干意见》《国家职业教育改革实施方案》《建设产教融合型企业实施办法（试行）》《国家产教融合建设试点实施方案》等系列文件，增加了经费投入和政策优惠，推出了产教融合型企业、产教融合型城市、产教融合协同创新联盟、"大数据+产教融合"等战略措施。许多应用型高校积极探索深化产教融合，一些应用型高校的产教融合情况有所改善。所以，书中的一些调研材料可能存在不合时宜的现象，一些对策建议可能已经付诸实施。由于精力和能力有限，本书难免存在纰漏，敬请各位前辈和同仁不吝赐教！

本书的出版要特别感谢导师张学敏教授的指导，感谢为我博士论文调研和完善提供帮助的老师和同学，感谢国家社会科学基金资助和评审专家的宝贵意见，感谢中国社会科学出版社和张林编辑的支持斧正！

2020 年 1 月 30 日